"公益·科学·教育"系列丛书

# 探究更深层的学习之道
## ——重塑美国高中的追求

IN SEARCH OF
DEEPER LEARNING:
THE QUEST TO REMAKE THE
AMERICAN HIGH SCHOOL

[美]杰尔·梅塔（Jal Mehta） 著
[美]萨拉·法恩（Sarah Fine）

任 杰 译
谢 湘

北京理工大学出版社
BEIJING INSTITUTE OF TECHNOLOGY PRESS

版权专有　侵权必究

**图书在版编目(CIP)数据**

探究更深层的学习之道：重塑美国高中的追求 /
(美)杰尔·梅塔，(美)萨拉·法恩著；任杰，谢湘译
. -- 北京：北京理工大学出版社，2022.12
书名原文：In Search of Deeper Learning—The
Quest to Remake The American High School
ISBN 978-7-5763-0476-3

Ⅰ.①探… Ⅱ.①杰… ②萨… ③任… ④谢… Ⅲ.
①学习方法-研究 Ⅳ.①G791

中国版本图书馆 CIP 数据核字(2021)第 209879 号

**北京市版权局著作权合同登记号 图字:01-2022-3801**
IN SEARCH OF DEEPER LEARNING: The Quest to Remake the American High School
by Jal Mehta and Sarah Fine
Copyright © 2019 by the President and Fellows of Harvard College
Published by arrangement with Harvard University Press
through Bardon-Chinese Media Agency
Simplified Chinese translation copyright © 2022
by Beijing Institute of Technology Press Co., Ltd.
ALL RIGHTS RESERVED

| | |
|---|---|
| 出版发行 / | 北京理工大学出版社有限责任公司 |
| 社　　址 / | 北京市海淀区中关村南大街5号 |
| 邮　　编 / | 100081 |
| 电　　话 / | (010)68914775(总编室) |
| | (010)82562903(教材售后服务热线) |
| | (010)68944723(其他图书服务热线) |
| 网　　址 / | http://www.bitpress.com.cn |
| 经　　销 / | 全国各地新华书店 |
| 印　　刷 / | 保定市中画美凯印刷有限公司 |
| 开　　本 / | 710毫米×1000毫米　1/16 |
| 印　　张 / | 26 |
| 字　　数 / | 349千字 |
| 版　　次 / | 2022年12月第1版　2022年12月第1次印刷 |
| 定　　价 / | 126.00元 |

| | |
|---|---|
| 责任编辑 / | 申玉琴 |
| 文案编辑 / | 申玉琴 |
| 责任校对 / | 周瑞红 |
| 责任印制 / | 李志强 |

图书出现印装质量问题，请拨打售后服务热线，本社负责调换

# 译者序

此书的翻译从计划选题到最终完成经历了大约两年的时间。在此之前，我们由于工作的关系曾走访调研过北京及国内多所中学（特别是中国西部地区的中学），并与这些学校的教师和学生有着长期稳定的深入交流，在此过程中我们发现了一些相对集中的问题，比如困扰中学教师的个性化教学问题，学生的全面发展与高考选科问题，中学课程改革问题，国内高校的招生改革与中学生生涯规划问题等……于是我们试图利用有限的资源，为这些学校、教师和同学们提供一些解决问题的办法和思路。此书的翻译出版就是寻找解决问题之路中的一个部分。我们希望其他国家和地区学者的研究能为我们提供一些有益的思考和借鉴。

深度学习（我们这里所说的"更深层的学习"与"深度学习"在英文中是同一词，但考虑到我们这里"深度学习"多与某项技能相加，为以示区别我们翻译为"更深层的学习"）的话题这些年热度很高，无论是在技术层面还是社会认知层面，以往人们的学习生涯大都集中在青少年时期，现在已经扩大到终身学习了。不仅是在教育的时间维度上变得更长，在内容丰富性和系统关联性上也更强了。同时，在针对受教育者的个性化教学方面也更具创意。现在的许多学校在满足日常基础教育教学的同时，还依据学校特色和学生的兴趣开展了丰富的课外活动，或者开设了相关的课程。这样的情况会产生不同的结果。广泛的素质教育使得在以高考为核心考评体系下的家长和专业课教师产生了一定的焦虑情绪，但对学生而言，这却是让他们倍感快乐的幸福时光。如何平衡素质教育与应试教育之间的关系，如何在发展个性的同时，为学生减负、为家长减忧，这些都成为我们需要关注的社会问题。

近些年，随着中国国力的增强，越来越多的学生选择出国留学，特别是出现了低龄的小留学生潮，父母大多对于国外的教育寄予厚望，但事实真的能如其所愿吗？我们通过翻译的这部哈佛大学出版社的《探究更深层的学习之道——重塑美国高中的追求》不难看出，美国社会对于基础教育的探究与讨论这么多年来几乎从未停止过。由于社会结构等因素，美国的公立中学与私立中学的情况大相径庭。本书作者在美国的不同类型的中学都选取了一个样板，并介绍这些学校在其各自领域采取的举措和取得的成绩，同时也反映出一些问题。但在作者看来，这些问题基本都不是学校层面能够解决的，更多的是美国社会映射到学校的现实问题。其实，在作者所做的这些调研及对比中，我们会有一个深切的感受，就是无论什么水平的学校，多么先进的理念，一位多么志向远大的校长或是一群多么经验丰富的教师，都无法实现教育无短板。因此，错层和差异化的发展模式就会出现，既然不能面面俱到，就要突出特色、发展特长。本书作者特别介绍了几所不同层次又极具特色的中学，梳理了它们的成败得失，尤其是对教师和学生的走访，让人们可以深切地感受到教育者的雄心与学生成长之间的正比例关系。一位卓越的校长或者一位优秀且受学生欢迎的教师，可以带给学校及学生的绝不仅仅是他们所传授的知识，更多的是他们身上的坚定意志力和温文尔雅的学者风范。这些其实才是学生最需要汲取和学习的东西，而这些却不会在已有的任何书本上完整呈现出来，只能沉浸式的体验和感受，并最终成为一所学校共同的性格特征。这可能就是我们所说的"耳濡目染，潜移默化"吧。这也许就是为什么即便我们今天已经有了发达的网络教育资源，但也始终无法替代学校教育的原因。

特别值得一提的是本书中提及的学徒制。在很长一段时间里，中国社会的许多行业也都存在着这样的师徒传承的关系，这种关系很微妙，如师生，似父兄。今天我们高校研究生阶段的学习也还在实行导师制，但这样的关系已经与之前的学徒制有了很大区别。重塑学徒制在当今中国社会倡导教育减负、大力发展职业技术教育、弘扬精益求精的工匠精神的背景下，就显示出更重要的现实意义。美国有部分高中学校采取这种模式，改进教学方法，提升学生与教师的互动，取得了显著的效果，我们可以通过对实践效果的评估，来决定是否可以进行相应的尝试。同时，本书所倡导的"外围领域"学习，在我们这里也有许多类似的组织和活动可以视作他们所谓的"外围领域"学习，我们多以兴趣小组或课外活动的形式出现，多是孩子们喜闻乐见的形式与内容，但在大多数中国家长看来基本属于"不务正业"的范畴，比较温和的则可以视之为"兴趣爱好"的领域，比如话剧社、棋牌社、攀岩社、电子竞技俱乐部之类。在这些活动过程中，对于学生兴趣的培养是一个方面，更多的则是对学生性格的塑造，与人合作能力的培养和表达及分享能力的培养。更为重要的是，可以通过学生的兴趣，引导他们在相关的学科领域开展自由探索，从而达到深度学习的目的。不过，这样的模式也有它的弊端，就是教育成本的大幅度提升，这样的模式更适合与个性化的培养方案相结合，而我们目前的中学教育还很难做到一生一策。但对于鼓励学生的个性化发展，全面认识学生爱好和对学生进行全面评价还是很值得借鉴和参考的。这本书最有价值的一点是它从教育管理者、教师及学生多维度探究了一个创新性模式的功过成败，这样就展现给人们一个更为多元、立体的教育模式。

最后，我们也希望能借此书的翻译出版，感谢北京公益学学会各位同人长期在"公益、科学、教育"领域开展的探索与实践，积累了丰富的一手素材。同时还要感谢与我们长期合作的北京理工大学数学与统计学院的老师们。本书中特别提到在基于项目的学习中，"数学的某些概念是通向其他概念的通道"，而书中所列举的美国优秀高中"在将数学融入其他模型时，长期以来都遇到了困难"，面对这些困难，这些美国高中并没有很好的答案。基于此，我们与北京理工大学数学与统计学院党委书记陈珂老师及其带领的工作团队合作开发了与本书所介绍的国际文凭大学预科课程（IBDP）和大学先修课程（AP）相类似的面向中学生的衔接课程，并在多所不同类型的中学开展了基于数学与信息技术和人工智能等领域的跨学科教学尝试，得到了很好的反馈效果。

任　杰

2022 年 9 月

于北京良乡大学城

# 目 录

| | |
|---|---|
| 引言 | 1 |
| 美国高中更深层的学习的现状 | 9 |
| 进步的前沿：基于项目的学习 | 39 |
| 无借口学校：利益与权衡 | 85 |
| 国际文凭课程：一个更深层的学习体系？ | 137 |
| 综合高中：成绩与学习 | 171 |
| 在外围领域进行更深层的学习：为什么外围比核心更重要？ | 222 |
| 更深层的教学：严谨、乐趣和学徒制 | 272 |
| 掌握、认同、创造力和学校教育的未来 | 322 |
| 附录 | 356 |
| 注释 | 366 |
| 致谢 | 402 |

# 引言

　　直到午后我们出去休息时,这些疑虑才变得严重到无法忽视。

　　表面上看,一切都很好。我们的航班很准时。西海岸阳光明媚,温暖宜人——这是来自新英格兰冬季的令人愉快的舒缓时光。励志学院(化名)的学生和老师彬彬有礼。[1] 领导们花时间与我们交谈;老师们也非常欢迎我们;当我们提出与学生共进午餐时,他们也没有拒绝。我们说此行目的是为研究美国高中是如何利用更多的时间为更多的学生创造强大的学习体验时,他们会意地点点头,并告诉我们,他们学校在这方面处于领先地位,通过基于项目的学习,支持学生发展深厚的学术知识和"21世纪的技能",例如富有合作性和创造性地解决问题。

　　然而,到了第二天中午,我们清楚地意识到有些事情不太对劲。尽管我们花了大量的时间和精力去选择励志学院作为我们的研究地点,但我们还是觉得自己选错了地方。在一节十年级的英语课上,学生们沉浸在《奥赛罗》中的一幕里,只有在受到课后留校的威胁时才会大声朗读。在这节课的大部分时间里,他们要填写一张要求总结所读内容的作业表。在一节十一年级的生物课上,学生们花了30分钟被动地听老师朗读了一份高度结构化的实验说明,结果大家可想而知。在一节九年级的社会研究课上,一位年轻的老师在学生们的窃窃私语声中大声喊着,而且,她的声音越来越尖。当我们问学生为什么要做他们正在做的事情时,他们最常见的回答是"我不知道","因为老师让我们这么做",最令人难忘的回答是,"问问那边的那个女孩,她知道这门课上发生了什么"。

　　有一个亮点。在奥蒂兹女士(Ms. Ortiz)十一年级的英语教室里,学生们花了一个月的时间阅读和分析凯特·肖邦(Kate Chopin)的《觉醒》。现在,根据小说的主题,他们正在进行一个项目,他们要用原创艺术来挑战他们觉得压抑的叙事。所有人都忙于这个有意义的活动。一些学生围坐在桌旁，沉浸在自己的创作中，而另一些学生则在研究随附的书面分析。当我们让他们讨论自己的作品时，他们思考得很细致，表达得很清晰。他们解释说，与肖邦的主人公不同，他们认为自杀是摆脱社会期望的唯一途径。他们用艺术来挑战他们认为有限的叙事。下周，他们将向同学和老师们展示并解释这些作品。

我们坐在学校正门附近的一块草地上，交换着笔记，试图解答那些浮现出来的问题。为什么在励志学院推崇的价值观和它的实践之间会有这样的差距？一所被推荐为该领域领导者的学校（由基金会委托进行案例研究，并得到许多教育家和改革家的支持）怎么会与它的名声有如此的差距呢？奥蒂兹女士是如何学会做她所做的事情的？为什么励志学院不能将这种有效的做法传播给更多的老师？励志学院真的是美国最好的学校之一吗？如果是的话，这对我们的项目和研究领域有什么影响呢？

これらの问题并不是促使我们到励志学院来的原因。2010年伊始，我们获得了一笔小额资助，用于研究一系列成功的美国公立高中——尤其是（但不限于）那些为贫困学生服务的学校——并试图了解是什么让这些学校获得了成功。在一个标准化测试至高无上的时代，我们希望对"好"学校的逻辑提出质疑，所谓"好"学校指的是那些学生在考试中表现出色的学校，而不是那些不仅在学业上达到最低要求，而且还能帮助学生茁壮成长的学校，以便能对此进行批判性思考。

由于我们怀疑这些问题的答案可能是多种多样的，而不是单一的，所以我们想采用多种不同的方法来实现此目标。我们将访问在教学方法、管理和设计上各不相同的学校，包括传统综合高中、特许学校、特色学校、教学传统和教学进步学校、城市学校和郊区学校。我们的计划要求我们用人类学的方法深入这些学校（观察课堂、与老师和学生交谈、检查教具）试着了解将公立高中带入现代化的各种方法。

进行这样一项研究的时机已经成熟。尽管在20世纪80年代有大量关于高中的研究，这些研究在经典作品中都有体现，如西泽（Sizer）的《贺拉斯的妥协》、劳伦斯·莱特福德（Lawrenre Lightfoot）的《好的高中》，鲍威尔（Powell）等人的《购物中心高中》，以及古德拉德（Goodlad）的《一个叫做学校的地方》——学术趋势的转变已经偏离了这本著作所具有的整体性和人文主义视角。[2] 此外，20世纪90年代初特许学校的创立，以及20世纪90年代末和21世纪初的小型学校运动，意味着现在有更多类型的院校可供学习。

公众改善高中教育的需求日益增长，许多人将高中教育视为基础教育改革的终结，它也是最具挑战性的前沿。在过去的几十年里，虽然学生在四年级和八年级的数学及阅读方面取得了一些进步，但美国高中的数学和阅读成绩一直停滞不前。[3] 国际学生评估项目（PISA）不仅要求高中生记忆所学知识，还要求他们应用知识和解决问题，美国的排名一直处于国际排名的中点或更低的位次。[4] 数据还一致表明，学生入校时间越长，他们的参与感就越低：75%的五年级学生有这种感觉，但只有32%的十一年级学生有类似的感受。[5] 由于这一系列指标表明，高中仍然是最难取得进步的地方，我们希望研究"打破常规"的高中，以了解如何为所有青少年创造有吸引力的、公平的、思维活跃的学习环境。

问题是这样的学校非常少，几乎没有哪所学校符合要求，励志学院也不例外。当我们跟踪观察学生们的生活时，我们发现了理想与现实之间的差距。大多数学生在课堂上都是被动地坐着听讲，大多数学术研究都要求学生回忆，或最低限度地应用他们所学的内容。当我们问学生他们做这些的意义时，最常见的回答是"我不知道，这在教科书里有"和"也许它会在大学里对我有所帮助"。当然，我们以前也见过这样乏味的课堂，但这些都是在备受推崇的学校里，我们希望能找到一种超越常规的模式。很多时候，事情看起来和励志学院发生的一样：雄心勃勃，斗志昂扬。

那么，该怎么做呢？一种选择是放弃这个项目。这可能会浪费一些资金和时间，但也许接受沉没成本并继续前进会更好。第二种选择是把我们的计划变成对美国教育体系的控诉。按照乔纳森·科佐（Jonathan Kozol）、约翰·霍尔特（John Holt）、查尔斯·西尔伯曼（Charles Silberman）和其他许多人的传统，我们可以对美国的学校教育写一篇严厉的批评文章，利用我们的观察，表明即使是本应创新的学校，也未如其所愿。但这个领域已经被讨论过很多次了——我们想要写"好"学校的一部分原因是，我们在寻找一种解药，以消除笼罩在许多学校改革讨论中的悲观情绪。

当我们更仔细地研究我们的数据时，我们意识到可能还有第三种选择。虽然我们观察到的主要模式反映了被一个世纪前形成的"学校教育规则"所束缚的学校系统，但这里有例外（许多不同种类的例外），这些例外累积起来，也许有助于照亮前进的道路。通常这些例外是在课堂上，比如奥蒂兹女士的课堂上，老师们找到了有趣的方法，让学生参与到智力复杂的课程中去。如果说坏消息是，我们推荐的学校总体上都在努力实现自己的雄心壮志，那好消息是，在每个网站上，我们发现了一些老师已经找到了超越常规的方法。事实上，这在我们的研究中是可以预见到的：如果我们花一天时间跟踪一个学生，我们会发现他在其中一两门课，智力表现活跃，要求也比较高。随着时间的推移，这些课堂变成了他们自己的数据集。这些老师在做什么，他们是怎么做到的？似乎有很多东西可以向他们学习。

另一个亮点是拓宽我们的视野以后发现的。在我们访问过的许多高中，很多最有动力的学习似乎不是发生在核心课程，而是在学校的"外围领域"——选修课、俱乐部和课外活动。在显而易见的情况下，这些外围领域通常会有一个与主导核心领域不同的规则。在这些领域里，学生们有真正的选择权，边做边学是一种常态，有时间深入探索，学生们作为知识的生产者而不是接受者并受到欢迎。是什么让这些领域起作用呢？在同一所学校里，核心学习往往是被动的和闲散的，它们怎么能几乎完全被忽视呢？"核心领域"能否从"外围领域"那里学到一些经验。

最后，在我们继续寻找的过程中，确实发现了一小部分始终能够将它们所信奉的价值观转化为实践的高中。具体来说，我们确定了三所与众不同的学校［一所以项目为基础的学校，一所"无借口"的学校（译者注：在美国"知识就是力量"系列学校被称为"无借口"特许学校，因为他们始终致力于提升学生成绩），以及一所面向所有学校的国际文凭学校］，它们能够以强有力的方式实现自己的愿景。是什么让这些学校取得了如此大的进步？它们是如何应对在其他地方普遍存在的不同课堂间的质量差异的？为什么这些地方的行政人员和教师能够实现他们的理想，而许多有类似理想的人却不能？从这个角度来看，我们在励志学院和其他艰苦奋斗中的学校的经历成为有用的数据和资料：这些案例可以与我们的积极案例相对照，帮助我们确切地找出是什么让一些学校超越了常规。

这三所学校之间的深刻差异也让我们得以探索一系列重塑美国高中的方法。在我们的研究过程中，教育家和学者开始越来越多地提到"更深层的学习"，这个总括性的术语唤起了一系列超越死记硬背的雄心壮志。[6] 这些目标并不完全是开创性的。许多学校，尤其是私立学校，多年来一直抱着这样的雄心，但将这些目标带给所有学生的想法是全新的。我们发现我们的研究与更深层的学习的概念之间有着紧密的联系。事实上，当我们进一步思考时，我们意识到这三所学校都在各自研究更深层的学习的不同部分。"无借口"学校，我们称之为"无借口高中"，特别关注公平的挑战；它的领导者试图将通常在富裕学校上层发现的传统学习方式，提供给高度贫困的有色人种学生。以项目为基础的学校，我们称之为杜威高中（Dewey High），专注于重新设想学校教育的规则——打破学科之间的阻碍，将学校与更广阔的世界联系起来，让学生创造和贡献知识，而不是被动地接受知识。国际文凭学校，我们称之为 IB 高中，处于中间位置：利用一项考试制度创建高度特权的学生，学校的管理人员和老师都努力帮助学生在传统的学科中完成自己的学业，同时寻求将这种学习方式扩散给范围更广泛的学习者。因此，这些学校为改造后的高中提供了三种截然不同的愿景，每一种都有相应的优势和问题。

如果这些高中为学校教育的未来提供了截然不同的可能性，那么我们就应该认识到，我们最成功的老师、选修课和课外活动空间，尽管在方法、目标和人数上千差万别，但它们都有一个共同点：融合了不同的学习优势。事实上，我们开始认为，我们对更深层的学习的独特看法（不仅仅是在学校，也是在生活中）出现在三种优势的交叉点上：掌握、认同和创造力。在教师、学生和我们通过自己的观察发现的最引人注目的空间中，学生有机会发展知识和技能（掌握），他们开始认识到，他们的自我核心与他们正在学习和做的事情（认同）息息相关，他们有机会通过创造而不是简单地接受知识（创造力）来实施他们的学习。通常，这些领域或课堂是由学徒制的逻辑支配的：学生们有机会在教师或高年级学生的监督下做一些东西（比如报纸），学生要模拟所涉及的创造性步骤，提供高质量工作的例子，并提供准确的反馈。并非巧合的是，我们发现，最成功的教师和课外社团负责人，也以类似的方式进入了自己的领域，这些经历帮助他们形成了一种立场，这与当时流行的"教学即传播"观点不同。

我们也在其他方面拓宽了视野。虽然我们最初打算写关于学校的文章，但如果不考虑形成这些学校的外部力量的相互作用，我们就不可能理解我们所看到的东西。例如，励志学院和类似的学校在很多方面都与传统背道而驰：大多数教师的教学都是按照原有的教学方式进行的，较短的课时限制了深入的探索，地区强制性课程和教师评价体系与强调批判性思维的努力不一致，家长和大学的压力并没有减轻。事实上，我们开始认为，我们遇到的许多最成功的课堂、课外课程和学校之所以成功，是因为它们找到了缓冲外部期望的方法，以便创造空间来做一些与众不同的事。因此，当我们开始写普通学校和学习空间时，我们试图在描述接地气的实践和考虑塑造或限制实践的更广泛的力量之间来回切换。在起草我们的结论时，我们考虑了如何将这些部分势力转变为支持而不是阻碍实践的努力。

好消息是，人们似乎对这些转变越来越感兴趣。当我们在 2010 年开始这个项目的时候，感觉它远离主流；公众和基础教育界的注意力仍然集中在考试上——不让一个孩子掉队。然而，在这期间发生了明显的变化。共同核心州立标准倡议的颁布，标志着人们开始关注更具雄心的学习目标；政策制定者和实践者越来越多地开始谈论"21 世纪的技能"；白宫就高中改造问题举行了峰会；苹果公司资助了 XQ（译者注：美国的一个非营利性教育公益组织，是由苹果公司创始人史蒂夫·乔布斯的妻子劳伦娜创建的）发起的"超级学校计划"将在全国范围内开展一场改造学校的竞赛；位于圣地亚哥的高技术高中（High Tech High）是一所以项目为基础的学校网络，现在吸引了一千多名实习人员参加其年度更深层的学习会议；更深层的学习现在是许多州和地区政策策略的一部分。起初，我们很难为这个项目筹措资金；现在，我们发现自己越来越多地被邀请到寻求推翻旧体制并为未来创造强大学习环境的教育者聚会上发表演讲。我们研究的部分动机是美国学校在国际标准上的平均成绩，许多参加我们课程的人来自其他国家，他们也在试图弄清楚如何能将掌握能力、认同和创造力融入21世纪的学校体系。

最后，我们访问了30所学校，花了750多个小时观察课堂和其他学习领域，采访了300多名学生、教师、管理人员、家长和其他利益相关者。当涉及更深层的学习时，出现的画面是一个介于两者之间的机构。学校正积极努力摆脱过去的束缚，但还没有走向未来。这一努力确实是一种探索：一段迄今为止没有明确路径的旅程——但其中的利益价值值得我们去探索。

这不是我们要写的书。我们在寻找灵感；我们发现了其中的复杂性。我们的朋友兼同事、教授组织工作的马歇尔·甘兹（Marshall Ganz）说，重大变化是紧迫感与希望的结合。我们在这里讲述的故事包含了这两种元素。一方面，我们的研究强调了深化大多数美国高中工作的难度，鉴于其核心设计往往不明确或不连贯，其学术研究的核心项目往往从根本上与学生是谁以及他们能做什么脱节。在记录这些事实的过程中，我们试图用不加修饰的语言来说明问题的严重程度；我们认为，需要大规模进行的更多的是种类上的改变而非程度上的改变。另一方面，我们表明已经有许多课堂、选修课和课外活动，以及一些单独学校，可以照亮道路，展示出强大而有目的的学习将是什么样的。我们诚恳地建议，如果我们既不希望被问题的规模所麻痹，也不希望被容易兑现的承诺所诱惑，我们就需要仔细研究到底是什么让这项工作如此艰难，以及在什么条件下有可能取得成功。我们希望，通过分享我们所学到的东西，可以引发一场有见地的对话，讨论构建一个系统需要什么，在这个系统中，更深层的学习不再是例外，而是规则。

# 美国高中更深层的学习的现状

什么是"更深层的学习"?为什么它应该成为学校的核心目标?这个问题比看起来要复杂得多。更深层的学习是在过去十年中出现的一个总括性术语,它包含了学校教育的一系列可取属性,这些属性的前提是,学校教育需要超越死记硬背和浅显的测试。休利特基金会(The Hewlett Foundation)将其定义为结合了学校教育的特点,使学习者能够"对核心学术内容有重要的理解,表现出批判性思维和解决问题的技能,合作、沟通、指导自己的学习,并拥有'学术思维'"。[1] 美国国家研究委员会(The National Research Council)2012 年的一份报告将其描述为培养"认知能力、内在能力和人际关系能力"。[2]

在本章的后面,我们将解释我们对更深层的学习的不同看法。但现在,我们将简单地说明,为了设计规划我们的旅程,我们喜欢"更深层的学习"这个词,因为"更深层"的内涵与我们希望在重要的学习经验中得到的很多东西是一致的。当一个人在讨论中进行得更深入,或对一个话题探究得更深入,或对一个领域做得更精通时,他就是在向一种严肃的教育所应该允许的学习方向迈进。

虽然"更深层的学习"是个新词,但它所代表的许多愿望是长期存在的。例如,保罗·弗莱雷(Paulo Freire)在 1970 年批评了教学法中"储存"模式的趋势,在这种模式中,孩子被当作空容器,教师在里面"储存"知识。[3] 艾尔弗雷德·诺斯·怀特黑德(Alfred North Whitehead)于 1929 年讨论了"主动的"学习形式与"惰性的"知识之间的区别。[4] 约瑟夫·迈尔·赖斯(Joseph Mayer Rice),在 1893 年对比了强调练习与背诵的"旧教育"和旨在"引导孩子观察、推理、既要心灵又要心巧"的"新教育"——一句话,自然地发展孩子所有的才能。[5] 现代学者将这种对比描述为"雄心勃勃的教学",即要求学生推理并理解潜在的概念结构,而"传统教学"则不要求。[6]虽然这些表述有些不同,但从根本上讲,它们都强调"深层"教育与"浅层"教育,即要求学生思考的教育与要求他们遵循指示的教育,以及对学生有目的和意义的教育与没有目的和意义的教育。[7]

如果这些不是新目标,那么新目标就是学校系统需要产生的外部预期。这些预期的改变有三个基本原因。首先是经济问题。经济变化掏空了大量中产阶级的工作岗位,而这些岗位以前只有高中毕业生才能获得;学生越来越需要中学毕业证书,以便在就业市场上具有竞争力。雇主看重的技能类型也发生了变化。1970年,雇主要求的前三大技能是阅读、写作和计算;在2015年,是解决复杂问题的能力、批判性思维和创造力。[8]因此,适用于1970年的教育,如今却无法让学生为就业做好准备。第二个原因与公平有关。就更深层的学习的目标已经实现的程度而言,这些目标大多是在富裕的私立学校和最好的公立学校的最优越班级实现的;新的想法是,这些机会需要扩展到所有的学生,无论他们的肤色、经济地位或最初的技能水平。第三个原因来自公民领域。学生们现在生活在一个被复杂的全球性问题所困扰的世界里,这些问题包括气候变化、巨大的经济不平等、意识形态战争,以及一场以各种观点、事实、神话、偏执和虚假信息的混乱扩散为标志的技术革命。即将成年的这一代学生将被要求去指引航程、生存,如果可以的话,还要帮助治愈他们所继承下来的世界。学校需要尽自己的一份力量,培养有技能的、有创造力的、受过教育的、见多识广的、有同情心的公民和领导人——这是我们的经济、社会和民主所需要的那种人。

## 对更深层的学习的看法

我们对更深层的学习的看法建立在不同学科、领域和传统的基础上。我们认为,在这些方面进行更多的对话与融合将是有益的,因为更深层的学习通常是在一些相关元素聚集在一起时出现的。具体来说，我们认为有三种融合（认知的和情感的，短期的和长期的，个人的和社会的）是思考如何创造更深层的学习经验的重要基础。

首先，深入理解某些事意味着什么？认知科学家认为更深层的学习（或者他们称之为"为理解而学习"）是一种将分散的知识碎片聚合成更大的理解模式的能力。研究表明，更深层的学习者能够看到某个领域中离散的知识片段是如何连接起来的；他们看到的不是孤立的事实，而是模式和联系——因为他们了解他们正在探索的领域的底层结构。[9]例如，对生物细胞的浅显了解可能使人能够对其各部分进行标记；深入的了解可以使人理解细胞的组成部分是如何作为一个系统工作的，从而预测如果一个组成部分的局部受损会发生什么。一个相应的观点是，深刻的理解可以让你将知识转换——不仅是在教学的环境中使用它，而且可以在相关的环境中理解或解释一些东西。[10]

这个例子突出了深层理解的另一个方面：它既需要重要的事实知识库，又需要有能力利用事实知识进行解释、论证和结论。虽然"更深层的学习"有时会被流行媒体批评为最新一轮的"技能"重于"内容"或"概念"重于"事实"，但研究清楚地表明：对某个领域有深刻理解的人可以轻松跨越错误的鸿沟。[11]例如，对法国大革命的原因或后果提供历史解释的能力，植根于对其关键人物、结构和事件的详细了解，以及推断、构建历史论据和使用证据支持自己观点的能力。

在这一认知传统中，很多工作都是从专业知识的研究中获得灵感的，这些研究探讨了一个领域的专家是如何构建他们的理解的。对这类专家的研究表明，他们会注意到非专家不容易注意到的情况，因为他们有理解该领域的认知模式。例如，专业教师比新手教师更有能力评估和回应学生的思维，并在教学过程中对课程进行调整，而新手教师往往更倾向于在以学科为中心的课程中机械地进行教学。[12]这个想法与杰罗姆·布鲁纳（Jerome Bruner）的观点有关。杰罗姆·布鲁纳认为，要真正理解一个领域，需要理解该领域如何组织其知识的结构。[13]他认为，这种认识论逻辑上的理解，对于构建能够在一个领域内进行转换的概念模式至关重要。

这种对更深层的学习的理解也激发了对教学的不同看法。20世纪80年代末和90年代初的学术界提出了这一观点——在"为理解而教学"的旗帜下，如果接受这一观点，学习和教学都需要改变方式。米尔博瑞·麦克劳克林（Milbrey McLaughlin）和约翰·泰勒（Joan Talbert）在1993年出版的《为理解而教学》一书的序言中写道："这些观点与传统实践有很大不同，构建了学生作为自己学习的探索者、猜想者和建设者的积极角色。在这种新的思维方式中，教师通过提出问题，挑战学生的思维，引导他们审视想法和关系，起到了引导、教练和促进学生学习的作用。"[14]他们继续说，在这个新的角色中，教师将不得不抛弃长期以来认为自己是"知识传递者"的观点，而接受教师与学习者共同建构知识的建构主义观念。[15]玛格达琳·兰珀特（Magdalene Lampert）最近写了一篇她称之为"雄心勃勃的教学"或"更深层的教学"的文章，其中采用了类似的观点，她认为教师在教学时需要突出学生的思维，帮助学生做与该学科专业人士相类似的工作，并创造一种协作的文化，在此文化中，这种思考和学习可以蓬勃发展。[16]

兰珀特的工作是整合我们所认为的更深层的学习的认知和情感。换句话说，虽然更深层的学习在一定程度上源于认知严格度的提高，但它也在一定程度上依赖于参与的学生的动机和认同感。我们在强大的课堂中观察、教学和学习的经验表明，先前描述的认知维度的"冷静"必须与"温暖"的品质（如激情、兴趣和"心流"）相结合，这些品质赋予学习生命并创造前进的动力。弗雷德·纽曼（Fred Newmann）和他的同事们在他们的"理性自主教学"研究中强调"参与度"（通常被认为是在娱乐学生，而没有真正教授他们）实际上是有意义学习的关键先决条件："对于学生和教师来说，最直接和持久的问题不是成绩低，而是学生的不参与。最明显的是，自由散漫的学生扰乱课堂、逃课，或者不完成作业。更典型的是，心不在焉的学生在学校表现良好。他们上课并完成作业，但几乎没有表现出兴奋、投入或对掌握课程感到自豪的迹象。相比之下，专注的学生会在学习上进行心理投资。"[17]他们继续说："有意义的学习不能像给高中生吃比萨或看视频那样传授给他们。"持久的学习在很大程度上是通过学生的劳动来发展的,他们必须被吸引参与一个学习、产生错误、改正错误,然后再从头开始的连续循环。不能指望学生有所成就——除非他们集中精力、努力工作,并投入到掌握学校确立的任务中去。在这种意义上,学生的参与对教育的成功至关重要;要提高成绩,首先必须学会如何吸引学生。[18]

对更深层的学习者的回顾性研究推动了这一观点。这项研究着眼于那些在自己的领域中拥有深厚知识和熟练技能的人,并询问他们是如何取得现在的成就的。[19]一般情况下,人们最初通过在这些领域中玩耍而对自己的领域产生兴趣(例如,在游泳池中戏水或试验乐器);然后他们开始在该领域有更多经验的人的监督下进行有意识练习;接着,他们的身份逐渐转变,以反映他们在该领域的参与(从"我是游泳的人"到"我是游泳者");他们继续练习;最终,"玩"和"创造"会再次出现,这一次是以一种更加复杂的方式。我们可以把这个过程想象成一种螺旋,一个人一次又一次地回到同样的活动中,但每次都是以一种更复杂的方式返回。[20]

关于个人如何成为更深层的学习者的描述,还强调了有关兴趣团体在这一过程中可以发挥的作用。为此,让·莱夫(Jean Lave)和艾蒂安·温格(Etienne Wenger)认为:最有力量的学习大多发生在实践社团中;在某些领域(如助产、雕刻、屠宰和许多其他领域),一个人开始是作为一个"正当的外围参与者"(例如,助产士的助手),通过观察、建模和模拟的过程,逐渐成为对该领域有一定了解和技能的学徒。[21]艾伦·柯林斯(Allan Collins)、约翰·希利·布朗(John Seely Brown)和苏珊·E. 纽曼(Susan E. Newman)在他们的"认识学徒制"理论中,将类似的见解应用到更为经典的学术课题上:在这个过程中,有经验的读者、作家和数学家逐渐把那些专业知识较少的成员引入他们的领域。[22]这样一个过程将许多被认为对更深层的学习很重要的因素汇集在一起:该领域为优秀的工作设定了一个标准,指导、建模和反馈有着重要作用,渴望做领先的实践者所做的事情——这为我们提供了方向和动力。这项任务是建立在具有内在价值的人类活动基础上的。从"边缘参与者"移动到更"核心参与者"的形象也与增加"更深层"的语境相一致。从这个角度来看，深化一个人在特定领域的学习，在一定程度上是通过更加集中地融入特定领域的社团来实现的，即将个人的成长与个人的社会地位联系在一起。这也表明角色从被动的观察者转变为积极的参与者。[23]

综上所述，我们认为更深层的学习产生于以下三个要素的交叉点：掌握、认同和创造力。掌握捕获了更深层的学习的维度，这些维度与实质性知识的内容、知识转移、模式识别和专业知识，以及对一个领域或学科结构的理解有关。认同揭示了更深层的学习是由内在动机驱动的，是由学习者对内容相关性的认知推动的，当学习成为自我的核心部分时，它会变得更深入。创造力抓住了从接受一个主题或领域的积累知识到能够在该领域内行动或制造东西的转变，这个步骤建立在一个人对某个领域的理解（例如，分析戏剧是如何创作的）并将其融入创造性行为（写戏剧）的基础上。在后面的章节中，我们将追踪我们所看到的学校是如何在掌握、认同和创造力方面取得进展的。

一个术语的说明：我们所说的"强大的学习经验"，指的是在一个特定的课堂或时刻——强大的学习可以在一个小时内发生。当我们讨论随着时间的推移而发展的学习曲线时，我们使用"更深层的学习"这个术语，因为我们认为更深层的学习最好从漫长的轨迹来理解。在强大的学习体验中，掌握、认同和创造力相互交织，就像维恩图（译者注：英国逻辑学家维恩制定的一种逻辑图解）那样；它们还起到了强化螺旋的作用，随着时间的推移而不断积累，产生更深层的学习。

## 从"有效的学校"到"雄心勃勃的学校"

虽然我们可以利用多种资源勾勒出更深层的学习的本质，令人惊讶的是，关于如何创建一所一流质量的公立学校的文献却少之又少。这里有一组研究可以追溯到 20 世纪 70 年代罗纳德·埃德蒙兹（Ronald Edmonds）

等人在"有效的学校"的旗号下,对那些在标准化测试中表现优于同时代的学校进行了描述。这些文献强调了高期望的重要性,创造有序、安全的氛围,利用数据改进实践,在某些版本中,还包括领导对学校做出核心决策的权利。[24]然而,这些研究在很大程度上忽略了所描述的积极特征是如何与教学核心联系在一起的——教师、学生和课程之间的三角关系。[25]

安东尼·布赖克(Anthony Bryk)和他的同事们最近开展的关于"为成功而组织学校"的研究,试图建立在这一早期发现的基础上,并将其与教学核心联系起来。他们认为,发展专业能力和"教学指导系统"(帮助教师知道教什么和如何教)是学术成功的关键,但将这些要素整合到学校的全面支持中也是至关重要的,这些支持包括学校领导、家长与社团的联系和以学生为中心的学习氛围。[26]这项工作建立在现在大量的关于专业学习社区、关系信任、组织学习和教学领导的研究基础之上。

然而,这些研究中缺少的是关于学校需要采取什么措施来推进更深层的学习,或者是学术界所谓的"雄心勃勃的教学"。布赖克的大部分研究是在20世纪90年代芝加哥的小学进行的,尽管这些小学的考试分数有所不同,但它们都接受低水平的州测试,而且没有寻求雄心勃勃的教学。更普遍的是,正如保罗·柯布(Paul Cobb)和卡拉·杰克逊(Kara Jackson)指出的那样,研究人员在很大程度上避免讨论什么是好的教学方法,这一差距限制了他们结论的实用性。

大规模教学改进的研究历来是教育政策和教育领导学的领域。虽然我们可以从这些研究中学到很多东西,但这些研究的大部分工作并没有基于高质量教学的立场,而是在提高学生考试成绩方面对其进行操作,并不考虑考试的质量。在我们的工作过程中,越来越明显的是,在制定教学改进的策略或政策时,对于什么算得上是高质量的数学教学的观点越来越明确。[27]

与此同时,学术界对"雄心勃勃的教学"越来越感兴趣。"雄心勃勃的教学"远离低水平的任务,要求学生发展想法并做出解释,而且与我们所描述的更深层的学习相一致。但是,关于这方面的著作关注的重点是描述良好的课堂,最近还关注对教师培训的影响,对学校却没有同样的兴趣。[28]简而言之，研究人员探索了"雄心勃勃的教学"和"有效的学校"，但很少有人关注"雄心勃勃的学校"，而这正是我们研究的重点。（请注意，尽管"雄心勃勃"在文学作品中一直是最受欢迎的术语，但在别的行业语言中，"雄心勃勃"不一定是一种积极的品质；事实上，我们后来批评一些学校在认证方面太"野心勃勃"了，并没有对学习能力给予足够的重视。因此，我们将在本书中使用"开展更深层的学习的学校"。）

## 关于我们六年研究的概述

美国高中在实现更深层的学习目标方面表现如何？正如我们在介绍中提到的，虽然我们确实发现了一些亮点，但总体情况并不乐观。

我们在附录中将更详细地描述我们的示例和方法，下面是一个简短的总结。我们一共访问了美国的 30 所学校。这些学校因提供更深层的学习、"21 世纪的技能"，或者特别严格的传统学习而被推荐。这些建议来自我们针对主要研究人员、地区和州政策领导人、特许经营管理者以及其他知识渊博的观察者发送的调查报告。我们还查阅了杂志或其他机构发布的"顶级学校"排行榜。我们的目标是研究学校正在采取的各种深入学习的方法，并向其中做得最好的学校学习。

表 1.1 是我们所访问的学校的概要。它们有很多是进步的、以项目为基础的学校，以及来自休利特"更深层的学习"网络的学校（9 所学校）。我们还参观了 4 所"无借口"的学校，虽然一些人认为，这些"无借口"学校的控制方式与更深层的学习背道而驰，但它们构成了美国主要的学校改革模式之一，并把大量高度贫困学生送进了大学，因此，它们似乎很值得研究。我们访问了 5 所国际文凭学校，它们试图利用 IB 作为锚点来创建"更深层的学习"。我们还去了 3 所综合高中。表 1.1 描述了我们样本中每个学校的定位、规模和人口统计数据。虽然我们试图捕捉到美国高中的一些多样性，但我们对服务于高度贫困、工薪阶层和少数族裔学生的学校进行了过度抽样。

表 1.1 实施深度学习的美国高中比较

| 名称（化名） | 学校类型 | 特别课程 | 位置 | 学生人数 | 服务人群 |
|---|---|---|---|---|---|
| 深度调研地点（20～30 天观察） ||||||
| 杜威高中 | 特许学校 | 基于项目的课程 | 西海岸城市 | 550 | 混合 |
| 无借口高中 | 特许学校 | 无借口 1/大学预修（AP）课程 | 东海岸城市 | 600 | 高度贫困的有色人种学生 |
| 国际文凭（IB）高中 | 特许学校 | 国际文凭（IB）课程 | 东海岸小城市 | 800 | 中等收入家庭的学生 |
| 成就高中 | 区立公校 | 大学预修（AP）课程 | 东海岸市郊 | 2 000 | 中高收入家庭的学生 |
| 中度调研地点（5～10 天观察） ||||||
| 励志学院 | 特许学校 | 基于项目的课程 | 西海岸城市 | 500 | 高度贫困的有色人种学生 |
| 中西部数学与科学学院 | 有吸引力的州立学校 | 强化数学科科学课程 | 中西部城镇 | 400 | 混合 |
| 综合高中 | 区立公校 | 国际文凭（IB）课程 | 中西部城市 | 2 500 | 混合 |
| N/A | 特许学校 | 无借口 1/大学预修（AP）课程 | 东海岸城市 | 600 | 高度贫困的有色人种学生 |
| N/A | 区立公校 | 基于项目/蒙台梭利教育 | 中西部城市 | 700 | 混合 |
| N/A | 特许学校 | 基于项目的课程 | 西海岸城市 | 600 | 高度贫困的有色人种学生 |

续表

| 名称(化名) | 学校类型 | 特别课程 | 位置 | 学生人数 | 服务人群 |
|---|---|---|---|---|---|
| \multicolumn{6}{c}{轻度调研地点（1～4天观察）} ||||||
| N/A | 传统公立学校 | N/A | 东海岸城市 | 1 400 | 高度贫困学生 |
| N/A | 传统公立学校 | 小型学校 | 东海岸城市 | 400 | 高度贫困的有色人种学生 |
| N/A | 传统公立学校 | 小型学校 | 东海岸城市 | 300 | 高度贫困的有色人种学生 |
| N/A | 传统公立学校 | 小型学校 | 东海岸城市 | 200 | 高度贫困的有色人种学生 |
| N/A | 传统公立学校 | 小型学校 | 东海岸城市 | 400 | 高度贫困的有色人种学生 |
| N/A | 传统公立学校 | 教育水平（EL）课程 | 东海岸城市 | 500 | 高度贫困的有色人种学生 |
| N/A | 传统公立学校 | 国际文凭（IB）课程 | 东海岸城市 | 350 | 高度贫困的有色人种学生 |
| N/A | 传统公立学校 | 混合式教学 | 东海岸城市 | 500 | 混合 |
| N/A | 传统公立学校 | 国际文凭（IB）课程 | 东海岸城市 | 450 | 高度贫困的有色人种学生 |
| N/A | 传统公立学校 | STEM 学术课程 | 东海岸城市 | 600 | 高度贫困的有色人种学生 |
| N/A | 传统公立学校 | 教育水平（EL）课程 | 东海岸城市 | 300 | 高度贫困的有色人种学生 |
| N/A | 州立公校 | STEM 聚焦课程 | 东海岸城市 | 850 | 高度贫困学生 |
| N/A | 特许学校 | 职业和技能教育 | 东海岸城市 | 250 | 高度贫困的有色人种学生 |
| N/A | 特许学校 | 无偿口/大学预修（AP）课程 | 东海岸城市 | 250 | 混合 |
| N/A | 特许学校 | N/A | 西海岸城市 | 450 | 高度贫困的有色人种学生 |
| N/A | 特许学校 | 基于项目的课程 | 西海岸城市 | 300 | 高度贫困的有色人种学生 |
| N/A | 私立学校 | 无偿口/大学预修（AP）课程 | 西海岸城市 | 400 | 高度贫困的有色人种学生 |
| N/A | 私立学校 | 基于项目的课程 | 东海岸城郊 | 600 | 混合 |
| N/A | 私立学校 | 哈克尼斯圆桌教学法 | 东海岸乡村地区 | 100 | 高度贫困的有色人种学生 |
| N/A | | | | 850 | 高收入家庭的学生 |

这并不是美国高中的典型样本。这是一个精心挑选的样本，旨在最大限度利用当代多样化的方法，促进公立高中的更深层的学习。因此，它更侧重于特许学校、规模较小的学校和有主题导向的学校——因为这些学校被赋予了打破常规创新并探究更深层的学习的自由。由于已经对综合高中进行了重要的研究，我们转而对过去几十年里发展起来的不同类型的学校进行了详细的调查，原因之一是特许学校运动（译者注：美国特许学校运动正式兴起于1991年，以明尼苏达州第一部特许学校法的颁布为标志）。也就是说，我们的样本中包含了一些传统的综合性学校，我们将在第五章详细讨论其中的一所。

特别是，我们的三所深度主题学校——一所以项目为基础的学校（详见第二章），一所无借口学校（详见第三章），以及一所国际文凭学校（详见第四章）——为21世纪重新设想美国教育提供了三种最突出的方法。这所以项目为基础的学校是休利特"更深层的学习"网络的一部分，该网络包括10个进步的学校网络，总共超过500所，服务于41个州的22.7万多名学生。[29]无借口学校没有类似的网络，但当我们把10所最大的无借口学校的学生加起来时，我们同样发现，有500多所学校，为22.3万多名学生服务。[30]如果这两个网络中有一个是地区的话，它们的面积就会比达拉斯或费城还大，是巴尔的摩、丹佛或旧金山的两倍还多。2015年的一项针对17个城市的特许学校发展方向的研究发现，"无借口"和"进步"一直是特许学校的两大类别。[31]它们代表了关于良好教育需要什么的相反的行动理论，这使它们成为我们研究的有趣的两极。同样值得注意的是，几乎所有这些学校都是1994年以后创建的（大多数是2000年以后创建的）。如果我们的目标是研究自20世纪80年代对高中进行的最后一次主要研究以来的新方法，那么这些学校就为我们提供了这样的机会。

国际文凭学校是一种更古老的学校，可以追溯到1968年。但是，近年来它在美国也有了显著的增长：从1999年的300所学校到现在的1 800多所。[32]它最初是为那些想要申请美国或英国大学的海外精英学生设立的，如今它已逐渐成为公立学校服务贫困学生的典范；最新的统计数据显示，

46%的IB学校的学生中至少有40%的学生获得了免费或减价的午餐。[33]从本质上说，IB介于"进步"和"无借口"之间，强调对传统学科的掌握，但倾向于探究导向的方法。

在对学校的调研中，我们使用了定性研究者的标准工具：我们观察课堂，采访学生、教师和管理人员；在走廊里闲逛；去观看练习、排练、比赛、演出。我们总共花了750多个小时在学校进行观察，采访了300多人。这是一个积极的过程——我们开始通过参加各种课程、采访校长以及一些教师和学生来了解一个学校的代表性情况；然后，我们深入研究了我们真正感兴趣的领域。我们还发现，有些学校比其他学校教我们的东西要多。我们在三所最成功的学校和一所大型综合学校做了深入研究，在每一所学校我们都待了20~30天。这些成就了第二、第三、第四、第五章的主题。我们在另外六所学校做了中等深度的调研，在每所学校花了5~10天时间，这些学校通常也试图做许多与更成功的学校相同的事情，但很挣扎：对于我们的样本来说，它们成了"负面案例"。我们在其他20所学校花了1~4天——这是短暂的访问，目的是将我们的10个深度和中等深度案例与一些广度结合起来。我们还对第六章中提到的戏剧计划进行了深入研究——从开始创作到演出。最后，我们花了大量的时间在我们发现的最引人注目的7位教师子样本研究上，这成了第七章的主题。附录更详细地描述了我们的过程，包括我们组织课堂观察的方式。

**理想与现实之间的差距**

我们的数据中最引人注目的整体模式是，我们在开始研究之前的愿望与令人失望的现实发生了碰撞。我们曾希望受到鼓舞；相反，我们感到非常沮丧。

这里有一个典型的例子，它让人想起20世纪80年代对美国高中研究中的一句格言："我假装教，你假装学。"

那是一个周四的早晨，皮科特（Picket）先生的十年级学生们正在轮流朗诵《罗密欧与朱丽叶》中的一个场景。皮科特先生鼓励学生边读边做注释；他们被期望在"仇恨"这个词的旁边画上一把剑，在关于"爱"的内容旁边画上一颗心。18 名学生中只有 3 人似乎在做标记。其余的人静静地坐着，有些人似乎在看他们复印的文章，其他人则低头盯着地板。

每隔几分钟，皮科特先生就会暂停阅读，然后问一些问题，要求用一个词来回答："这些句子大部分在说什么——爱还是恨？""这几行写的是哪一家族？蒙太古还是凯普莱特？"尽管有几个学生小声回答，但皮科特先生通常会给出答案。最后，他注意到大多数学生都没有在课本上做标记。"来吧，伙计们，"他说，"谁能告诉我：什么地方可以画一颗心？"沉默了很久之后，他无奈地叹了口气。"好吧，我给你们一个免费的小礼物。"他说，并大声读了几行。"每个人都在那儿画一颗心。"他画完后说。

在这些人完成这个场景后，皮科特先生拿出一张工作表，上面有几个后续问题："马库修和提伯尔特打斗的那场戏发生了什么？""关于恨与爱，这些角色都说了些什么？"每个问题后都有两行线供学生写答案。学生们大多很安静，大约三分之二的人似乎在做这项任务，其余的人只是安静地坐着。皮科特先生坐在他的办公桌前，眉头紧锁地看着一些似乎没有填写的试卷。15 分钟后，一个学生大声地从椅子上摔了下来；她和旁边的三个女孩突然大笑起来。皮科特先生皱着眉头，让女孩们注意纪律，之后她们安静下来了。

最后，铃声响了。皮科特先生收集作业，但对那些交白卷的学生什么也没说。当学生们收拾东西时，我问一个女孩今天上课的目的是什么。她迟疑了一下才回答："我不知道，我看不出有什么意义。这是英语课，所以我们只能读故事之类的东西。"然后，过了一分钟，她向另一个男生示意，她说："你应该问问他，他知道这些事情。"

具体来说，问题的一部分是认知的严谨性。在一个又一个的课堂上，学生们并没被挑战而去思考。粗略地算了一下，在我们听课的五个课堂上，大约有四个课堂的特色任务位于布鲁姆分类法的下半部分，要求学生回忆、理解或应用，而不是分析、综合或创造。换句话说，如果我们和一个学生待上一天，我们可能会遇到一节课，有时是两节课，给我们提供了批判性思考或分析的真正机会。与以往的研究一致：教师说的话远远超过学生说的话；学生的模式任务仍然是对老师讲的关于预先建立的知识内容做笔记。总的来说，数学任务仍然是基于算法的，要求学生将现有的公式应用到一系列的练习题中。

我们在推荐的学校里观察到的认知严谨性的情况，与国家关于课堂任务性质的证据相一致。这是一项有史以来规模最大的针对美国四年级到八年级课堂的录像研究。在这项研究中，超过7 000个视频被多名观察员用4种不同的验证仪器打分，结果显示，美国教师在"自我管理"方面得分很高，但在"分析和解决问题、考虑学生的观点、反馈的质量……以及对内容的理解"等方面得分较低。在这些能力中，"分析和解决问题"是最不常见的，仅在20%的课程中出现（与我们估计的五分之一相似）。在数学方面，只有1%的课程在分析复杂性方面得分较高，而70%的课程得分较低。[34]教育信托基金（Education Trust）在一项大规模分析中也报告了类似的发现，该分析关注的是中学生被要求执行的任务。在评估6所中学的近1 600项任务时，分析人员使用韦伯的知识深度量表来检查学生被要求完成任务的复杂性。他们发现，"只有4%的作业要求学生在更高层次上思考"，相反，"大约85%的作业要求学生回忆信息或应用基本技能和概念，而不是进行推理或结构分析"。[35]

我们观察到的另一种常见模式是，教师倾向于破坏更高阶思维的潜在机会。教师有时会问一些问题，这些问题可能会引出开放式的回答。例如，在英语课上，教师可能会问学生在阅读时注意到的主题或符号。可一旦学生开始有反应，教师则会把学生们想说的东西（通常只有几个词）的早期片段编入他们自己的长篇评论中。我们很少听到学生一次说一两句话以上。这与马丁·尼斯特兰德（Martin Nystrand）和亚当·加莫兰（Adam Gamoran）之前的研究相一致，他们在对9所高中224节课的研究中发现，九年级英语课堂上自由流畅的讨论平均每天不到15秒![36]

一个相关的问题是我们称为"等待戈多"的模式。通常情况下，我们会旁听一节课，作为我们向教师宣布的"更深层的学习"研究的一部分。我们会看到一节像上面描述一样的课，然后老师会在我们下课的时候告诉我们，她或他知道这节课不是更深层的学习，而是在为以后的更深层的任务打下基础。然后，我们日复一日地回到同一课堂，却发现"更深层的学习"却从未到来。然而，在任何情况下，我们都可以花一些时间去学习新的技能或建立基本的事实知识，值得注意的是，我们见到的最好的老师通常是从一个令人困惑的问题或整体任务开始，然后将内容和技能建设整合到单元中去。正如一位观察人士打趣的那样，大多数教师把这个过程看作是"繁花做的阶梯（bloom as ladder）"（先学基础知识，后学高级技能），而我们看到的最令人信服的老师似乎采用了一种"繁花做的网络（bloom as web）"的方法，这意味着他们在低级任务和高级任务之间来回切换。

我们还发现了不同层级之间的差异，这与之前的研究相一致。AP课堂和优等生课程的学生更有机会频繁地讨论课本，查看原始资料，并参与讨论。低层级的学生（现在通常被委婉地称为"大学预科"或"高等大学预科"）把更多的时间花在大声朗读课文和从PPT上抄笔记。因为这些层级通常是按照阶层和种族划分的，所以这也造成了学校给学生提供的教育方面的不平等。有一次难忘的经历，我们分别观察了两堂历史课——一堂课上满是文献和原始资料分析，另一堂课上是你从未听过的关于工业革命的最枯燥的课。那天之后，当我们在一个小午餐区讨论各自的历史课时，一个女人走了进来，从冰箱里拿她的食物，我们意识到我们看到了同一位女士在不同的层级教书。这表明，问题不在于教低层级学生的老师，而在于如何教低层级学生现有的知识基础。我们确实遇到了一些老师，他们找到了更成功的方法来教低层级的学生，也遇到了一些学校完全放弃了对教学的跟踪管理。我们以后再讨论这两个问题。

还有一种模式是将更快误认为更深。我们在不同课程的课堂上都看到了这种情况，但在优等生课程和AP课程中尤为普遍。老师们觉得自己有责任达到外界对教学进度的期望（无论他们是来自学区、州测试、SATii还是AP）结果，他们觉得有义务快速地阅读材料，但不一定要深入。在实验室的科学研究中，人们往往急于证明课本上讲的内容，而没有机会进行真正的研究。在数学或化学课上，学习更多的规则或分子。想在学校取得好成绩的学生（或家长希望他们表现好的学生）会遵从老师的要求，完成预期的家庭作业和课堂任务，但目标是成绩而不是科目。"这个会出现在考试中吗？"在美国的高中里这句话仍然很流行。

如果说问题的一个方面是认知的严谨性，那么另一个主要方面就是参与度。在我们观察过的许多学校里，刚刚还在大厅里兴奋地叽叽喳喳的学生，转眼都面无表情地坐在教室里了。学生们一遍又一遍地告诉我们，他们不明白自己所做的事情有什么意义，这和现实世界的应用没什么联系，他们来学校主要是为了见朋友，参加课外活动，或者上大学。2015年盖洛普（Gallup）对近100万名美国学生进行的一项调查也显示了类似的情况。盖洛普的民意调查发现，学生在校时间越长，参与程度就越低：75%的五年级学生表示他们对学校很感兴趣，九年级的学生中这一比例降至41%，十一年级的学生中这一比例降至32%。由于学生必须在学校接受调查，即使是32%的人也低估了疏离感的程度，因为最有疏离感的学生已经辍学，不在数据中了。[37]盖洛普的调查结果与早期的研究结果一致，这些研究同样表明，随着学生年龄的增长，学生的参与度会下降。[38]

2009年高中学生参与度研究（HSSSE）提供了美国高中参与度模式的最新最详细的调查。这项对27个州103所学校的4.2万多名学生进行的调查发现，66%的学生说他们每天在学校感到无聊，六分之一的学生说他们对每节课都感到无聊。[39]至于学生们感到无聊的原因，他们给出了一系列熟悉的理由，包括"材料不怎么有趣"（82%）和"缺乏相关性"（42%）。教师的教学选择是他们脱离课堂的另一个原因。[40]我们知道在高中最常见的教学方式，比如老师讲课，只有26%的学生认为是有吸引力的。相反，61%的学生认为使用频率较低的模式，如"讨论和辩论"，很有吸引力。[41]当然，材料表面上引人入胜而不"深入"（我们将很快讨论）也是可能的，但值得注意的是，最常见的教学模式是让学生被动地坐着，他们的绝大多数报告也说，这种模式会导致疏离和无聊。相反，对更积极的课堂（被观察者描述为符合纽曼所谓的"超前智力工作"的标准的课堂）的研究表明，这种练习与更高水平的参与度有关。[42]

根据 HSSSE 的研究，参与度也沿着分层轴变化：女孩比男孩更愿参与；白人和亚裔学生比黑人和拉丁裔学生更投入；没有得到免费午餐或减价午餐的学生比得到午餐的学生更投入；优等班和高级班的学生比低层级的学生更专注。[43]这些模式在三个参与维度上是一致的，包括认知/智力、社会/行为/参与性和情感。

HSSSE 的研究还发现，学生们对他们的教育有巨大的无力感。在研究的自由回答部分，学生们写了诸如此类的东西：

"这项调查毫无意义，也很愚蠢。任何人的答案都无法作为解决问题的依据。"

"为什么我们要填这些表格而且发现没有任何改变？当你这样做让别人抱着很大希望时，结果却失败了？"

"大多数问题只要走进学校就能明白。"

"这是毫无意义的，没人会看的。"

"如果说这所学校教会了我什么，那就是我的观点在这里并不重要。"

"这所学校不允许学生在决策中有发言权，尽管他们自称有。"[44]

在我们的研究中，老师们很清楚，学生们没有专心于他们的课程，但许多人不知道如何回应。一些人尝试了"你需要学习这些——因为你在大学或以后会需要它"的方法，但这种策略在那些倾向于从现在的角度考虑问题的青少年中收效甚微。我们还发现，为了提高参与度，我们经常使用"写你的周末"，大量引用流行文化，还有一些是老师分享的关于他们自己的生活——但是，在我们的观察中，除非这些做法与一种更深层的学科联系在一起，否则这样很少会有效果。此外，有时我们认为他们会破坏老师在这门课上的可信度，比如一位年轻的历史老师在结束一节课时，要求学生说出他们最喜欢的漫画，而这节课原本是关于十字军东征的。

这种疏离的原因似乎更多的是学校教育的整体规则所施加的限制，而与教师无关。令我们震惊的是，尽管我们访问的许多特许学校在形式上享有自由，但惯性的力量、同构性或缺乏想象力，使它们看起来与其他高中并无太大的区别。如果让学生们在九年级的一年中穿越1 500年的历史，王朝和皇帝每周都在变化，苏格拉底自己也很难让这门课吸引人。这并非巧合，我们发现许多最引人注目的课程都是选修课，这在某种程度上改变了这一核心规则——更深入地关注一门学科，并从多个角度审视它；从批量学习转向个性化学习；做更多的实践工作；或者将学生的努力和精力与向外界展示的作品或项目联系起来（我们将在第五章进一步讨论）。

与此同时，在进步或以项目为基础的学校或课堂上出现了另一类问题，我们有时会认为教师把以学生为中心的学习或主动学习误认为是更深层的学习。

这是一个周三的下午，在科恩先生（Mr. Cohen）和拉蒂默女士（Ms. Lattimer）共同教授的物理科学课程上，九年级的学生们正在缝制濒危动物的动物填充标本。他们已经连续做了三节课的针线活，对许多人来说，他们终于要完成了。学生选择的轻音乐充满了整个房间。大多数学生都趴在他们的毛绒动物前，但有几个提前完成的学生在笔记本电脑上一起工作，他们在寻找动物的照片并打印出来，这些照片会在即将到来的展览期间被用来装饰房间。

拉蒂默女士和一小群人坐在角落里，为他们演示如何添加纽扣等装饰。科恩先生四处走动，与学生小组成员交谈，请他们解释自己是如何进行责任划分的。在某个时候，他向所有人宣布："在你缝合所有东西之前，确保你能够正常打开和关闭电路。"他指的是上周学生们用导线把LED灯缝在小电路上制作的电路板。发光二极管将成为毛绒动物的眼睛。

由于该项目旨在将科学和创客教育结合在一起，我们要求学生谈论他们在这些领域的学习。学生们兴奋地谈论他们是如何选择动物的，以及他们从未如此小心翼翼，以确保手工制品的制作恰到好处。他们对下周的展览特别兴奋，在那里他们将把他们的毛绒玩具卖给游客，以便为他们选择的动物保护组织筹集资金。然而，当我们问到动物体内的电路是如何工作时，他们就会犹豫。其中一人承认："我知道如何让LED发光，但我不知道为什么，我只是遵循老师的指示。"同样，当我们问他们对自己的动物了解多少时，他们中的许多人也没什么可说的。"我们必须选择能让人们关心它们并愿意捐款帮助它们免于灭绝的照片，"一名学生解释道，"除此之外，我们真的没做什么。"

这门课是我们遇到的一些更"有趣"、更"进步"、更有"创客空间"的典型课堂。这里的问题是把"动手"和"专心"搞混了，它涉及"以那种方式做事"，并不能帮助学生了解他们所在领域或学科的基本概念结构。然而，正如我们将看到的那样，好的基于项目的学习可能是非常"深入"的，我们观察到，在一些教师中肯定有一种倾向，即把以学生为中心或活动密集型的学习误认为是更深层的学习。

## 亮点

从我们的研究中传来的坏消息是，美国的高中教育并不像一些报道所说的那样，在整个学校层面实施更深层的学习。好消息是，在我们访问过的几乎每一所学校，包括那些不以"更深层的学习"著称的普通公立学校，这种学习方式实际上正在进行。这成为我们工作中可以预见的一个方面：我们知道，如果我们在整整六天的时间里跟踪一个特定的学生，我们不可避免地会遇到一个或两个出色的实践者，他们已经想出了如何让课堂既严谨又充满活力的办法。这一发现与盖茨基金会的"有效教学措施"研究相一致。该研究估计，每 5 个中学课堂中就有一个课堂具有至少适度的批判性思维和分析能力。[45]这个数据可能会令人沮丧（只有五分之一）但它也可以被理解为希望的源泉。毕竟，如果这里有 370 万名教师在美国公立学校工作，那么有超过 70 万名教师具有一定程度的更深层的学习教学能力。这也是一个好消息，因为它表明，这些课堂并不仅仅存在于某些"特殊"的学校（特许学校、私立学校、有吸引力的学校），也存在于美国的普通公立学校中。

此外，以这种方式进行分类的话（有些老师提供的是更深层的学习，而有些老师没有），会涉及严格的界限，而技能的连续性则是一个更准确的形象。这也意味着教师的技能水平是固定的，而不是一个我们观察到的特定时刻的发展过程。另一个好消息，就是几乎所有我们采访的老师都渴望创造一个充满智慧活力的课堂，在那里学生能理解复杂的问题，那里有自发的能量，而不是被迫服从。因此，尽管在实现这一愿景方面存在巨大的差距，反映出该领域缺乏一套重要的机制，但我们采访的绝大多数教师至少都渴望获得理想的课堂质量。

与此相关的是，正如我们经常假设的那样，新的三个标准是"严谨、相关性和关系"，尽管我们观察到许多老师在严谨和相关性方面很挣扎，但他们在关系方面表现得更强。事实上，所有与我们交谈过的学生都表示，至少有一位老师关心他们，他们通常认为最好的老师是"她对我感兴趣""她是放学后留下来帮助我们的人"。之前提到的 HSSSE 调查也反映了类似的发现——三分之二的学生认为："大多数"或"所有"老师都希望他们做到最好；88% 的人说学校里至少有一个成年人关心他们。[46]在我们参观的教室里，即使不是智力严谨的地方，也通常是友好的地方。老师们经常分享他们自己的生活信息，有时询问学生的生活，经常用幽默的方式来缓和气氛。[47]这是有阶级梯度的——学生越富裕，文化就越宽松。在我们的样本中，无借口学校纪律最严，关系最松散。然而，即使是在无借口学校，学生们也表示老师关心他们，他们通过花额外的时间计划课程和其他方式（比如努力让他们上大学）来表现这种关心。至少在这些推荐的学校样本中，学生们一致表示老师对他们相当关心；老师们正努力想办法把这种关心转化为严谨而有吸引力的教学。

如果我们的故事是关于不同学校之间不一致的更深层的学习模式，那我们确实发现一些学校和项目始终体现了它的部分或全部品质。在我们总共访问的 30 所学校中，我们确实遇到了一些正在不断朝着我们一开始所寻找的更深层学习实践的学校。我们在第二章、第三章和第四章详细描述了其中的三个流派。

访问一系列的学校也让我们看到，第一组学校——在掌握、认同和创造力这个三角结构中至少有一个方面表现出色，因此可以为他们的学生和这个领域提供一些东西,即使他们正在努力把所有的元素结合在一起。我们意识到,这样的学校可以大致分成几个群体,这些群体拥有一套基本的价值观,以及一套关于如何通过组织结构和课堂教学实例化这些价值观的行动理论。例如,休利特更深层的学习网络中的许多学校都有一个共同的愿望,即支持学生发展托尼·瓦格纳(Tony Wagner)所描述的21世纪所必需的"七项生存技能"。[48]这些学校强调通过跨学科、协作性、与现实世界一致的项目来发展原创工作,这种模式通常需要区块化安排、跨学科教学,以及使用基于绩效或作品集的评估。我们认为,通过改变学校的规则,这些学校能够更好地给学生提供锻炼创造力的机会,并形成与他们的工作相关的更深层次的身份认同。他们在传统形式的学术掌握方面表现较弱,这是通过测试或我们在学生中观察到的智力水平和学术流利程度来衡量的。

　　第二组学校更接近这个三角结构的"掌握节点",它们围绕着支持学生在传统学科中发展更深层的知识、技能和能力的目标进行组织。这些学校包括一些已经采用了大学预修课程(AP)的学校,一些已经采用了国际文凭课程(IB)的学校,还有一些已经开发了自己的探究方法,渴望帮助学生学习大卫·珀金斯(David Perkins)所说的传统学科的"整个游戏",而不仅仅是肤浅地学习历史事件,例如通过分析原始资料,对相互矛盾的解释进行辩论,进行原创研究。[49](大学先修课程是限制还是支持更深层的学习是一个复杂的问题,我们将在第五章详细讨论。)[50]

　　围绕国际文凭课程的学校或组织正试图更进一步帮助学生理解每一学科的核心认识论("认识的方式")与其他学科的比较。这些过程有时可以激发学生的创造力,帮助他们发展学术身份,但它们往往不会产生我们在前面描述的一些基于项目的方法中观察到的活力。

　　第三组学校主要包括"大图景学习网络"(Big Picture Learning Network)中的学校,主要关注更深层的学习三角结构的"认同节点",努力帮助学生培养一种更强烈的自我意识,即作为学习者、公民通过不断地向校外导师学习,并在校内学习课程中做出广泛选择,他们很快就会成为专业人士。这些学校往往严重依赖那些支持个性化毕业途径的结构:在线课程、学生自选的实习、选修课程和"循环"建议。这些学校有许多是为在传统高中里表现不好的学生设计的，似乎成功地建立了温暖、有目标的社区，让学生重新参与到教育中来。这是一个不小的成就。与此同时，在传统的学术掌握方面，他们却有所欠缺。

如何看待这些主题学校是一个重要的视角问题。我们选择把杯子看成是半满的：这三条脉络中的每所学校都明白了激励学生的重要性。这本书的部分目标是思考我们如何将这些碎片组合在一起，并在这样做的过程中创建更深层的学习的三角结构，以便可以深入到每个课堂和学校。

如果我们把视野扩大到选修课程和课外活动中，前景会更加光明。与我们的直觉相反，在我们访问的许多学校中，最深层的学习似乎集中在这些所谓的"边缘"环境中。从视觉艺术、电影配乐到戏剧和模拟联合国，这种背景往往利用学徒模式的力量，在这种模式中，现实世界的专业实践领域为优秀工作提供标准，教师是专业知识和信念的典范，学生逐渐被引入越来越复杂的专业活动中。这些品质为学习注入了深度、意义和明显的动力感，而这些品质正是主流学术课程所缺乏的。虽然我们认识到选修课和课外活动在结构上是"特殊的"——学生自己根据兴趣或能力自由选择。这里很少有来自外部的压力，我们也认为，在如何让青少年参与更深层的学习方面，从这些课程中，我们可以学到一些很有价值的东西。我们认为，未来发展的一个关键问题是，学校如何将更多"边缘"发生的事情纳入其学术研究的核心项目中。我们将在第五章（选修课）和第六章（课外活动）详细讨论边缘和核心之间的关系，并在最后一章从更广泛的角度再次讨论。

### 为什么学校里很少有更深层的学习？

正如大卫·科恩（David Cohen）在他的文章《万变不离其宗》中指出的那样，将知识作为确定的和被给予的，教师作为讲述者、学生作为被动接受者的传统已有千年历史。今天，这些假设仍在继续，不仅在美国的公立学校，而且在世界各地的公立学校，还有许多私立学校和大学，所有这些学校，尽管它们的组织背景不尽相同，但从根本上都认同教学就是知识传播的概念。这些假设出现在成人和宗教权威是真理的时代，很少有人有资源、时间或机会来参与知识的构建，孩子们被期望符合成年人的期望。与约翰·杜威等人所描绘的相反，学生是一个积极意义的创造者，因此，教学是一种激发思考的行为、帮助学生逐渐为自己揭开科学、文学和其他领域的神秘面纱，正如科恩所指出的，它只有一个多世纪的历史，是教育领域中一个姗姗来迟的弱者。[51]

如果说故事的第一部分是历史的和认识论的因素，那么第二部分就是结构的因素。在美国，大卫·提亚克（David Tyack）和拉里·库班（Larry Cuban）创立了所谓的"学校教育规则"，这进一步强化了教学、知识和学习的旧观念。[52]这种规则是由19世纪末至今的美国学校体系的官僚们建立的。这种规则的关键要素是按年龄分级的课堂，将课程划分为不同的学科，创建不同的学术层级，以及以教师为中心的教学法，期望所有学生都能同步吸收知识和技能。[53]我们在21世纪初的课堂上看到的很多东西，至今仍然带有这个百年组织设计的沉重印记。

第三个因素是美国教学的低专业化。正如我们中的一位在上一本书中所指出的那样，在创建美国学校体系时做出的一个重大决定是，将权力交给一个以男性为主的小行政阶层，而不是将以女性为主的教师队伍发展成为一个成熟的职业。专业领域的领导者，如法律、医学、工程和许多其他领域，认识到他们从事的工作是复杂的，因此发展了适合知识工作者的专业价值体系和结构：他们在招聘人员方面是有选择性的，为他们的工作建立一个知识基础，在这些知识方面提供长时间的培训，然后要求那些进入该领域的人展示这些知识和技能。相比之下，美国的教育采取了不同的方式，将权力放在行政阶层，并没有发展所需的专业机制：教学是一个没有选择性的领域，具有短期培训和入职要求低的特点，当教师短缺时，往往会完全放弃这些要求。正如我们所观察到的那样，这种非系统的结果在各个课堂之间产生了很大的差异。在美国教书也没有像在其他国家那样的一个职业阶梯，包括晋升机会和成为高薪教师。其结果是，很难吸引到一个有才华、有能力和多样化的教师从事教学工作，这反过来只会加剧行政控制的欲望，使这种恶性循环持续下去。[54]

## 历史之手

从19世纪80年代至今，对美国课堂的观察研究一再表明，这些力量是以何种方式产生和再现了一种教学即传播的现状，即保罗·弗莱雷所说的"银行式教育"。例如，在1893年，儿科医生约瑟夫·迈耶·赖斯，对美国学区进行了一次考察，在很多方面都与我们120年后的旅程相类似。他发现，绝大多数课程的重点是把知识灌输到孩子们的头脑中，以及背诵他们在课本上读到的内容。他发现很少有"新教育"的例子，比如实验、创造性写作或让学生进行批判性思考的机会。[55] 拉里·库班在对1880—1980年教学进行的著名研究发现，类似的模式在整个20世纪都持续存在：虽然课堂实践有一些弱化，逐渐变得以孩子为中心（特别是在小学），但总的来说，这种模式是主题重于学生，老师讲课重于学生讨论，大部分教学都是课本教学。[56] 当研究人员在20世纪80年代回到高中时，他们再次发现了类似的模式。例如，约翰·古德拉德（John Goodlad）在1984年对高中进行的大规模研究发现，"75%的课堂时间用于教学，其中近70%通常是教师对学生的讲话"，老师对学生讲话的比例约为三分之一的比例……老师们讲话的大部分内容是指导性讲述。只有5%的教学时间被设计用来让学生创造需要做出回应的预期。要求学生进行某种涉及推理或提出观点的时间，甚至连1%都没有。[57] 正如丹·洛尔蒂（Dan Lortie）的著名论断所言，大多数教师按照他们老师教他们的方式教学，因此学校系统有一种内在的自我复制的机制。[58]

在这种主导模式下也有一些例外，但它们都集中在"小众"领域，当在整个公共系统中进行尝试时，它们在很大程度上被削弱了。[59] 例如，杜威对进步教育的丰富观点（一种将理论与实践、学生与学科联系起来的跨学科动手课程）已经在小型私立学校，偶尔也在富裕地区的公立小学得到充分实现，在那里有足够的家长支持。[60] 但是当这些理念被引入到公立学校，尤其是被大型高中提供给更多样的学生群体时，它们往往会被彻底淡化：家政类课程、生活适应教育和职业教育，所有这些都利用了实践而避开了学术。[61] 学校选择了比较容易做到的部分（为学术倾向较低的学生提供更实用的课程），并没有选择更难的部分：把实用作为学习学术内容的跳板。在许多方面，生活适应教育的问题是我们前面描述的"有趣而不严谨"的进步学校的上一代。

纵观历史，种族和阶级的分界线在决定谁有机会获得更深层的学习经验方面起着关键性作用。20世纪初，面对大规模的移民和迅速增长的高中学生人数，改革者建立了一种学校体系，为不同能力或家庭背景的学生开辟了不同的道路。在当时智力测试这门新科学的鼓舞下，这些改革者创造了一种明显差异化的学校体系，将条件较好的学生引入更为传统的学术轨道上，将贫穷的、移民和工薪阶层的学生引入职业轨道或要求较低的学术轨道上。在20世纪下半叶，居住隔离和城市非工业化加剧了这种不平等，这些发展导致城市和郊区学校之间的差距日益扩大。[62]根据定量证据和对课堂上学生种族的密切观察结果发现：为中上阶层学生服务的学校和课程更频繁地以互动为特征，在这些互动中，学生有机会表达自己的想法，并努力解决复杂或开放式的问题；而为工薪阶层或高度贫困学生服务的学校或班级往往以教师讲课为主，以作业和其他低水平的任务为特色。[63]一些学者认为，学生在学校受到的待遇和他们期望拥有的职业职位之间存在着对应关系，中上层阶级的学生学习评估信息、权衡选择和做决定的管理技能，工薪阶层和高度贫困的学生学习如何遵守规则。[64]近年来，为缩小成绩差距而做出的善意努力有时会无意间将这种差距重新放大，因为那些有可能无法通过国家考试本就处境不利的学生会得到越来越多的备考时间，课程则越来越少，而条件较好的学生则获得了更多样化和更有刺激性的课程。[65]

最后，这段历史或许也强调了美国学校没有太多更深层的学习的最重要原因：公众对它的需求有限。与更深层的学习相关的品质（批判性思考、应对细微差别和复杂性、重新考虑继承的假设、质疑权威和接受智力问题的品质），并没有被美国人广泛接受。[66]例如，20世纪60年代美国国家科学基金会（National Science Foundation）的课程《人：一门研究课程》（MACOS）就在原教旨主义者的猛烈抨击下夭折了。该课程邀请学生们学习另一种文化，作为人类学研究人类意义的一部分。[67]MACOS只是众多让学生直面难题的众多方法中的一个例子。这些方法却遭到选民中更保守分子的拒绝。因此，创造更深层的学习不仅要改善教学方法，而且要建立对不同学习方法的需求。

**限制与疏漏**

另一种理解更深层的学习缺乏的方法是从塑造当今美国高中课堂的负面力量的角度来思考，我们将这些分类为限制和疏漏。从学校层面的障碍开始，让学生参与持续的、有意识的、高认知需求的任务，这需要许多高中教师根本还不具备的结构和支持。与小学相比，他们教的学生更多，每天与每个学生见面的时间更少，这使得建立关系和创造持续探究的机会变得困难。[68]一位十一年级的科学老师遗憾地说："47分钟刚好足够让孩子们真正感兴趣并投入到你想让他们学的东西中去，然后下课铃响了，第二天你又得从头开始了。"将各学科组织起来会加剧分裂感，限制了支持学生建立联系和跨学科传递知识的机会。大课堂教师的高负荷（每位教师在他或她的课堂上所教的学生总数）也不利于个性化的关注和教师对学生作业的大量反馈。除了这些系统的限制之外，在一个更微妙的层面上，高中似乎反映了我们的社会对青少年的态度——这是一种根深蒂固的病态。青少年被要求一坐就是几个小时，一小时又一小时地被动地倾听和听从指示，但很少参与到真正的选择和自由的任务中去。在某种程度上，这样做将意味着放弃一些严格的控制，这种控制通常是中学师生关系的特征，尤其是在为穷人或少数族裔服务的中学。[69]

另一个主要的结构性限制（也是教师们自己经常引用的）是与外部评估相关的内容覆盖压力，比如州测试、SATii，甚至一些大学预修课程考试。近年来，这种压力越来越大，在表现不佳的学校里，学校管理者担心每年的进步是否能达到州标准考试所衡量的水平，中上阶层的学校也感受到了这种压力，这些学校的学生正在为进入一流大学而竞争。同样，地区规定的范围和顺序期望强调广度而非深度，要求教师快速浏览大量材料，几乎没有机会停下来进行更深入的调查。最后，教师评估体系还会限制更深层的教学的机会，因为它关注的是教学的表面（比如，目标是否写在黑板上），而且根据教学大纲的不同，可能会与探究为导向的教学方法相背离。

  这些传统和压力的存在无疑是一个关键原因，甚至很少有教师试图围绕更深层的学习目标重新调整或整合他们的实践。然而，一个同样有力的原因是，缺乏能够帮助他们这样做的结构和过程。其中最主要的是没有充足的时间、资源和专业的学习机会来学习如何以新的和不同的方式教学。例如，在20世纪50年代和60年代，在人造卫星的刺激下，包括杰罗姆·布鲁纳和其他高等教育界人士在内的改革者，试图重新调整核心学科的教学，使之与该学科的学者实际研究这些学科的方式保持一致。他们试图做的很多事情与我们关于更深层的学习的讨论相似。在美国国家科学基金会的支持下，他们开发了相应的新课程。但是，对这一努力的描述表明，改革者们没有向教师们提出足够令人信服的理由，说明教师为什么应该改变，他们也没有承认这种改变会大大增加教师工作的复杂性，而且也没有持续地努力培养教师的能力，以适应新的教学方式。[70]结果，10年后对改革的评估表明，少数有抱负的教师开始使用新的数学、修订后的科学和新的社会学科课程教学，但大多数教师仍然像从前一样教学。[71]

  类似的疏漏困扰着整个教育部门。从本质上说，当前的教师实践是一种恶性循环的产物，这种恶性循环尚未在任何规模上被打破和逆转。我们在本章前面描述的现实意味着，在他们自己的高中经历中，教师们不太可能有过更深层的学习的经历，尤其是在他们的核心学术课程中。同样，美国教师培训计划的缺陷和不连贯性被广泛承认，这意味着教师在开始他们的职业生涯时，不太可能学到任何关于更深层教学的实质性知识。[72]最后，虽然我们看到了一些进展，打破了历史上困扰着教师这个职业的孤立，但我们没有看到太多的证据表明，教师合作会带来更严格的教学。[73]总的来说，我们观察到，即使教师们渴望给他们的课堂注入更大的活力并提供学习的深度，但他们也缺乏丰富的模式（这些品质可能是什么样的，以及产生这些品质可能需要什么）所以他们默认按照自己被教导的方式教学。

## 如何支持更深层的学习：预习

在这样的背景下，我们就更容易理解我们在学校里看到的东西了。那些试图创建具有挑战性、严谨和有目的教育的学校，必须与一系列直接与它们的目标相悖的历史和当代力量作斗争。这些因素包括疏漏和限制，这意味着，为了实现目标，学校必须自己弥补上大部分缺失的内容。

我们将在后面的章节中更详细地展开我们的论点，但关于预习，我们发现：

为了缩小所信奉的价值观和实践之间的差距，学校需要对更深层的学习有一个具体而细致的愿景和精心制作的组织设计，以确保教师能够实现这些内容。因为教师通常没有接受过更深层学习的培训，如果学校想要在课堂上创造一致的质量水平，教师就必须自己进行大部分的学习。具体来说，我们发现，在实现愿景方面最成功的学校，尽管它们的教学方法不同，但都产生了一个具体和细化的学习愿景，为成年人开发了广泛的机会来学习这种愿景，成年人学习的方式与他们期望的成年人教学生的方式是对称的，让学生和教师也可以面对面地工作，创建一些问责机制，发展出一种集体身份，产生了教师和学生主人翁意识，并协调组织流程以支持这些努力。即使是在外部系统中工作的学校，如国际文凭课程，可以提供外部"外骨骼"来支持更深层的学习，同时也需要一个具有这些功能的并行于内部的"内骨骼"。

实现更深层的学习是一个挑战，因为它需要大量的"学习归零"。对于传统的教师来说，在专业领域给予学生更深入的体验意味着巨大的损失：在追求深度的同时失去了一定的广度和控制力，因为教师意识到作为一名教师并不意味着总是要在全班面前讲话。做出这些转变是困难和痛苦的，即使对我们最成功的教师来说，这往往也需要很多年。主题化或集团化的学校在组织层面面临着另一种挑战：无借口高中试图找到重新启动控制文化的方法，让学生为更开放的大学环境做好准备；杜威高中试图找到一种方法，在整合基础技能建设的同时，继续开展具有开创性和有意义的项目。对于每一所学校，它们的核心 DNA、组织过程和文化都是一致的，并朝着一个方向发展。整合新的目标是一项挑战，因为这样做将会破坏许多最初带给它们成功的东西。

强大的学习经验整合了看似对立的优点：掌握、认同和创造力。无论是在课堂上、课外活动、俱乐部，还是其他地方，学生们认为他们最有力的学习经历是那些给他们机会发展知识和技能（掌握）、与某个领域紧密联系（认同）的学习经历，并有能力通过尝试做一些对他们有意义的事情来实现他们理解的经历（创造力）。在学徒制模式中，学生在更有经验的教师和学生的监督下尝试（但往往失败）去做某件事，这与这种综合的学习模式特别吻合。

外围课程往往比核心课程更重要；核心课程之外是第二种"学校教育规则"，它更好地与强有力的学习相结合。学校所谓的外围课程（课外活动、俱乐部和选修课）与核心课程的规则截然不同。在这里，学生们可以做出重要的选择，他们在工作中看到了目标，学习是普遍的，深度优先于广度，学生们是高年级学生的学徒，学习常常是头脑、双手和心灵的综合。虽然学生在这些外围活动中所发生的事情仍然依赖于领导他们的人的知识和技能，指导他们的核心假设，但这些经历似乎支持而不是限制了他们的努力。

有些教师采取了与大多数传统教师截然不同的学习立场，从而能够将更深层的学习带到核心课程中去。因为学校是松散连接的组织，尽管主导模式是严肃的，几乎每一所学校都有深入学习的领域。领导这些引人注目的课堂的老师与我们大多数老师在一些相互关联的维度上有所不同，我们称之为他们对教学的立场：他们认为，这么做的目的不是讲授教材，而是引导学生进入自己的领域；他们优先考虑深度而不是广度；他们认为学生是知识的创造者，而不仅仅是知识的接受者；他们认为失败不是要避免的部分，而是学习的必要部分；他们试图营造一种严格和快乐的氛围，而不是顺从。

那些能够为学生提供更深层的学习经验的教师，他们自己也有一种"开创性的学习经验"，这种学习经验启发了他们，帮助他们认识到如何引导下一代进入他们的研究领域。这些教师每个人都能举出他们在大学后期、在研究生阶段或在现实世界中开始实际从事他们要教的领域或在工作时的经历。虽然他们在学生时代有过许多普通的学习经历，但他们利用这些罕见但强大的学习经历，对自己的目标和实践产生了不同的看法。这对教师准备和持续的教师学习意味着，如果他们要为他们的学生创造类似的东西，更多的教师需要有这样的经验。

虽然有些人认为这些方法只适用于有优势的学生，但我们的研究表明，对学校最不满的学生是最需要新方法的学生。在提供更深层的学习经验方面最有效的教师认为，他们正在开发的方法对那些处境最不利和最不满的学生尤其重要，因为他们是传统教育服务最差的学生。老师们为技能较弱的学生做出了明智的调整——缩短课文，更仔细地搭建阶梯——但他们的核心立场对所有学生都是一样的：通过创造将掌握、认同和创造力联系在一起的体验，引导学生进入某个领域。

该系统不面向更深层的学习，我们最成功的例子不得不缓冲外部压力。如果我们想要更多的更深层的学习，我们需要改变这个系统。因为外部环境（包括考试、家长期望、大学压力、学区范围和顺序）与更深层的学习是不一致的，我们的课堂、教师、学校，课外活动必须找到方法来缓冲这些压力，以便为学生试图创造的强大的学习环境腾出空间。选修课、课外活动和俱乐部（选择的和未经测试的领域）往往是这些更深层的领域，这并非巧合。如果要让更深层的学习从边缘进入核心，外部环境就需要改变其评估、文化和其他期望，以与更深层的学习保持一致。

# 进步的前沿：基于项目的学习

这是西海岸一个阳光明媚的上午，大约 11 点钟的杜威高中（化名）正是热闹非凡。现在是六月，在许多学校里，这是一个让人昏昏欲睡或心烦意乱的月份。不过在这里，取而代之的是学生们正准备将他们完成的春季项目作为"学习的过渡性展示"，这就是学校的期末考试。

在大楼一端的一间小教室里，戴文和伊莎贝尔在一张长方形木桌的对角的位置工作。伊莎贝尔是墨西哥裔美国人，十年级的学生，圆圆的脸庞，乌黑的头发，俯身在看一篇杂志文章。当她停下来重读一段文字时，她的脸上流露出一种介于兴趣和困惑之间的表情。"我认为我们应该把这个也包括进来。"她轻声说。她的眼睛几乎没有从书页上抬起来。伊莎贝尔的项目合作伙伴戴文一开始似乎没有听到。他身材高大，穿着一双帅气的陆战靴，他略显浮夸，就像伊莎贝尔的轻声细语一样慵懒地坐在一把金属椅子上，侧身看着笔记本电脑上的一份采访记录，时不时地瞥一眼将教室和外面阳光灿烂的"大房间"隔开的那块玻璃。过了一会儿，他把目光转向他的同伴。"你找到了什么？"他问道，"我们确实需要更多的统计数据。"

两人正在制作一个支持在高中发放计生用品的视频纪录片，并正在努力完成脚本。这个为期 12 周的项目是由奎因先生（Mr. Quinn）和他的教学伙伴，一位来自萨尔瓦多的西班牙语教师合作开发的。奎因先生是一位人文学科的精力充沛的年轻教师。在课程开始时，学生们学习了以恐惧为基础的修辞，学习了冷战时期的麦卡锡主义。然后，他们组成小组，开始为这个项目的每一项任务工作，纪录片必须使用"偏执风格"［历史学家理查德·霍夫施塔特（Richard Hofstadter）创造的著名术语］，以对当前公众关注的问题进行辩论。为了满足要求，每个小组必须选择和研究一个主题，写一份信息丰富的备忘录和一篇关于它的议论文，对利益相关者进行采访，起草和修改脚本，将这些采访与其他来源的素材结合起来，并制作视频。最后，每个小组必须为自己的视频添加音乐和西班牙语字幕，然后在课堂展示之夜向老师、家长和同学们放映。不久之后，他们需要反思他们的工作，作为学习的过渡性展示的一部分。

伊莎贝尔和戴文为他们的项目选择计生用品分发的主题并非偶然。伊莎贝尔有几个同龄人已经有了三个孩子；戴文有个表弟是艾滋病毒携带者。对这两个学生来说，恐惧连同悲伤、愤怒，甚至是温柔——是构成他们的纪录片的恰当情绪。他们选择成为合作伙伴也并非偶然。他们的合作反映了好朋友之间的亲密关系：舒适的沉默被严肃的对话、争吵和玩耍打断。当戴文从卫生间回来时，伊莎贝尔责备他，警告他可能需要在午餐时间工作，以赶上一天的最后期限。"不可能，姑娘。"戴文反驳道，"我马上就能搞定。"

在房间周围，其他小组也在以类似的流动性和自我指导工作。一些学生坐在桌子上讨论他们的想法，其他人带着摄像机进出房间。一群女孩在讨论他们电影中的图像排序，在工作和社交之间轻松切换。就奎因而言，他是一个精力充沛但低调的人。他大部分时间都是和一群人坐在一起，听他们谈话，问一些探究性的问题。他允许学生自行决定任务的分配和时间的使用，但当他感觉到一个小组偏离了轨道时，他会引导他们去寻找有用的资源。有一组高级学生正在拍摄关于"9·11"之后世界恐怖主义的电影，他以一种讽刺的口吻提醒他们，他期望"尽善尽美"。与伊莎贝尔在一起时，他表现得比较温和，肯定了她用她发现的一项统计数据来作为电影开场的决定。他和他的学生们似乎相处得非常融洽，高中教室里经常出现的那种紧张的权力关系，在这里几乎看不到踪影。

在学校的另一边，约翰逊女士（Ms. Johnson）和戴维斯先生（Mr. Davis）九年级小组的40名学生正在准备展示他们"20%"的项目。

谷歌鼓励员工花五分之一的时间追求自己选择的想法,这些项目的灵感来自谷歌的实践,这些项目有一个共同的核心要求:利用每天最后 90 分钟的时间来设计和创造一些对杜威高中社区有益的东西。在阅读了丹尼尔·平克(Daniel Pink)的《驱动力》之后,探索了内在动机的概念,然后学生们形成了小组,开始进行头脑风暴,制作原型,完善,然后实现他们的产品——这一过程所涉及的监督比他们今年早些时候所做的任何事情都要少。约翰逊女士解释说:"我们的想法是让孩子们感受一下明年会是什么样子,到时候他们会有更多的自主权。"她身材高挑,泰然自若,穿着飘逸,她的沉着和权威很适合这所学校最年轻的学生。她补充道:"我们认为,如果他们做出了错误的决定,他们也会从中吸取教训。所以,展示规则中最主要的内容之一就是自我反思。"

与奎因先生的课堂相比,约翰逊女士的课堂在这个特别的日子里,给人的感觉是一种疯狂的准备。项目小组将一起展示他们的工作,但每个成员必须花 5 分钟描述他们的具体贡献,并反思他们在这个过程中所学到的经验教训。这 5 分钟将影响他们的项目和本年度的成绩。一些学生单独坐在教室的桌子旁,看着约翰逊老师在上课时分发的演讲规则。其他人已经找到了评论的伙伴,并投入地练习他们的陈述。对于大约一半没有上过杜威高中的学生来说,过渡性学习展示的是一个未知的领域。在过去的一年里,他们有过多次公开展示的机会,但他们的工作有学术推广这么大的影响力这还是第一次。为了增加这种压力,项目要求之一是,所有学生必须邀请至少三个校外的人来参加他们的演讲。

"在暗室工作时,最重要的事情之一是先发制人,"基兰(Kieran)开始说,"我学到的是要计划好,把东西画出来。"他身材瘦小,神情紧张,穿着紧身的黑色衣服,这与他白皙的皮肤形成鲜明对比。他利用教室外的空地,在朋友苏珊面前练习演讲。当他说话时,他来回走动,专注地盯着他的笔记卡。他解释说,为了他的项目,他和他的两个伙伴建造了一个可移动的暗房。他描述了去年夏天他是如何参加电影摄影课程的,之后他和他的朋友"非常投入",并利用父母车库的一个角落创建了一个暗房,在那里他们可以冲洗照片。然而，随着新学期的开始，他们放弃了这个爱好，直到"20%"项目的出现，他们认为他们对杜威高中社区的贡献就是创建一个暗室，这样学校就可以有一个电影摄影俱乐部。由于无法说服校长为这个目的提供一个永久的空间，他们起草并实施了一个滚动的木结构计划，它是光密封的，并配备了必要的胶片冲洗设备，他们还在博客中记录了这样做的过程。

又说了几句话之后，基兰突然停下来，把他一直在读的便签卡揉成了一团。他说："当我有这卡片的时候，我只会低头看着它们，这实际上会让我说得更糟。我觉得我特别害怕，因为我几乎邀请了全校的人来。"苏珊（Susan）是一名半年前转学到这所学校的亚裔学生，她利用这个机会问了基兰一些关于陈述过程的一般性问题。"谈论你做过的事情和你学到的东西哪个更重要？"她问道。"都有，真的。"基兰回答，"他们不仅想知道你学到了什么，还想知道你是如何学的——而这与你的做了什么有关。"他停顿了一下，思考着他刚才说的话。苏珊在她自己的便签卡上记下了一些想法。

到了中午，午餐时间开始了，基兰和苏珊各自练习了两次演讲，并结合了约翰逊女士和彼此的反馈。基兰决定公开谈论自己承担太多工作的倾向，因为他担心他的合作伙伴不能完成工作；苏珊决定强调这个项目是如何帮助她相信自己有能力提出好主意的。他们在这里逗留了很长时间，大多数同龄人都已经走出大楼，走进无处不在的阳光里。当他收拾东西时，基兰告诉苏珊，他打算不吃午饭了，以便在一个暗室完成一幅照片。他解释说："做这个项目，就是要从你自己的内心深处获取一些东西。"然后又说："我想把这件事做完是因为我想完成它，而不是因为我想拿 A$^+$ 所以我才想把这件事做完。不是所有的项目都是这样，但这个项目绝对是。"

杜威高中特许网络成立于 2000 年，服务于一个地区的 14 所学校的 5 000 多名学生：6 所高中，4 所初中和 4 所小学。所有这些学校都依靠以邮政编码为基础的抽签系统，为不同种族、社会经济和语言的人群服务。所有课程都遵循以项目为基础的教学模式，力求将技术和职业元素与文科课程相结合。该网络在各种指标上的结果一直令人印象深刻。在传统的衡量标准上，比如州的标准化评估，大部分学校的表现都比其他地区的同类学校好；此外，杜威高中学生100%完成了进入州立大学系统所需的课程，相比之下，周边地区的这一比例为57%，全州为41%。在其他方面，他们甚至做得更好：96%的毕业生进入两年制或四年制大学，其中三分之一的学生是他们家庭中第一个攻读更高学位的人。与一些成绩优异的特许学校不同的是，这些成功不是"赶走"表现不佳的学生的结果；超过90%的九年级学生4年后从杜威高中毕业。在当地，从蓝领社区到美国加州一些最富裕的郊区，杜威高中已经成为一个家喻户晓的名字，每所学校的入学抽签人数都远远超过了招生名额。在全国乃至国际上，这个网络已经成为以公共项目为基础的进步型学校的领导者；该网络每年接待5 000多名访客，以及许多想了解更多基于项目学习的国内外教育工作者的年度聚会。

杜威高中的学生作品也经常在校外产生影响。学生创作的城市海湾实地指南在当地书店出售，这是一本由学生撰写的经济学图书，书中的每一页都是由学生定义的一个经济概念，并有一页对这个概念进行了说明。该书被克林顿总统称赞为他读过的关于这个主题最清晰、最精辟的书之一。一部关于这所学校的故事片已经在全国播放，放映的目的是鼓励其他社区思考21世纪教育的可能性。除了这种外部的赞扬，另一个积极的迹象是，杜威大学的许多教师和管理人员（以及首席执行官和董事会主席）选择把自己的孩子送进杜威高中。

然而，让许多访客（包括我们自己）感到惊讶和偶尔沮丧的是，最初的参观让他们感到迷茫，而不是受到启发。一方面，这所学校的创新特质非常明显。这座建筑既令人印象深刻，且引人注目：高高的天花板上有裸露的管道和混凝土，玻璃墙展示了大量学生制作的工艺品。另一方面，访客通常很难判断正在进行的教学和学习的性质。很明显，在奎因先生和约翰逊女士的课堂上没有发生什么事情：学生们不再成排地坐着做笔记，内容不再按照传统的学科路线排列，标准化评估不再指导课程，铃声不再决定作业的流程。然而，有些原则和做法已经取代了学校里"传统规则"，这一点就不那么明显了。这导致了关于学校模式的一系列问题——这些问题与关于进步教育更激进实例的承诺和缺陷的持久辩论有关。杜威高中是如何拥有如此截然不同的理想呢？它又是如何实现这些理想的？为什么类似的学校也在做同样的事情上却那么挣扎？与这种基于项目的学习形式相关联的权衡是什么？最后，作为一个社会，如果我们能够设法创建杜威高中这样的学校，我们会希望它为所有的学生服务吗？

正如我们将看到的，围绕这些问题的争论至少可以追溯到20世纪初。然而，这些争论只是在最近才涉及非择优录取的城市公立学校，因为直到最近，许多这样的学校才开始呼吁教育进步主义。在我们的工作中，遇到了很多这样的学校：以项目为基础的学校，以探究为基础的学校，甚至还有蒙特梭利高中（译者注：以意大利心理学家兼教育家蒙特梭利发展起来的教育方法为指导思想创办的学校。该教育方法的特色在于强调独立，有限度的自由和对学生天然的心理、生理及社会性发展的尊重）。这些学校都是努力实现更深层的学习的理想之地，但大多数学校在实现愿景方面往往存在熟悉的"理想差距"。在这些学校中，杜威高中脱颖而出，因为它是我们研究过的唯一一所公立进步型学校，它不仅针对之前提出的问题给出了大量的答案，而且还进行了强大的设计，不断将这些答案转化为教与学的日常工作。

## 起源

按照首席执行官洛伦佐·弗里德曼（Lorenzo Friedman）的说法，杜威高中的存在得益于一系列偶然事件。现年60多岁的弗里德曼先生身材挺拔，精力充沛，而且十分健谈，他是那种最被认为具有一种自然力量的领导人。尽管他每天都在做各种事情，从监督日常运营到筹款，再到在会议上发言，但他似乎总是有时间在走廊上停下来聊天，他似乎总是知道哪些项目正在进行，哪些学生最近在学习中取得了突破，以及老师们在午餐时八卦的话题。听着他滔滔不绝地讲述这所学校的发展故事，很明显，这所学校的特点反映了其创造性和创始人兼容并蓄的性格。

据弗里德曼先生说，杜威高中诞生的第一个关键事件是他在 33 岁的时候做出了一个非传统的选择：放弃了刚刚起步的法律职业，从事了一系列教木工的工作。他生活重心的改变开始于一份副业：为了支撑自己读完法学院，他参与了各种木工项目，其中一项是在一家为低收入家庭服务的安置所的阁楼上建一间暗房。当他工作的时候，学生们放学后会上楼来聊天，学习如何使用他的工具。起初，弗里德曼先生对此并不在意。然而，随着时间的推移，越来越多的学生定期来上木工课，他意识到这种情况有一些惊人之处。"这对我来说是一个启示：这些孩子离开学校，他们可以做任何他们想做的事情，但制作东西就相当于玩游戏，甚至比玩游戏更有意思。"他回忆说，"有一天晚上，我看着镜子里的自己，决定去教书。"

四年来，弗里德曼先生先是在一家精神病院的住院部工作，后来又在一所新创办的高中担任教师。在这四年里他逐渐掌握了木工方面相关知识，此后他对木工教学和教育领域的投入也不断加深。1981 年，他被说服在一所种族和社会经济多元化的综合学校担任职业教育教师，这所学校位于一个拥有几所知名大学的小镇上。这所学校规模庞大，多元化且关注度高，但在实现它所服务的社区所推崇的进步价值观方面还远远落后。

那时候，一所学校里有 6 个学院，其中 5 个在一幢五层的大楼里，1 个是一幢独立的大楼，专门用于技术艺术项目。社会经济地位高的孩子住在五楼，技术艺术大楼里住着佛得角人和海地人……他们全都被古拉格（译者注：集中营的名字，他们把这座大楼比作古拉格集中营）集中关押在那里，这座大楼被讽刺地称为"岛屿"。这是建筑上明显的社会分层。

弗里德曼先生发现自己对这种事实上的隔离越来越感到沮丧。任何学校，更不用说在这样一个进步的大学社区里，居然能系统地将贫困和少数族裔学生排除在学术严谨的课堂之外？

这一年过去了，他开始相信反过来也一样：精英学生（除了少数被在学校上层教书的友好同事"推到"他身边的学生）被剥夺了参与实际工作进行有力学习的机会。毕竟，在他的课堂上学习木工的经历，是被一种无形的强大力量所激发的——这种力量把社会服务中心的孩子们吸引到阁楼上。学生通过实践学习，而不仅仅是通过听。他们制作的物品既有实用价值又有审美价值。这里既有日常实践的空间，也有创造性表达的空间。也许最重要的是，这些事情都发生在一种强有力的学徒制度的背景下。弗里德曼先生是一位多才多艺的工匠，他创作了许多优秀的作品，并帮助学生在从事越来越困难的任务时增加新的技能。反过来，更有成就的学生为新人树立了良好的榜样，并帮助他们融入群体。[1]

在几年内，弗里德曼先生开始更积极地宣传课堂内外实践工作的力量。1990年，他成为技术艺术学院的院长。在这个职位上，他进行了一些新的尝试，比如实习计划，他倡导将职业和学术工作更好地结合起来。他还在大学城的一所顶尖教育学校担任讲师，教授关于杜威、法律和美国高中的课程。

1994年通过的《学校到工作机会法案》（*School to Work Opportunities Act*）为杜威高中发展的第二个关键事件奠定了基础。这项政策旨在通过资助将职业探索课程纳入"常规"学术课程的项目来降低辍学率，鼓励教育工作者重新思考职业培训在高中的作用。1996年，弗里德曼先生和他的同事、朋友、合作者比尔·塞克斯顿（Bill Sexton）接受邀请，加入一个联邦政府委派的委员会，负责找到并发现此类努力的杰出范例。弗里德曼先生与教育哲学家泰德·西泽（Ted Sizer）和进步的学校改革家黛博拉·迈耶一起走遍了全国各地的学校，并建立了一个关于成功要素的理论——该理论以个性化学习、与当地社区的联系和教师设计课程等设计要素为特色。对弗里德曼先生来说，这段经历巩固并深化了他的思想，肯定了将"思想"和"实践"工作结合在一起的潜力。然而，随着问责制运动开始升温，《学校到工作机会法案》失去了动力。到了20世纪90年代末，职业教育显然已经过时，而要求所有学生在核心学科中具备基本技能的呼声越来越高。

在这样的背景下，由杜威高中所在地区的40位当地商业领袖组成了一个联盟，开始开会讨论他们对当地劳动力质量的不满。究其本质，这是一个财政难题：立法禁止他们的公司雇用超过固定配额的国际员工，但雇用本地员工几乎总是需要高强度（且昂贵）的培训。在与来自世界各地的几位教育专家交谈后，该组织认为，解决这个问题最有希望的方法是以丹麦职业学校的传统建立一所学校——将职业学徒制与普通教育相结合的高等中学。然而，由于不知道如何着手开办这样一所学校，该组织请来了弗里德曼先生（他最近搬到了西部，为当地的一位慈善家工作），介绍了治理结构的选择。在弗里德曼先生陈述后的几个小时内，这个小组就决定他们的新机构将利用州特许立法。不到一天，他们就说服弗里德曼先生担任学校的创始校长。

新学院的愿景雄心勃勃，但很模糊，具体设计的任务几乎完全落在了弗里德曼先生的身上。他求助于几位长期合作伙伴，包括他的朋友比尔·塞克斯顿。塞克斯顿先生含蓄、谦虚，与其说他是个健谈的人，不如说他是一位倾听者，与他爱交际的同事形成了鲜明的对比。尽管他们性格不同，但两人早就认识到，他们的技能和观点是非常互补的。他们很快就从之前的工作中走了出来，提出了他们现在所说的杜威高中的三个"融合"：融合来自不同种族和社会经济背景的学生，将学校与社区融合，并融合技术和文科研究。受自己在课堂上的经历和五年前旅行中所见的启发，他们也产生了"教师即设计师"的想法；他们相信，如果教师能被授权设计反映他们独特知识、技能和热情的课程，他们就能最大限度地发挥自己的潜力。

这所学校的设计原则是优雅而简单的，但围绕这些原则规划一个机构的过程是复杂的。在2000年学校开办前的一年里，弗里德曼先生、塞克斯顿先生和创始团队努力召集了一批教师，这些教师在各自的领域都有经验，愿意通过项目教学，并建立一个以邮政编码为基础的抽签系统，以确保学生群体的多样性，与当地商界建立伙伴关系。这项任务很累，但也很有活力。"那时我意识到，我在过去 20 年里所做的所有工作都指向同一个方向，"弗里德曼先生说，"这是我们围绕自己的信念建立一所学校的机会。"

## 杜威和杜威高中

弗里德曼先生和塞克斯顿先生的愿景在很大程度上受到了哲学家兼教育家约翰·杜威（John Dewey）关于学校教育的愿景的影响。正当第二次工业化浪潮席卷全美的时候，杜威对他所感知到的美国社会和文化生活的衰退深感不安。[2] 他怀旧地回忆起这个国家的农业时代——在他看来，那个时候，即使是最卑微的农民家庭也在从事有目的，并具有合作精神的工作。杜威认为，在这样的家庭环境中，孩子们有机会学习如何成为有所作为的公民：随着他们观察和越来越多地参与日常生活的事务，他们发展了实用技能和知识，以及相互依赖的能力。如今，在城市化和工业资本主义的时代，越来越多的成年人每天都在流水线上完成机械的工作，而他们的孩子则排排坐着，齐声背诵着乘法表。面对如此不人道的现实，美国如何能保证那些具有合作精神且有能力的民众的基本生存？

杜威认为，这就是公立学校发挥作用的地方。作为美国真正的公共社会机构，学校可以帮助重建美国文化，从而使社会免受工业资本主义的危害。[3] 然而，要做到这一点，他们需要摒弃已经占据主导地位的由工厂启发的组织模式和教学模式。这种模式最初由农村的"一间房学校"发展而来，后来并入为大量移民儿童服务的城市机构，它依赖于以下几个核心"效率"：按年龄分级的教室，按学科划分的科目，以及要求学生同步掌握知识（通常是死记硬背）的权威式教学法。[4] 对于负责管理美国新兴城市学校系统的新官僚阶层来说，这些做法是最新的尖端设计，借鉴了流行的"科学管理"原则，以简化教育国家青年的过程。[5] 对杜威来说，这些做法是不人道和不民主的：把年纪小的学生和年纪大的学生分开，在学科领域之间人为划分界限，允许成年人预先决定知识获取的速度和内容。在杜威看来，这些做法几乎保证了学习过程将缺乏意义和深度。

杜威提出的计划并不是要改革现有的学校，而是要创造一种完全不同的学校。他的计划有悖常理，"未来的学校"不应该模仿现代工厂模式，而应该回顾过去，通过采用跨学科的、动手实践的、合作的课程，效仿农家和工匠作坊的价值观。[6]这将允许孩子和教师共同参与到既实用又"冒险"的学习中来——这种学习需要将头脑、双手和心灵结合起来，同时也培养了重要的社交技能。[7]例如，在后来出版的《学校与社会》（*School and Society*）一书中，杜威描述了儿童如何通过参与诸如烹饪和编织等手工活动，建立对历史、文化、工业和科学的核心理解。在这种情况下，教师的角色是充当一个向导，提出问题和建议，以确保孩子们选择的活动成为深入探究的平台，而不会偏离主题，进行纯粹的"功利主义"练习。[8]杜威认为，通过采用这种模式，学校可以成为学生完成真正工作的地方——这些工作不仅培养了成功参与国家未来社会、经济和政治生活所需的素质，而且对此时此地的孩子也具有深刻的意义。"目前教育失败的主要原因是人们认为在学校学到的课程的价值很大程度上取决于遥远的未来；孩子必须做这些事情，是为了他将要做的事情；他们只是在做准备。"[9]

尽管杜威对教育思想有着深远而持久的影响，但他的视野并没有深入到美国的学校。在整个 20 世纪，主要的教学模式，特别是在中学，仍然是在以教师为中心的教室里传授知识。杜威的部分观点在小部分地区占有一席之地。例如，有一些私立学校接受学生是有能力的意义创造者的理念，把教师更多地定位为向导而不是知识传授者。在 20 世纪 80 年代，泰德·塞泽的"基础学校联盟"致力于倡导组织特色，例如作品集评估和实习项目。但是，许多学校在传统学科和大学期望的限制下接受了杜威的思想；他们保留了完整的科目。学校的围墙是学习的边界，也是现代学校教育的许多其他核心效率。很少有学校敢于采用杜威的观点中更为激进的部分，将学术工作和职业工作结合起来，脱离传统学科，使世界本身成为学习的实验室。

杜威高中的目标更接近杜威最初的愿景。弗里德曼先生和塞克斯顿先生希望将他们的模式扩展到以探究为基础的教学法之外，他们希望建立一所让学生参与跨学科项目的学校，以便同时培养学生的核心竞争力，激励其追求自己的爱好，并为高等教育做好准备。在这些方面，他们所渴望建立的机构并没有蓝图，因此，在组织这所学校时，问题多于答案。

在试图回答这些问题时，杜威高中有两个关键的优势。首先，它拥有其领导人带到谈判桌上的深厚实践智慧。弗里德曼先生和塞克斯顿先生也许对学校的发展有着不同寻常的雄心壮志，甚至是乌托邦式的愿景，但他们不仅仅是梦想家；相反，他们的愿景根植于多年与非精英公立高中学生打交道的经验。其次，学校有一个清晰而优雅的设计——这是一套创始团队在一开始就确定的原则。正是基于这样的设计和信念，使得杜威高中的领导者们一次又一次地努力改进他们的学校。最终，正是这种设计帮助他们抵制了回归传统做法的诱惑。

**类别上的差异**

如果约翰·杜威发现自己在这所我们以他的名字命名的学校里徘徊的话，他可能会对他所看到的感到困惑。当然，在他概述和提炼他的教育哲学时，他所记得和借鉴的前工业时代现实的痕迹寥寥无几。大多数学生创作的装饰走廊的海报都是数字化制作的。学校的大部分教室都有一系列电脑，所有的电脑都安装了最新版本的 Adobe 套件，并与服务器相连，允许学生和教师将作业上传到他们可公开访问的"数字作品集"。学校的中心是一个机器人实验室。在生物课教室的角落里有一个基因实验室。就连该校的美术教室也有一张墙那么大的桌子，学生们用它完成各种任务，从使用计算机辅助设计软件创建原型到在博客上记录自己的进展。这里几乎没有烹饪和编织课程。

然而，使这所学校与众不同的不是 21 世纪技术的存在，而是对教育目的和过程的重新构想——这种重新构想深刻借鉴了杜威关于学习应如何组织以及学习应该包含什么的思想。学校避开关于教师和学习者在知识方面角色的传统观念，学校借鉴了杜威灵感的主要模型之一（工匠工坊和工作室的现代实例之一）——创业公司，试图支持具有创造性、有意义和社会生产力的工作。杜威高中因此既向后看，又向前看，把进步教育的许多关键要素引入当代，并展示了一种代表着与传统明显背离的教育模式。

**学校教育的新规则**

弗里德曼先生和塞克斯顿先生在规划过程中提到的一件事是，他们认识到，追求一套不同的目标就需要重新思考拉里·库班和大卫·提亚克所说的学校教育的核心"规则"——全国绝大多数高中所具有的相互关联的组织特征。从储物柜和铃声到学术部门和期末考试，所有东西都可以摆在桌面上重新考虑，而这些特征中的绝大多都没有被保留下来。相反，学校的建立是为了支持协作、跨学科、灵活的结构和长期持续的努力。

这种变化最明显的标志是学校的实体，它有一些类似于开放的东西。建筑中心的"公共区域"轮流作为学生休息室、剧院、大型项目的集结地和礼堂。虽然大多数教室都有门和墙，但几乎所有的教室都在多个侧面有大的玻璃窗，而且经常可以看到学生、教师和管理人员在教室之外的其他房间里，在工作中互相观察，或者充当临时听众或评论伙伴。学生在学校空间中穿梭的流动性有时会导致一种无序感，但这也很重要；与更正式的公开展览和学习演示相结合，有助于形成共享的文化和共享的标准。最后，这座建筑中的许多门经常全天敞开，这不仅是学校致力于将学业与更广阔的世界融合的一个明显标志，也是对学生的信任。

学校对人力资源的认识不像对空间的认识那么明显，但同样重要。对于教师来说，在杜威高中工作意味着，他们不再是单独教学，也不是偶尔在特定学科部门碰面，而是进入为期一年的合作伙伴关系（有时是三人合作），把各个学科结合在一起：生物与媒体艺术，人文与西班牙语，数学与物理、木工，等等。在同事们的持续支持下，这些教学团队设计和教授一学年的项目，这些项目与他们的兴趣和专业领域相结合。在某些情况下，教学团队的每个成员承担项目的不同部分；而在另一些情况下，合作教师则选择更充分地融合他们的角色，在必要的时候发挥领导作用。无论合作的形式是什么，人们相信教师合作会比他们单独创造出更丰富的项目。为此，有更多经验的教师通常与那些初出茅庐或新入校的教师合作，建立学徒式的关系，让新手在资深教师的指导下学习技能。就学生而言，他们被分成以年级为单位的 50 人小组，并在这一年里被分配给一组初级合作教师。经过设计，每个小组都包括不同种族、社会经济地位、语言背景、特殊需求和之前有所成就的学生。为了与学校"三个融合"中的第一个保持一致，教师们把这种多样性视为一种资产和学习资源，经常把学生分配给他们自己不会选择的伙伴。考虑到这些项目的持续性，这些任务绝非小事。就像他们的老师一样，学生们必须学会发挥彼此的优势，在冲突中管理和坚持下去，并最终创造出能够有效融合自己想法和技能的作品。在某些情况下，这一过程会产生意想不到的友谊——这种友谊，就像戴文和伊莎贝尔之间的那种，超越了种族、阶级、地理和个性的界限。在其他情况下，这种方法就没有那么成功了，但至少在学校看来，这样做会带来重要的学习成果。正如一位十一年级的学生所反映的那样："与他人合作是很重要的，不仅因为它有助于塑造你的性格……还因为它为你以后与同事和其他人合作做好准备。"

　　杜威高中在其他方面也与许多传统高中不同。除了不同年级一起旅行之外，学生们还被分到不同年龄段的咨询小组，每周聚会四次，以建立社团并提供社会和学术支持；学生们在四年的时间里都跟随同一个导师。此外，在冬季，常规教学暂停两周。在此期间，老师带领混合年级的学生小组进行常规教学范围之外的深入探索：自然摄影、恐怖电影、帆船运动、瑜伽和东方宗教、登山等。在春季，所有十一年级的学生都要完成为期 6 周的实习，实习的最后阶段是高风险的过渡性学习展示。在教师方面，学校不是零敲零打地招聘，而是开始了自己的招聘计划。招聘过程中会有一个"好运日"，在这一天，新的教学候选人会一起参加一个项目设计挑战，然后由管理人员、教师和学生组成的小组进行审查。最后，学校的许多工作人员利用了学校附属的教育研究生院提供的教师资格证书、硕士学位和专业发展课程（在某些情况下在学校教学），研究生院距离学校校园只有几个街区。

## 学校是工作坊，学校是创业公司

在传统的工作坊里，生产漂亮、独特、实用的物品的目标指导着工作的组织和节奏。技艺精湛的工匠会对要生产的工艺品进行概念化，制订详细的制作计划，然后监督并参与制作过程。学徒们观察工作的进展，在整个过程中提供帮助，并且随着监督的逐渐减弱，他们开始承担自己的项目。这项工作是有条理的、持续的，对细节高度关注，并对质量的构成有着共同的认识。过程和产品都是公开的；每个人都能看到其他人在不同的阶段所做的工作，而最好的作品，不仅要看它的实用性和客户满意度，还要看它是否符合该领域设定的审美标准，这是其他人可以追求的榜样。[10]

在创业环境中，目标是生产一些新的东西来应对市场的缺口，或者按照杜威高中的观点，是解决社会问题。从定义上讲，一个给定项目的设计者无法预测他们将生产什么。早在他们起草工作计划之前，他们就参与了持续的"问题发现"，以确定他们试图解决的问题。经过头脑风暴之后，他们创建原型并将其呈现给用户，根据反馈来完善（有时会放弃）他们的概念。这种工作的风气是有趣的、随意的，而且常常是不恭敬的。无论是在理论上还是在实践中，专业知识并没有一个复杂的等级制度；每个人都被认为有能力提出一个好主意。失败被视为过程中正常和必要的部分。合作是不可或缺的。最终，创造出来的产品的生死取决于它们在现实世界中的实用性和市场价值。

正如上文描述所表述的，两种环境在某些方面是明显不同的。工作坊回顾了过去，回顾了积累智慧的传统；创业公司走向了一个不确定的未来。工作坊的日常活动是有规律的、有节奏的；创业公司的工作是令人窒息，且不断变化的。工匠们在现有的框架中找到即兴发挥的空间；设计师试图"颠覆"现有的现实。然而，在这两个环境中发生的学习，契合了更深层的学习的所有三个维度：开发新事物的机会（创造力），在此过程中构建知识和技能的必要性（掌握），以及将个人独特的经验和愿景带入过程的空间（认同）。从这个角度看，杜威高中对更深层的学习的观点借鉴了两种模型中的元素，这是有道理的——在最后，就像本书中描述的其他独特案例一样，这所学校将这些元素融入到自己的模式中。

**创造具有持久价值的产品**

与工作坊和创业公司一样，杜威高中的绝大多数工作都是围绕生产展开的。从纪录片和可移动暗室到科学博物馆展览、弯曲木家具和原创历史剧，杜威高中的学生始终致力于设计、制造、修改、展示或表演原创作品的过程。这些过程所产生的动力是这所学校与众不同的关键部分。正如弗里德曼先生在安置所里所发现的那样，"制造一些以前不存在的东西的想法"具有内在的激励作用。由于展出了一系列令人印象深刻的学生作品，新生和家长们一进入大楼就能感受到这种活力。对于学生来说，与老师谈论新项目是很重要的。每一个新项目开始之前，这样做不仅可以帮助他们识别关键的学习机会和潜在的缺陷，还可以使他们马上看到自己努力的样本，产生兴趣和目的。奎因先生是纪录片项目的指导老师，他吸取了这一教训。他描述了他的学生在上学的第一年完成的一个项目——前面提到的带有油画插图的经济学教科书，他反思了自己没有选择做一个油画插图的例子是如何造成了一些遗憾后果的。"我的一些最优秀的孩子的作品最终没有写进书里，因为他们没有做插图，"他说，"他们的反应是'我没有那么做，因为我没想到它会这么酷'。"

这一学派强调创作原创作品不仅在情感上的优势，也有认知上的优势。毕竟，知识的利用和创造是学生完成的几乎所有项目的核心，它们位于传统学习分类法的顶端。通过将教学活动与发展新事物的必要性相结合，杜威高中倾向于不断地将更高层次的任务纳入学校的教学，但很少将实现这一目标的"陷阱"隔离开来。在杜威高中，学生们在他们的领域内创造和使用工具，并在一种创造了丰富且综合了知识的环境中学习。例如，当学生编写当地海湾的实地指南时，他们正在学习生态学、鸟类学和当地景观；此外，为真正融会使用这些知识必须达到对其更深层次的理解，仅仅采用类似的基于工作表的方法是无法达到的。

在学校的前辈看来，当这些项目被用来实现更广泛的积极贡献的愿望时，它们才是最有力量的。奎因先生的二年级学生正在创作的纪录片对公众关注的问题进行了有说服力的论证，而约翰逊女士的一年级学生正在努力实现如何改善学校社区的想法，这并非偶然；在这两种情况下，关键想法是生产具有真正社会效用的产品。塞克斯顿先生将这一愿景视为他们对建立民主的贡献。"我们正在努力创造一种环境，让人们共同合作创造具有持久价值的产品，这些产品往往会演变成对社区有用的产品。"他说，"这就是公民社会。"

这种我们现在认为的"贡献伦理"可以说是杜威高中理念中最独特和最激进的元素。正如迈克尔·富兰（Michael Fullan）和他的同事在谈到我们对更深层的学习三角结构的研究时说的那样："赋予人类生命意义的是围绕着目标或激情的强烈认同感，对价值追求的创造力和掌控力，以及与世界和他人的联系。"[11]这些特性并非每时每刻都能在每个教室中体现出来，但它们渗透在最好的项目中，并因此塑造了教师和学生的志向。它们也带有浓厚的杜威主义色彩，反映出一种信念，即学校应该发挥迷你社会的作用，在这里，学生不仅参与有意义的话语，还参与富有成效的工作。无论取得多大程度的成功，青少年都要努力创造"具有持久价值的产品"，毕竟，这是在传达对他们是谁和他们能做什么的深深的尊重——尊重他们目前所能取得的成就，而不是只专注于让他们为未来做好准备。当然，青少年还是青少年，学校偶尔也要处理一些同龄人之间的闹剧、非法药物使用和师生冲突的事件。然而，从最广泛的意义上说，学校对学生的积极假设往往是自我实现；学生被视为能做出贡献的人，他们的回应主要是努力满足那些积极的期望。[12]正如一位家长所反映的那样："这是对孩子们极大的尊重……而孩子们的回应就是开始行动起来。"

## 差异化设计

杜威高中的学生并不是唯一享有自由和尊重的人。学校不是试图编纂和传播整个学校或系统课程，学校的运作是基于这样的理念：当教师被概念化为工匠和设计师时，他们的工作才会发挥出最好的效果。这些专业人士的工作反映了他们独特的视角、激情和技能。我们也鼓励教师让学生参与设计过程；杜威高中的标准做法是让教师聘请学生作为顾问，帮助调整现有的项目计划，在某些情况下，教师们利用每学期的前几周收集和提炼学生们关于现实的迫切问题，作为制订单元计划的一部分。这种对设计和合作设计的强调往往导致不同教室之间的项目有着天壤之别。一间教室里的学生可能正在学习基因排序，而隔壁教室的学生则在排练一部原创戏剧的场景。这也意味着，当教师获得新的兴趣、新的教学伙伴或新的学生时，他们的项目也会随之改变。虽然最成功的尝试有时会年复一年地重复，或被其他学校的教师所采用，但创新是受到重视的。与大多数美国学校的口头禅形成鲜明对比的是，在杜威高中，当涉及课程设置时，"标准化"几乎是一个侮辱人的词。

作为探究学校模式中这一元素的出发点，我们有必要回到本章开头提到的两个项目："偏执型"项目和"20%"项目。在某些方面，这两种努力就像计划它们的老师一样截然不同。前者的主要成果是一部纪录片，但它包含了大量传统的人文学科内容：在设计这种工作时，奎因先生发挥了自己的特长。作为一个自称新闻迷的人，他认为他的学生应该了解基于恐惧的言论是如何起作用的，这样他们就可以避免被媒体操纵。在技能方面，他还希望他的学生练习从各种来源综合数据，并修改他们的观点，以回应反对意见和批评——这种愿望基于他在一所传统中学教英语的 5 年时间里形成的直觉。

相比之下，"20%"项目的学术性要差得多。尽管约翰逊女士的教室是一个文本丰富的空间，有一个精心策划的图书馆，还有一些关于阅读的规矩，但这个独立的项目涉及的共享读写内容相对较少。相反，这个项目的核心焦点是它的过程。通过撰写博客文章、与老师交流，并在项目的关键节点修改完成策略，学生开始发展执行技能和自我认知，这是在自主条件下茁壮成长所必需的。鉴于约翰逊女士在"荒野治疗"项目中与少年犯打交道的背景，她与人合作创建这样一个项目也就不足为奇了；支持元认知技能的发展反映了她的优势，就像支持"偏执型"纪录片的构建反映了奎因先生的优势一样。

杜威高中的老师们通常喜欢这种模式在规划方面给予他们的自由，也很容易想象怀疑论者可能会对它提出的批评。他们可能会说，允许课程上的极端差异是很好的，直到这类"客户"要面对高风险的考试、大学课程或需要掌握他们所缺乏的技能的就业环境。这所学校的模式是不是让教学太容易受到个别教师个性的影响了？培养学生核心的读写能力和计算能力有什么保证吗？

在某种意义上，这些问题直击了杜威高中在追求理想的过程中所选择接受的权衡取舍的核心——我们会在这一章的最后回到这个问题。然而，这所学校确实有一些更传统的特色。虽然项目构成了课程的主要组织结构，但学生们都参加了特定的（虽然没有跟踪）数学课程，他们都接受了广泛的一对一的大学咨询。此外，由于像州测试和SATii这样的高风险评估方法，许多教师选择花一些时间在测试内容上。学校的教学领导努力确保所有的项目都包含了跨体裁阅读、跨体裁写作、根据批评修改作业，以及做口头陈述的机会——这些技能几乎出现在所有州的课程框架中，也出现在《共同核心州立标准》中。最后，正如我们将在本章最后阐述的那样，杜威高中的教师和领导最近已经开始使用持续改进的工具，以确保深思熟虑和差异化的学术技能建设可以融入到所有项目中。

## 转向到不确定性

杜威高中的模式还要求教师接受一种潜在的导向，将即使是明显不同的项目也要联系在一起。这种导向反映了与教育进步主义有关的更广泛的信念，它要求教师拒绝关于教学意义的传统观念。在传统上，美国人一直认为教师是传授知识的专家，他们把知识传授给那些懂得比他们少的人。[13] 对于这种立场，批评者严肃地认为教师应该是"一位向导，而不是监工"（这是20世纪早期进步的教育家谈论教育的核心命题），意味着要求教师放弃在内容传授和纪律控制方面的主要责任。围绕开放式任务组织教学也有暴露教师所不知道内容的风险，因为随着控制的放松，学生越来越有可能冒险进入陌生的领域。在杜威高中，正如早期的进步教育实验一样，引导学生进入这样的领域正是它们的目标。教师被鼓励利用自己的专业，学校强调创造原创作品，这就意味着他们的主要任务之一是帮助学生探索未知，抛弃了那个定义所有问题并知道所有答案的人的安全感。虽然这种取向是赋予学生创作原创作品的关键因素，但它也有缺点。如果不能预先确定学生在他们的项目中所追求的形式或内容，教师就不能总是对学生所探索的内容有深刻的理解。教师拥有相关的专业知识，这使他们能够指导整个过程，并为出色的工作设定标准。以"偏执型"项目为例，奎因先生对什么是强有力的修辞进行了很多思考，但他不太可能在学生选择的所有项目中都是专家，因此他们在一定程度上放弃了使用教学内容知识的能力。[14]当学生们冒险离开他们的老师所知道的领域太远时，他们就必须求助于其他人或自谋出路。虽然这可能会帮助学生变得更足智多谋，但它也可以被解释为未能充分利用教师所掌握的专业知识。有人可能会问：鉴于约翰逊女士和戴维斯先生缺乏木工知识，他们怎么能胜任支持基兰的工作呢？为什么他们没有利用各自专业知识让学生参与文学和物理的研究呢？

**拥抱不同的知识观**

如果将这一论点发挥到极致，那就意味着在这种进步模式下工作的教师根本不需要掌握任何知识。然而，事实远非如此。杜威高中的教学理念确实要求教师接受一种不同于主导该领域的知识观：它认为知识是暂时的，并想象学生是知识发展的积极参与者，而不是把知识视为一个整体传播的既存的东西。然而，带着这种观点进行教学，需要更多而不是更少的专业知识。教师不仅要能够思考某一学科，还要能够思考这一学科的知识是如何被创造出来的，并邀请学生参与到这个工作的过程中去。例如，"偏执型"项目的立场，将学生带入了历史解读的世界；他们不仅了解了冷战，还了解到了冷战言论被强大的利益相关者利用的一种特殊方式。奎因先生需要允许他的学生在拍摄纪录片的过程中探索未知的领域，但正是他对历史学的丰富理解为这一努力提供了框架和形式。

杜威高中的老师们也不得不重新思考如何才能更好地让学生获得基本知识和技能。在大多数高中，主流模式要求学生在从事更多的应用工作之前，应该掌握大量的基础学科知识。例如，在一节传统的物理课上，学生们可能要花几个月的时间掌握动能的基本概念，然后才被要求设计一辆捕鼠器汽车，这是一项"表现性任务"。然而，在杜威高中，这种模式被完全颠覆了：他们的理念是，基础知识和技能的培养应该通过尝试应用这些知识和技能来实现。例如，当奎因先生的学生仔细阅读他们为自己的纪录片选择的主题文章时，他们是在需要一个知识基础的背景下进行研究的，以此来构建他们的中心论点。这种"部分到整体"的学习模式反映了杜威理论的根源，也反映了工作坊的环境，在这里，学徒被分配到越来越困难的项目中，当他们遇到他们尚未掌握的技能的挑战时，他们会向导师求助。这也适用于初创企业和其他现代工作环境，在这些环境中，人们可以根据需要的增加获得新技能。这种方法有显著的优势，因为它让学生从一开始就进入了寻求创造真实事物的模式。

采取这种立场对杜威高中的新员工来说是一项挑战，因为这要求他们放弃根深蒂固的教育观念。因此，这是塞克斯顿先生以开发人员的身份，花大量时间帮助教师理解的事情之一。他说："我们尽量提醒老师，不要想当然地认为孩子们在开始一个项目之前必须掌握技能，如果做一个项目需要技能，他们就需要在开始之前学习相关技能。多年来，我们一直在讨论这个问题。"塞克斯顿先生在这方面的工作得到了学生们的支持，随着时间的推移，他们在杜威高中的学习理念方面也成了专家。正如一位善于表达的学生所指出的那样："在有些项目中，你需要花很长时间学习内容，然后做一个项目来展示它，还有一些项目是通过做项目来学习的。当你真正通过基于项目的方法学习时，学习就会进入更深层次。"

## 信任的时光

杜威在他的文章《学校与社会进步》中，对比了传统课堂中严格的社会控制与"混乱"和"喧闹"的学习空间,也强调了这些学习空间采用了更多实践的方法。[15]他写道:"任何繁忙的工作坊都有某种混乱。"[16]尽管这种描述比杜威高中早了差不多一个世纪,但它也很容易被记录在访问学校的人的笔记本上。除此之外,学校的"无序"形成于生产率的持续涨落,这是日常生活的特点。在某些时候,学生们专注地学习,而在其他时候,他们只是在闲逛。学生们证实,这确实代表了他们的经历。"有时我们在做项目,变得疯狂……有时我们只是在学校里闲逛,和人聊天。"一名九年级女生这样描述。

这并非偶然。虽然老师们不赞成浪费时间,但他们认为,给学生真正的自由是不可避免的结果。塞克斯顿先生明确地将这种立场与职业生活的节奏联系起来。他说:"项目时间并不能精确地划分为一天中的几个小时。截止日期临近,你会看到难以置信的能量和活力的爆发,最后期限过去后,又会有平静期,就像你看到的成年人一样。"他继续说:"我认为学校现在被泰勒和效率所束缚——越多的孩子花更多的时间完成任务,就越好;把100%作为目标。这不是成年人的工作方式。如果你四处走走,看看这里的成年人,他们在完成工作的同时也在以成年人的身份进行成年人的谈话。孩子们也需要这样。"

塞克斯顿先生并不是唯一一个明确地将学校对时间使用的立场与其潜在的人文主义联系起来的人。艺术教师鲍勃·伊格尔(Bob Eagle)是该校创始团队的一员,他谈到了自己当服务员的经历是如何帮助他认识到微观管理的负面影响的。他说,"成年人必须记住的是,孩子们希望得到正确的对待。"伊格尔先生解释说,确保学生不系统地利用学校提供给他们的自由,关键是要设定高期望,并在此过程中建立广泛的评分体系,以平衡自主性与问责制。他以自己的一个项目为例,这个项目将"弯曲的木头"木工技术与微积分结合在一起。每周三,每个小组都要完成评分登记,展示他们已经完成的工作,反思他们的工作过程,并为下一周设定目标。伊格尔先生说:"我给了他们灵活性,但我也让他们知道,不把项目做好是不行的。"

在时间使用方面给予学生如此大的灵活性有时会适得其反——尤其是当教师不能将项目分成几个阶段,并提供临时截止日期的时候。杜威高中刚开办不久在此就读的一个学生记得,他的生物老师是如何对一个长达一年的项目采取了完全不干涉的方式:"我们没有得到任何指示。我们不知道她所期望的是什么,她也不管我们。我们浪费了整整四分之一到五分之二的时间,什么事也没做。然后在关键时刻,因为我们都很年轻,我们知道这个老师会让我们侥幸成功,所以我们都假装已经无能为力了,不知道怎么找到不同颜色的石头,或者不知道怎么画,或者不知道怎么做混凝纸浆,而我们大多数人完全有能力做到这一点。老师让我们按照程序操作,而不用做任何其他事情。"

这种令人震惊的失败更多地发生在学校的早期;资深教师帮助新教师不会落入更容易避免的基于项目工作的"陷阱"。然而,在较小的范围内,教师们不时会争论,为了给予学生如此多的自主权牺牲不可避免的工作时间是否值得。一位老师承认:"大多数需要四个月才能完成的项目可能两个月就完成了。但那将意味着我们要对孩子们事无巨细的管理,部分原因是我们不想那样做。"

**失败是正常的**

给予学生如此大的自主权的另一个结果是,尽管评分登记和公开展示具有激励作用,但有些学生在制作高质量的项目方面能力不足。这一点在"20%"项目中尤为明显。对于一些学生,如基兰和他的两个伙伴,这一进程的非结构化的性质激发了他们的动力,并导致了复杂的工作。然而,在其他情况下,学生们却陷入了困境,他们在选择与哪些同学合作以及与多少同学合作的问题上做出了糟糕的选择,难以安排自己的时间,最终未能在截止日期前完成项目。最夸张的例子是一个由 11 名学生组成的团体——一个男女混合的小团体。这个项目的想法是可靠的:在从管理人员那里得知,学校难以容纳那么多访客后,该团队开始创建一个自助参观学校的项目,该项目将依赖智能手机"标签阅读器"技术。但是,在拖延了几周，又花了几周时间努力分配各种任务之后，这个小组无法完成他们预定完成的任务。

在学习汇报的那天早上，小组成员必须站在家长、同学、老师和社团成员面前，描述这个项目，并反思所发生的事情。第一个到场的是安德里亚，她是一名成绩优异的学生，后来成为这个小组实际的领导者。她的父亲面无表情地坐在前排；她一边说着，一边试探地朝他瞥了一眼，有时似乎都快哭出来了。

"11是个很大的数字，给每个人分配任务，并让他们完成，这真的很困难。前两周我的团队一团糟。我们以为我们什么都做不了，因为总有别的事要做。我们应该继续前进。我们应该每周开两次小组会议来汇报情况。我们本应该做很多没有做的事情。还有一个问题是，我是个控制狂；如果我必须完成某件事，我就觉得我必须自己完成。这个项目让我明白，我需要学会成为一个领导者，但同时也要放弃控制，利用我的合作伙伴的技能。"

在安德里亚结束演讲后，约翰逊女士和其他几位听众请她谈谈：如果她能再做一次，她会如何以不同的方式完成这个任务？她会使用什么样的角色转换策略？她如何确保每个小组成员都合理地利用时间？她要如何让自己保持诚实地与人合作？安德里亚仔细而准确地回答了这些问题，当她解释她将如何在一开始就制订出一个详细的行动计划时，她的一些信心又回来了。

这一过程表明学校对未能达到预期的学生采取了更宽容的态度。杜威高中的老师并不喜欢失败，但他们并不认为这是学校模式存在缺陷的证据。相反，他们将失败视为参与开放性任务中不可避免的一部分，即有终结和不确定性的任务。正如安德里亚的例子所表明的那样，他们将这种失败视为反思和元认知的机会。在这一点上，杜威高中明确地分享了创业界的一种精神，失败的重要性几乎成了一句警语。工业产品设计师谈论"更快失败"和"向前失败"；廉价的原型机是基于这样的信念创造出来的，虽然第一个版本不太可能成功，但这个过程促使发明者开发出更好的产品。与此相关的是一种信念，即创新伴随着冒险，承认真正的风险必然包含真正失败的可能性。

教师们在被鼓励开发新项目，但他们也会经历周期性的失败。与约翰逊女士一起工作的戴维斯先生是一位身材修长、喜欢自嘲的物理老师，他谈到了两人在学校第一年试图领导的一个项目：

"我们的想法是通过制造电动玩具来学习电路，然后把它们捐赠给当地的儿童医院。我们把一切都安排好了，医院也知道捐赠的事。结果发现九年级的学生根本不会焊接！他们把烙铁开得太久了，一些电子元件熔化了，（这些玩具）再也不能用了，太尴尬了。"

从安德里亚和其他人身上，戴维斯先生和约翰逊女士发现失败的经历是一种强大的学习资源：当他们的项目无法实现时，他们的学生感到失望，除了不得不违背公开承诺的耻辱之外，这也更加激励两位教师更仔细的思考：为了完成一个给定的项目，学生们需要学习哪些技能。第二年，他们表现得更有远见了。他们以这种"向前失败"的能力反映了学校设计中强大的对称性：正如老师接受学生的失败并努力帮助他们从错误中学习一样，杜威高中的领导们从容地对待老师们受挫的项目，并认为这些失败（只要它们能带来更好的工作）是做原创和不确定工作正常的组成部分。

### 培养乐趣和快乐

杜威高中的老师和学生可以放心失败的另一个原因是学校的整体风气，就像科技初创公司一样，充满了"游戏"精神。学生和老师经常一起"游戏"和"尝试一些东西"，参与低风险的即兴创作，这在设计世界中被称为创意。如前所述，这种对时间的利用可能会被一些人认为是低效的，但它也有助于创造和维持许多学生所感受到的明显的快乐。许多为城市极度贫困学生服务的学校都有一种严峻的紧迫感，但在这里却找不到；相反，工作的开放性，加上给予学生的信任和自由度，创造了一个持续积极参与的平台。正如一位家长回忆说，当她第一次走进校园时，感到"那里充满了创造力、活力和热情"。

所有年级的学生都肯定，他们在杜威高中的经历，虽然不是没有磨难，但绝对是积极的。他们将这种品质不仅归功于学校显著的包容性社交场景，还归功于参与其独特课程的体验。正如一位刚毕业的学生回忆的那样：

"我对一个项目最难忘的记忆是在十一年级的时候，我们的三位老师为我们布置了一个犯罪现场。数学方面，包括弹道和弹道学。在生物学方面，是DNA。我们做凝胶电泳，我们要和犯罪现场的DNA相匹配……我从来没有真正用他们给我们的术语思考过（犯罪）。但这也真的很有趣，有一天走进学校，会有一个犯罪现场，里面有一具假尸体和血液，而且血液里真的有DNA。然后我们花了一个月的时间试图破案。"

我们在采访中听到的关于参与的广泛报道，得到了学校在"青年真相"（YouthTruth）上的表现的证实。"青年真相"是一项全美认可的调查，该校每年对学生进行两次调查。根据学生对"青年真相"调查的反馈，杜威高中在学生参与度方面排名为前8%，在与老师的关系方面排名为前2%，在与同龄人的关系方面排名为前1%。

当然，"乐趣"并不总是更深层的学习的必要元素；这种学习可以从折磨人甚至痛苦的经历中产生。然而，杜威高中最好的工作特征是令人愉快的参与，这是它对更深层的学习的独特愿景的关键因素——在这种愿景中，工作和娱乐之间的界限是高度渗透的。在某种程度上，这一设想反映了弗里德曼先生的特殊贡献。他离开"严肃的"法律职业，转而从事木工教学，而木工一直被他视为一种令人愉快的爱好。此外，它反映了与教育进步主义有关的持久的承诺，在其所有的实例中，力图消除与刻板的成年人控制相关的无聊和焦虑，取而代之的是学习经验，这种经验"对孩子来说就像他在家里、在邻里间或在操场上过的生活一样真实而重要"。[17]

## 猪排困境

历史学家帕特丽夏·格雷厄姆（Patricia Graham）回顾了在20世纪后

半叶试图建立"以孩子为中心"的学校的浪潮,把实施教育进步主义的困境比作制作猪排的困境——一道菜可以很精致,但煮得稍微不熟(据说)就会导致猪钩虫病。[18]她写道:"(进步教育的愿景)是一个宏大的理想,如果完全实现了,那将是了不起的,但如果只实现了一部分,那将是灾难性的。"[19]换句话说,最成功的进步学校的学习特征是快乐和深度,而在那些试图按照类似路线组织起来但失败了的学校里,则反映出混乱和智力匮乏。

当我们走访了一些学校,比如杜威高中,他们正努力对城市的非精英学生推行教育进步主义时,我们亲身体会到,这种二分法一直持续到现在。这些学校有许多都认真地努力围绕诸如跨学科项目和绩效评估等特点进行工作,但结果却各异,有很多学校的教学是平庸的,也有少部分是糟糕透顶的。例如,在一所西海岸城市以项目为基础的特许高中,历史老师让学生完成一个项目,在这个项目中,他们在网上进行一些浅显的研究,随机抽取一些事实样本,并复制到海报上,然后将这些海报作为"展示"的一部分大声朗读出来。在三千英里外的曼哈顿一所小型公立高中,我们观察了一节化学课。在这节课上,一个学生花了一个小时试验烘焙蛋糕的不同方法,而他的同学则在周围闲逛和聊天。当我们让那个正在烹饪的学生解释他在做什么时,他无法清楚地表达出他所做决定背后的想法,更不用说解释这个试验可能想要阐明的概念了。估计杜威看到也会感到尴尬的。

我们也有尴尬的时候,不仅因为我们看到的代表了进步思想的扭曲,还因为我们在杜威高中度过的时光向我们展示了基于项目的学习在最好的情况下是什么样子。在那里,深层的教学和浅层的教学的比例与我们在其他地方遇到的正好相反:一些课堂呈现出上述令人不安的模式,但许多课堂是严谨而又令人愉快的教学场所。对于我们以及其他渴望让学生参与基于更深层的学习的教师和学校领导来说,这提出了本章开头提出的一个关键问题:是什么原因让杜威高中兑现了基于项目学习的承诺,而如此多的其他城市公立学校在努力做同样的事情,却收效甚微呢?

怀疑论者认为，答案在于杜威高中的"特殊"地位，它是一所社会经济多元化的特许学校，由自己的小学和初中提供教育。但是，我们在其他进步倾向的城市高中所花的大量时间表明，杜威高中与众不同的因素超越了它表面的组织特征。很少有其他学校能够在真正的一致性下实现进步的愿景，而且在很多情况下，正是由于它们规模小、半自治、社会经济多元化，或得到了相互关联的中小学的支持。这强调了我们工作的一个关键结论：除了规模、自主性和社会经济多样性等因素之外，还有其他因素能够使成功的学校（进步或其他）朝着它们的理想前进。在杜威高中的案例中，有三个因素尤为重要：①学校对优秀学生的标准是高度可见的、透明的，并在许多过程中被严格执行。②成年人的社交和学徒的方式与他们希望老师如何教学生之间的对称性。③学校愿意对不一致的目标和优先事项说"不"，以保持其所有行动中必要的连贯性、一致性和集体认同。

### 卓越的例子

我们在引言中描述的励志学院（化名）是一所小型特许高中，坐落在西海岸大都会的一个住宅区的小山上，它被称为家。学校的愿景是让学生通过参与跨课程、合作、社会公正为导向的项目，努力构建21世纪的技能。教师有他们自己特定的学科课程，但他们经常一起工作来协调和计划课程。学生们参加一年两次的展示，以及两项使用全校标准进行的高风险绩效评估。对于管理者来说，他们力图使教师和学生在建立核心技能的同时将他们的工作与外部世界联系起来。简而言之，这所学校在其理想和行动理论方面与杜威高中非常相似。

然而，我们遇到的情况是，励志学院更深层的学习的愿景尚未实现——就像谚语说的那样，"猪排"出了问题。有一些课堂具有深度和激情，但大多数都缺乏活力并且混乱，老师努力让学生参与到几乎没有学术内容的项目中。学校的学生肯定了我们的判断，认为学校缺乏严格的基本要求。一位高年级学生评论道："我认为（老师）应该对我们提出更多要求。"

当我们试图更深入地了解励志学院时，一个关键问题变得清晰起来，那就是学校对高质量项目的愿景几乎完全是抽象的，只以书面的形式传达给老师和学生。一位老师报告说："在这里，'严格'这个词到处都是，但我们没有很好地定义它。"其他老师也表达了同样的观点，指出他们渴望有更清晰的例子来说明他们和他们的学生应该致力于创造什么。"我的意思是，我知道我必须和孩子们一起做一个项目或研究论文——但这在这所学校意味着什么？"一位老师这样问。学校的副校长实际上是教学人员的教练，他痛苦地意识到这种缺乏清晰度带来的挣扎。"我已经完全改变了对基于项目的学习的看法。"他说。同时补充到，他已经得出结论，他宁愿管理一所过度控制的传统学校，而不是一所像励志学院这样"一团糟"的学校。

杜威高中是如何避免这些"陷阱"的？本书的开头回答了一个杜威高中的领导坚持认为至关重要的问题：这些墙在表达什么？如前所述，走进杜威高中是一种深刻的审美体验。毫不夸张地说，所有可用的墙壁空间，包括浴室，都展示着学生制作的工艺品。这些物品包括一个视频展览，展示了光的特性，功能性的"弯曲木"椅子和配套的海报，解释了它们的设计中涉及的微积分，还有一组数码制作的探索种族灭绝原因的海报——更不用说一个操场大小的吊桥和其他占据地板空间的东西了。这些东西让空间充满了色彩和生命感，同时它们也传达了学校的特质：重视原创作品的生产，强调让学习变得可视和公开，也许在学习方面最重要的是，对学生所持有的质量标准的要求。对于新人来说，效果往往立竿见影。约翰逊女士描述了她最初的教学职位的面试情况："我刚走进学校时对这里的了解几乎为零，但随后我看到了桥……看到这些并不见得有天赋的孩子在此前把事情做成这样就足以让我想在这儿工作了。"对学生来说，不断地提醒他们同龄人取得了什么成就，比任何评分标准都更能激励他们努力做到最好。它毫不动摇地清晰地传达了这样一个信息：他们能够也期望自己能创作出在公众眼中有特色的作品。

杜威高中独特的墙壁与之前描述的其他形式的有图案的玻璃相补充，共同创建了一个相互关联的系统，通过这个系统，学校的优秀标准被传达出来。整个建筑的玻璃墙和开门政策意味着社区成员经常在工作中看到彼此。学习的展示和演示是交错进行的，这样学生、教师和工作人员可以作为观众和受邀嘉宾一起参与。工作人员和学生需要将他们工作的书面、照片和视频记录更新到最新的数字作品集，它允许社区成员（和其他感兴趣的团体）跟踪正在进行的项目，并帮助教师评估学生的进展。教师们也能在周三上午看到彼此的项目，他们分组一起看学生的作业，并彼此帮助完善项目和教学计划。最后，学校鼓励教师们在学校教育研究生院出版的期刊上发表文章，描述和反思他们的工作，期刊通常是开放的，就放在课桌上和公共区域。

这些过程不仅有利于将新人引入学校，还有助于保持对高质量工作的持续承诺。正如一位经验丰富的老师所反映的那样："这是一个非常明确的信息，那就是装傻在这里是行不通的。当人们要看你的作业时，没有人想成为一个没有东西可以展示的人。"（这里没有具体提到"老师"或"学生"——这是有意为之。）当众出丑的情况尤其令人尴尬——这对青少年来说是一件很糟糕的事，老师们也一样，发现同行观察和公共展览的现实是有激励作用的——当他们的同事的班级已经出版了书籍或为当地科学博物馆设计了互动展览时，没人愿意自己的学生还在展示简单的太阳系模型。同样适用于学生和教师的友好的竞争意识，有助于巩固这种追求卓越的承诺。"有一种感觉，你总是试图设计出最牛的项目。"奎因先生在报告中说。他声音里的一丝悲伤表明，提高标准的压力有时会让人感到有负担。然而，这种压力肯定比与之相反的情况要好：当教师和学生孤立地辛勤工作时，人们会产生一种冷漠，因为他们不清楚他们的目标是什么，也不清楚他们的工作所依据的标准。

所有的好学校都需要对良好教学有一个非常详细的愿景，以及公开传达这一愿景的方式。在像杜威高中和励志学院这样的进步学校，这一点尤为重要——因为它们试图实施的愿景具有非常规的性质，这种教育方式很少有教师在学生时期或在教师培训中学习过。因此，即使有支持它们的结构和详细的规则，也不太可能立即成功，除非它们周围有很多例子，可以作为它们工作的指南。

这就是为什么杜威高中的多层次的透明度如此重要：这不仅创造了通用的标准，激励教师和学生全力以赴，而且还使努力变得可见和具体，否则将永远是抽象的。这也是励志学院未能获得关注的关键原因之一。总的来说，励志学院缺乏丰富的例子，让老师和学生可以借此来寄托他们的志向。考虑到这一现实，弗里德曼先生将在没有看到最终产品的情况下实施基于项目的学习比作在不知道黄金是什么样子情况下淘金的行为。他说，学校刚开办时，他和塞克斯顿先生已经看到了他们想要培养的那种更深层的学习的曙光，这一点至关重要。"（我们）说，'好吧，我们在淘金，但至少我们知道黄金是什么样子的，因为我们找到了一些大块黄金。'"他说。

## 具有强大对称性的健全系统

然而，技术专长只是项目的一部分。在杜威的传统中，实施成功的基于项目的教学也需要在教学导向方面进行一些彻底的转变。长期以来，与之相悖的信仰和实践一直占据着主导地位。教师们又该如何接受这样一种截然不同的教学理念呢？建立一个关于"黄金"是什么样子的共同愿景，是一个有理想的进步主义者，特别是基于项目的学校需要回答的关键问题。我们的观察表明，这些答案强度和深度的不同可能会导致一切都不同。

在励志学院，帮助新员工将他们的信仰和实践与学校的愿景保持一致，被视为比雇佣合适的教师更重要的事。部分原因是该学院最近通过削减员工发展项目来应对预算削减，在一些教育改革家所称为"建设还是购买"的辩论中，学校坚定地站在"购买"的一边：领导们试图通过雇佣的方式来创建一个能够让学校更好的愿景。在三月的某一天，求职者会聚集在学校里，花一整天的时间进行示范课程，展示他们的课程内容和教学内容，并参加内部面试，在面试中，管理者、教师和学生要努力了解他们对项目和绩效评估的承诺。但是，当那些入选的人在九月份开始他们的任期时，他们常常发现自己在如何将学校的愿景付诸实践方面感到茫然。年级组和部门团队会定期开会，但这些会议更侧重于讨论学习困难的学生和调整课程目标，而不是教学实践。这体现了教师的认知，即以项目为基础的教学是一种天生的才能，而不是可以学习的东西。正如一位新教师在报告中所说："你看到其他老师对他们的学生做了这些了不起的事情，你会觉得'我做不到'，对于那些能做到的老师和那些不能做到的老师，人们有一种划分阶层的感觉。"

杜威高中也将招聘视为其办学模式的重要组成部分。与励志学院一样，教师候选人参加了一个要求很高的为期一天的"幸运日"招聘活动，但选拔的标准有所不同。弗里德曼先生说："我们招聘的是性格，培训的是技能。"他进一步指出，学校最好的老师是那些教学专业领域与他们的校外身份交织在一起的人。对于求职者，他指出："我想知道他们周末干什么。如果他们在周末有工具在手，那就是我想要的工程老师。如果他们是在职的艺术家，那就是我想要的美术老师。我不想要一个只教这个的人。我希望他会来做这件事。"

将激情运用到基于项目的教学中，需要对持续培训做出重大承诺，这与励志学院不同，杜威高中对此更为热情。所有的新人，无论是刚毕业的大学生，还是已经上了10年课的教师，都要参加"新教师历险营"活动。这是一个为期两周的暑期集训，他们在学校最熟练的实践者的指导下练习设计项目。集训由与资深教师合作教学创造的学徒式支持，并与全年每周获得大学反馈的机会相结合，新教师不仅获得了他们需要的专业工具，建立了技术技能，而且内化了学校的核心价值。

招聘和给予教师的支持是至关重要的，但学校设计的对称性加强了这一点，这种对称性将教师的经历与学生的经历联系起来，让他们能够从第一手知识中获得意义，并在学校独特的杜威模式中了解和感受更深层的学习的意义。

为了理解这种对称性是如何工作的，我们有必要简要回顾一下本章前面详细描述的杜威高中模型的各个维度。这些维度不仅适用于教师对学生采取的立场，也适用于管理部门对教师采取的立场。和学生一样，教师也被鼓励利用各自不同的经历和激情，模糊他们在校内和校外的界限，在学校内部服务于不同的创造工作。和学生一样，教师必须学会有效合作，并在出现基于合作的冲突时处理好冲突。和学生一样，教师通过反复修改他们的计划和定期"向前失败"的过程来学习。和学生一样，教师也有很大程度的自主权，这是由持续的支持和全面的透明文化所构成的。最后，和学生一样，教师被视为有创造力的人，是值得信任和尊重的。

杜威高中的对称性也许不会转化为专业的教学技能，但它是一种非常有效的方式，可以用来传达学校的价值观，并帮助教师摆脱传统的取向。毕竟，认知科学研究一次又一次地证明，信念往往跟随着经验的变化而变化；人们在反复遭遇"破坏性"的现象时，比仅仅被告知他们的想法是被误导的或错误的时候，更有可能改变他们潜在的心理框架。[20]因此，构建这种模式，使教师的经验能够反映学生的经验，为学校的工作增添了关键的活力和连贯性。除此之外，管理部门对待老师的态度，就像教师对待学生的态度一样，有助于形成一种积极的风气，这种风气会在整个社区中蔓延开来。许多教师认为，正是弗里德曼先生和塞克斯顿先生"言行一致"的方式，让教师和管理人员相互尊重。

### 拒绝的力量

杜威高中有别于类似的进步学校，也有别于我们研究过的绝大多数传统学校的最后一个因素是，它的领导者愿意去掉他们认为不重要的目标。许多学校对各种各样的目标持开放态度，这些目标可能是良好教育的一部分，许多提供者也承诺实现这些目标。然而，其结果是，大多数学校都试图将每件事都做一点，这种策略往往导致一大堆事情都没有结果。教师们发现自己被管理者强加的竞争优先事项和新举措压垮了，他们失去了重点，或者干脆开始选择性地忽略要求他们做的事情。[21]本书的一位作者亲身经历了这一点。当时，她所在学校的管理部门急于看到考试成绩的提高，对正确的做法缺乏信心，通过大量不相关的优先事项和项目，破坏了一项致力于在整个课程中教授读写能力的很有前途的多年计划。[22]事实证明，这种策略适得其反：成绩停滞不前，员工士气一落千丈，许多有才华的教师选择到别处求职。

在我们的研究过程中，我们遇到了一个由进步型学校组成的庞大网络，它们正在努力解决这个问题：既要满足高风险考试提出的学科内容覆盖要求，同时又要让学生参与类似杜威高中那样的深入跨学科的探究。其中有几所这样的学校（那些把大部分注意力和时间都投入任务的学校）将这两个优先事项无缝地、有力地结合在了一起。然而，大多数人都在与某种程度的两极分化作斗争，这种两极分化对所有参与其中的人都造成了负担。在一年的大部分时间里，教师将以传统的教师、学科和知识为中心的模式进行教学；然后，在每个学期末的一个周末，他们会尝试实施由学生主导的跨学科合作项目。结果令人失望，两种教学模式都没有完全实现。本可以花在深化学科日常教学上的专业发展时间，却被项目规划占用了，但是这些项目是如此简短，以至于几乎没有机会利用所学到的知识，以便在下一次做得更好。这并不让我们感到惊讶，这些学校的许多领导人表达了矛盾和不满，因为他们根本没弄明白想让学生体验什么样的学习。

相比之下，杜威高中系统的领导者则坚持并明确地淡化或拒绝不符合其总体目标的策略。首先，当涉及与外部供应商签订合同时，进步性学校网络中的学校通常会拒绝。尽管教师和学生经常走出校园，与社区成员和当地机构合作，但杜威高中的领导人很少引入外部组织提供专业发展或运行项目。杜威高中也淡化了对在标准化考试中取得超高成绩的追求。说到提供大学预修课程，学校干脆拒绝，因为AP课程强调传统学科的内容覆盖，这与深度跨学科项目的愿景背道而驰。"我们得让所有人知道（我们没有AP课程）。"学校的负责人说。公众的立场至关重要，因为这意味着选择进入这所学校的家庭被预先告知，AP课程将不会成为青少年高中生活的一部分。

当涉及各州标准化测试时，杜威高中并非漫不经心。相反，它的立场是听天由命。正如作为测试协调者的管理人员所说的："我们基本上告诉每个人，他们需要安抚州政府，这样政府就不会总盯着我们。"她说，这样做的目的是让学生在标准化测试中表现"足够好"，以便学校能够保持其自主性，但要以一种破坏性最小的方式来做到这一点。这意味着将读写和计算技能的教学整合到项目中（这是杜威高中正在积极寻求改进的）。许多教师毫不客气地接受了这一立场。然而，也有少数人对政府哪怕是如此最低限度的认可都会畏缩不前。例如，几年前，伊格尔先生给他的学生布置了一项任务——通过一张海报展示加州物理标准的低水平特性。其结果是在弗里德曼先生办公室的墙上占据了一个突出的位置，形成了一个引人注目的视觉陈述。

## 权衡与紧张

杜威高中为自己在保持其教育方法上的权衡而感到自豪。第一个是"从部分到整体"的知识开发方法，这是基于项目学习的标志。如本章前面所述，成功适应这种模式的教师必须摒弃这样的观念，即学生在应用之前需要掌握一套完整的知识体系；相反，学生通过尝试应用来学习，在需要的时候寻求知识和技能。这种学习模式与现代专业工作以问题为中心、经常跨学科的本质密切相关。从激励的角度来看，这也是有利的——因为知识的获取是"关键任务"，而不是由外部决定的。最后，它与认知科学研究相一致，即更深层的学习比肤浅的内容覆盖更能有效地支持学习者建立健全的心理框架。[23]

然而，人们有理由对这种部分到整体的学习模式表示怀疑。虽然，许多当代专业人士的工作都是围绕着某种复杂问题展开的，但他们中的许多人是通过首先掌握基本的技能和知识（从整体到部分地工作）才取得了今天的成就。（例如，想想医生和律师，众所周知，他们的教育包括几年的教科书学习；花数年时间掌握音阶并演奏经典曲目的古典音乐家；或者是学术学者，他们在专业化或创新之前，会花大量时间研究基础文献，掌握学科的分析方法。）从这个角度来看，认为学生的学习应该只与项目相关的想法有其局限性。也许，在人文学科中，我们可以想象，学生或许能够在制作纪录片或上演原创戏剧的背景下练习核心读写和文本分析技能，但数学呢？在数学中，某些概念是通向其他概念的关键通道。杜威高中对这个问题没有很好的答案，这可能有助于解释为什么杜威高中，以及我们观察到的几乎所有其他以项目为基础的学校，在将数学融入它们的模型时，长期以来都遇到了困难。

也有一种令人信服的观点认为，应该让学生接触塑造他们所生活的社会的文化和学术遗产。即使人们不认同 E. D. 赫希的"核心知识"的观点，也可以认为应该有更多的空间来平衡研究的广度和深度（如历史和英语），并认为放弃广泛的接触，就等于剥夺了学生理解英语语言和文学、解释世界事件和参与民主进程的权利。[24]（在第八章中，我们会提出这种平衡应该是什么样的。）杜威高中的学生，即使是那些深深接受了通过项目学习理念的学生，也认识到，当涉及历史等学科时，他们的知识缺乏广度。正如一名学生所说："我觉得这所学校更注重现在而不是过去。"

一个相关的权衡是，当涉及读写和计算时，没有为所有学生提供一个"下限"。与绝大多数非精英公立学校一样，杜威高中为一些在基本读写和计算能力方面存在严重缺陷的学生提供服务——有些学生有特殊需求，有些学生不是以英语为母语的，还有一些学生之前就读的学校特别差。该模式的包容性意味着，这些学生被视为项目的全面参与者，并完全融入学校的文化。这导致了高水平的参与度与保留率。然而，不能保证学校会在这些学生毕业时帮助他们缩小"技能差距"。虽然校园里有一个功能齐全的资料室，配备了几名特殊教育教师，但这种模式强调的是建立共同的性格，而不是特定领域的技能，以及有意识地选择不追求在基本能力测试中取得超高的成绩，这意味着学生基本技能的发展将会不均衡。

然而，杜威高中的领导者们清楚地认识到，围绕基本学业成绩的保证进行重组的尝试，将破坏学校的核心承诺。正如塞克斯顿先生所说：

"假设你有关于内容、技能和理解的标准。你希望每个人的阅读水平都达到六年级或类似的水平，你把这作为你的目标。到了年末，并不是每个人的阅读水平都达到了六年级水平。那你是怎么做的？你会对那些没有达到六年级阅读水平的孩子说些什么？你说：'你还没有达标。'这太疯狂了，因为发展的不是课程。发展是个人的和个体特有的。不同的孩子发展速度不同，在不同的时间发展不同的技能。重要的是，这些技能的发展与孩子们的热情和他们尝试新事物的意愿有关。"

考虑到几乎所有的美国学校都专注于做塞克斯顿先生所认为的疯狂的事情，这种观点凸显了杜威高中本质上的激进主义。在一个无情地专注于提高所有学生成绩下限的领域，这所学校已经将目光投向了打破天花板，从而摒弃了主导美国绝大多数公立学校的逻辑。

## 转向持续改进

2011年，当我们第一次在杜威高中进行研究时，塞克斯顿先生对标准和微观技能培养的谴责，对该校大多数领导者来说，既是故事的开端，也是故事的结局。然而，当我们在2018年春天回到杜威高中的那一周，采访显示，越来越多的杜威高中的领导和老师开始质疑这种逻辑。在某种程度上，他们认识到分歧的教条（如果走到极端）会加剧学生之间的不平等。这种认识导致了整个网络的一系列变革努力，所有这些努力都以这样或那样的方式聚焦于确保公平的基础上，同时保持学校的核心价值观。

### 利用数据对抗不平等

戴维·休斯（Dave Hughes）是杜威高中任期最长的校长之一，也是该模式最坚定的捍卫者之一。老师和校领导们都非常熟悉他那轻快的步伐和机智的幽默，他也经常出席董事会成员、慈善家、决策者和学者的会议。休斯先生是杜威高中的创始教师之一，他很快就进入了学校的领导层，在成为首席学术官之前，他先后担任了两年的副校长和四年的校长。

杜威高中的新成员很快就了解到，尽管他努力把自己的观点和想法放在心里，但还是很有分量。现年 40 多岁的休斯先生被广泛认为是弗里德曼先生最终的继任者之一。

2011 年我们采访休斯先生时，他对用量化数据来指导学校工作的想法不屑一顾。休斯先生告诉我们，在他看来，"数据"是一个四个字母组成的词，是国家用于控制和微观管理的工具。对他们来说，标准化评估是一场游戏，其主要目标是"让州政府远离我们"。在这一点上，休斯先生呼应了我们从弗里德曼先生、塞克斯顿先生和当时其他领导人那里听到的许多观点。

然而，七年后，他对数据的看法发生了巨大变化。他的工作性质也是如此。休斯先生目前担任杜威高中最近获得认证并迅速发展的教育研究生院（GSE）的教务长，他参与领导多项改善工作，包括社区改善（NICs），这些都借鉴了安东尼·布里克（Anthony Bryk）和他在卡内基教育促进基金会的同事们提出的改进科学框架。其中几项努力（包括一个教师和领导网络，寻求改善和推广以学生为中心的识字实践）是面向内部的，主要关注的是杜威高中的 13 所学校的实践问题。其他诸如通过传播建构主义、以问题为基础、高认知需求的数学教学来提高数学能力的方法，这些都起源于杜威高中，但现在已经发展到包括来自全州各地的教育工作者。休斯先生的论文于 2017 年春天进行了答辩，论文的重点是杜威高中为提高最弱势学生上大学的机会所做的努力；最近有一位巨额捐款者向 GSE 的研究中心提供了 1 000 万美元，以延续和推广这项工作。综上所有这些努力都是致力于以系统和训练有素方式收集和分析数据。

休斯先生承认："我没有想到我会在这个问题上有如此大的转变。"正如他所说，他内心一直是一个"数据狂人"。问题是，在"不让一个孩子掉队"提出后的十年里，也就是杜威高中试图建立和证明其激进设计的十年里，他发现了教育工作者所痴迷数据的短视本质，以及使用这些数据的惩罚性方式，非常令人厌恶。直到后来，当杜威高中开始扩张，开设了小学，更加明确地关注公平时，他才开始意识到他（和其他人）的立场产生了意想不到的后果：在这种文化中，有时会出现错误的二分法，即设计一种独立的、有吸引力的、以学生为中心的项目，以及采用谨慎的教学方法来支持所有人的基础技能建设。休斯先生告诉我们：

"我几乎和所有人一样，对考试成绩充满敌意。但在内心深处，我是一个量化的人。当我还是杜威高中校长的时候，我会在领导学校的时候说这样的话：'让我们看看不同种族的孩子得 D 和 F 的比例。'但当人们说他们非常关注学生的成绩而实际上一切都是为了考试时，我非常生气，因为考试是最让人恼火和愚蠢的事情。我有物理学学位，我不反对数据，但这太疯狂了。所以我的脑海里闪过一件事……但过了一会儿，我开始注意到，这是一个疯狂的事情，在我们刚开办的小学里，情况尤其糟糕。老师们会说：'我们没有时间学习识字，因为我们正在做项目。'我说：'你听到你自己在说什么吗？'我们让这种愚蠢的创新思想占据了上风，这是我和其他人领导不力的表现。现在我想起来了，我认为（平庸的小学）的考试成绩显示的是糟糕的教学实践。"

休斯先生并不是唯一一个把开办小学的任务作为新思维方式催化剂的人。黛博拉·斯蒂勒（Deborah Stiller）是进步型学校网络的创始教师和前任校长，目前担任该网络的首席学习官。她说，成长为美国基础教育网络"扩大了我们的关注范围。"她补充说："目前出现的最紧迫的问题是我们如何以一种平衡的方式（对待教育），既重视项目、开放式的工作和学生的声音，又教孩子成为有文化的数学家、读者和作家。"

其他杜威高中的老员工认为，转向持续改进不是源于开办小学的具体挑战，而是源于成为一个系统的普遍挑战。"刚开始的时候，我们可以在一个房间里容纳所有的成年人。"凯尔·麦科马克（Kyle McCormack）曾是一名科学教师，现在在 GSE 工作。"现在，我们的 13 所学校拥有 700 名教职员工。因此，试图解决的问题是，我们发展得非常快，而我们作为一个机构，我们传播知识的能力变得更加具有挑战性。"麦科马克的同事伊莉莎·多布斯（Eliza Dobbs）是塞克斯顿先生的学徒之一，她同意这一观点，并详细解释道："（杜威高中）成立之初，它非常注重公平，但随着我们学校的扩大，这种关注不总是在我们招收新人时就能得到满足的。"她补充说，持续改进的工作是有吸引力的，因为它承诺成为一种机制，吸引教师从事明确的公平导向的工作，从而表明杜威高中将基于项目的学习视为追求公平的有前途的工具，而不是其本身的目的。

**杜威方式的改进**

到 2014—2015 学年结束时，杜威高中的一小群重要的领导花时间学习了安东尼·布里克和他的同事所称的"改进科学（IS）"，他们参与由卡内基基金会举办的活动，以及在网络内试点了一些小的改进项目。其中一项特别的努力是针对杜威高中的，该学校的管理部门已经开始使用这个框架来解决长期旷课的问题，在很短的时间内取得了令人印象深刻的成功——这种成功让斯蒂勒女士、麦科马克先生和多布斯女士等领导人相信，"改进科学（IS）"是值得学习和传播的。接下来的问题是，如何让杜威高中的更多教师和领导者参与到改进项目中来，以及如何以一种尊重和维持网络现有价值而不是危及它们的方式来做这件事。

在一所不同类型的学校里，如果校长或负责人认为某种改变学校的策略是有希望的，它就会通过法令成为该校的规章。然而，杜威高中的组织 DNA 排除了所有形式的命令和控制型领导。对成年人和学生来说，这是一个非常民主的地方——一个充满激情、能动性、选择和个性化的地方。正如塞克斯顿先生所说："我们一直在释放能量，而不是控制结果。"因此，把"改进科学"强加给领导者和教师，甚至要求他们加入自己选择的"网络化改进社区（NIC）"，从一开始就注定要失败。

认识到这一点，那些带头人在开始让杜威中学的社区成员参与改进工作时，故意表现得低调而谨慎。利用个人关系和知识，教师和领导者已经在某些问题上投入了精力，他们开始把小组聚集在一起进行探索性会议——会议的目的不仅仅是向参与者介绍"改进科学（IS）"的工具，也要让参与者参与到有意义的对话中来，讨论他们在练习中已经无力解决的问题。这些问题包括确保所有学生都把自己视为"数学狂人"，确保双语学生对学校有归属感，以及更好地与有挑战性的学生合作解决问题。眼前的课题是复杂的、非技术性的，与一些"改进科学"文献中的程序性问题不同。然而，杜威中学的领导们很清楚，这是处理这项工作的正确方式，正如多布斯女士所解释的那样：

"你必须从人们的热情开始，从最核心的、最具远见的、最吸引人的东西开始。人们不受考试成绩的影响，那不是人心所向。我们一直都知道，当我们开始改进工作时，如果它被视为减少了学生主导的项目，或减少了实践，或诸如此类的事情，它就永远不会成功。我们将会一无所获。它必须服务于一个更引人注目的愿景，我们必须帮助人们认识到，这将帮助他们更好地做他们已经关心的事情。"

正如麦科马克先生告诉我们的，领导们也很清楚，老师们不应该感到有压力而立即加入这项工作。他表示："我们不得不慢慢改变话题，所以一开始我们就跟着热情走。"最初的改进小组规模很小，随着消息的传播而有组织地发展起来了。引导者故意从"突出亮点"开始，让工作充满活力而不是令人窒息。他们还努力淡化他们认为"改进科学（IS）"方法中过于僵化和技术导向的问题，去掉那些让人感觉过于正式和学术性的语言，努力让人们明白，许多改进的工具只是在为教育工作者已经直观的过程提供更强的纪律。最近，为了回应老师们对"科学"一词的负面反应，他们开始称这项工作为"持续改进"，或简称为"改进"。

也许最关键的发展是那些参与改进工作的人开始确定，在某些情况下创建与杜威高中核心价值观一致的指标和措施。正如多布斯女士告诉我们的那样：

"当我们第一次开始对改进感到兴奋时，我们所提倡的指标和衡量标准，比如出勤率和标准化考试分数，所有这些东西，都不是很鼓舞人心，也不太符合我们的风格。在这一点上，我们已经是第三年弄清楚我们真正关心的数据了：这些数据与更深层的学习有关。教师可以在实践过程中收集数据，这些数据对他们来讲是真实且有用的。所以我们不仅仅是在讨论如何提高孩子们的考试分数，我们还在讨论像这样的问题：'谁在游戏里？'你注意到参加数字会谈的人有什么特点吗？你注意到学生们在小组工作时互相问问题的质量了吗？当学生遇到一篇课文时，你注意到他们在哪里卡住了吗？他们使用的是不同类型的阶梯，当你给他们多个选项时，谁会选择哪个选项？"

她说，杜威高中的改进努力与网络中现有的优先事项和价值观相一致，不仅使工作更容易接受，而且更可持续——允许该网络在不损害其强大和激进的集体身份的情况下，应对挑战，取得真正的进展。

除了领导们非常注意以与杜威高中文化产生共鸣的方式开展这项工作外，还有几个原因使这项工作如此迅速地获得关注。首先，建立意愿者的联盟需要有一些"志愿者"的存在——而且，事实证明，这里已经有许多杜威高中的教师和校长，他们对一些人在自发的工作和基础技能建设之间的错误二分法感到困扰。甚至在 2011 年，当我们第一次来到这所学校时，许多老师都表示担忧，学校对"大局"元素的强调，如项目设计、真实的观众和视觉效果惊人的作品等，这些有时掩盖了高质量日常教学的重要性。其他一些人，包括人文学科教师奎恩先生，抱怨说，他的同事中只有少数同事认为他们的工作关注的是公平，有些人在杜威高中工作只是因为有这么多的自由来设计有趣的项目真是太棒了。因此，尽管改进小组提议解决的实践问题是非常真实的，但已经有一群潜在的反对者准备好了——甚至迫不及待地要对付他们了。

除此之外，改进科学与杜威高中的许多现有价值观非常契合。与其他改变学校的框架不同，"改进科学"框架是"以问题为中心，以用户为中心"。它不依赖学者或其他自称为专家的人来确定工作目标，而是允许实践者深入研究他们自己认为重要的实践问题。此外，它借鉴了设计思维的传统（这在杜威高中也很流行），强调了同理心访谈的重要性。它是一种工具，用于探索个人对特定话题的经历和观点，作为理解特定问题的原因和后果的一种方式。不出所料，许多教师表示，正是"改进科学"过程中的同理心阶段"说服"了他们接受这个框架；它与杜威高中的人文价值观产生了深刻的共鸣。休斯先生告诉我们：

"在大学入学工作的早期，我们召开了一次专家会议，在此期间，我们对有色人种的大一新生进行了同理心访谈。我们和大约 30 个孩子谈过，这可能仍然是在这个工作中发生的最有影响力的事情之一。人们在拥抱和哭泣，有很多充满力量的时刻。它确实触及了情感部分。"

因此，改进工作在杜威高中产生的"黏性"并非偶然，我们也不清楚，不同的学校改革框架是否会对学校产生同样强烈的影响。

**持续改进：承诺与紧张**

截至 2017—2018 学年结束，杜威高中已经使用持续改进框架三年了。这一倡议还相对年轻；领导者们很清楚，他们还有很多东西要学习。然而，在一个有着强烈自主性和差异性传统的组织中，它的传播令人印象深刻：在该网络的 14 所学校中，60% 的教师和工作人员参与了一个或多个长期改进项目。其中大多数都与加强杜威高中课堂教学的总体目标有关，以便所有学生（包括最弱势群体）都能发展核心的基础技能和心态。三个规模最大、历史最悠久的小组分别致力于实施《下一代科学标准》（*Next Generation Science Standards*），赋予所有学生体验数学机构的权利，并将高质量的识字程序纳入所有项目。正如前面提到的，大学入学的工作也获得了强大的吸引力，最近为杜威高中网络赢得了一大笔拨款，使杜威高中能够与该地区其他利益相关者进行合作。

大多数参与这项工作的人都对它能对杜威高中学生产生的影响持谨慎乐观的态度。斯蒂勒女士回顾她在这所学校工作的十年，她说："我们现在比我来的时候更有条理。那时候，我几乎觉得这里是蛮荒的西部；这一切都是关于'教师自主，教师自主，我们根据兴趣设计项目'。现在，我看到更多的项目符合学生的兴趣，总体上也出现了更多好的教学。"休斯先生同意这种评价，并补充说，这项工作已经有了自己的生命，这是他第一次对改进充满热情时所没有预料到的："我在这 18 年里有过很多想法，很多时候，人们会觉得，这真的很好，但没关系。在 2014 年 6 月的时候，我从来没有想到它会像现在这样受到如此多的关注。"

然而，持续改进并非没有阻力——包括来自高层的阻力。休斯先生告诉我们，他对"改进科学"框架的热情是如何直接与弗里德曼先生毫不动摇地反对一切带有传统教育意味的东西背道而驰的。然而，弗里德曼先生并不是一个会压制他人激情的人，尤其是他信任的人。相反，当他听说休斯先生收到了一笔小额资助以用于开展大学入学访问工作时，他在自己的门上贴了一张印有坎贝尔定律（Campbell's Law）的巨幅海报，上面写着：每当一个社会指标被强调时，这一指标就会变得腐败，因为人们会寻求改善它而不是解决根本问题。尽管如此，休斯先生还是继续推进这项工作。后来，当他向董事会提交数据，显示该校的大学入学人数有了惊人的增长时，弗里德曼先生的反对之声就越来越小了。当我们请弗里德曼先生反思改进在整个网络中的传播时，他承认："这比我想象的更有帮助。"然而，在随后的对话中，他让我们明白，他认为持续改进主要是一种"保持学校开放"的工具——换言之，是一种说服权力机构相信杜威高中工作合法性的机制，而不是一个核心过程。

从某一个角度来看，弗里德曼先生和休斯先生之间持续的分歧是组织功能失调的标志。毕竟，两位领导人在一项高度引人注目的倡议上采取了不同的立场，可能会导致信息混乱和前后不一致。然而，从另一个角度来看，两人之间的推拉创造了一种健康的紧张关系，这有助于确保杜威高中将继续采用新的工具来适应其现有的价值体系，而不是让这些工具把它拉向传统教育的方向。休斯似乎同意第二种评价。"（弗里德曼先生）不是一个严谨、自律、有系统的思想家。他是一个具有创造力的思想家。我绝不会创造出这样的地方，"他告诉我们，"我的角色是推动我们更加自律地去做他梦想的事情。"

弗里德曼先生不是唯一一个对改进工作持怀疑态度的人。在该组织的各个角落，尤其是在最初的杜威高中校园，教师们不断表达他们对"改进科学（IS）"的担忧，避免参与网络改进社区（NIC），在某些情况下甚至抵制这项工作。在这一点上，这些人通常是少数，但因为他们中的许多人是网络中最资深的教师，他们特别直言不讳。正如多布斯女士所说：

"我认为对于一些人来说，特别是那些最初的先锋，有时担心的是：'哦，如果我们只专注于这些事情，我们现在就会变得很传统。'所以，我们试图非常明确地说：'这是一个错误的选择；它并不一定是非此即彼的；我们可以做大量的数学和读写练习，为真正丰富的基于项目的学习服务。'但是，这是一种我们正在努力解决的紧张局势，因为我们正在越来越深入这个领域。"

对于那些继续忽视和抵制持续改进工作的人，组织还没有找到答案。目前，以持续改进为基础的专业发展工作，仍包括"退出"选项，供那些希望以不同方式开展工作的教师选择；考虑到该校普遍不愿利用命令和控制治理工具，这是有道理的，但它没有指明前进的道路。正如休斯先生告诉我们的："简单的部分是让 150 个人来做这项工作；第 151 名是最难的。"

退一步说，值得注意的是，持续改进并没有改变学校的核心价值观。由于学校领导一直在探索更一致地确保所有学生发展基础技能的方法，他们这样做是出于一个共同信念，即这类工作的目标和机制都不应涉及标准化的课程。相反，他们试图想象，以继续尊重杜威高中的建构主义根源的方式，将共享教学实践结合起来可能意味着什么。这种方法使学校能够参与新的学习，朝着新的目标前进，同时继续抵制被竞争的优先事项推离中心。

对杜威高中模式的辩论揭示了一些与美国中学教育有关的最具价值的问题。我们是想让高中成为一个让学生通过探索未知来展望未来的地方，还是让高中成为一个让学生掌握学科知识的永恒基石的地方？我们应该更关注培养激情和性格，还是培养文化素养和共同的技能基础？这个领域是否应该赋予教师在工作中冒险的权力，或者考虑到冒险不可忽视的会导致失败的可能性，它是否应该提供一个清晰的框架，告诉教师应该教什么和如何教，以避免不一致的教学内容和方法？追求差异是否与追求公平背道而驰？

  我们在这一章试图证明的是，杜威高中对这些问题有一套坚定的答案，这些答案几乎可以在学校的每一个元素中找到呼应。在这一点上，它与我们将在下一章探讨的案例有着密切的联系：一所我们称为"无借口高中"的学校。无借口高中是一所以设计为导向的学校，由富有激情的领导者领导，他们的经验形成了对良好学习所需的清晰愿景。像杜威高中一样，无借口高中有一套复杂的程序，通过这些程序将愿景传达给教师、学生、家长和访客。和杜威高中一样，无借口高中也利用了对称的力量。然而，两者的相似之处就到此为止了。正如我们将在接下来的内容中探讨的那样，无借口高中对这些基本问题的回答与我们在本章中描述的截然不同。学校没有接受杜威学派的观点，而是努力兑现过去几十年的承诺：尽可能提高所有学生的知识和技能水平，这样做是为了让他们能够在严格的高等教育环境中取得成功。把杜威高中和无借口高中放在一起，是在思考更深层的学习愿景中的两极，这两极可以更好地引导我们探索对教育体系未来至关重要的问题。

# 无借口学校：利益与权衡

对一些人来说，无借口学校是更深层的学习的对立面。当人们想到21世纪的技能或以学生为中心的学习时，脑海中根本不会浮现出这样的画面：学生们在严格的纪律和控制下学习，完成教师指导的任务或掌握传统的学术目标。

然而，正如我们所看到的，以学生为中心的学习并不一定是更深层的学习。此外，正如我们的同事大卫·科恩在项目早期对我们所说的那样，渐进式教育并不是深入学习的唯一途径。那些在国际学生评估项目（PISA）中名列前茅的东亚学校系统，如中国上海、新加坡和韩国的学校，情况又如何呢？PISA是一项每三年进行一次的全球性考试，旨在衡量更高层次的思维能力。科恩指出，这些学校的学生似乎在学习一些复杂的东西，但这些学校并不是杜威学派的模式。

在我们最初的学校之旅中，我们参观了一所无借口学校。我们的经历表明，这些学校可能不仅仅是行为控制。看看这堂历史课，学生们看起来都是黑人或拉丁裔，他们会得到以下提示：

"从18世纪90年代到19世纪70年代，州和联邦政府对美国经济的干预，主要是为了帮助私人经济发展，促进经济增长。1890年到1929年间，政府干预主要是为了抑制和规范私人经济活动以维护公共利益。"教师要求他们评估这一说法的有效性，讨论每个时期公共经济政策的至少两个主要领域。

然后，学生们在指导下制作了一个图表，列反映两个时期，行表示类别，如人、政府和经济活动。学生们被要求在图表中快速填写他们从历史中了解的事件（他们有6分钟的时间完成），然后与同伴讨论他们的发现。与此同时，老师弗兰肯女士（Ms. Franken），正在一个透明胶片上写她自己的图表了。就像这样：

|  | 1790s—1870s | 1890—1929 | 1930—1980 |
|---|---|---|---|
| 促进私人利益 |  |  |  |
| 促进公众利益 |  |  |  |

当学生们将注意力转移回弗兰肯女士身上时，她已经填好了这个图表，同时向他们提出一系列问题。"我们为什么要推动反垄断？""我们是否同意，打击垄断完全是为了促进公众利益？""你们怎么看待20世纪20年代？"

学生们："20世纪20年代是一个强调自由放任经济的时期。"

弗兰肯女士："能说得具体一点吗？"

学生1："对公共利益关注少，更多关注促进私人经济方面。"

弗兰肯女士："他们的意图是什么？他们在20世纪20年代和80年代遵循的经济政策是什么？"

学生2："涓滴经济学。你从顶端开始，然后慢慢下降。"

弗兰肯女士："'你'是谁？你说'你'从最高层开始是什么意思？"

学生2："通过税收，降低税收，尤其是对富人。"

弗兰肯女士："从罗斯福新政开始，这个体系的对立面是什么？"

学生3："刺激经济的市政投资。"

弗兰肯女士："那是什么意思？"

学生3："强力干预。当你把大量的钱投入社会项目时。"

弗兰肯女士："所以这是在向社会底层注入资金？"

学生4："如果增加更多的税收，难道不会伤害到商业吗？这不会影响到普通人吗？"

这不是我们见过的最好的历史课。时间很短，学生没有检查主要文件；教师主导了大部分的讨论。但这项任务在分析上很复杂，而且这些学生都是来自一个经济严重萧条城市的高度贫困的黑人和拉丁裔学生，他们有必要的背景知识来参与真正的经济讨论。与我们走访的许多郊区课堂相比，这次实质性的讨论令人印象深刻。在那些课堂中，学生们对基本事实的一无所知令人遗憾，而这种知识的缺乏又妨碍了重要的分析和解释。更令人印象深刻的是：当我们听了不同的课程——生物、英语、西班牙语和其他科目，我们看到教师提出了类似的需要分析的任务，而学生都能够应对挑战。此外，正如我们了解到的有关学校的某些统计数据，78%的学生享受免费或减价午餐；他们在州测试、SATii、AP，甚至 PISA 的成绩都超过了郊区的同龄人；而且百分之百的毕业生被四年制大学录取——我们对此更加好奇了。

与此同时，我们对无借口学校模式持保留意见。如果就像我们在书中讨论的那样，当学生的内在兴趣被激发时，当学生有大量的时间来承担开放式任务时，当学生的身份（包括他们的种族身份）被接受时，更深层的学习才会出现。当学生在学习上有一定的自主权和选择权时，无借口学校模式从根本上就与更深层的学习的愿景背道而驰了。有趣的是，在我们待在学校的那段时间里，学校的领导们也得出了类似的结论——通过严格的行为控制所能取得的成就是有限的，特别是当他们发现，他们的学生进入大学后，经常因为高等教育的开放性而挣扎。在我们的研究过程中，学校的领导们正试图对他们模式的重要部分进行调整，同时保持使他们取得成就的优势。

所有这些都提出了一些重要的问题。第一，无借口学校模式是如何持续产生这样的课堂和教学结果的，尤其是它们几乎只与高度贫困的学生和年轻教师合作？第二，当涉及更深层的学习时，这种模式的优点和缺点是什么？第三，对于学生和成年人来说，这种学习和社会组织的愿景中固有的权衡是什么？控制的成本是什么？第四，这种模式能否找到一种既保持自身优势，又弥补劣势的方法？"无借口"和"更深层的学习"——两种模式是统一体还是矛盾体？

## 无借口学校的起源与前景

无借口学校始于 1994 年休斯敦 KIPP（知识就是力量计划）的建立，

之后越来越成为公众关于城市教育改革辩论的中心，包括著名的特许学校网络，如 KIPP，成就高中和杰出学校。无借口学校虽然特点各异，但都有一套共同的原则：严格的纪律，包括对违反着装规定等小违规行为的处罚；对学业有很高的学术期望，以州标准化测试和大学预科考试为核心；以及严格的课堂控制规范，其中包括要求学生积极用眼睛跟踪讲授者，以避免分心。更广泛地说，这些学校试图将它们所服务的大部分高度贫困的社区发生的事情与学校内部发生的事情隔离开来，尽量减少学生无法达到与优势同龄人相当水平的外部原因。

无借口学校在很大程度上受到其围绕的政策背景和形成其工作的核心信念的影响。作为以缩小成绩差距为目标的组织，它们需要在州标准化测试和其他外部考试中显示出可衡量的进展。《不让一个孩子掉队法案》（*No Child Left Behind Act*）强化了这一目标，该法案将州标准化测试成绩作为衡量学校质量的关键指标。这类学校还受到行为主义内部结构和社会组织模式的影响：激励和结果对学生和教职员工都很重要，他们努力工作，朝着预定目标前进。[1] 这类学校的很多行为方式都继承自"破窗"政策，该政策认为，允许小的违规行为会导致更严重的违规行为，因此坚持绝对的行为遵从。[2] 虽然其目的可以说是"自由的"（促进贫困儿童的社会流动性），但其所依赖的思想体系非常保守，因为纪律、秩序和服从成人权威被视为成功的关键。[3]

无借口学校一直是政治和学术辩论的主题。在支持者看来，它们代表着缩小成就差距、让贫困学生（主要是少数族裔）走上中产阶级生活道路的令人钦佩的努力。这类学校把大部分或所有的毕业生都送到了四年制大学。研究比较了无借口的特许学校毕业生和那些因为择校抽签而转去其他地方的学生，发现无借口学校的毕业生的考试分数明显更高。[4] 由于这些原因，近年来，无借口学校的数量和知名度不断增加，成为包括新奥尔良、华盛顿和纽约在内的许多城市更广泛的学校改革战略的重要组成部分。[5]

与此同时，批评人士对这一模式提出了许多反对意见。他们认为，无借口学校采用的行为控制形式强化了长期存在的阶级偏见模式：贫困学生被要求遵守复杂的规则，这反映了工厂和服务性工作的规范，而中上阶层的学生则被给予了自我指导和合作的机会，这呼应了技术工作场所的价值观。[6] 批评人士还指出，最近的研究表明，许多从无借口学校毕业的学生上大学后却没有毕业，这表明，高度的控制和规定并不一定对学生中学以后的生活和成年生活有好处。[7] 一部分人对这类学校的种族动态感到不安，他们认为这是在强加一种新形式的殖民主义。即主要由白人组成的教学力量积极地将学生从他们的社区中驱逐出去，迫使他们接受一套新的、"更好的"价值观。[8]

尽管这场辩论很重要，但令人吃惊的是，关于无借口学校内部所发生的事情的学术研究非常少。诸如杰伊·马修斯（Jay Mathews）的《努力工作，善待他人》和大卫·惠特曼（David Whitman）的《为小事而操心》等新闻报道描述了这类学校的一些核心做法，但他们没有探讨教师和学生是如何体验这些做法的。凯瑟琳·梅塞思（Katherine Merseth）与其同事2008年出版的一本书，以及乔安妮·戈兰（Joanne Golann）和塞内卡·罗森博格（Seneca Rosenberg）最近的论文，代表了对无借口学校模式的唯一严肃的学术论述。[9] 最后，因为许多最初的无借口学校都是初中，而我们对无借口高中发生的事情知之甚少。到目前为止，还没有针对更深层的学习标准仔细审视教学内容的研究，也没有一项研究考察这些学校是如何努力修订或改变它们的模式的。基于以上这些原因，我们认为，从无借口高中的考试中可以获得很多东西。

## 无借口高中：一个案例研究

我们选择了无借口高中作为研究地点，询问了一系列无借口网络学校的领导者：如果我们要寻找一所不仅致力于行为控制，还致力于严格教学的高中，那么我们应该选择哪所学校？很多受访者都认为无借口高中是最合适的选择。因此，"无借口高中"应该被视为"无借口模式"在高中教学中取得的最佳案例。为了便于理解，我们参观了其他几所无借口的学校；此外，法恩（本书作者之一）还进行了一年的论文研究。基于这些经验，我们有一个共同的印象，即无借口高中在其指导教学的系统方面特别发达。

无借口高中的其他一些背景特征对理解它也很重要。该校学生中82%是非裔美国人，15%是拉丁裔；如前所述，78%的人享受免费午餐或减价午餐，76%的人将是家里第一个上大学的人。这所学校很小，四个年级大约有500名学生。作为一所特许学校，它有能力随意聘用和解雇教师，设置自己的课程，并根据自己的需要使用预算。无借口高中的另一个重要特点是它与同一网络的一所普通中学（五年级到八年级）相连。这意味着，当学生们进入九年级时，他们已经习惯了学校的理念和日常规则，他们进入学校时的基本技能比在当地开办的中学学生更强。最后，无借口高中位于一个非常萧条的城区，距离最近的大城市有半小时的路程。这个位置意味着，这里有相当多的年轻教师在找工作，相较地理位置优越的郊区，聘请有经验的教师是一项挑战。

按传统的单位绩效指标衡量无借口高中，表现非常好。在数学和阅读的州标准化测试中，这所学校不仅超过了人口结构相似的学校，也超越了富裕得多的学校。超过50%的无借口高中考生通过了AP生物、AP微积分、AP计算机科学、AP英语语言、AP美国历史或AP世界历史的AP考试。毕业班学生百分之百被大学录取，百分之九十被四年制大学录取。当我们在收集数据时，无借口高中的十年级学生参加了PISA测试；该群体的阅读成绩超过了其他九个国家的平均水平，数学成绩与美国富裕郊区的学生持平。因此，作为一所试图为学生缩小传统学术内容知识差距的学校，无借口高中似乎在各项指标上都取得了成功。[10]

与此同时，像许多类似的学校一样，无借口高中在留住学生方面遇到了很大的困难。学校没有公布，也不愿向我们提供有关不退学率（一直读书，未退学）的数据，但一位高年级学生估计，她五年级的班级开始时有50名学生，其中只有大约一半仍在学校读十二年级。[11]高年级学生的班级规模往往比九年级学生的班级规模小得多，这一事实为人员流失现象提供了证据。与学生的交谈表明：学生离开的最常见原因是他们不能忍受繁重的工作或严格的行为控制；这些学生选择了传统的高中，在那里各个年级的进步都要容易得多。我们无法判断有多少学生是自愿离开的，而不是被学校管理部门"赶走"或"劝说"离开的。[12]

如何阅读这些数字是一个视角问题。批评人士可能会说，如果一所学校的不退学率达不到50%，就很难称之为成功。支持者会说无借口高中是一所择优录取的学校，如果它对一半或更多的孩子来说效果很好，那么这些学生将得到比其他学校更好的教育。他们可能还会补充说，即使只有一半的高度贫困五年级学生从学校毕业并上了大学，这个数字也可能会比没有机会上大学的类似五年级学生样本高得多。他们还可能指出，离开这所学校的学生从其他高中毕业时，由于在无借口高中的学习，他们可能在学术上准备得更充分。不管怎样，无借口高中显然受益于这样一个事实，那就是学校里的每个人都认同它的愿景和价值观。即使在78%的学生得到免费午餐或减价午餐的情况下，这些学生显然也不是典型的高度贫困学生群体；更确切地说，这些学生的父母为他们报名了，他们选择留下来。

与本书中的其他学校一样，我们研究这所学校的目标是构建一个基于丰富的人种学数据的案例研究。为此，我们对学校几乎所有的教师和管理人员进行了深度访谈；我们还与学生组成了几个焦点小组。因为这是一所小规模的学校，我们至少可以对学校里的每个班级观察一次。我们总共花了130个小时观察，采访了50人。但这种方法无法确定学校在多大程度上"导致"了前面描述的学生结果。鉴于现有证据，无借口学校对考试成绩的贡献，它允许我们去探索实现这些效果的机制。

## 系统工程方法

无借口高中的一切都源自其创始人兼校长彼得·德威特（Peter Dewitt）的愿景。德威特先生身材伟岸，五官棱角分明，乌黑的头发梳得整整齐齐。他的穿着也总是无可挑剔。德威特先生对学校教育的看法可能会被认为是"系统工程师"的观点。他几乎对任何形式的混乱都有一种本能的厌恶；正如一位老师告诉我们的："当彼得捡起大楼周围哪怕是最小的垃圾时，这真的定下了基调。"

1991年，德威特先生从一所常春藤名校毕业，他立志要为社会带来变革，尤其是为高度贫困和少数族裔的学生带来改变。他的本科学位是政府专业，但他很快就意识到，法律、政治和政府不是创造最有意义的社会变革的途径。德威特先生把赌注押在教育上，他在华盛顿任教三年，然后在哈佛大学教育研究生院获得了硕士学位。毕业后，他去弗朗西斯·帕克学校（Francis Parker School）工作，这是一所位于郊区的特许学校，由传奇的进步教育家泰德和南希·西泽创办。这所学校遵循进步性教育的一些核心策略，比如让学生参与集体决策，并使用相关方法组合。与传统考试不同的是，这标志着从一"级"进入下一"级"。

德威特先生在帕克学校的这段教学经历，对他的教育观点产生了影响，但并不是西泽他们所期望的方式。德威特先生认为，这所学校"让它的文化偶然地发生"，结果，这种文化变成了"有毒的"——学生经常不尊重人，粗鲁无礼。更令人不安的是，学校结构的普遍松散似乎加剧了不平等。"低收入家庭的学生和有特殊需要的学生真的没有（得到他们需要的东西），即使每个教室都有两位老师。这就是一种模式……（领导人认为）我们不需要任何结构；我们将以民主的方式设计它。"对德威特先生来说，这是一个教训，即使是一群才华横溢、思维缜密的教师和领导者，也无法弥补系统和结构的缺失。

正是怀着这样的想法，德威特先生加入了他现在工作的特许学校网络。起初，他在该类网络的旗舰中学教了7年。尽管这所学校是由德威特先生非常尊敬的领导人管理的，但随着时间的推移，他开始察觉到了他在帕克学校经历过的相同问题：

"（学校领导的）魅力使他在最初的几年里相信，学校可以聘请到非常好的老师，然后让他们离开，事情就会好起来。最后发生的事情是，在没有足够制度的情况下，人们会在一段时间内做得很好，然后他们就会离开,或者学校内部会出现矛盾,然后随着时间的推移,比如四五年之后,我们似乎又回到了原点,全新的教职员工在苦苦挣扎。"

当德威特先生有机会时,开办了一所配套的初中,后来又开办了一所高中,之后,他下定决心不再重蹈覆辙。他很了解自己,知道魅力并不是他的强项;相反,他在很大程度上依赖于他对细节的专注和对系统工程的定位,这些成为他工作的关键。德威特先生采纳了韦伯所说的"官僚权威",他开发了一种学校领导的方法,它是专注于创建控制与指导教师和学生工作的系统。"我了解到……如果你听天由命,你就会得到无法改变的非最佳结果。"他反思道。

德威特先生认为,制度对于公平也至关重要。教师之间的差异将导致学生在知识和能力上的差异,这反过来又会影响为所有学生创造更好生活机会的目标。因此,最重要的是,一个以公平为导向的学校领导者要尽量减少随机变化,最大限度地提高课堂效率的一致性。"我最担心的是随机性。"德威特反思道。

德威特先生的工作成果,是我们所见过的学校中最完善的一套制度。这也许并不令人意外,正如我们将在接下来的内容中详细描述的那样,在无借口高中有针对每件事情的制度。对于教师,有一个集中开发的课程,如何授课的模板,每周观察和反馈会议,按照规定的形式每周提交教学计划,以获得反馈和批准,以及为学习和提高的目的而制作的视频文件。学生们在一个类似的制度化环境中学习,他们需要在一天开始的时候把作业交到作业筐里(防止他们在课堂上做作业),并且在课堂上使用倒计时计时器来最大限度地利用时间完成任务。所有这些都是反向映射的,以支持掌握 AP 或 SATii 考试所设定的目标。

德威特先生的个性以及他的目标和价值观塑造了这所学校的文化。这种个性的一个核心特征(也是无借口高中的整体特征)就是对进步的不懈强调。德威特先生描述了他与一位新老师的对话,我们称她为克里斯托女士(Ms. Cristo):"去年12月,克里斯托女士曾问我(因为她是教学领导的一员):'什么时候这种情况会结束?'因为她认为这一切将在寒假后结束。我们的反应是这能停止吗？我们说：'永远不会。这永远不会结束。这是无止境的。'"早期所描述的结构之所以有效，部分原因在于他们对应用具有绝对的决心。无借口高中的理念是：每个人都需要付出不懈的努力，才能缩小成绩上的差距。

这所学校文化的另一个核心是一种高度事务性的人际关系处理方式，包括教职员工之间以及师生之间的关系。德威特先生承认，在中学时，他在"这个人对你了解多少"等指标上的得分一直很低。然而，他并不认为这种限制会妨碍创造一个成功的工作环境。老师们说，这种信念是他们在无借口高中处理人际关系的一个典范。有这样一个反映：

"我发现很多老师很多时候都太在意自己是否被人喜欢，但彼得（译者注：熟人会这样称呼德威特先生）从未真正关心过这一点。我想在这一点上我是受了他的启发。我当然希望别人喜欢我，但这绝不可能成为我和学生互动的动力。这是不合适的，这不是我们作为教育者应该做的事。"

这种方法也与更广泛的"无借口"哲学相一致，因为这所学校，就像许多学校一样，认为它的首要责任是为学生提供知识和技能。"以仁慈杀死学生"就是忽视这种责任，从而不尊重学生的潜能。

总而言之，无借口高中代表了一种对进步教育和不受限制的教师自主性所感知到的危险的极端反应。它深深植根于以公平为导向的使命，试图通过广泛设计的等级控制制度来实现其价值，领导者希望这种制度将创造向上的流动性。这所学校的文化在其教学方法上也起到了类似的作用；人际关系被视为创造更好结果的一种手段，但也被视为对学校使命的潜在干扰。接下来的许多事情，无论是好是坏，大部分都源于这些导向的假设。

## 在课堂上

从观察者的角度看，无借口高中的课堂可以被看作是非常传统的高中课堂，也可以被视为重塑当代高中的激进实验。

这项工作在内容和指导教学的任务方面是常规的，对任何一个从美国高中毕业的人来说都很熟悉：分析恺撒大帝，探索第二次世界大战的影响，识别描述物体轨迹的方程——这是几代美国高中生研究的课题。它们是学校教义中根深蒂固的一部分。

不同之处在于——这些主题被附加在一种承诺之上，即所有学生，尤其是来自极端贫困背景的学生，都将参与其中，以展示其掌握程度。如果像《购物中心高中》的作者描述的那样，当代美国高中是"假装教书的老师"和"假装学习的学生"之间存在默契交易的地方，那么无借口高中则恰恰相反：学生得学习（无论他们愿不愿意），老师得教书（无论他们愿不愿意）。[13]

为了达到这个愿景，无借口高中的课堂在四个方面都很严格：一是严格的行为控制，这是用来最大化完成任务的时间；二是精心搭建的框架，将复杂的主题分解成各个组成部分，并有意识地引导学生学习；三是经常检查学生的理解情况，了解他们的学习进度；四是SATii 和 AP 考试的反向映射，以确保内容符合大学学习的预期。这与传统课堂（教师长时间地讲课，学生被动地听）不同，我们在无借口高中看到的是大量的实践——学生们单独或结对工作，以展示他们对特定事实、概念和想法的理解。毫不夸张地说，学生们几乎每时每刻都在锻炼他们的大脑。无借口高中把认知科学家的忠告牢记在心：做脑力工作的人就是在学习的人。该学派的许多隐喻来自体育和艺术领域，在这些领域，指导练习（包括对形式或技术上最小错误的详细反馈）是学习方法的核心。

**具有挑战性的任务，为让学生成为生产者而精心搭建阶梯**

这是五月下旬一个阳光明媚的早晨，莫里亚蒂先生（Mr. Moriarty）的十年级英语课就要开始了。莫里亚蒂先生是一个身材苗条的白人青年，刚刚结束他第一年的教学工作。当学生们走进教室时，他站在教室门口迎接学生们的到来。他所有的学生都穿着校服（卡其裤，有的衬衫塞在腰带里），而且看起来都是黑人或拉丁裔。莫里亚蒂先生坚定地与他们握手，并提示他们坐下来开始工作，他们这样做不需要仪式，也不需要交谈。这门课以一个 7 分钟的"现在做"任务开始：一份 SAT 风格的词汇选择题练习册。当学生们完成作业后，他们就把家庭作业抄写在计划表上。他们的家庭作业包括阅读安·佩特里（Ann Petry）的小说《街》的下一章，这本书目前是全班共同作业的重点。此外，他们还要写一篇作文的初稿。

莫里亚蒂先生回顾了当天的学习目标，然后让一名学生志愿者带领同学们复习新单词表。学生志愿者问："_____是什么词性？""我们还知道这个单词的哪些其他形式？"其他学生则举手回答。然后，他开始写使用这个词的句子，当一名学生说出一个简单的句子时，莫里亚蒂先生说："我们需要一些突出展示这个词意思的东西。"这些词本身就是 SAT 词汇，如"似是而非""构成的""微不足道的""傲慢的"。

复习结束，这节课开始了 16 分钟，接着全班开始讨论前一天晚上读的《街》的那一章。学生们首先花 3 分钟完成"阅读检查"，这是一个简短的多项选择题测试，问题包括："敏决定如何应对她和琼斯（Jones）的悲惨生活？""读者能得出什么结论？""推着手推车的人的职业是什么？"当测验结束后，莫里亚蒂先生转入了对小说的讨论。他强调了这门课今天需要回答的问题："天空象征着什么？"他安排说，小组成员要阅读，然后讨论所阅读的内容，之后就这个问题写一篇完整的文章来回答这个问题。之后，他让一名志愿者大声朗读小说中的内容。在某些时候，他会接管阅读，"因为你会想在这部分写东西。" 21 名学生中大约有一半的人在他读书时做笔记。

莫里亚蒂先生停顿了一下，让学生们花两分钟时间写下对所讨论问题的想法，然后再花两分钟时间与搭档讨论他们的回答。当我在写作过程中四处走动时，发现大多数孩子都在抄下相关的引文，还有一些孩子在写一些关于象征意义的句子。之后，在"两人分享"的过程中，我听一组学生简短地讨论了天空是否象征着命运。

课堂转入小组讨论。学生们给出了各种各样的解释，有时相互直接回应彼此，有时在莫里亚蒂对他们的想法提出补充或质疑时回应他。他们经常使用让他们直接连接或建立彼此想法的句子开头。"我认为天空是街道的象征，以及街道上的一切是如何影响人们的，"一名学生开始说。莫里亚蒂先生让这个学生讲了一分钟，然后提出了问题——街道是否会像天空一样发生变化。另一名学生提出："我认为佩特里（Petry）用天空的象征意义来代表希望的丧失。"他们用一句明确的话来表达自己的想法。总共有五名学生分享了他们的想法，还有大约五名学生举手。

　　莫里亚蒂先生又问了一个问题："如果你是一位作家，为什么你要用天空来代表一个人的变化……为什么要用天空来代表希望的获得或希望的丧失呢？"停顿了一下，他补充道："这个问题没有对错之分。"莫里亚蒂先生叫到了一个还没发言的学生。她准备开始回答，但又犹豫了；另一名学生说："通常情况下，天空和天气描绘了人们的感受，所以她可能用天空来象征人类生活中的挣扎。"这个讨论持续了大约 10 分钟，直到铃声响起。

　　以上关于课堂的描述说明了无借口高中教学方法的许多关键要素。时间被严重分割——在 65 分钟的时间里，至少有 9 个不同的活动部分。除了下课后的小组讨论之外，每节课都有一个有形的成果（书面或口头的），每个学生都需要完成。整个课堂任务包括围绕词汇和文章理解的基本问题，以及一些要求学生识别符号和主题的更高阶问题。此外，还有一些问题要求学生通过分析作者选择背后的原因，"像作家一样思考"——这是与英语语言艺术相关的学科思考的关键部分。事实上，几乎所有这些任务都是从外部评估中反向映射出来的：词汇练习旨在让学生为 SAT 做好准备，而文学分析问题则反映了学生在未来几年的英语 SATii 或 AP 英语考试中将要面对的问题。

　　从更深层的学习角度来看，对这一课有不同的解读方式。对这门课的积极解读会注意到学生们在第二部分遇到的问题是困难且有意义的，这与在富裕学校的预修英语课或大学文学研讨会上可能会问到的问题是一致的。学生在回答这些问题时提出了完整的想法，并且他们努力在彼此的想法基础上进行交流。课堂上花在任务上的时间比例非常高，学生往往承担着认知负荷。最后，值得一提的是，莫里亚蒂先生是一名新教师——这一点我们在后面会谈到。

相反，批评人士会指出，缺少必要的问题来帮助连接不同的元素并赋予其意义。学生们练习词汇，因为他们需要 SAT 的词汇；这里并没有将技能融入更有意义的弧线中。只有课程的后半部分为学生创造了超越检索和理解的机会。而且，正如我们在当时所观察到的，讨论时间短影响了课堂的活力。

**无借口高中的最好情况**

在最好的情况下，在无借口高中的教室里，学生们进行深入的学科思考，利用他们丰富的知识来解决需要分析和解释的复杂问题。举个例子，格雷戈里先生（Mr. Gregory）是十一年级的英语课教师，他 30 多岁，个子不高，但看起来精力充沛。

格雷戈里先生穿着宽松的裤子和一件拉链运动衫，运动衫上面写的"信使"字样是学校报纸的名字。格雷戈里先生在当教师之前是一名记者。我在教室看到，13 名学生围坐成半圆形，他们做完一份 SAT 式的语法复习表后，接着开始了当天的主要任务。

格雷戈里先生要求学生们在报纸的评论版"他说，她说"专栏中展开专题辩论，辩题是"在一个不公正的社会中，一个公正的人应该扮演什么样的角色"。这里有两个学生，詹姆和汉娜，他们的想法很有特点。格雷戈里先生给了学生们 7 分钟的时间，让他们在 T 形图上独立写出他们对两个论点的总结。然后他说，学生将组成他们的"梦之队"，提出自己对这个问题的答案，然后他们将进行一场轻松的辩论。他强调，学生"应该使用你今年读到的故事来证明你的观点……这不是一个容易回答的问题，至少对我来说不是。我能看到双方的观点，我想看看你能否利用我们今年所读到的东西来综合你的想法，同时也能看到两方面的情况"。

三人组中离我最近的一个女孩开始发言："我认为她基本上是想说，如果一个政府不尊重人民，那么人民有权利反对它。"另一个女孩谈到《1984》时说："在某种程度上，温斯顿可以支持杰米。因为他不是想杀消防员吗？——那就是暴力……"然后她补充说："在《华氏451度》中，他（主人公）默默地反抗他的政府。"

另一个女孩谈到了《杀死一只知更鸟》："斯科特的父亲是反社会的，但他做这件事的方式是违背规则的……在《哈克贝利·费恩历险记》中他远离社会并采取了暴力行动，最后你看到了改变。"一个女孩不同意："你说得好像吉姆杀了所有人，但我不认为那本书与杰米的文章有关。"格雷戈里先生此时正坐在他们旁边，他说："这很好，这是我希望你们进行的辩论。你不必同意。"他提出了一个关于阿提克斯的想法，女孩们开始反驳他，说阿提克斯·芬奇和亨利·大卫·梭罗不是对立的。

计时器响了，孩子们回到了他们的座位。格雷戈里先生说，他会在黑板上做总结。"我很欣赏你把这些不同的书和一个更广泛的主题联系起来的能力，因为这是你在大学里必须要做的事，特别是如果你上英语课的话。"

"詹姆认为你必须通过违反不公正的法律来做出改变。汉娜采取了一种更微妙的方法——为了做出改变，你必须在社会中工作。"一组志愿者说。

"我的小组用的一个例子是哈克·弗恩——他基本上离开了，并试图逃离他的社会，这表明暴力并不总是必要的。我认为他的非暴力方式和他离开的能力表明，你不需要总是违反法律或使用暴力来做出改变。"

"但我有一个问题：那么，这给社会带来了什么变化？"

"我说的是哈克本人。"

在对哈克·费恩的讨论之后，格雷戈里先生让孩子们参考他们今年读过的其他书。

"我想要参考《1984》，起初他确实尝试着与这个体制合作，他做了一些小事情，比如与女孩发展关系，他试图慢慢地与体制对抗，但最终你可能会说，他没有成功是因为他不愿意为这个事业而奋斗。"

格雷戈里先生问："如果我强迫你选，你会选什么？"女孩做了个鬼脸，然后说她认为《1984》支持暴力的一面。

**格雷戈里先生回答说**："我理解你的观点，蕾切尔，但我有不同的看法……我想知道为什么每个人都把反乌托邦和争取改变联系在一起。"

"我认为汉娜的反叛是一个不那么极端的例子——杰米并不是说你需要暴力，而是说你不应该在规则下工作。如果你真的想要改变，那么你需要为你的信仰而奋斗。在《1984》中，他试图反抗的方式太微妙了，所以社会扼杀了他的反抗形式。"

"我同意战斗和反叛的意义必须是恰当的——你不能为琐碎的事情而战斗。我认为种族主义是你需要反抗的东西，因为它基本上是由暴力开始的。如果某些东西——比如一个坏的准则或体制是通过暴力实现的，那么你就不应该使用消极的方式去对抗它，因为这样做不会有什么效果。"

"我认为你在诋毁那些试图适应社会的人……就像温斯顿那次，当他最终开始反抗时，他受到了折磨。你让他看起来像个伪君子，而实际上他只是想要活下去，过上美好的生活——这与我们的基本问题有关。"

在更多的评论之后，格雷戈里先生停止了讨论，并要求学生们开始写他们的随堂作业，还要求他们在已经讨论过的问题上"表明立场"。学生们默默地伏在他们的试卷上，然后写作——直到时间到了。

这节课提供了一个最好的无借口高中的例子。学生们正在思考一个重要的哲学问题：在一个不公正的社会中，一个正直的人扮演着怎样的角色？从各种经典文章中选取例子，他们正在考虑在不同的情况下，使用暴力来反对专制政权是否正当。他们考虑不同的社会变革策略，并权衡个人在何时以及在何种情况下有责任为正义而行动的问题。学生们用完整的句子，准确地描述他们学过的书。小团体和个人的随堂作业是为了确保每个学生都能参与进来。在某种程度上，综合任务是建立在检索和理解的基础上的，这个任务是一个元级任务，要求学生把他们所学到的关于特定文章的知识应用到一个更普遍的问题中。

一个相关的例子来自坎宁安先生（Mr. Cunningham）的十一年级的生物课。

当20名十一年级学生走进教室时，坎宁安先生向他们打招呼，并敦促他们坐下来，开始指导他们阅读并讨论相关材料：今天是一个关于一种不同寻常的鱼的案例研究。他说："我希望你们在学习的过程中不断提取重要的词汇。"该案例研究以一个大数据包的形式进行，其中包括宏观进化的介绍，一个"问题"部分，描述了三棘刺鱼在身体鳞甲方面的有趣变化，以及学生将讨论的问题部分。当学生们安静地阅读和注释时，坎宁安先生在教室里来回走动，静静地观察着。

5分钟后，坎宁安先生召集全班同学。他要求学生阐明任务的中心问题。一个学生说："为什么形态会随着时间发生变化呢？"然后，坎宁安先生要求全班同学列出一张他们可以使用的词汇清单——这将"使讨论进入下一个层次"。学生们自愿选择一系列的词汇和术语：自然选择、形态、突变、间断平衡、异地物种形成。当坎宁安先生把发言机会给一个学生，让他定义最后一个术语时，这个学生毫不犹豫地回答说："有亲缘关系的物种发展出不同的特征是因为它们处于不同的环境中。"

被分配参加第一次核心小组讨论的学生们把桌子移到教室中央，坎宁安先生开始计时。小组有5分钟的时间解决数据包的第一个问题，即这种鱼的特征是否会遗传，可以设计什么实验来测试这个问题。沉默片刻后，学生们开始认真而深思熟虑地讨论这个问题。作为旁观者，我们惊讶地发现他们知道如何回应对方，如何以尊重和实质性的方式提出不同意见，如何邀请对方参与，在感到困惑时如何向对方提问。

"我们可以测试它的一种方法是繁殖不同种群的刺鱼——从每个种群中选取两条鱼，将海洋鱼和海洋鱼、淡水鱼和淡水鱼杂交，你会看到幼鱼出现了哪些特征。"

"我同意你的观点，但我认为你应该让海洋鱼和淡水鱼杂交，因为如果这是可逆的，那么海洋鱼的后代将是不育的。"

"我不确定你是否可以检测到这个，因为昨天我们讨论了由于携带者原因，你不能从一个种群中消除一个等位基因。"

"所以它实际上从来没有说过这些刺是否在种群中被编码，所以你假设它是遗传的，在淡水种群中消失了？"

"我有一个问题：（学生名字），你说过这种等位基因是如何由于环境而丢失的，但我们甚至不知道这种等位基因是否是遗传的。我们都同意等位基因是遗传的吗？"

坎宁安先生带领小组进入了案例的下一部分，描述了科学家们如何设计实验（结果与第一个学生的建议类似），并将结果以图表的形式列出。在两分钟的时间里，学生们进行了讨论，在讨论中他们阐明了如何阅读图表上列出的数据。

"这张图显示，如果你把海水和淡水交叉，你会得到 C……（参考这张图）。"

"C 表示什么？"

"C 是 A 和 B 杂交的后代。"

"它有一根不完整的脊椎。"

"所以基于此，也许它就像不完全的支配力？"

"我有点不同意。我想如果你看看比率，它看起来很像 9∶3 或 3∶1，这是异卵合子杂交的标准比率。所以我猜你可以得出这样的结论：刺和鳞甲是有联系的基因。"

"我不会完全同意这个观点，因为 E 和 F，主要是 E。尽管这种鱼只有部分鳞甲，如果它们是联系在一起的，它们就必须一起展示。"

"谁能告诉我我们刚才的结论是什么？我们达成共识了吗？比如，（学生名字）在说什么？我理解 F 二代所具有的特征，但这意味着什么呢？"

"我不知道我们是否真的回答了这个问题。"

"我同意，因为我认为双杂交是不同的。"

"问题是关于等位基因你能得出什么结论，我们认为它是双杂交的产物。"

小组决定继续下一个实质性的问题，这个问题描述了测试的结果，并要求学生们用图表说明在这次繁殖测试中发生了什么。其中一名参与者走到黑板前，画了一张基因图，但还没画完，计时器就响了。坎宁安先生让他们总结自己的想法，而外部参与者则准备好分享反馈。他们的评论表明，他们在跟进对话的过程和内容。

"在这个圈子里说话的人使用了大量的词汇，他们使用了很多来自案例研究本身的证据。不足的是，你们从来没有真正阐明你们的结论是什么，以及每个人的想法是什么，如果你同意（学生名字），也没人解释为什么。"

"我同意。在第一部分中，你包含了更多的词汇和证据。但事实上，一些人开始反对（学生名字）所说的话，这也是好事。"

"我喜欢（学生名字）观察比率——我一开始没有想到要看这个，但这让我想到了不完全优势。"

"我认为使用提问是好的，因为它说明了他们不会在感到困惑时继续前进。但我不太明白他们在说什么。"

坎宁安先生插话了。他说："当时有很多观点，但有很多铁证如山的证据来支持你的说法，你最终做到了，但花了一段时间才做到。"他肯定了那个要求小组总结他们命名的想法的学生，然后他要求小组交换意见，这样局外人就可以进入小组内部。接着进行与上面描述的类似讨论，不过这次的问题不同——从第一组人停止的地方开始。作业在讲义的最后一页，要求学生引用研讨会上的三项具体证据，并定义五个关键术语来回答这个问题："为什么一些淡水种群的三棘刺鱼失去了它们的骨盆刺和身体鳞甲？"

以上关于课堂的描述是对无借口高中最好的阐释，这次是在科学领域。在这里，学生们利用他们的背景知识和技能来理解在新的情况下会发生什么——解释刺鱼的进化。这项任务要求学生思考生物推理是如何运作的——用杰罗姆·布鲁纳的话来说，学生需要理解学科知识的基本结构，才能回答这个问题。[14]学生们在使用学术知识方面缺乏自我意识，他们的谈话建立在彼此的观点上。他们在如何进行这种学术讨论的既定规范下工作，他们有机会反思他们的行为和推理。课程的结尾是建立在研讨会上的家庭作业，并提供了个人责任来处理作为一个小组开发的内容。尽管学校强调学生在完成一些相当琐碎的任务时步调一致，例如诵读乘法表，但在这节生物课上发生的事情表明，当有纪律地积累事实知识用于处理一项重要的分析任务时会发生什么。

**无借口高中的最坏情况**

在无借口高中，并不是所有的课堂都像坎宁安先生的生物课那样善于分析。在那些不那么强大的课堂上，我们发现了一种趋势——倾向于广度而非深度，确定而非探索，控制而非激情。在某些方面，这些问题反映了美国高中面临的挑战；然而，在其他方面，它们反映了无借口模式学校的局限性。

看看下面九年级的数学课。

基尔罗伊女士（Ms. Kilroy）是一位身材娇小的白人女性，30 岁上下，深色的金发梳成马尾辫。她穿着朴素的 T 恤和长裙，她的举止和她的外表很相配：当我自我介绍时，她既不热情也不令人反感。在她教室的门上，贴着一份在最近期中考试中得分在 90% 以上的学生名单，按顺序排列。教室有一面墙，是"学生研讨会名人墙"，上面有许多被提名为"继续前进""全神贯注""最佳证据"明星学生的荣誉证书。

这些学生是数学高层级的九年级学生，从"现在就做"开始：写出一些指数问题的正确公式。基尔罗伊女士催促他们完成，然后提示他们拿出活页夹，打开昨天的随堂作业，她已经用计分法打过分了。她把答案发给孩子们，让他们在两分钟内就题目修改错误。我旁边的女孩用红笔把答案上的内容抄了下来。计时结束后，学生们有两分钟的时间互相交流答案。

"我只答对了两个。"一个女孩对她的小组成员说。基尔罗伊女士走了过来，其中一个孩子对她说："我不明白你为什么要这样做。"基尔罗伊女士向她解释，但我们听不到她在说什么。学生们拿出笔记本，基尔罗伊女士表扬了他们的专业精神。她说，今天是"完美的家庭作业日"。她开始用 PPT 讲授课程。她说："我们将学习两种规则：递归规则和显式序列规则。"她让孩子们把"递归"这个词大声重复很多遍。然后，她绘制了一个数值表，表示任务是写出 $x$ 值与 $y$ 值之间的关系规则。"$y = 2x + 3$。"坐在我旁边的女孩在一秒钟内说。当基尔罗伊女士问有多少人得出这个答案时，几乎所有人都举手了。一个女孩解释说，"捷径"是当 $x$ 为 0 时，通过观察 $y$ 值来得到截距。基尔罗伊女士对此予以肯定，并表示，这项任务是要制定明确的规则，而他们已经可以做到了。"现在，我们将回顾递归规则，"她说，"并通过一种不同的方法来生成方程，包括在前一项和下一项中只查看 $y$ 与自身的比较。"

在进行了一些更直接的指导之后，基尔罗伊女士给学生们两分钟的时间，让他们与小组一起尝试其中一个新问题。坐在我旁边的学生们在讨论在哪里代入什么，并在纸上做一些计算。接下来，学生们自己安静地做一个类似的问题，然后基尔罗伊女士和他们一起做。形式大致相同：学生提供答案；基尔罗伊女士解释了一下，并在这个过程中寻求了一些帮助。她告诫学生们："有时候，当人们学习如何编写递归规则时，他们会忘记如何编写显式序列规则，所以现在我打算让你们每次都写两种规则。"

本节课提供了无借口高中指导实践课程的经典例子：从前一天开始个人热身；直接指导，包括一些参与机会；小组练习。数学专家可能会将这节课归类为侧重于程序和算法应用，而不是概念理解。[15]学生们已经学习了一些如何从数据点集合中识别代数方程的规则，但他们没有被要求理解这些规则起作用的潜在原因。如果你回想一下现在美国和日本的数学课程之间的对比，日本的方法是教师给出一个困难的问题，学生们一起努力来解决，而美国的特点是教师教一个公式，然后学生在一系列的例子中尝试这个公式，这节课正好符合美国的模式。[16]

我们认为，在这节课和其他类似的课上发生的事情，与其说是反映了无借口高中的独特之处，不如说是反映了塑造美国教育的更广泛的环境，就像我们访问过的许多其他学校一样，这里强调数学的程序和算法知识，强调科学的覆盖面而不是深度。有时老师们可以用构建模块来问更难、更有意义的问题，比如英语中的"不公平社会中的公正的人"的例子和生物学中的刺鱼实验。但是在这里，也有一些时候，要完全覆盖这个话题的压力，特别是对 SATii 和 AP 测试内容的关注，阻碍了更深层次的探索。

课程的节奏也与更深层的学习的固有品质相抵触。如果让学生有更多的时间去解决困难的问题，去研究解决方案，并持续开发有意义的产品，就会产生更深层的学习，那么在无借口高中，这类学习并不多。总的来说，烦琐的工作任务分解，即为了让学生专心完成任务而将其分割成小块的愿望，以及频繁检查学生理解程度的压力，都阻碍了更持久的、更开放、更不确定的探索。当我们问一些学生是否做过他们引以为傲的工作时，很多人说不出一件。

强调外在动机而非内在动机也影响了我们观察的班级。虽然学生们几乎总是"完成任务"，但课堂上很少有显示高水平的能量，我们也很少看到学生主动提出超出要求的想法或问题。当然，我们用一只手就可以数得出发生了几次真正的讨论或辩论，而不是对指定任务的直接回应。如果学习的最佳状态是"持续输入"，是"在任务里"而不是"在任务上"，或者是纯粹的内在动机，那么我们在无借口高中很少看到这样的例子。

以我们观察的一门戏剧课程为例，因为我们想要探索在选修课和艺术领域发生了什么。在其他学校，这些地方经常是进行真实而富有激情的工作的场所。

当我进去的时候，有 20 名学生围坐成了一个大圆圈。房间给人一种奇怪的干净和空旷的感觉；墙上除了几张简单的面具和几张印刷的普通海报外，什么都没有。洛佩兹女士（Ms. Lopaz）是一位年轻的拉丁裔女子，她身着连衣裙，脚踩一双非常高的高跟鞋，正在走来走去，边走边提问。几分钟后，她过渡了一下，并分发了一张练习表。她说："我们今天要学习如何进行舞台朗读。"她让学生们拿出他们的剧本。教室里一片寂静。"让我来给你们定义一下什么是舞台朗读。"洛佩兹女士说。然后她把定义念给孩子们听，孩子们把它写了下来："剧作家在剧本创作过程中进行研讨的机会。"

洛佩兹女士问，有什么东西是一场舞台朗读所没有的，而完整的作品会有的。学生回答：灯光、声音、服装。"我会把这些记在我的笔记里。"洛佩兹女士重复着他们说过的话。孩子们写下来。然后，洛佩兹女士提示他们翻到表格的前面，让他们听播客，然后回答表格上的问题："舞台朗读的优势是什么？""说出你在练习的能够帮助你完成舞台朗读的身体和声音技能。"在5分钟的播客中，孩子们按照指导写笔记；除了三个人之外，所有人都在积极写作。播客结束后，孩子们有3分钟的时间写问题的答案。之后，洛佩兹女士请他们谈谈自己写的东西。一些学生自愿参加：

"我会做一个舞台朗读，因为可能会有我想改的东西，演员可能会唤起一些我想补充的东西。"

"在整个制作过程中，你不一定把注意力集中在对白上，你应该关注灯光和设计。"

"那个人还在工作，他们还没有完成，所以要完成整个作品，他们就得把你的剧本做成一本书。"

学生们没有直接回应对方，几乎在每一次，洛佩兹女士都会对每条评论做出相同或更长的回应。学生们正在使用戏剧词汇：他们使用诸如重音、声音投射、发音和肢体语言等术语。对话继续进行到其他问题。在某一时刻，洛佩兹女士提到了他们即将进行的"午餐系列"的舞台朗读活动。

在这节课上，我们可以看到无借口高中的一些权衡。学生们再次获得了相当复杂的训练——在思考舞台阅读的本质时会使用的特定词汇。但他们这样做是缺乏背景的，与他们在今年晚些时候将要上演的一出真实的戏剧表演毫无关联。如果没有在这种令人鼓舞的背景下，学生就只能按照指导尽职尽责地学习内容了，而没有精力为真正的观众表演、准备，甚至思考这一作品。

## 无借口高中的权衡

总的来说，无借口高中所需要的思考量比大多数当代高中要多得多。历史老师要求学生分析历史漫画，并研究罗伊诉韦德案的影响；物理老师要求他们根据去当地游乐场收集的数据来分析牛顿定律；英语课以讨论《宣叙》（译者注：美国当代著名黑人女作家托尼·莫里森的短篇小说）和《了不起的盖茨比》为特色；讲西班牙语的学生被要求单独与老师面谈，以证明他们的语言能力；在数学课上，学生们被要求对球面的表面积公式进行证明。外部评估的作用日益凸显。有些课程是用来测试基本技能的，老师们（尤其是数学、科学和历史方面的老师们）担心这些外部评估会迫使他们以深度换取广度，要求他们必须涵盖一定数量的材料，从而限制更深入的探索。即便如此，总的来说，在我们观察到的 25 个班级中，有 20 个班级至少有一部分时间致力于让学生参与更高阶思维任务，这些任务属于布鲁姆分类法的上半部分，而且大多数学生实际上都能完成这些任务。

与此同时，我们只看到极少数真正有活力和参与度的例子。这项工作的框架几乎完全是为大学或外部评估做准备的，而不是出于内在兴趣或目的；因此，学生们认为学术工作是要遵守的，而不是要参与的。此外，持续的搭建阶梯和频繁的评估意味着，尽管学生们获得了一系列的知识、技能和内容，但他们很少有指导自己学习或参与持续的学术调查的经验。

## 全景图

无借口高中是如何创造出这些课堂的？即使在某些关键方面有所欠缺，但至少也一直在要求高度贫困学生思考真正的学科？我们确定了一些对产生这种一致性至关重要的维度：创建一个具体的、聚沙成塔的教学愿景；支持教师工作的课程基础设施；广泛的成年人学习反馈机制；一种激烈的文化；所有系统、结构和激励措施的调整都是为了实现学校的目标。

这一切都始于一个明确的愿景。正如我们之前所描述的，德威特先生的愿景是，学生将在州测试、SATii 和 AP……或者其他外部基准考试中取得成功。我们访问的大多数学校，都是学者们长期以来所描述的松散成对相连的系统。在这种系统中，难以对教师进行监督并且对良好实践缺乏明确共识，这意味着每位教师或多或少可以决定他或她的目标是什么，以及如何实现这些目标。无借口高中恰恰相反——目标非常明确，教师在等级制度下的工作方式也同样明确，因为这个制度能让他们知道他们应该如何实现这些目标。

这种对教师期望的详细设想是由一套一致的结构和系统支持的。在无借口高中，数学、科学、英语和历史等传统科目构成了每个学生日常大量接触的核心部分。教师被编入不同的部门，主任负责密切监督部门教师所从事的工作。德威特先生在创办这所学校时做出了一个关键的结构性决定，即将这些部门主任定位为关键的教学领导，他们只教两个班，其余的时间都用来观察并给予部门新来的老师以反馈。德威特先生说："即使以我的教育背景，我也不可能在（每一门学科）指导、领导和帮助做决定。所以我们决定，如果我们真的想让老师们团结一心，真的想让他们得到发展，那么我们就需要非常积极地做部门主任的工作。"

部门主任的主要职责之一是开发公共课程，学校认为这是确保所有教师的课堂都足够严谨和连贯的关键手段。因此，在结合每个学科特点和年级水平的基础上，由部门主任和其他有经验的教师创建极其详细的课程，并通过与学生的实际使用进行审查和磨炼。正如德威特先生所说："课程一旦完成，就会变成 PDF 版的。完成了……，我们很高兴。"这种课程的开发旨在成为塞内卡·罗森伯格（Seneca Rosenberg）在她的《成就第一》研究中所说的"保障"一样：它试图确保在标准课堂上发生的事情与组织的目标相匹配。[17]

除了开发课程外，部门主任要监督本部门教师在各自领域的学习情况。新教师要经过教学团队组织的短期暑期培训；在培训中，他们会学习学校的基本教学方法和一套策略，他们将在未来的几个月和几年里使用。这种引导体验之后是每周的反馈。在平常的一周里，新教师会在周一接受部门主任考查，周二听取考查报告，周三或周四开会讨论下一周的教学计划，部分地借鉴过去一周的反馈。然后在周日，所有教师都需要在下午 2 点之前把下周的教学计划交给部门主任；他们会在晚上 8 点收到他们的计划和评论。正如德威特先生所说："我们告诉老师，教学计划必须完美。"此外，新教师和部门主任经常被分配到同一个房间，这意味着新教师在房间后面的桌子上批改论文和备课，而在他们的学科领域更有经验的教师在教学，相反，部门主任有非正式的机会观察他们负责的新手。

这种反馈过程也是由学校精心组织和内部研究的。反馈环节本身会被录下来，并会被回顾用以寻找提高反馈效果的方法。当发现多方面的问题时，就把它们分解成更小的部分，以便逐步解决。这些不同过程的总和意味着，新教师在一年中大约会收到25到30轮的观察和反馈，这些观察和反馈来自与新教师所教相同科目和相同年龄学生的经验丰富的导师。参与这一过程的第一年和第二年的教师几乎一致认为这是非常有价值的。正如莫里亚蒂先生描述的那样："其他学派认为教学是一种潜移默化的过程……我们认为你没有时间可以浪费，你可以很快变得更好。教学不是魔法——至少大部分不是。我们做到这一点的方法是把好的教学编纂起来。"

这些特点是吸引教师来这所学校的部分原因。那些在其他学校教了一两年书的老师们确实注意到了这些差异。一位通过"为美国而教"（Teach for America）项目在北卡罗来纳州农村任教两年的老师表示，无借口高中的支持是他申请的原因之一：

"因为专业的发展，我的最高目标是成为一名好老师。我觉得在这两年里我不断地失败，我觉得我没有进步，不管我多么努力地工作。因此，我正在寻找一所能帮助我实现潜力的学校。当我听说这里的教师发展模式时，就知道这里比其他学校所倡导的更具雄心。"

**挑选新教师**

无借口高中的独特之处在于，它不仅拥有非常有条理的系统，还包括在这些部门中发生的事情。学校里的成年人，尤其是领导层，对什么是严格的学习有着明确的标准，而正是这些标准的持续应用，使他们能够实现自己的愿景。例如，学校的教师发展过程，即如何挑选和培训教师。

仔细看一下对亨利先生（Mr. Henry）进行的面试，他将来可能成为十一年级的历史老师。示范课在一些私立学校很常见，但在公立学校却很少见。在无借口高中所有的新教师都必须上示范课。历史部主任阿林顿先生（Mr. Allington）和德威特先生都旁听了亨利先生的示范课。

亨利先生的课分为四个部分，所有的重点都集中在对美国重建时期政治和社会动态的理解上。在第一部分"现在行动"中，他让学生们想象九年级和十年级的学生试图脱离学校，但没有成功。在得到了这个问题的一些初步答案后，他转向了一系列关于内战和重建时期的事实性问题。学生只可以回答其中一些事实性问题，而不能回答其他问题；亨利先生让他们在课本上查找他们不知道的东西。在课程的第三部分，亨利先生要求学生描述他们所知道的林肯和约翰逊的重建计划，然后画一个维恩图，每个人的计划用一个圆表示。

亨利先生讲完后，他和阿林顿先生以及德威特先生坐在空荡荡的教室里进行了很长时间的交流。

德威特先生："你觉得情况如何？"

亨利先生："我有点失望，在40分钟的时候还没到写论文部分。我们没有进行比较，因为评估将是一篇4分钟的短文，他们将写下林肯和约翰逊的计划并进行比较。"

阿林顿先生："你为什么没有想到这一点呢？如果你能再来一次，你会怎么做？"

亨利先生："我会删掉没有方向的分类工作，直接从头脑风暴到分类，而不是由他们自己做分类。而且直接指导的问题也有点长。也许我可以缩短一些学生的讨论时间。"

阿林顿先生："当我们谈到与学生提问的话题时，你在听学生的回答时想听到什么？"

亨利先生："我想让学生们提出一些大问题——更重要的问题是，我们应该如何对待被解放的奴隶，惩罚南方，以及州或联邦政府——这些才是最好的答案。他们确实做到了。"

阿林顿先生："'我们该拿奴隶怎么办？'其中一个学生问道。这表明有一些严重的误解。那是你纠正错误或者让她纠正错误的地方。"

亨利先生："说得好，我想听一些关于奴隶的东西，所以也许我说得太快了。你是对的，我应该纠正一下。"

德威特先生："当你问他们国家在重建时期所面临的核心问题时，这个问题看起来很大，但它似乎与第一部分无关。回报是什么？为什么这么做？"

亨利先生："首先是列出条，然后我想让他们在不考虑类别的情况下产生知识。如果我们讨论过这些大问题，他们就会明白这些分类与整体问题相关。那样合理吗？"

德威特先生："如果你能得到最终产品，那就说得通了。但除此之外，感觉就像你在建立一个田径项目，但没有举办比赛。"

阿林顿先生："从学生的角度来看，问题是我们在做什么，我们要去哪里？"

德威特先生："让我们回到阿林顿先生的问题，就我们现在所知道的，如果我们的目标是在学习中获得巨大的回报，那么这个比例对他们影响很大。我观察到的是，要移动很多家具，要花很多时间来移动东西，但没有多少回报。所以，如果你要再做一次，你会有什么不同的做法？"

亨利先生："我想把约翰逊和林肯的思想带入课堂。这是两个人计划的一部分，然后我们要试着确定哪些属于哪一类。"

德威特先生："他们会确定吗？"

亨利先生："是的，重要的是让他们明白林肯是支持被解放黑奴管理局的（译者注：它是美国联邦政府在解放黑奴后建立的组织，目的是帮助被解放的奴隶重新踏入生活）。"

阿林顿先生："所以先验知识对结论很重要。他们对约翰逊一无所知；我们还没有讲到这个。所以如果他们什么都不知道，你也知道他们什么都不知道，你要怎么做到这一点？"

亨利先生："填上你对林肯的了解。然后我会讲约翰逊的故事。"

阿林顿先生："所以也许他们需要一个简短的二次阅读。"

德威特先生："我只听说约翰逊是南方的奴隶主。他们对林肯的了解是完全不同的。因此，这堂课本身就是……"

阿林顿先生："缺乏深度。"

德威特先生："这就注定了这堂课缺乏深度。它需要在某些方面播下种子——在其他学校，我们看到很多学生只是在传播信息。我们所了解到的是，我们的学生有能力深入研究，但这完全取决于我们创造的环境。"

阿林顿先生："他们试图达到更高层次的解读，但他们没有达到。只是移动了资料。"

在这段摘录中，我们看到了无借口高中的一些独特之处。这里相当关注细节，因为课程的每个部分都是经过仔细探究和检查的。没有"汉堡包式"反馈（赞扬、批评、赞扬），而是解构了问题，并强烈质疑如何解决它。还有真正的标准——观察学生们知道什么，能做什么，并试图找出如何帮助他们超越肤浅的问题，进入更广泛的利害攸关的问题。

德威特先生以最后一段话总结了这节示范课，告诉亨利先生在无借口高中工作是什么样子：

"在部门主任看来，我们不把它描述成指导项目，这也是为什么他们会在教育界有教练的标签，教练对我们来说似乎是太弱的词。我们需要我们的老师非常清楚地理解，我也需要他们不要有意或无意地误解这种关系。阿林顿先生发现自己处于这种情况下因此而声名狼藉，老师不明白他是决策者。

"所以，我会对老师说，'你似乎误解了你和阿林顿先生作为部门主任的关系……（他）在给你指示，我们希望每个人都要遵守……这不是建议。'"

在这里，我们看到了招聘的简单方法。招聘的关键不是专业知识，而是可塑性；他们寻找的是渴望进步、乐于接受反馈、愿意学习的优秀年轻人。

## 教学开发

学校有信心通过教学发展过程，将年轻人塑造成优秀的教师。我们有机会观察一些实习教师的教学课程，以及与部门主任和正在"培养"的教师交谈。在这样的一次合作中，历史部主任阿林顿先生和二年级历史老师科尔先生（Mr. Cole）都描述了课程在这一年中的变化。他们描述了三个阶段。今年早些时候，他们把注意力集中在阿林顿先生所说的"我们能解决的最小杠杆"上。他从如何组织学生进入教室开始：

"这里有一个很好的例子：当学生们在每节课开始的时候进入教室时，经常会有许多嘀嘀咕咕和小声说笑的学生，他们没有及时开始'现在就做'的项目并做好上课准备。他不知道问题出在哪里，也不知道如何解决，他也因此感到很沮丧。我给他的反馈是很简单的，当他们进来的时候，你不说话，也不干预，不与学生一对一的交流。在他们进来的第一分钟，你所做的就是站在教室前面观察他们，观察每个人是否都坐下了，是否安静下来，是否是按你想要的方式过渡。"

从这里开始，下一步是关注教学。在尝试了许多不同的策略后，阿林顿先生最终认为科尔先生被来自太多方向的反馈所淹没，于是他决定将重点缩小到只重复一个教学模板。这个想法的一部分是通过将反馈集中在一个维度上来减少认知负荷。科尔先生描述了当时的情况：

"我知道一开始我很挣扎。大约一个月后，我会被认为是学校里最弱的教师之一，尤其是在新教师中。阿林顿先生每天都和我一起计划和重新规划。我们每天大概要花一个半小时的时间，根据当天的挑战和成绩来重做第二天的功课。

"然后，到了月底，我们意识到，学生们并没有真正学到多少东西——我不能说没有学到任何东西，但是他们学到的很少。他们实际上记不起来什么，他们不能回忆起任何事情来发表某种声明。阿林顿先生发现了这一点并试图简化我在课堂上所做的。因此，我在课堂上每天都有同样的结构，即使它很单调。我们需要确保学生们学到了一些东西。

"所以，我们做了所谓的标准历史课。他们要阅读15分钟，他们要看一份文件，然后他们要回答一些更大的问题。他们会每天都这样做，直到能够完成这些，然后我们会添加更多的内容。所以，尽管这对学生来说可能很枯燥，但这样使我能专注于管理，使我能专注于更好地理解课程，从而真正控制问题，并确保学生已经学习了关于最早文明的基本事实，例如，这样一来，一旦我的教学水平有所提高，他们就可以利用这些知识。"

到了年底，随着科尔先生熟悉了标准的历史教学模板，他们在课程中创造了更多的多样性，他也变得更像一个合作规划师。正如阿林顿先生所描述的：

"现在，我们正处于这样一个阶段：我在讨论中给出的反馈……不是让学生们进来，安静地坐着，然后开始学习。现在是这样的：好吧，有什么好主意？要理解这个想法，最重要的问题是什么？我们要用什么方法才能把这个单元整理好？现在是真正的内容，是关于实际的内容，是关于实际的课程，我们如何改进它，丰富它。因此，我认为，讨论已经转向了一个对我们双方来说都更有启发的地方。我想他现在对此感觉很好。"

在他们对自己发展轨迹的描述中，你可以看到许多无借口高中教育方法的特征，这与学校对学生如何学习的愿景相一致。第一种理念是关于专业知识是如何发展的，这在体育和艺术领域都很常见，它强调从部分到整体：将一项大任务分解成更小的元素。第二个与之相关的观点来自类似的理念，即重复和练习的重要性。这种观点认为，科尔先生如果一次又一次地重复同一件事，而不是在不同的事情上循环往复，会取得更大的进步。第三个理念与基于专业知识的等级制度的适应程度有关；正如前面所强调的，阿林顿先生显然是在指挥这次行动，而科尔先生是新手。最后，阿林顿先生似乎认为，这种观点与更广泛的教学观点（例如，最终强调围绕基本问题组织教学）之间没有冲突，但他认为，一旦一个人掌握了教学的更多基本部分，更广泛的工作就会慢慢发展起来。

英语部主任托布斯先生（Mr. Tobbs）和新教师莫里亚蒂先生之间的第二次教学发展交流，揭示了一系列相关的动态。托布斯先生的教学观在系统需求和教师个性需求之间取得了平衡。他说，像无借口高中这样的学校的风险在于教师，尤其是新教师，他们被认为是机器中的机器人，但教学工作需要以一些私人身份来与孩子沟通。他说，以莫里亚蒂先生为例，他最初模仿德威特先生的说话方式，给人一种非常"平淡的感觉"。但是，托布斯先生指出，德威特先生"在教学的时候，并不总是这样。他会做一些奇怪的事情，他会开玩笑之类的。你不可能每天都和别人，尤其是孩子待在一个房间里几个小时，还像机器人一样"。因此，挑战在于教师需要让这些技术为他们所用。他补充说，如果不这么想，"在这种无借口模式的学校里，可能会出现严重的潜在错误"。

与这一理念相一致的是，托布斯先生给莫里亚蒂先生提供了广泛的反馈，但也给了他一些空间来塑造自己所学到的东西。正如莫里亚蒂先生所描述的那样：

"（托布斯先生）在某种意义上是非常灵活的，他说'是的，这是我去年的课程，但你需要自己做决定'。所以第二年，我完全换了一本书，换成另一本书，只是把东西搬过来。所以他给了我灵活性。但与此同时，他已经来了很多年了，去年他也教这门课。所以他可以说'好吧。你知道的。我们需要关注这一点'。他教了我一些策略来让我做到这些。"

在托布斯先生和莫里亚蒂先生之间，我们看到了一种避免非此即彼、融合多种美德的教练关系。托布斯先生看到了结构和体系的优点，但也看到了主人翁意识和个性的重要性。他对莫里亚蒂先生教授的内容有直接的经验，但也认识到让莫里亚蒂先生进行改编的好处。结果是，托布斯先生有能力为莫里亚蒂先生提供建议和帮助，但他也从更长远的角度考虑，想让莫里亚蒂先生对自己的工作有一种主人翁意识。

可以肯定的是，并不是所有的教练组合都像这对一样有效。在有些情况下，被辅导的老师觉得部门主任要么对课程内容了解不够，要么在给予反馈时不够认真。但总的来说，很明显，这所学校的成功显然在很大程度上可以归因于教学发展的强度，通常与我们在其他学校看到的相比，这里的教学发展更频繁、更详细，而且基于一个清晰的教学愿景。

### 激烈的文化

我们绞尽脑汁想用一个词来描述无借口高中的发展体系、结构和文化的本质。如果我们称它为"连贯的"或"系统的"，这意味着一种积极的价值；如果我们说它像福柯所说的"全控机构"，它会让人想起监狱。其在某种程度上介于两者之间：学校的权力在一定程度上源自一种激烈的文化，在这种文化中，学生和成年人都感受到其表现出的巨大压力——肯定要表现得很好。

例如，在教学发展方面，德威特先生认为学习的"心理安全"概念对学习没有什么价值。他讲述了一个他和无借口高中的一些员工参加的研讨会的故事，在那里，主持人强调，导师不应该有评估的角色。"我们当时的问题是：'为什么不呢？'比如，'这有什么大不了的？'"德威特先生说。事实上，在他的世界观中，缺乏经验的教师的工作就是按照教学开发人员说的去做；让这个开发人员评估工作是很自然的，因为那个人是最了解工作的人。同样，这里也有一个与职业体育相似的地方，在那里，运动员同时接受雇主的悉心指导和评估。

对学生来说，很明显，行为服从是必须的。我们看到一个集会，学生的视频被投影到大屏幕上播放，向运营人员表示感谢。正如我们在现场笔记中所描述的：

"这个房间充满了活力——孩子们在视频中看到彼此，在整个高年级学生面前窃窃私语、咯咯笑。然后德威特先生站了起来。'注意这！'他说了两遍。'你们不够有礼貌，'他补充道，'尊重是我们的核心价值之一。我已经开除了一个九年级的学生；你可能就是下一个。所以我们会安静地看视频，然后合唱团会表演。'整个房间一片寂静而且感觉大家都被吓住了。"

同样地，一天午饭后，我们看到德威特先生训诫一群学生的行为举止：

我们暂时离开去找另一个吃午餐的地方，没找到，我们又回来了，发现他正在训诫九年级的学生，严肃批评他们的缺点，尤其是他们不交作业和上课迟到。我只是在转述，但总体观点似乎是：你可以选择在生活中做些什么，或不做什么，有些人很自律，在生活中前进，有些人则没有。他们要么更好地塑造自己，要么将要面对暑期学校。他说："我认为去暑期学校上学的孩子太少了，我已经准备好大幅增加暑期学校学生的数量。"

学生们不应该激怒他。一些教师也附和着表达了类似的观点。这种语气很激烈，孩子们完全沉默。

教师们同样描述了一种文化，他们知道如果他们在中期评估中没有取得成果，或者如果他们越过了部门主任，他们的工作就有危险。德威特先生是"你的老板，而不是你的朋友"，就像有人说的那样。因此，尽管系统的一致性是学校结果的一部分，无论好坏，每个人被迫遵守的不妥协的力量，给了系统以支撑。

## 控制成本

同样的结构和文化选择，在教师的跨课堂实践中产生了高度的一致性，也带来了重大的权衡。下面，我们将讨论控制方案的三个成本。因为无借口高中是这样一个如此一致的、以使命为导向的组织，对于学生和教师来说，这些权衡通常是并行的，我们称之为对称性。

### 地板与天花板

一个有助于理解无借口高中的比喻是"地板"和"天花板"的概念。一位老师向我们介绍了这一点，我们称呼她卡特女士（Ms. Carter），她曾在杜威高中工作，现在在无借口高中。她首先赞扬了无借口高中的低层级和高层级的目标一致性：

"在杜威高中，我看到的一个大问题是——那些孩子从我身边滑过，可能我感觉'地板'很低。不怎么努力就能通过，这并不难。在这里，我觉得恰恰相反。我觉得即使是 C、C⁻ 的学生也非常努力地学习。在这里，每个学生都必须投入大量的工作，他们无法回避这个问题。这在各个方面都是非常无情的。"

同时，她也看到了这种方法的局限性：

"但我也觉得，考试能给你的帮助也就那么多了。我的意思是，最优秀的学生不会为了 AP 美国历史考试而努力学习很多历史，但这只是一个由考试和大学理事会设定的自然限制……我认为这削弱了天然好奇心的重要性，这种好奇心不是由成绩驱动的，也不是由做更多事情、推动自己和探索的欲望驱动的。"

卡特女士担心，无借口高中的高度控制性正在削弱学生的内在动机和好奇心，其他一些老师也有同样的担心。一位英语老师指出："我们对教学的控制非常严格，有时我担心它没有给学生提供足够的机会去探索。我认为我们的学生有时没有求知欲，这对我来说求知欲可以导致更高层次的思考，或者是没有机会激发求知欲，这绝对是一个挑战。"正如我们将看到的，无借口高中近年来已经开始关注这个"天花板"问题；实际上，他们担心他们提供的过度控制性学习并不能使学生为更开放的大学环境做好准备。

我们在教师的工作中看到了类似的"地板"和"天花板"的动态变化。教师们表示，由于这个系统和结构过于庞大，"几乎不可能有一节令人震惊的课"，"要有一节鼓舞人心的精彩课就更难了"。教师们开发了一整套符合无借口高中规定方向的课程，但很少有机会去探索他们感兴趣的想法或进行创新。第一年和第二年的教师非常欣赏基础设施的水平和指导反馈，但更有经验的教师经常感到受到这种高水平指导的限制。（同样，九年级和十年级的学生比十一年级和十二年级的学生对学校评价更高。）从结构上看，无借口高中的组织结构只提供了两种角色，即负责制订和检查教学计划并给予反馈的部门主任，以及由这些部门主任监督和制订教学计划的教师。这意味着，"中间"的教师，例如，那些前面有一位不会离开的部门主任的教师，发现自己几乎没有成长机会。在我们做大部分研究的那一年，许多即将离开的教师都属于这个中间群体——不再是新手，但没有空间进入教学领导岗位。

同样，学校认为教师本质上是白纸一张（空白的白纸，等待着无借口高中的印记）。这种观点适用于第一年的教师，但不适用于某些更有经验的教师。例如，一位老师在三种类型的学校教了 6 年物理、化学和数学之后来到了这所学校。她说，她在以前学校的物理教学比在无借口高中的物理教学更注重概念；此外，由于较少的测试的压力，她促成了更多的实验室，花在计算上的时间也更少。在无借口高中，她采用了一种混合的风格，挤在一些实验室里，为物理 SATii 做大量的准备。她还描述了并不是所有她想做的物理课程都符合标准课程模板。因此，她面临着一个选择：是改变教学大纲，还是根据模板编写教案，然后在教学时进行修改。使这一困境进一步复杂化的是，作为学校强调记录和问责的一部分，她的一些课程是被录像的；在那些日子里，她承受着巨大的压力。她还遇到了一些麻烦：当她试图与跨学科的老师进行沟通时，与管理部门发生了争执。这在学校严格的垂直等级制度中是不允许的。当我们和她交谈时，她正计划在年底离开，寻找一个更好的机会。

### 严谨与乐趣的错误二分法

即使是那些留下来的教师，也会对这种模式的优缺点有一些持继续的思考。我们问过许多教师：他们认为的最好的课堂是什么样子的，我们惊讶地发现，他们的答案听起来同其他学校的教师非常相似，他们也在寻找这样的课堂：学生都是精力充沛、积极投入的，不用督促就自觉学习的。许多教师担心，学生们更多的是在学习如何遵循无借口高中的指示，而不是在学习中获得乐趣。有些人问："如果我们正在寻找更深层的学习，我们是否来对了地方？"他们把更深层的学习与更多以项目或问题为基础的课程联系在一起。正如一位长期任教的老师所描述的那样：

"这种紧张感是真实存在的。我关注了基于项目学习的学校，它们看起来很有趣！我认为教育的一个问题是我们在严谨和乐趣之间建立了错误的二分法。我认为一个学校必须从中做出选择，我想知道缩小成绩差距是否就意味着必须牺牲探索、发现或乐趣，我不同意这种说法，但我认为必须首先解决你工作中的知识严谨性问题。"

与学生的交谈证实了这种感觉，他们也认为高强度的学习是必要的，但不是令人愉快的。他们中的许多人对无借口高中给他们带来的长期好处表示赞赏，但正如其中一人所说："实际上没有人喜欢这里。"

许多教师提出的一个相关观点是学校与学生没有更深层的关系：

"我认为无借口高中正努力让学生们感觉自己更像人类，而不是机器人。而且我认为，在三到五年内，学校需要继续进步。学校也正试图通过咨询系统做到这一点，但是学校里人际关系是非常专业的，在某种程度上，我认为这在某种程度上疏远了一些学生，让他们感觉不到自己是我们正在努力建设的社区的一部分……按照学校的要求，我不知道如何改变这一点，但我认为，为学生创造某种情感出口，确实会让更多的学生能够一路成功。"

与对学生的这种担忧同样的是成年人的类似问题。许多教师在报告中说，他们在处理人际关系时遇到了困难，这种公事公办的方式阻碍了成年人之间友谊的建立。用一位老教师的话来说：

"我认为一般20多岁的老师也需要一种人际关系……我们确实需要思考一下如何去支持他们，因为他们在工作中寻找友谊，所以要确保我们可以提供机会让他们成长和更能有所作为。你知道，我们有时太专注于工作、结果和学生的成就，有点像我们的目标，有时我们得记住如何照顾成年人，哪怕只是一点点。"

许多教师表示，"照顾成年人"并不是德威特先生的强项。无借口高中的每个人都非常努力地工作：老师们总是说每周工作60~80小时，甚至90个小时，包括周六加班、熬夜或起得很早。老师们形容这种工作和生活的平衡是"可怕的""不合理的"。在这样的环境下，教师们渴望别人赞赏他们的努力，但他们表示，无借口模式的学校过于关注问题和改进，以至于没有时间去庆祝积极的方面。一位老师说，无借口高中就像一个半空的杯子：

"我们总是在寻找问题所在，而对那些正确的地方没有足够的兴趣。我的意思是，我们谈论数字，我们非常自豪地谈论我们与其他学校相比的成绩，我们笼统地谈论我们的老师有多棒，但这并不足够深入到个人层面。"

在留住员工方面，缺乏赞赏和社区意识是要付出实际代价的。一位非常优秀的理科教师要离开，她说，部分原因是当其他学校向她提供领导机会时，无借口高中没有做任何事来表示对她的重视。留下来的老师们表示，在留住最优秀的老师方面，这种缺乏赏识的做法真的让学校付出了代价。正如其中一位告诉我们的：

"昨天我们为即将离开的老师举行了告别派对，有点像葬礼。我想每个人在葬礼上都会有这样的感觉：'伙计，为什么我们不能在别人活着的时候表达感激之情，却只在他们去世的时候说他们最好的事情呢？'我们对即将离职的老师说了最动听的话，我可以保证，如果我们一直对他们说这些话，他们中四分之三的人不会离开。"

这所学校沉闷的文化和缺乏牢固的人际关系，在很大程度上导致了学生的大量流失，同样也导致教师们到别处继续他们的职业生涯。

### 种族和弥合学校与社区之间的分歧

在与教职员工讨论以白人为主的教职员工与以非裔美国人为主的社区之间的脱节时，也出现了类似的主题。大多数教职员工都住在学校所在的高度萧条的城区之外，他们经常觉得自己与他们教书和培养学生的社区在很大程度上隔绝了。一位年轻的历史老师这样描述他在毕业典礼上见到家长们时的反应：

"我在昨晚的毕业典礼上想起了这一点，你会看到家长的行为方式与学生和老师的行为方式截然不同，这只是一个提醒，就像孩子们离开了某种氛围来到这里，他们的行为方式完全不同。（当我在）北卡罗来纳州教书时，你可以看到家庭和学校之间的联系，我认为这对学习很有好处。我认为这促进了一个健康和富有成效的学习环境，但我绝对觉得，除了在学术上，我无法说出一个学生的真实性格。"

批评人士越来越强烈地指出，无借口学校的种族立场——主要是白人教师告诉主要是黑人和棕色人种的学生，如果他们想获得成功，就需要遵守（白人）中产阶级的规范——这是有问题的，根源在于对黑人和拉丁裔社区的错误假设。[18]学校里的一些人得出了同样的结论。身为白人的资深英语教师托布斯先生强烈主张，学校需要对其所在的社区采取更加开放的立场：

"我认为这所学校需要更多地融入社区。我的意思是，从技术上讲，学校现在就坐落在这里，显然我们的孩子都来自（这座城市），但我们需要……你和老朋友之间的那种关系，或者你知道的，像长期的友谊。城市和学校都需要这样的支持，但目前并不是这样，主要有两个原因：第一，这座城市还相对年轻；第二，工作人员和这座城市之间没有联系。有时我们和父母之间像有一道铁幕一样。"

托布斯先生继续说，承认与他自己的学生之间的种族差异对于开始弥合这一分歧是很重要的：

"我知道，对我来说，当我向自己和学生承认，我是白人，他们是黑人时，我作为一名老师的存在感发生了很大变化……我认为学校需要在这个问题上进行更多的培训，特别是学校似乎只让像我这样年轻中等富裕的白人孩子来教书。"

就像老师们曾质疑他们认为的严谨的学术和学生学习的乐趣是错误的二分法一样，他们也在寻求社区和学校的融合，推动学术进步的同时了解学生。

## 学习与舍弃：寻求组织变革

如果我们在 2012 年无借口高中结束这一章，这将是一个完整的故事。简而言之，我们会报道一个发展良好的组织，它正在采取非常雄心勃勃的措施来塑造其教师和学生的生活和实践，遵循一种模式，且这种模式产生了巨大的成就，并与重大的权衡交织在一起。我们本可以解释，无借口高中主要遵循了克里斯·阿吉里斯（Chris Argyris）著名的"单循环学习"理论，并借鉴其他无借口学校的做法，以改善其实践，但没有从根本上质疑其模型的核心假设。[19]

然而，自从我们第一次在无借口高中待过一段时间以来，学校管理部门一直在努力解决这种模式的缺陷。这一努力是由几个方面推动的。首先，也是最重要的，是他们的毕业生在大学的经历。和许多类似的学校一样，无借口高中在让学生进入大学方面比在让他们完成大学学业方面更成功。来自该校毕业生的报告显示，他们在学业上有所准备，但许多人在开放式的大学环境中遇到了相当大的困难。[20]这一事实比其他任何事实都更促使无借口高中的领导人重新思考他们的一些做法。其次，更广泛的关于学校改革的讨论正转向更深层的学习。一个类似的特许经营组织"成就第一"（Achievement First）与工业设计公司 IDEO 合作，设计了一种全新的学校模式，它们希望通过这种模式重新定义未来学校教育的愿景。到处充斥着关于 21 世纪技能（协作、创造力和创新）的讨论，引发了一个问题：这些老式的学校模式如何应对这一挑战？再次，无借口高中的领导告诉我们，我们的工作正是急他们之所急。我们发表了一些简短的分析版本，正如德威特先生告诉我们的那样："你们是唯一认真对待我们的人，不仅在意识形态上否定了我们，而且还对我们提出了批评。这对我们来说是个新情况。"[21]特别是，他们帮助所有学生达到最低要求，却没有为他们创造机会够到天花板，这是他们希望解决的一个振奋人心的问题。最后，就在这一切发生的时候，由警察枪击手无寸铁的黑人事件以及随后的"黑人的命也是命"运动引发的种族觉醒开始渗透到无借口高中的语言和思想中。

因此，无借口高中花了大量时间在无借口网络之外，寻找其他学校的模式，包括我们称之为"杜威高中"的学校，以及其他一些支持更先进教学理念的知名学校。2015 年秋，在这所学校任教时间最长的教师之一托布斯先生获得了学校有史以来的第一个学术休假，以便进行更深层的学习。托布斯先生亲自参观了其他学校，广泛阅读，每周都乘公交车去剑桥市，去上我们在哈佛教育研究生院教授的更深层的学习课程。

当我们在 2016 年春天回到无借口高中时，有证据表明发生了重大转变。现在每周有两个小时用于"项目时间"，所有学生都被要求完成自己选择的项目。项目包括制作短片、学习和写诗，设立一个 LGBTQ（译者注：网络流行语，中文又称"彩虹族"或"性少数族"等，一般指女同性恋者、男同性恋者、双性向者、跨性别者等）宣传日，以及用纸箱立体模型设计房屋。基于学术休假经验的基础，托布斯先生可以自由地带领他的高年级学生进行研究，让他们根据自己选择的主题开发长时间的研究项目和演讲，比如社交媒体成瘾和嘻哈历史。学校现在与"带头行动计划"合作，这是一个基于大学的组织提供的实践工程项目。[22]由于这个新项目，现在大约有三分之一的高中生选择工程学作为选修课。另外是与当地一所大学合作，学校的一些高年级学生每周花一个下午时间在大学实验室工作。学校还开发了一些课外空间，作为更深层的学习平台：由一位经验丰富、技术高超的教练带领的辩论队，在学校看来是一项有潜力的活动，它将辩论技巧的学习与学生的热爱相结合；由一位受人爱戴的英语老师创办的文学杂志，同样被视为一种很好的工具，可以捕捉学生的思维，同时对他们进行不同体裁的写作训练。第二年，学校增加了非裔美国文学和拉丁美洲历史的选修课，选课学生的人数表明，这些选修课在该校的黑人和拉丁裔学生中非常受欢迎，他们渴望学习传统经典以外的内容。

课程设置的这些变化也导致了招聘方面的一些变化。就像杜威高中试图雇佣那些对某方面有知识和热情的人，并让他们把这种热情传递给学生一样，无借口高中发现，在不同的模式下工作需要雇佣不同的人。非裔美国文学和拉丁美洲研究课程将由近期才来到这所学校的前常青藤联盟大学讲师教授；这些课程将以他在大学里教过的课程为蓝本。辩论教练本身就是一位经验丰富的辩手；这位新闻学老师曾是他所在大学校报的编辑。德威特先生沉思道：要做更多这类工作，就意味着他们需要找一群不同的人；"为美国而教"项目通常由可塑性很强的毕业生组成团队，但在大多数情况下，他们不具备在不同领域指导学生所需的那种经验。

对学生的采访表明，部分转向以项目为基础的模式有许多与杜威高中相同的好处。总的来说，学生们不仅喜欢有机会选择自己的主题，而且更喜欢由他们负责自己的学习所带来的信任和依赖。一名学生说："我觉得这是我来到无借口高中后才有的最像成年人的感觉，因为我觉得我们经常被当作小孩看待。我必须自己调查一切，我必须调查资料来源。我必须找出哪些是最重要的关键点。我得自己找个专家，比如找谁交流一下想法。所以我觉得这是一种非常成熟的感觉，因为并不是所有的事情都为我们准备好了。"学生们还表示，他们从同龄人身上学到的东西比从老师身上学到的要多。就像一名学生说的那样："我觉得这门课和我们其他的大多数课程不同，因为它更具实践性，就像我们是老师，而不是教室里的老师。我们向同龄人学习。我觉得当你真的想学习一些东西的时候，就应该这样做，就像我们对自己的教育负责一样。"

我们对托布斯先生课堂上学生主导的报告的观察支持了这一观点；学生们对同伴的演讲高度投入，当被要求识别当代歌曲或讨论社交媒体成瘾的本质时，他们的反应迅速而热烈。学生们也很高兴能有机会让自己的兴趣得到认可；几名学生表示，这个项目最有力的部分之一是，他们可以与同龄人分享自己热爱的东西。设立 LGBTQ 宣传日和支持日的学生们表示，他们觉得自己有能力提出对自己重要的问题，并试图影响同龄人的观点。如果这些项目的目标是更接近更深层的学习三角结构中认同和创造力部分，那么对学生的采访表明，他们觉得这已经实现了。

这些项目还有助于打破学校和外部环境之间的壁垒。例如，托布斯先生课堂上的学生必须就他们的话题采访一位现实世界的专家。他们通过电子邮件和电话与大学教授、音乐制作人、记者和其他专业人士进行预约。学生们说，这些互动是这个过程中很重要的一部分。就像在杜威高中一样，打破了学校和外面世界之间的壁垒，使学生们对课程更加熟悉，他们接触到的是那些在他们所学习的领域中花了多年时间思考和工作的人的观点。学生们还发现，现实世界中地位高的人，比如大学教授，会回复他们的电子邮件，并将他们的询问视为值得尊重的。

与此同时，托布斯先生告诉我们，他担心独立选择的能力和参与度的增加是以牺牲严格为代价的。例如，在社交媒体上的展示，包括从互联网上提取的统计数据和视频，为观众提供的一些参与性问题，关于这个问题的论文，以及围绕论文的简短讨论。托布斯先生说，他担心这种演讲太像"真正充满活力的晚宴谈话"，有人抛出一个具有挑衅性的论点，每个人都加了一点自己知道的东西，但实际上并没有什么效果。根据布鲁姆的分类法来判断，我们会同意：虽然展示的一些信息是可靠的，但演讲者和讨论者的分析水平都相当肤浅。总的来说，许多信息是在没有仔细审查统计数据及其来源的情况下提出的；论文的观点相当简单——"社交媒体是有害的；嘻哈是贬义的，而 R & B（节奏蓝调，发源于非裔美国人艺术家，是一种融合了多种音乐的音乐风格。）是庆祝性的"，这些观点掩盖了复杂的潜在辩论。一般来讲，如果像杜威说的那样，教育就是将学生头脑中的知识树与世界上存在的知识树连接起来，这些观点更倾向于挖掘学生现有的知识和兴趣，而不是利用这种火花引导他们去探索更广泛的知识体系。

对学生的采访证实了这一评价。学生们认为他们的演讲不如他们的其他学术工作那么出色，但学生们认为这是因为他们之前没有这类经验。他们说："其他的事我们都是做了一遍又一遍，所以我们做得越来越好；这是我们第一次做这种工作，所以自然没有达到预期的效果。"但是，他们问道："为什么我们只在高三快毕业的时候才开始做这些事情，而不是从一开始就成为我们教育的核心部分？"

## 舍弃的挑战

除了一个重要的例外（我们稍后将讨论），我们向德威特先生及其他所有和我们交谈过的教师提出了这个问题：无借口高中采取的，将不同的学习方法纳入到核心学科课程周围，而不是纳入核心学科课程里（我们在后一章中将其描述为外围学科而不是核心学科）。特别是，他们利用选修课开设了工程学、非裔美国文学和拉丁美洲历史等新课程；他们利用课外活动鼓励学生参与新闻报道、文学写作和辩论；他们利用十二年级学生提交大学申请后的这段时间，让托布斯先生开发学生主导的演讲；他们每周花两个小时来开发项目。他们并没有对他们的核心学科课程做很多改变：大多数时候，学生仍然按照指导实践模板上课或学习；细化的时间段仍然用来熟练掌握学科内容的熟练程度。此外，这一"核心"仍是该学校的重点所在；老师们告诉我们，在这些项目上投入的激励措施很少，这也导致了很少的反馈或专业发展。

为什么更重大的改变如此困难？简而言之，我们看到这所学校被夹在两套相互竞争的承诺之间：一套较旧的承诺，学校的结构围绕着这一承诺形成和具体化，这一承诺植根于它的文化、身份和认识论中；而新的一套承诺则需要破坏现有结构，重新思考它的核心身份和承诺，并拿学校的成功和信誉所依赖的外部标志冒险。

这所学校成功的核心在于两个结构要素：一是通过使用计时器、留校、作业箱和其他措施来促使学生努力学习；还有就是通过教学计划和广泛的教师反馈来监督教师的工作，共同确保部门主任和其他教学领导保持对日常教学的严格控制。最近，该学校被委托为其所属的特许网络内的其他高中制订教学计划。鉴于这一现实情况，老师们几乎没有兴趣重新制作多年的课程和课程规划，而且，即使有，不仅要为自己的学校上课，还要为其他学校制作课程的期望所干扰。到目前为止，他们已经建立了相当大的沉没成本，而做出改变将需要建立一些新的东西。当我们问德威特先生是否会转向国际文凭项目时，他的回答有助于阐明这一现实。他说："如果我们不利用我们所知道的有用的东西，我们会失去很多。"

改变的障碍还有就是现有外部标志的重要性，这些标志肯定了学校的质量。正如德威特先生所描述的那样，"我需要学生被外部的观察者、外部的评估者，比如招生委员会认真对待。所以，一所（位于无借口高中极度萧条的家乡城市的）学校——除非我们依靠我们的声誉，否则，这对那些刚从大学毕业一两年的招生顾问来说是没有意义的，他们从来没有听说过我们，他们只知道到我们来自某城市，我们需要有相关证明文件，我们必须有真正的东西可以得到承认。"正如我们所看到的，学校在诸如 AP 考试、SATii 考试和州标准化测试等外部指标上都取得了优异的成绩；不重视这些考试，可能会让学校在很大程度上失去所取得的成就。没有一套类似的外部机制来判断以项目为基础的学习或其他形式的探究式教学的质量，这意味着学校将没有基础来支撑其教学项目，学校也没有办法向校外的人展示学生的学习质量。

除了这些结构性障碍和外部激励之外，变革的最根本障碍是，给予学生更多的自主权会威胁到学校价值观和承诺的核心方面。如果说更深层的学习的一个愿景是让学生有更多的能力来指导自己的学习，承担更大的责任，并有失败的机会，那么学校对这种转变深感矛盾。这个问题在帮助学生为更开放的大学环境做好准备的背景下尤为突出。想想历史部主任阿林顿先生的话，他是该校任职时间最长的教师之一：

"我们肯定要努力解决的一件事是逐步释放学生的责任和主人翁意识。我的意思是，对我来说，这可能是为大学准备的最后一步，对吗？没有人会一直盯着你，确保你完成你的研究论文……你希望他们为上大学做好准备，他们需要有失败的空间，但与此同时，你不能让他们失败，因为如果你这样做了，你就没有在做缩小成就差距的工作。那么，折中的方法是什么呢？比如说弄清楚它到底是什么样的。我们做了很多为大学准备技能的工作，你知道，课程计划类型和所有这些都是为了解决这个问题，但我不知道我们是否已经百分之百地做到了，可能还没有。"

卡特女士也表达了类似的观点，这位从杜威高中转到了无借口高中的教师反思道："即使我们放松这些表层结构，我们也不会让学生们失败。在大学里，他们很可能会失败。所以我认为重要的是让他们在一个地方半失败，而不是让他们在一个不太支持的环境中彻底失败。"

这些评论说明了无借口高中在考虑向更开放的学习方向发展时所面临的困境。在某种程度上，学校的老师和领导意识到，如果学生想在大学里取得成功，他们就需要为自己的学习承担更多的责任；然而，在更根本的层面上，他们担心给学生更多的冒险会让他们无法学习关键内容。因此，向更多以学生为导向的学习方向发展，可能会威胁到学校的核心理念。

类似的困境也存在于教师层面。从理论上讲，让教师对自己的课程有更大的自主权，会让他们感觉更投入于自己的工作，这反过来也会让他们，尤其是有经验的教师，更有可能留下来。但是如果允许教师修改课程就有可能降低学校一贯的严格程度。一位经验丰富的历史老师这样描述这个难题："我们一直在谈论为学生创造安全的环境，让他们失败和冒险。

我不认为这样针对教师的失败会变得有容忍度。"这位资深教师接着说,老师通常会评估学生在中期评估、州标准化测试、SATii 和大学预修课程测试中的进步,在这样的环境下,成功是被期待的,失败是不能容忍的。

对于从杜威高中转到无借口高中的卡特女士来说,这种反差非常明显。

"在杜威高中,他们不介意我尝试一些东西,虽然失败了。当你在进行一个项目或一个基于探究的课程时,有些东西只是有点乱……不管你花多少时间做计划,失败的概率都是很大的,学生们不会学到东西,实验失败将会是一场灾难,诸如此类。在这里没有宽恕。这里有一种紧迫感,你没有时间去上一节糟糕的课……这是不同的。我的意思是,我认为这是故意的,有一点恐惧的文化。年初的时候,我还不知道,我总是担心如果我上错了课,我就会被解雇。我觉得我有点多疑了,但是确实有那么一点点。"

缺乏实验空间并非巧合,因为这是德威特先生对学校的看法以及他对专业知识分层观念的一部分。在他看来,只有少数高级人才应该创新,其余的人应该去实施少数高级人才的创新:

"我们的比喻有点像国家和边疆。我们只有一些人在边疆上,他们是应该去探索的人,而其他人应该去建设国家。所以,像阿林顿先生这样的老师,我们希望他们能走在前沿,探索新的边缘地带,而其他人,我们希望他们能待在教室里。"

德威特先生在这里所指的相当于组织理论家迈克尔·图什曼(Michael Tushman)和查尔斯·奥莱利(Charles D'Rreilly)所说的"双元型组织",它是指寻求满足当前的挑战的同时指定子单元来计划未来。这种工作强调了成为一个灵活的组织是多么困难,特别是因为探索、发现新的可能性的文化和结构要求与开发让更多的人去做已知的事情是非常不同的。正如贾斯汀·詹森(Justin Jansen)和他的同事所描述的那样:"探索和开发需要完全不同的、不一致的架构和能力,会产生矛盾的挑战。探索与灵活性、去中心化和松散的文化有关,而开发则与效率、集中化和紧密的文化有关。"[23] 从这个角度来看，无借口高中从根本上来说是一种促进开发的组织形式，因此在其现有结构中进行重大创新是一项特殊的挑战。

### 大学的挑战：在现有模式下的创新

所有这些问题都围绕着怎样才能帮助学生在大学里取得成功这个问题展开。学校对他们的校友进行的采访表明，问题不在于学术准备，而在于应对开放大学环境带来的更普遍的转变。惠特曼女士（Ms. Whitman）是我们 2012 年第一次调研之旅的指导顾问，她这样描述了该校学生面临的挑战："他们需要学习时间管理，如何为自己辩护，如何在学习小组中工作，以及带领同龄人进行讨论。"目前的辅导员匹克福德先生（Mr. Pickford）对这些挑战的描述类似：

"我认为我们的学生在努力寻找他们学习的驱动力，这比任何事情都重要，因为当他们在这里的时候，他们是在真正有目的有计划的课程中，对吧？老师们非常用心，他们的每一个行动都是关于课程计划的，以及如何教授内容的。所以，当学生进入一个没有太多组织结构的课堂时，他们突然意识到他们必须改变自己的做法，他们必须花更多的时间学习，组成学习小组，更多地利用他们的同伴。"

德威特先生描述了无借口高中最近一些变化的动力：

"我们所做的一切都是有指导意义的练习。我会这样说！你知道，这是我们想让你做的，让我们一起做。现在，你去做，我来监督你。我们会一遍又一遍地这么做——因为这在教授独立技能和内容方面非常有效。但这不能代表我们的校友讲述的他们在大学里遇到的情况。所以，我们的校友对上大学毫无准备，你能想到的是，他们在这方面毫无准备。所以，除了所有的种族问题，离开（他们的家乡城市），感觉措手不及，进入一个看起来不像他们的社会，还有公开的种族主义，除此之外，他们来自一所控制欲极强的高中，没有给他们任何选择的机会，也没有让他们做好选择的准备，甚至不让他们不做家庭作业来面对这个后果，也不让他们为大学课程做准备，没有为糟糕的大学教学做好准备，而这正是大学里发生的绝大多数的事情。"

为了应对这些挑战,无借口高中做出了一些调整。首先是将它为高中生提供的那种全方位支持扩展到大学。高中的辅导员老师打电话给已经高中毕业正在大学就读的学生,问他们在大学里过得怎么样,有什么困难,并鼓励他们在办公时间去寻找校园资源,比如写作中心和学生支持办公室。与高中时期严格的形象不符的是,无借口高中还在期末考试期间给已经上大学的学生们寄去了爱心包裹,就像一位校友告诉我们的那样:"糖果、爆米花、口红、乳液、牙刷,诸如此类的东西。这感觉真的很好,就像'哦,无借口高中还在想着我们'。"

一个更实质性的变化是开发了两个新的课程模板:"大学讲座"和"学生研讨会"。这些模板完全反映了学生们在大学里所面临的两个最大的学术挑战。大学讲座是一个模板,教师们向学生展示如何在较长的讲座上记笔记,包括如何发现主要观点,以及如何组织笔记。德威特先生遗憾地指出,这对教师来说很困难,因为这要求他们停止经常检查学生是否听懂的惯例,而转向一种完全不考虑所讲内容是否被理解的教学模式。

顾名思义,学生研讨会就是学生讨论一篇文章或一个问题,回应是建立在彼此的评论之上的。不出所料,这个模板是由无借口高中的几位最有经验的老师开发的,其中包括一个详细的规则,规定了学生应该如何说话。研讨会已被录像,并作为示范展示给学生。在几次研讨会上,我们看到学生们被要求评估课堂上的评论质量并思考改进的步骤。所有这些策略都被细化,因为领导者和老师们试图建立自己最好的学生研讨会。

学生研讨会受到老师和学生的欢迎,因为它提供了一个从指导练习模板中解脱出来的机会,也给了学生一个相互交流的机会。与此同时,对目标驱动学习的强调确实限制了一些潜在的自由讨论,人们可能认为这是这种学习模式的组成部分。正如基尔罗伊女士所描述的:"我确实认为有一种正确的答案,你知道,当我在做一个学生研讨会时,应该是某种程度上预测学生可能想到的所有答案。在我的教学计划中,我应该把我的问题和所有可能的答案写出来,学生可能会想到的那些问题,没有空间来回答我没有答案的问题。"

这些选择的原因直接来自德威特先生对学习的看法，以及他所看到的自由职业对学生和教师的危险。正如他所说："我们不希望老师用 31 种或 28 种不同的方式来解释我们的课程模板，那将是一场灾难。我们正努力避免那些模棱两可的结果，要让它变得具体一些。"

因此，我们在无借口高中对大学挑战的回应中，看到了一系列与大学整体价值取向相一致的选择。总的来说，虽然他们采用了学生研讨会的方法，但他们是以一种高度结构化和预先计划好的方式来进行的，因此使学生研讨会更像是无借口高中的课程，而不是真正的研讨会。该校还对变革过程保持着严格的控制，少数人进行创新，更多人执行这些课程。在大大小小的方面，对这一挑战的回应非常符合学校的总体方法、价值观和认识论。

## 无借口模式与更深层的学习

我们该如何评估无借口高中？简而言之，我们观察到的是，这所学校及其附属中学招收的是那些缺乏主导社会和文化资本的学生，而且，通过强化的行为控制和课程控制，使留在学校的学生获得学科的知识和技能。根据一系列外部评估，包括州标准化测试、AP 考试和国际学生评估项目（PISA），学生表现非常好，在这些考试中的成绩超过了许多来自富裕郊区的学生。与此同时，学校的设计选择也伴随着相应的权衡——学生们说他们对自己的学习几乎没有什么内在的兴趣，许多人选择离开学校，而那些毕业的学生在学业上有所准备，但在心理上却往往没有准备好应对大学和成人生活的开放性。

换句话说，学校通过一系列广泛的程序，为所有学生创造了一定的成就"下限"，但同样的系统也限制了他们的"天花板"。特别是，集中的课程计划和微课程在确保学生获得特定的知识方面是有效的，但不太适合持续和开放式的探索，而这往往需要更深的探究。最好的情况是，我们可以将学校的做法与学习古典乐器的早期阶段进行比较——因为成功的音乐学生通常是从每一个小单元开始学习的，通过重复和纪律来培养他们的学习习惯，并构建学习过程。最坏的情况是，我们可能会说，学校里发生的事情是对该学科实际情况的拙劣模仿，部分原因是外部评估施加的限制，但在很大程度上是因为学校的教学模式，例如，学生学习专业的历史学家和生物学家所做的事情，而不是他们自己进行混乱和不确定的探索，这是历史和生物学的特征。

我们在教师身上看到了一个对称模式。教师在他们的职业生涯的初期会发现阶梯式的教学发展方法是非常有益的，并欣赏其目标性。更有经验的教师，或者有着截然不同理念的教师，则不那么热情，他们希望有更多的机会让他们分享想法，开发新型课程。结果是：很少有课程不符合最低标准，但也很少有课程真正有效。在许多方面，这些对比与我们在杜威高中所看到的情况恰恰相反，在杜威高中有许多真正出色的学生，但对所有学生来讲，基础知识和技能水平并不是最低的。

部分挑战在于，学校的系统和结构是针对一年级和二年级教师的，而这些教师一直是学校的支柱。和许多其他无借口学校一样，无借口高中的工作人员主要是年轻教师，工作时间非常长。一个悬而未决的问题是，如果学校创造了一种更积极、更可持续的成年人文化，以及更多的成年人成长机会，这样是否能够留住更多的教师，或者招募到更有经验的教师。就目前的模式来看，为培训年轻教师而建立的系统和结构往往会让他们耗尽精力，这就像一个自我实现的预言，需要更多的年轻教师，这使得结构很难改变。[24]

无借口高中意识到其中一些权衡，并一直在努力解决这些问题。特别是在提高学生能力上限方面，学校在选修课和课外活动方面做出了重大改变，让学生有机会做更多的扩展工作，让教师在教授他们感兴趣的科目方面有更大的灵活性。但是，这些变化尚未渗透到核心教学中，因为这所学校害怕拿自己已经取得的成就冒险，因为学校已经在现有的课程和结构上投入了巨大的沉没成本，还不清楚如何从外部评估其他学习模式。学校领导希望用他们认为必要的控制方法来缩小成绩差距，但他们的目标是让学生获得更开放的、以学生为导向的体验，这两者之间存在着核心矛盾。这种矛盾关系限制了学校愿意尝试的实验范围。因此，这所学校已经取得了显著的进步——朝着掌握更深层的学习的目标迈进，但这是以牺牲认同和创造力为代价的。无借口高中是杜威高中的相反面，两者都可以显示出可观的成就，两所学校仍在寻找最佳平衡点。实现这种整合既需要减少也需要增加；它们不愿改变现状的心态限制了它们达到下一个工作层次的能力。

---

本章以大卫·科恩的忠告开始：看看那些在 PISA 排名中名列前茅的东方国家，可能会发现，要进行更深层的学习，途径不止一条。就在我们写这一章的时候，我们中的一位名叫梅塔（Mehta）的人得到了一个去中国上海实地考察的机会，这是一个国际教育峰会的一部分。课程在翻译的帮助下逐渐展开，场景看起来也非常熟悉。例如，在一个小学高年级的数学课上，学生们四人一组，脸朝前坐着，老师在教室的前面，注意力完全集中，每个学生都专注于任务。这项任务本身相当困难（学生们被要求用不同的方法等分一个矩形），但这项任务被分成了几部分。当每个部分被介绍时，学生们被要求完成任务，先是单独完成，然后四个人一起完成，最后是在全班同学的面前完成，直到每个人都完成了前一部分，才会继续下一部分。这节课以老师指导的方式进行，但学生们在一个小时内完成大部分脑力劳动，然后分配当天的作业。

与我们在无借口高中看到的情况很相似。核心价值观和核心实践是相似的。在价值观方面，这是对成年人权威的尊重，也是一种强烈的信念，即精心设计的由教师指导的课程是产生持续学习的最可靠的方式。就实践而言，这两种体系都是围绕一套外部考试进行的，这些考试在很大程度上控制了学校内部的情况。这两所学校都有高度的行为控制能力，因此也有大量的时间用在完成任务。无借口高中的案例是由它们的课后留校制度和后果造成的；而在上海的案例中，则是由父母的压力、儒家文化造成的，对于年龄较大的学生来说，还有大学入学考试等。结果，在这两个案例中，随着时间的推移，学生积累了相当多的学科知识，使他们在国际评估（包括国际学生评估项目（PISA））中表现优异。

与此同时，我们在上海访谈过的教师、管理人员和部门官员，也面临着许多我们在无借口高中所遇到的同样挑战。当美国代表团来到中国上海了解上海是如何在 PISA 测试中名列前茅时，许多上海代表团成员就如何促进独立思考和创造力的问题向美国代表团进行咨询。实际上，上海的教师和管理人员也担心他们的学生和家长因过度专注于外部考试，而对他们学校培养学生更多内在的学习兴趣和独立思考能力感到沮丧。但是，与无借口高中类似，虽然上海的学校成立了关于 21 世纪技能的工作组，并引入了一些朝着这个方向发展的选修课，但学校并不愿意对其基本教学模式或体系所围绕的外部评估做出核心改变。对他们来说，如果想要从目前的优势转变为他们渴望成为的那种学校，做减法可能是至关重要的。

具有讽刺意味的是，在上海，我们的一些受访者告诉我们，许多最有趣、最有创造力的学校——正是那些不把外部考试当成全部的学校。这些学校要么是私立学校，要么是公立学校，其服务对象是那些具有得天独厚条件或技能，可能在考试中取得好成绩的学生。这些学校的领导曾公开表示，为了培养出全面发展的人才，较低的考试分数是值得的。这种观点与美国有着明显的相似之处，在美国，许多最好的学校也以这样或那样的方式置身于主导体系之外，超越了主导体系的要么是私立学校，要么是优势非常明显的公立学校，要么是领导者对自己的信念有非凡勇气的学校。

当然，问题在于，尽管这些特殊学校对学生有好处，但如果没有系统的指导和支持，这样的学校似乎不太可能很多，也不太可能长期维持下去。是否存在这样一种学校系统，既能提供清晰的外部指导和期望，又能以一种侧重于更深层的学习方式来实现？国际文凭课程（International Baccalaureate）渴望成为这样一种体系；我们接下来讨论它。

## 国际文凭课程：一个更深层的学习体系？

随着冬至的临近，沃尔什女士（Ms. Walsh）教室的窗户透出的晨光很微弱，几乎是灰色的。教室外面，IB高中（化名）南校区周围低矮的针叶树在寒风中弯曲着。离寒假只有三天了，因此，在教师休息室和自助餐厅的谈话都是关于假期计划的或者是关于即将到来的暴风雪的，而不是教室里正在发生的事情。

然而，在沃尔什女士教授的"知识理论I"的课堂上坐着20名能力各异的十一年级学生，教室里充满着勤奋和专注的气氛。几名学生正在笔记本电脑上阅读着沃尔什女士针对他们的论文草稿给出的评论。其他人则拿出写作大纲，对自己的写作困境唉声叹气。这是他们第一次尝试写这样的文章，这也是他们明年年底参加国际文凭的理论知识考试所需要掌握的，对许多人来说，这是一项艰巨的任务。与这门课令人兴奋的内容相一致的是，这两篇文章的题目是："知识的某些方式是否更容易通向真理？"和"机器能知道吗？"为了回答这些问题，学生必须探索和评估他们在这门课上已经学习过的四种"认知方式"：感觉、想象、记忆和直觉。

在没有明显提示的情况下，学生们安静下来，沃尔什女士开始上课。她穿着随意，牛仔裤和毛衣。"我看到你们的小手指在谷歌文档中传递信息，"她说，"如果你打开作文，看到那么多蓝色，别慌！我们是一伙的，我保证。我只是想让你们成为更好的思考者和作家。"她对学生们露出鼓励的微笑。她流畅的动作和低沉的声音似乎既适合在课堂上，也适合在操场上——这并不奇怪，因为她在20年的教学生涯中，大部分时间兼任教练。

随着沃尔什女士继续往下讲，她的语气似乎也变成了教练的口吻。她提醒学生们，他们应该把这篇文章视为"ToK赛季的开幕式"：这是一项利用所学知识的重要努力，也是一项关乎成长而非"把事情做对"的任务。在澄清了几个问题后，她鼓励学生们开始学习。"我不想说太多，"她说，"这是你们的时代。"

学生们把注意力转向了作文。他们中的一些人把书桌分成松散的几组，这样方便他们与同学进行交流。与 IB 高中的许多课程一样，教室的氛围既勤奋又轻松。学生们专注于他们的作业，但通过各种各样的方式放松：在写作时戴着耳机听音乐，用谷歌文件来来回回地"聊天"，或者与同伴交流想法。沃尔什女士轻松地在房间里走来走去，低声与某个人或某个组交谈。大多数时候她是听和问；其他时候，她则会提出建议或提出相反的主张，以推动学生的思考。房间里充满了富有成效的忙碌的声音。

在靠近窗户的一个角落里，两个学生——丹尼尔（Daniel）和南希（Nancy）暂停了自己的作业，帮助他们的朋友西德尼（Sydney）回答第二个作文提示："机器能知道吗？"西德尼是一名黑发白人学生，穿着军裤和长袖棉质衬衫。她说，在她的脑海中，她用"电脑"代替了"机器"，因为这有助于她把问题说得更具体。尽管上课前她花了一些时间在家里进行头脑风暴，但她仍然难以清晰地表达自己的主题。当他们三人交流之后，沃尔什女士加入了他们的行列，倾听并为他们提供帮助。

丹尼尔："电脑能知道吗？我的意思是，我想电脑的记忆能力非常非常好，但是人类只能记住非常小的数字序列。但我百分之百肯定，它们不会有我们这样的感觉。我猜它们能记住击键？这算记忆吗？"

西德尼（在回答之前停顿了一下）："我想，如果你有一台电脑，它不会记得自己被丢过，它只记得我们给它编程的记忆。"

沃尔什女士："嗯，但有了人工智能，它就能从自己的经验中学习。"她带着一种介于鼓励和挑战之间的表情看着西德尼。

西德尼："但是电脑没有经验，不像我们。"

南希："你们在争论什么？"

西德尼："我想这得看情况……"

沃尔什："这取决于什么？"

西德尼："这要看情况，因为人类是有意识的思考者，而机器不是。我们可以理解我们正在经历的事情，我们可以把两种想法结合在一起，但机器做不到。"

沃尔什女士笑了起来。"叮叮叮！现在你开始有所进展了。现在别说话了，把你的想法写下来吧。"

西德尼也报以微笑，但仍然显得有些焦虑。当她开始打字时，她说："这门课让我头疼。"

尽管这段对话很简短，但它集中体现了沃尔什女士的知识理论课程支持学生发展深度互动的质量。第一次被邀请进入认识论的世界，学生们努力应对有意抽象的内容，以考虑一系列与课程的核心问题相关的问题："我们如何知道我们所知道的？"在这个过程中，他们学会了跨越学科界限进行思考，参与并批评彼此的逻辑，学会了构建多维的论点。沃尔什女士在这个过程中起到了向导的作用，她将复杂的概念分解成各个组成部分，鼓励学生进入令人困惑的领域，而且，就像她为西德尼所做的那样，她还为各种"思考动作"建模，使丰富的讨论成为可能。

有趣的是，这些学生正在做的工作是国际文凭项目的要求，我们感兴趣的是，这可能创建了一个更深层的学习系统。IB 课程创立于 1968 年，是由一群瑞士私立学校的教育工作者创建的，他们心中有一个非常远大的目标：设计一套全面的测试系统，让全球流动的学生能够证明他们进入一流大学的准备情况。[1] IB 要求学生进行更深层的思考——思考认识论的问题，写长篇的历史论文，并努力解决数学和科学方面的复杂问题——这是 IB 与美国教育中普遍存在的低水平州级多项选择题测试的区别。尽管国际文凭大学预科课程（IBDP）历史上的大部分时间都是全球精英的特权课程，但近几十年来，越来越多的美国教育工作者开始尝试扩大该课程的范围，以提供更公平的更深层的学习机会。林恩·沃尔什的学校，我们称之为 IB 高中，是这个课程的一部分：它服务于不受追踪的、社会经济多样化的学习者群体，奉行"所有人的 IB"的使命。

基于以上原因，我们希望将 IB 作为一种潜在的更深层的学习系统进行研究。当我们访问了 6 所 IB 学校（这些学校都是非精英公立学校）时，我们意识到 IB 是促进更深层学习的一种非常有用的资源，但它需要一套与学校级别相结合的机制，以实现其在各个课堂上的一致承诺，我们将在稍后讨论原因。在许多 IB 学校，我们看到了类似于我们在其他学校看到的实践，即大量的教科书教学和很少的机会让学生参与复杂的意义创造。相比之下，我们认为 IB 高中的学校已经找到了一种方法，在 IB 课程的基础上创建了具有挑战性和严格性的课堂，学生的思考和提问是日常教学的必要条件。这促使我们深入了解 IB 高中，了解它是如何在这个外部框架的基础上，在学校内创建了一个强大的学术社区。我们问：IBDP 框架是如何运作的？它对更深层的学习的理念是什么？为了充分发挥 IB 的潜力，学校需要培养哪些内在素质？相比以往更广泛的学习者提供 IB 课程的承诺和挑战是什么？最后，IBDP 告诉了我们建立外部系统以支持大规模更深层的学习的可能性。[译者注：IB 课程是指从小学到大学预科的完整课程体系。IB 课程分为小学项目（IBPYP. 1～5 年级）、初中项目（IBMYP. 6～10 年级）、高中项目（也称为国际文凭）、大学预科项目（IBDP）。]

## 历史与目标

在关于国际文凭组织（IBO）历史的书中，杰伊·马修斯（Jay Mathews）和伊恩·希尔（Ian Hill）将 IB 称为"超级测试"。鉴于国际文凭组织已经为小学（3～12 岁）和中学（11～16 岁）开发了不以外部评估为中心的课程项目，这个术语在某种程度上是用词不当的。然而，国际文凭组织为中学最后两年的学生提供的国际文凭大学预科课程（IBDP）是国际文凭组织最原始、最全面的项目，实际上是一种测试。

具体来说，IBDP 包括一系列广泛的学术和课外执行任务，学生必须证明掌握这些任务，以获得足够的分数，以获得享有声望的 IB 证书。这些任务包括更多常规性和更少传统化的评估形式。和更广为人知的大学先修课程（Advanced Placement）一样，每门课程的最后都要通过与标准相关的考试。AP一开始是为了让高中生学习大学新生调查课程的内容，因此传统上强调广度而不是深度，但与之不同的是，IB测试不使用多项选择题，而是要求学生参与开放式分析任务。[2]例如，在文学测试中，学生们被要求写几篇文章——其中一篇是他们阅读并撰写一篇分析性的、之前从未见过的文章，另一篇是他们利用已经学习过的作品来回答特定类型的问题，比如，"考虑一下你学过的两到三部戏剧，比较一下一些戏剧的出场和退场对意义的影响"。在数学测试中，学生们要完成一系列的自由回答问题，以展示他们的思维和计算。在音乐测试中，学生们先听一段不确定的音乐，然后写一篇文章，在文章中，他们对这段音乐的历史、地理和风格特征提出基于证据的假设。一旦学生完成了这些测试，它们就会被邮寄给世界各地训练有素的"IB考官"，他们会根据具体的测试规则对其进行评分和评论，这些规则使用从1到7的评分标准。

然而，学生通过这些测试中获得的分数只占学生在两年的每门课程中所能获得的全部学分的一部分。在每门学科中，学生还参与一系列的"内部测试"（IAs），旨在支持和掌握他们在一系列模式中的学习。例如，在IB文学课程中，学生必须完成一项录音的"互动口语"测试，在该测试中，学生必须即兴回答有关课程文章的分析性问题；他们还必须领导课堂讨论，撰写多篇分析性和有说服力的文章，以展示他们对某些体裁的理解。在IB数学研究中——选择IBDP的非微积分数学选项的学生必须设计一个与他们的兴趣相关的数学问题，收集和分析相关的定量数据，并以正式的研究论文的形式写出结果。在IB音乐课程中，学生可以参加个人和团体的演出，也可以创作原创作品，展示他们对音乐理论的理解。教师在内部使用国际文凭组织提供的评分标准对这些内部测试进行评分，但他们也会将每个任务的临时评分随机分组发给国际文凭组织。如果内部评价和外部评价存在一致性的差异，则要求教师相应调整评分方案。因此，构成IBDP核心的测试包括外部指导、内部执行和外部调节，这是IBDP与那些高度依赖照本宣科的课程项目以及完全围绕测试的课程项目的区别所在。

在所有这些方面，IB的方法与更深层的学习的愿景是一致的，我们可以称之为学科真实性。[3] IB 课程不仅要求学生学习内容，还要求学生对该学科的工具有足够的了解，以便能进行与该领域学者类似的工作。美国中学教育的传统模式主要是要求学生吸收内容，与此相反，IB 课程要求学生发现知识，创作原创作品，并对学科工作的关键过程进行反思。这种理念比杜威高中的理念更具经典的学术色彩；这里不太强调项目和对社区的尝试，更多强调与大学的联系和学者所做的工作。这不是一个巧合。因为它在程序设计上为来自世界各地的青年进入精英大学做好了准备，IB 课程的设计者将许多来自世界各地的精英大学的学者作为合作伙伴，大学学者扮演着重要的角色，如内容顾问和高级考官。因此，IB 有意打破了从中学到更高一级学校的界限，支持与大学理念相一致的更深层学习的愿景。

IBDP 还通过结构性要求鼓励更深层的学习。为了获得证书，学生们至少要参加三门但不超过四门的"高水平"课程，这些课程比"标准水平"的课程内容更广泛，教学时数也更多。这使得该课程可以在广度和专业化两个极端之间规划出一条线路：虽然"至少三门"的要求鼓励学生深入一些科目，"不超过四门"授权试图确保学生们不会太过紧张而影响他们的专注力。为了进一步强调这一平衡的目标，这两类课程的权重是相等的，每门课程最多为学生提供 7 分，而获得证书的最低要求为 24 分。

虽然这些课程和测试都是在学科范围内，但 IB 课程也寻求在它们之间建立联系。这些要求中最严格的是为期两年的"知识理论"（Theory of Knowledge）课程，正如沃尔什女士的课程所说明的那样，在这门课程中，学生被要求分析和比较与每个学科相关的认识论假设。学生利用他们在其他课程中学到的知识来思考问题，例如，"在自然科学中进行有效论证与在历史中进行有效论证有何不同"或者"科学、历史和艺术分别告诉我们人类同理心的局限性是什么"。

此外，IB 学习者简介（该项目的基础文件之一）指定了项目的所有组成部分都要加强一些交叉切割配置。学习者简介中写道："所有 IB 课程的目标是培养具有国际视野的人，认识到他们共同的人性，共同守护地球,帮助创建一个更美好、更和平的世界。"然后,它阐述了课程的参与者应该努力成为"知识渊博""有原则""思想开放""关心他人""平衡""善于反思"的"问询者""思考者""交流者""冒险者"。正如我们稍后将讨论的,这份文件在多大程度上有助于建立学科之间的联系和连贯性,很大程度上取决于各个学校如何执行该课程。但很明显,该课程的核心目标之一不仅是培养学科思考者,而且包括在其指导下的年轻人培养一系列人文素养。

另外两项要求旨在帮助实现该课程更大的目标。首先,学生必须写出一篇"拓展性论文":针对自己选择的主题进行自主研究,最终形成一篇4 000字的论文。在很多情况下学生选择的主题是跨学科或与他们的核心学术课程的内容之外的兴趣有关:人工智能的前景和缺陷,观赏性体育的文化功能,社团组织者在引发社会变革中的作用,等等。其次,学生必须完成一个150小时的"创意、行动和服务"项目。在这个项目中,他们自主选择课外活动(包括体育、艺术和志愿者机会),并反思这些经历所支持的成长。对于活动的选择和反思如何进行可以实现项目愿景,国际文凭组织提供了广泛的指导,但与内部测试不同的是,学分的确定是由每个学校的行政部门内部做出的。另外,音乐、戏剧和视觉艺术是课程六个必修科目组之一,这些领域的IBDP课程与数学和科学等学科课程同等重要。

退一步讲,IBDP的设计反映了一个明确的愿望,即在两极之间找到一个中间地带,平衡研究的广度和深度,在参与学科传统的同时也鼓励跨学科比较,在尊重经典的同时不忽视鲜为人知的工作,在强调智力发展的同时,不忽视社交、情感和身体的发展,并始终考虑学校和教师具体的适应性,同时保持严格的外部标准。IB学者乔若莎·康纳(Jerusha Conner)认为,正是这种平衡和融合的品质,使得IB课程在美国的高中得到普及:

"也许正是因为IB代表了传统上以标准为基础的改革派阵营和进步教育者这两个两极分化阵营之间的妥协,所以它才在美国引起了如此广泛的关注;每个群体都能从中找到一个吸引人的特征或一个哲学前提。IB不仅代表了一个不同的(欧洲)国家教育传统的有意的综合……它也是

（美国）相互竞争的教育传统无意中创新的混合体。"[4]

事实上，考虑到该课程起源于欧洲的精英阶层，它在美国公立学校系统内的迅速传播是相当引人注目的。截至2015年，全球提供IBDP课程的近3 000所中学，有30%位于美国，其中大部分是公立学校。20世纪90年代，人们开始大量采用该课程，但在过去5年中，人们对该课程产生了第二波兴趣，主要是希望将其作为一种工具，以扩大获得严格学习经验的途径。[5]例如，在芝加哥，当地学生参加IBDP课程与坚持接受高等教育有关的研究结果令人鼓舞，这促使市长拉姆·伊曼纽尔（Rahm Emanuel）呼吁战略性地扩大该课程的规模，目标是让所有的地区高中都成为获得全面认证的IB机构。[6]

然而，尽管有这样的发展，IBDP课程在美国高中课程改革中仍然是一个小的领域：只有2%的美国公立学校提供该课程，相比之下，有将近78%的学校提供AP课程。[7]因此，相对而言，很少有美国教育工作者或家长了解IB课程。马修斯和希尔（Matthews and Hill）认为，这种不熟悉解释了为什么没有更广泛的认可，尤其是在高收入社区，那里的父母往往担心（尽管没有理由）选择IBDP课程而不是更广泛认可的AP课程可能会损害他们的子女在大学入学方面的竞争优势。[8]另一些人则以郊区社区为例，这些社区的父母组织起来反对IB课程，他们认为这是一种"旧时代保守主义情绪"，认为IB强调多元文化主义和全球和平是"反基督教、反美国和马克思主义的"。[9]还有一些人指出，这个课程相对而言需要大量的资源和时间。AP可以采用模块化的方式实施，对学校的成本要求也非常低。与AP相比，获得完整的IB认证需要三年时间，且费用昂贵。国际文凭组织为所有参与教师提供免费培训和重要的文件，以及每年11 000美元的外部审核支持费用。我们还要补充一种解释：虽然IBDP确实与许多不同的美国教育哲学产生共鸣，但其深刻的知识本质与某些美国主流价值观和传统背道而驰。

IBDP所代表的是一个相对较小的领域，然而，我们认为它值得认真对待，作为一个框架，它可以支持高中课堂上持续地提供更深层的学习。

然而，像所有外部开发的课程一样，IBDP提供的愿景、指导和材料并不能保证持续的更深层的学习将会发生。[10]因此，我们需要了解学校的特点和实践，以最大限度地发挥该课程的潜力。

## 深入了解 IB 高中

我们选择 IB 高中进行深入调查，因为它在我们访问的非精英 IB 学校中脱颖而出，同时它的教学一直在实现 IB 课程的愿望。通过对两个校区 90 个小时的课堂观察，我们发现，四分之三的课程以要求学生思考、提问和发展想法为特色，而只有四分之一的课程是更传统的由老师指导的课程。

从人口统计学上看，IB 高中处于社会经济谱系的中间。该学校成立于 1998 年，共有 800 名学生就读于两个校区（北校区和南校区），这两个校区都位于一个前航运城镇，距离美国东海岸一个主要城市约 80 英里。这反映了周边地区主要是劳动阶层和中产阶级人口。该校 90% 的学生是白人，7% 的学生有资格享受免费或减价午餐，只有少数人是英语学习者。这些官方分类掩盖了在动机、技能水平、学术背景和阶级方面的大量差异。和该州其他公立特许高中一样，学生在九年级前通过随机抽签的方式获得入学资格，他们来这里的原因千差万别。正如一位长期任教的老师所说："我们的一些孩子是学术上的高材生，他们中的一些人来这里之前因为是同性恋而被欺负。有些人来到这里，是因为这所学校拥有良好的声誉，父母希望他们来这里……还有一些孩子在他们之前的初中里几乎全都不及格。"IB 高中的学生肯定了这一系列的特征。很多人说他们在以前的学校是得 C 的学生；一些学生，尤其是那些被诊断为有特殊需求的 16% 的学生，描述他们来自在学术和社会上都被边缘化的地方。"在我以前的学校，他们通过把我安排到最差的班来'照顾'我的朗读困难症。"一位这样的学生向我们透露。虽然一些学生来自专业人士阶层家庭，但这所学校也有大量工人阶层家庭的学生，以及许多正在酗酒和成瘾类药物危机中挣扎的学生。统计数据显示，这所学校所在地区的成瘾类药物死亡率在该州是最高的。

正是在这样的背景下，加上 IB 的历史是由知识精英设计并为知识精英服务的课程，使得 IB 高中的教学方法如此与众不同。自 2004 年接受 IB 认证以来，学校自豪地将自己定义为"面向所有人的 IB"机构，这意味着所有的学生在九年级和十年级都可以参加完整的 IB 预科课程，在他们初中和高中阶段可以参加同样完整的 IBDP 课程。虽然学生可以选择参加选定的 IB 考试，而不是追求全部课程的 IB 证书，但学校没有非 IB 课程提供；为了毕业，每个人都要完成全部课程，几乎所有进入学校的学生最终都毕业了。这一雄心勃勃的做法产生了令人印象深刻的结果，也证实了我们的观察。在《新闻周刊》2015 年的美国高中排名中，IB 高中在全美特许高中排名前 10 位，在全美高中排名前 50 位。该校在 2015 年国际学生评估项目（PISA）的测试结果证实，该校学生的成绩与美国国内和国际同类学校学生相比处于较高水平。如果 IB 高中的学生代表一个国家，这所学校的学生的阅读和科学成绩将排在中国上海之后，是世界第二；数学成绩将排在世界第五，略高于韩国。[11] IB 高中在"我的大部分老师都关注我的状态是否良好"（90% 的 IB 高中学生同意）和"我的大部分老师都认真听我说话"（95% 的 IB 高中学生同意）这类项目上的分数也高于美国国内平均水平。[12] 就 IB 成绩而言，所有学生都至少参加三次考试，几乎 80% 的学生追求全部课程的证书，43% 的学生获得了所有证书，几乎所有学生都获得了至少一门特定课程的证书。

作为一所特许学校，IB 高中相对于传统公立学校有一定的优势。像杜威高中和无借口高中一样，它比大多数综合性高中小得多，每个校区只有 400 名学生。学生（或他们的父母）选择进入这所学校，老师选择在这里教书。这些因素使它比传统公立学校更能创造出统一的使命。在如何使用资源方面，也比地区学校有更大的灵活性，而且，正如我们将看到的，它在如何使用资源方面做出了一些不同的决定。与此同时，在我们的调研之旅中，我们看到许多特许学校与传统公立学校面临着同样的困难，这与全美证据相一致,表明特许学校,平均而言,并不比普通公立学校要好。因此,这个问题的关键部分是 IB 高中如何利用这些灵活性来实现它所要做的事情。

在 IB 高中,我们观察了 90 个小时的课程,这让我们至少看到了两个校区的大部分课程。我们采访了 40 名教师、管理人员和学生。我们特别感兴趣的是在课堂上以探究为导向的教学一致性,所以我们进行了调查,以了解这是如何形成的。我们特别相信不同的参与者给出的相似的描述,或者我们的观察证实了采访数据。在我们之后的描述中,我们还调查了一所苦苦挣扎中的 IB 学校,了解这个"负面案例"有助于我们了解 IB 高中的独特之处。

## IB 高中:外部指导,内部贯通

"当你在翻译一些东西时,解释你的想法看起来和听起来是什么样的?在拉丁语课上解释你的思维过程有什么好处呢?"罗伊先生(Mr. Lowe)问道,疑惑地环视着教室。他停顿了一下,好让别人记住他的问题。他那娃娃脸和热切的微笑几乎让人把他误认为是一名高中生,但是他的 20 位 IB 拉丁语预科学生(IB 高中北校区的十年级学生)都在认真地听着。"我希望让我们谈谈那些问题,因为我意识到你们花了很多时间在黑板上检查自己做过的翻译,但我们并没有明确说明我们希望这个过程是什么样子的,或者我们一开始为什么要这样做。"罗伊先生补充道。他鼓励学生们用几分钟的时间分组讨论这些话题,为课堂讨论做准备。

房间里传出谈话声。周四寒假前的最后一节课已经上了一半,但就像沃尔什女士的知识理论课一样,这里的学生显然都专注于参与。然而,环顾四周,我们发现学生们在解决手头问题的能力方面处于不同的层次。他们中的一些人努力提供超越模糊概括的想法;其他人则立即开始分析性对话,讨论为什么在翻译时为对方说出自己的想法是有用的。罗伊先生在各个小组间奔走,倾听。并将鼓励的话与后续的问题结合起来,旨在激励学生深入思考。当一个女孩问她的小组对第二个问题是否有"正确答案"时，他笑了，但没有直接回答。他说："你可以有很多方法考虑这个问题。继续说，看你能不能想出别的主意。"

10分钟后，罗伊先生让全班同学聚在一起，并要求学生们分享自己的想法。当学生们发言时，他把他们的想法写在黑板上，尽可能地使用他们的原话，只是偶尔打断他们问问题，或者邀请那些还没有发言的学生提问。就学生而言，他们积极地互相倾听，有些学生在他们打开的笔记本上记下要点。

学生1："对于第一个问题，你应该用手势指出你在翻译中所说的内容。"

学生2："是的，就像用你的手来引导人们通过身体。就像在黑板上，你（看着罗伊先生）让我们指出我们正在谈论的词，这样人们就知道我们用的是哪个词。"

学生3："它能帮助人们理清顺序。"

罗伊先生："你能详细说说你的意思吗？"

学生3："嗯……（停顿）……它可以帮助你交流语法，比如每个单词和正确顺序的语法。"

学生4："好像你在讲课。你解释发生了什么，这是老师的职责。就像翻译一段话一样，你必须走上去告诉全班同学你的想法。"

学生5："指出每一件事并解释它是什么，但你必须解释你是如何知道的。就像，你必须触及你所有的先验知识——先验知识就是它是什么，我如何知道的。你必须在说话的同时解释你的想法。"

学生6："是的，为了补充学生5所说的，我们必须解释我们可以如何翻译它，以及为什么这样做行不通。"

罗伊先生："我能听到你们中的一些人把第一条和第二条联系起来了——为什么分享你的想法一开始就有用？还有谁对此有想法？"

学生7："我想你可以从别人那里改进你的思维方式。"

学生8："是的，就像如果你不太了解这个概念，你把它理解错了，老师可以澄清它，因为这样老师就知道你不明白什么。"

罗伊先生："老师是唯一知道这个的人吗？"

学生8："也许是你自己？"

学生9："或者，如果我们解释我们的想法，当我们困惑或出错时，我们可以互相帮助。"

学生4："通过解释你的过程，你几乎可以获得一个不同的视角。这可以引起一场很好的讨论，你可以从中学到很多知识。"

学生10："当你了解一个人是如何思考的，可以说这是了解一个人的一种方式。"

罗伊先生："所以，分享我们的想法有一个社交成分——我以前从来没有想过这一点！我会继续思考这件事。真的很有意思！"

随着对话的继续，罗伊先生邀请了那些没有参与的人来帮忙综合其他人所说的话。在这节课的最后几分钟，他让学生们默默地记录下他们的想法是如何在这次对话的基础上发生变化或深化的。他还邀请学生们回答第三个问题："如何更普遍地与他人分享你的想法"。他告诉学生，他们会在明天的课开始时回到这个话题，然后带着新的目的感和更具体的过程感，重新投入翻译工作。"我期待着阅读你们写的东西，"他告诉学生，"你们今天分享了很多有趣的想法。你们真的能带给我思考！"

## IBDP 作为阶梯和支柱

就像认识论一样，拉丁语是一门相当令人兴奋的学科——但对21世纪的青少年来说，它可能不会立刻引起他们的兴趣。然而，这堂课展示了罗伊先生如何像沃尔什女士一样，设法邀请学生参与到当下的内容中，从而产生多层次的认知参与。首先，他将当天的任务框定在学生自己可能对课程有疑问的问题上。然后，随着任务的展开，他采取了一系列举措，将学生定位为房间里关键意义的制造者：在展开正式讨论之前，给他们时间考虑手头的问题；通过在黑板上做笔记，让他们的思维清晰可见；鼓励他们回应对方的想法，以对方的想法为基础而不是寻求对方的肯定。他温和地拒绝接受问题的单一答案，这有助于确保讨论随着进程而深化，从而产生智力上的严谨性。最后，他的立场表达了他对学生们所讲内容的真正的兴趣。总的来说，这些实践构成了玛格达莱娜·兰伯特（Magdalene Lampent）和其他人所描述的那种以学生为中心的建构主义"更深层教学"的基础。[13]

罗伊先生是如何学会这样教学的，他的学习有多少可以追溯到IB？作为一名刚从大学毕业的学生，罗伊先生在附近的一所地区学校度过了职业生涯的最初几年，两年前他加入了IB高中的教师队伍，他是学校的新教师之一。在谈话中，他强调，无论是IBDP课程的细节，还是更普遍的教学实践，他都还有很多东西要学习。然而，他的课程具有深刻的智慧和注重技能的本质，这并非偶然。使用IB拉丁语测试和IB学习者简介作为他的工作的指南，他组织课程，让一切都回到有关古典语言的学习和翻译的基本问题上：我们能在多大程度上与生活在两千年前的人的语言相联系？当我们试图跨越语言、时间和空间翻译文本时，我们失去了什么？我们能真正理解别人想要表达的意思吗？因此，他的课程一方面是有意把词汇和语法习得结合起来，另一方面是关于哲学和认识论的"知识型问题理论"的丰富对话。在此过程中，他试图帮助学生更多地意识到与他们正在做的事情相关的"如何"和"为什么"——这是关键的元认知理解。

罗伊先生公开承认IBDP是他课程选择的主要指导来源之一。带着十足的热情，他描述了围绕着他的九年级课程，IB拉丁语测试是如何帮助他确定技能、理解和性格：

"是的，IB拉丁语测试是一种考试，但是让孩子们做好准备是我能想到的教拉丁语的最好方法。IB课程指南上说目标不仅仅是学习内容，而是学习技能，跨越阶层的技能、思考的技能……翻译不仅仅是拉丁语说什么，还有它真正的意思……是学生被当作语言的管理员，因为他们会遇到一个词，它可以表示四种完全不同的意思，然后问题是：你如何做出决定？"

罗伊先生对IB框架的认可得到了大多数IB高中教师的赞同，他们同样认为IBDP的结构、内容和价值是他们工作的有用支柱。即使是那些在职业生涯中走得更远的人，似乎也对这个课程充满热情，他们花了更多的时间描述 IB 如何推动他们扩大实践，而不是详细描述 IB 如何限制他们。例如，沃尔什女士花了很长时间来解释"知识理论"课程和测试的最新变化是如何推动她拓展自己的实践的：

"本课程设置了认识方式和领域。（IB 以前的课程版本）习惯将它们视为独立的单元。现在，这门课的目的是，介绍认知的方法，然后整合它们……它们添加了所有有趣的方式，让你知道你可以用这些方法教书。它们曾经是语言、情感、理性和感知，现在增加了记忆、直觉、想象力和信仰。我想，哇，这些都是我一直想谈论的话题，所以我做了所有的新话题。"

理解这些积极经验的一种方法是认识到 IBDP 的核心测试任务为更深层的学习提供了一个详细的愿景，也就是说，它们描绘了一幅值得开发的知识、技能和性格的详细图景，以及能够支持这些技能发展的特定学科活动，还为熟练程度提供了丰富的模型。通过这种方式，IB 正在解决一个我们在非 IB 学校中一次又一次看到的问题——很多人都在谈论"更深层的学习"和"21 世纪的技能"，但从实际的课堂教学或学生成果的角度来看，这些概念意味着什么，却没有清晰的图像。因此，我们将 IB 描述为指导教师工作的支柱和阶梯。

IBDP 的阶梯功能在学校层面也同样适用。从本质上说，IB 提供了组织的认知空间，允许利益相关者致力于实现（怎样），而不是花费他们所有的精力试图详细说明和同意目标的逻辑（为什么）和内容（是什么）。IB 高中北校区的校长斯通先生（Mr. Stone）利用最近观察课堂的经验（包括罗伊先生的十年级拉丁语课堂）来证实这一点：

"我昨天参加了 IB 数学研究。我可以看到那里所教的东西之间的联系……和我今天看到的高二拉丁语课上的教学内容之间的联系一样。实际上这两门课都在明确地教授元认知。现在我们要教元认知，这并不是我或系统领导的想法，这是内置的。孩子们从一个教室到另一个教室，问：我是如何思考这个问题的？其他人是如何看待这个问题的？这些习惯是建立在课程中的。如果没有这些，我们就必须设计它，而这意味着你没有花时间去实现它。"[14]

该校的一位英语教师也表达了类似的观点，他断言："没有 IB，更深层的学习仍有可能发生，但我认为 IB 是一个内置的结构，所以它使学校和教师个人都更轻松。"

这些观察与不断涌现的文献产生了共鸣，这些文献强调了大卫·科恩和他的同事们所称的"基础设施"在帮助学校实现目标方面所起的作用。[15]这些文献的核心观点是，为了在不同的课堂上创造出更加一致的理想学习效果，学校需要就教师合理地解决什么样的问题以及应该期待什么样的效果达成协议；此外，为了支持这些协议的实施，他们必须拥有指导工作的素材和技术，以及可以对质量做出判断的成文的标准和规范。从这个角度看，IBDP 的力量来自它所提供了这类基础设施的一个基础版本——这个版本的核心是对学生在毕业时应该知道什么和能够做什么有一个不同寻常的雄心勃勃的视野，因此可以帮助启动努力追求某种类型的更深层的学习。

同时，我们在 IB 高中的研究表明，当没有提供相应的学校层面的支持时，实施外部"基础设施"会有一些局限性。斯通先生评论说，IB 高中将其精力投入到实现 IBDP 的愿景和价值观上，这说明了一个至关重要的问题。无论一套教学材料或学校教育的设计有多么明确或引人注目，责任最终还是落在了领导者、教师和学生身上，他们要以持续有力和对环境敏感的方式利用这些材料。正如我们前面提到的，我们在其他 IB 学校的经验说明了这一点。在所有这些地方，我们遇到的课堂都体现了项目的标志性特征：学科的真实性、跨学科思维，以及强调应用知识来完成原创性学术工作。然而，在这些学校中，没有一个学校像 IB 高中那样具有项目整体的一致性和深度。例如，在其中几所学校，知识论课程被当作西方哲学的概览，而不是作为建立跨学科联系的平台；学习者简介，就其本身而言，与其说是一份活的文件，不如说是教室墙上的一张无人注意的海报。此外，在所有这些学校中，尽管 IB 测试强调学生的主动参与，但许多教师仍然严重依赖教科书和讲课。因此，与我们在 IB 高中采访的学生相比，学生们以更加多样化和矛盾的方式描述他们的 IBDP 经历。那么，IB 高中的做法有什么不同呢？

**反馈、招聘和文化传播**

如果说这一难题的一部分是 IB 所发挥的支柱和阶梯功能，那么另一个关键部分就是学校为支持更深层的教学而开发的一套机制。罗伊先生认为他与校长斯通先生之间持续的反馈循环对他的持续发展至关重要。所有 IB 高中的教师每年都会参加几次这样的循环，这种循环有三部分结构：一个简短的前期对话，教师概述当前的实践问题；一段长时期的观察；和一个汇报对话，教师在对话中进行反思，参与的管理者则帮助提高或深化教师的思维。在罗伊先生的案例中，他一直在努力寻找方法来引导学生思维，并让他们深入参与到彼此的想法中去——这一目标与"学习者简介"中强调的培养思想开放的探究者的目标是一致的。因此，这是他最近与斯通先生工作的重点。罗伊先生告诉我们，汇报中最大的收获来自斯通先生要求他阐明他希望学生从黑板上翻译的句子中学到什么，这反过来让他意识到他从未明确提出过这个话题。作为这次对话的结果，罗伊先生设计了一系列课程，让学生讨论如何和为什么要分享他们的想法——他希望这些课程既能使翻译的规范更加清晰，又能突出学生的思维过程。这样一来，反馈过程将教学从以学生为中心的模式（让学生从彼此的工作中学习）转移到元认知的层面（要求学生反思他们分享交流的目的）。

罗伊先生是许多管理者认为的人力资本中难能可贵的人：一个高度反思的教师，他有意愿也有能力根据反馈意见调整自己的做法，并愿意将自己的"圣人"角色放在一边，专注于学生的学习。然而，由于一些原因，这些特点并不完全是罗伊先生个人的优势。像他这样的教师最终能在 IB 高中任职，反映了一个有明显意图的招聘过程。在学校执行董事韦伯先生（Mr. Weber）的监督下，这个过程远没有杜威高中和无借口高中那么耗时；事实上，在最初的审查过程过后，面对面的时间往往只包括通过网络进行的一次面试。然而，韦伯先生很清楚他所寻求的候选人类型：那些对自己的学科有参与热情的候选人，那些对自己的实践有超强反思的候选人，以及那些在描述自己的课堂时不经常使用"我"的候选人。虽然只有第一项素质与 IBDP 的学科真实性愿景相一致，但第二和第三项素质有助于确保新教师能够接受 IB 高中对以学生为中心的教学的强调。这种强调不仅通过定期的个人反馈会议来传达，而且还通过精心组织的同行观察、将新教师安排在同学科导师身边，以及集中讨论 IB 学习者特征的教学意义的部门会议来传达。经验较少的新教师也被分配了较少的课程任务，以便腾出时间进行规划和辅导。因此，IB 高中和杜威高中一样，对其教师采取了"购买和建设"的策略。[16]

这一策略的构建维度尤其重要，因为 IBDP 的一个关键局限性是，它本身并没有强制破坏以教师为中心的教学实践。从本质上讲，虽然 IBDP 详细规定了哪些内容和技能值得学习，以及学习者应该如何证明自己的掌握程度，但它并没有以类似的丰富内容规定什么样的教学实践能够最好地支持实现这些成果。[17]这一遗漏，再加上与项目学习不同的是，IB 的愿景代表了对高中教育目标传统思维的微妙而非彻底的转变，这意味着如果没有强有力的学校层面的支持，教师很容易继续将自己视为内容专家，他们的角色是向学生传授固定的知识体系。IB 的历史和声誉都显示它是一个旨在培养学生在精英大学茁壮成长的课程，而在精英大学，熟练的讲课是受欢迎的。正如一位经验丰富的 IB 教师诙谐地指出的那样，一些新加入该课程的教师将其视为一项任务，要变得更加以教师为中心：

"很多新加入 IB 课程的教师都会说：'哦，现在我成了我一直想成为的人，自从……以来。州立师范学院：我现在是一名大学教师！上帝保佑这些小家伙，因为我要把它变成一门大学课程！'于是他们讲课，做各种非 IB 课程的事情。"

当然，如前所述，IB 测试的性质确实鼓励更深层的学习和广泛的活动类型——但这本身并不足以支持教师完成立场和实践上的转变，从而使学生的思维和推理得到深度关注。沃尔什女士指出，当向那些可能还没有准备好或没有能力从课堂上或在工作中完全自我指导的学习者提供该课程时，这种限制尤其成问题。她说："如果没有良好的教学实践，IB 课程真的很难服务好所有学生。"学校的领导也有同感，他们指出，虽然学校强大的专业学习模式和对以学生为中心的教学技术的一贯强调，多年来已使学生为中心的地位有了明显的转变，但 IB 高中仍有一些教师过于依赖讲课等技术。我们在两个校区进行了 90 个小时的课堂观察，证实了这一现实：虽然许多教师致力于支持学生思考以及以动态方式评估和回应学生的进步，但大约四分之一的教师在实践中仍然以教师为中心。

尽管存在一些问题，但 IB 高中能够将如此多的努力集中在以学生为中心的教学上，反映了学校对 IBDP 本身的深层次知识体系的培养。毕竟，该项目绝非不言自明的；它包含了一套高度特殊的期望、测试和评分标准，教师可能要花很多年才能完全理解。[在我们研究的一所刚刚通过认证的 IBDP 学校（一所以前很少有教师熟悉该课程的学校），我们遇到了一些教师，他们把特定科目的测试内容要求描述为深奥、复杂和超级技术性的。] 考虑到这一现实，拥有一个核心的教师团队，他们了解并能够沟通该课程在不同学科中的具体内容，并且知道如何解释 IB 的众多测试标准，这使学校节省了大量的精力。与我们研究的其他 IBDP 学校相比，IB 高中在这方面的核心力量特别强大：在该校 83 名教职员工中，近三分之一曾在其他 IB 课程中任教——其中许多是在国外的学校，17 人获得了 IB 考官或助理考官资格。

韦伯先生是这一现实的守护者，他用态度端正、没有被其他系统宠坏的新教师填补一些空缺职位，同时也积极从国外的 IB 学校招聘处于职业中期的候选人，这几乎保证了新加入学校的人能够在课程和测试相关的支持下顺利上岗。在建立和保持 IB 高中的教师将课程的愿景和目标作为一个整体来思考方面，招聘方法起到了关键作用。正如一位 IB 高中的老教师所解释的那样：

"除非教师与其他 IB 教师有过接触，否则要让他们的思想进入 IB 的真正含义是非常非常困难的。那些刚刚起步的学校有一个非常困难的时期。当我来到这里时，韦伯先生已经在每个部门至少安排了一名曾在海外教过其他 IB 课程的人，他们了解文化环境，理解 IB 的真正含义：它不是 AP，它不仅仅是一系列课程，它是一种接近孩子的完整方式。这就是文化是难以复制的原因，除非你知道你要达到的目标是什么。"

惊人的是，这一论断与杜威中学创始人强调的"知道黄金是什么样子"的说法相呼应。在这两种情况下，学徒制和文化传播（让深谙该模式的人指导正在学习该模式的新人）对于维护学校的价值观和实践是至关重要的。

退一步讲，在 IBDP 背景下，IB 高中强调以学生为中心的教学，其最终的结果是课堂与课堂之间的共享实践和共享期望，虽然远非完美一致，但为更深层的学习创造了一个异常强大的平台。正如一位最近加入的在其他公立学校教了多年 AP 微积分的老师所说的那样：

"不用一个半月，孩子们就会觉得：'好吧，是的，这个人教数学的方式非常棒。'而做到这一点只花了两天时间。对我来说，这很大程度上是因为他们习惯于接受挑战。他们习惯于被要求思考，这真的非常好。不仅仅是一个老师这样做，或者五个老师中的一个这样做，甚至十个老师中的一个这样做，而是真正有整个学校的老师都这样做，这真的很好。这样做起来就容易多了。"

## 一种包容的文化

"我以前说过，现在还要再说一遍：IB 是一条变色龙。"科斯塔先生（Mr. Costa）第三次告诉我们。他陷入了沉默。他戴着厚厚的眼镜，花白的胡子，严肃的表情，很难判断他对我们的许多问题是感到有趣还是恼火。不过，鉴于他是 IB 高中最博学和最有经验的 IB 教师，在他四十年的职业生涯中，他曾在全球 4 所不同的学校任教、领导并帮助建立了 IBDP 课程，我们坚持我们的质疑。我们问道："你为什么要用'变色龙'这个词？还有，究竟是什么原因，让 IB 高中与你工作过的其他学校有如此大的不同?"

我们的坚持似乎让科斯塔先生相信我们想了解学校的愿望是真诚的。他突然变得更加活跃起来,开始生动地描述十年前加入 IB 高中的经历,当时学校刚刚获得 IBO 认证,韦伯先生被聘为负责人。科斯塔先生说,在他加入 IB 高中之前工作的所有学校中,他都是这样做的。学生承受着要在考试中取得优异成绩的巨大压力——这种压力往往有可能扭曲项目的核心价值观。他说:"如果只追求高分,实际上你可能会破坏这个项目的精髓——结合智力上的卓越、仔细思考、国际视野、理解他人,以及关注孩子和他们的发展,而不是关注物质上的东西。"他继续说,他马上就明白了,韦伯先生对 IB 的这种人文主义观点是赞同的。例如,正是这种观点促使执行主任从一开始就坚持所有学生都要参加 IB 课程,并向每个人充分说明,有意义的参与应被看得比原始成绩更重要。科斯塔先生告诉我们,这一信息使学校避免了该项目在精英化背景下经常出现的过于以成绩为导向的课程基调。当教师开始教授 IB 课程时,他们担心如果孩子们做得不好,他们的教学能力就会受到评判。"我们必须花大量的时间来鼓舞士气……告诉孩子们不一定要都得到 6 分,这并不重要。重要的是他们已经有过了这一经历。"他说。他的同事们,即使是那些对 IBDP 在其他情况下的运作方式了解甚少的人,显然也已经了解了这一信息。一位数学老师说:"我们不会试图让每个人都达到这个水平——我们的管理者尤其反对任何可能反映这种想法的语言或政策。相反,我们主要通过参与来衡量成功与否。"

当我们与 IB 高中的其他领导、教师和学生交谈时,我们清楚地看到,这种对包容性的强调是学校文化的核心,并以丰富多样的方式体现出来。其中最明显的是科斯塔先生所强调的因素:不存在按成绩分班,重视参与而不是成绩。尤其是教师,他们敏锐地意识到这是如何影响班级的动态的。一位数学老师说,在他的 IB 数学课上一名患有严重认知障碍的女孩,她的例子说明了学校的理念。

"我不认为每个孩子都会获得 IB 证书,但我认为每个孩子都会接受 IB

教育。我认为真正最重要的事情，是那种善良和包容的哲学……我想，因为这是一个面向所有人的 IB 课程，所以你有这个能力。这就是让我不会担心这个女孩被嘲笑的原因。"

除了学校的基本战略"面向所有人的 IB"之外，学校还让教师鼓励学生自己选择在进入十一年级后参加哪些高水平和标准水平的课程。"我们有一些学生选择了更高层次的课程，也许我们不会将其描述为更高层次的人才。"这位数学老师说。这些学生可能不会在内部测试或考试中获得高分，但仍然受益于对课程内容进行更深入探究的经验。他补充说，学校的领导层鼓励教师关注学生的长期成长，而不管他们的实际成绩水平如何——他的一些同事（尽管不是全部），都非常认真地对待培养"成长型思维"的想法。[18]

IB 高中的学生也对学校的包容性文化的影响发表了自己的看法。他们中的许多人强调，由于这种文化，他们最终取得的成就远远超过了他们的预期。例如，一名学生谈到，由于他有阅读障碍，他和他的父母都对他能否参加 IBDP 的沉浸式外语课程持怀疑态度；然而，因为学校没有给他其他选择，因而在报名参加西班牙语课程后，他意识到，在广泛的支持下，他不仅能够学习第二语言，而且还能享受学习的过程。学生们谈到，在进入 IB 高中之前，他们从不认为自己是那种会参加像 IB 这样的超强度课程的人，但随着时间的推移，他们开始把自己看作是认真的、智力上投入的学习者。IB 高中的学生还注意到学校传达包容价值的其他方式，他们不断强调学校不寻常的政策，即无论背景或技能如何，没有人会被从运动队中剔除。[19]一些学生还谈到甚至学生会也体现了一种包容精神：不是让选举过程成为全校性的人气竞赛，而是每个咨询小组选择两名学生代表其利益向校长汇报，并在咨询会议上汇报工作。

事实上，IB 高中对包容的强调可被比喻为一个大型的、高功能的家庭：掌舵的成年人不会忽视孩子们的倾向、能力和性情中不可避免的差异，但他们不会以这种差异为借口，将任何人排除在被认为有内在价值的团体活动之外。相反，他们提供鼓励、支持和不加评判地接受一系列的结果的非评判性评价，同时他们为不同的孩子创造机会，让他们以不同的方式表现出众。考虑到这一点，在 IB 高中，学生和教师都经常描述学校像一个家庭或团队的感觉，这就不足为奇了。

然而，这所学校的包容性立场本身并不能保证所有人都能持续进行更深层的学习。毕竟，我们很难想象，一个强调包容性参与的学校会无意中演变成一个低期望值占主导地位的地方。例如，回顾一下第二章励志学院的案例——这是一所基本上没有按成绩分班的学校，尽管学生们在报告中说他们感觉到受欢迎，至少在某种程度上参与了教师设计的项目，但认知的严谨性经常缺失。IB 高中是如何避免这种陷阱的？

## 外部的高期望值，对学生的支持

这个问题的答案之一在于与 IB 测试相关的高认知需求和国际文凭组织评分系统的半外部性质。正如 IB 高中北校区的 IB 协调员所说："我认为将测试发送到海外或其他学校，对教师和学生来说都是非常有效的……它减少了主观性。"另一位教师也有同感，他指出，IB"允许告诉学生，他们的成功是因为他们的努力和参与以及他们的成长，但不能给他们虚假的赞美。这是有一个外部基准的……而且等级的顶端是非常高的"。此外，由于学生每两年都会收到课程反馈和外部调整的成绩，他们和他们的老师都会有更大的动力去寻求长期的改进，而不是像先修课程或其他最终考试那样，只有在期末考试或毕业后才会公布分数。尽管 IB 高中设法避免了一些富裕的郊区学校存在的那种残酷的成绩文化，但很难想象，中上阶层家庭作为这所社会经济多元化学校的一部分，会容忍有很少学生真正获得 IB 证书。因此，学校对包容性的强调与各种外部力量相平衡，这些力量有助于确保严格的基准线和外部认证的成绩。

出于对所有学习者的承诺，IB 高中还开发了一系列支持措施，以帮助所有学生充分和有意义地参与到 IB 课程中。在教学层面，这意味着各部门花了很大一部分双周会议的时间来思考如何差异化和构建课程。斯通先生提到他在成为北校区校长之前曾在 IB 高中英语部任教多年，他说："我们知道我们不能只是说'好了，孩子们，回家想想这些事情'。相反，我们所考虑的是我们如何制作图形组织器？我们将如何发展一种共同的语言？我们如何找到篇幅短又有趣的书籍，以便我们能够培养学生的思维、阅读和交流能力？"罗伊先生的课堂强调让学生看到与翻译相关的推理和期望，而沃尔什女士的课堂则经常让学生在开始写作前有机会进行口头表达发展自己的思维，两者都体现了对构建课程的集体承诺。对学生而言，他们意识到老师对他们的支持。正如一个学生所说："我可以向我的历史老师寻求帮助，他永远不会嘲笑我——这对我的老师来说是额外的工作，但如果我向他们求助，他们会因为我想知道而感到兴奋，我喜欢这样。"

IB 高中也有一些方式来帮助学生发展更普遍的学生技能，以及有意义地参与到 IBDP 中。正如科斯塔先生所说，学校将该课程视为类似大学的工作和类似高中的监督。这意味着，那些缺乏组织能力、执行能力或学术背景的学生，将长期得到大量个性化的支持。例如，午餐时间可以作为补习时间，这是一个由管理员监督的学习时间，供那些落后或需要额外辅导的学生使用。大多数教师还经常提供课后办公时间和学习课程，很多学生都表示参加了这些课程。更为全面的是，对于那些有可能出现斯通先生所说的大麻烦的学生，学校的反应是以同情心进行干预，而不是对他们进行惩罚。斯通先生在 IB 高中南校区的同事斯蒂德曼先生（Mr. Steedman）认为，这种做法不仅使更多的学生能够达到项目的许多要求，而且还有利于长期的学习和成长。

我不认为那些不按时交作业的人是生活的失败者。是的，IB 课程有截止日期，但要尽可能地让学生留在"游戏"中……因此，举例来说，拓展性论文是在 10 月 31 日交，但有些孩子不会在 10 月 31 日之前完成，当老师注意到这一点时，就会关注那个孩子，并说："好吧，是什么真正阻碍了你，你为什么不留下来吃午饭呢？你为什么不和老师见面？"老师会给学生提供一个途径。因此，有一些学生会在大约一个月的时间里写出他们的拓展性论文，因为老师与他们坐在一起，帮助他们浏览图书馆和诸如此类的东西，最后他们得到了 D，虽然这不是一篇很棒的论文，但他们有过这样的经验——现在他们在州立大学的旗舰校区，做得很好。因此，对所有的 IB 课程来说，试图给学生提供经验，让他们从中学习……他们会犯各种错误，然后当他们进入大学，面对他们的第一篇大论文时，他们会说："哦，我在高中时犯过这些错误，我不会再犯了。"

通过咨询项目、特殊教育和指导部门以及定期举行的年级组会议，确定哪些学生需要这些途径来获得帮助。在这些会议上，教师们会识别有困难的学生并制定策略。大多数班级的规模较小——韦伯先生坚持认为，花钱将班级规模保持在 20 人以下是非常值得的，比如每个校区都没有食堂或体育馆——这也意味着教师能够密切关注学生个人的进步，以便他们能够在学生有困难或落后的时候及早进行干预。因此，IB 高中在杜威高中和无借口高中之间走了一条中间路线，杜威高中将学生的失败完全归为反思和成长的机会，无借口高中则不惜一切代价避免任何形式的失败。

## 一个知识社区

IB 高中对抗低期望值侵蚀的最后一个支柱虽然不是结构性的，但同样强大：它的整体文化是知识的严肃性。正如教师和学生所描述的那样，在这种文化中，对学术内容的深度参与是一种核心的、值得称道的公共价值。正如一个学生所说："你必须学会接受你的书呆子气……在我以前的学校，我没有意识到我可以知道一些东西，但不了解它——现在我真的想了解。"一位资深的数学教师赞同这种观点，他将 IB 高中与他以前教过的各种学校做了比较，强调他的感觉是："这里有一种自然的求知欲，它是一个知识社区。这正是许多学校所没有的——其他学校也有社区，但不是一个知识社区。"他继续指出，这一特点不仅适用于学生，也适用于教师。他举例说，历史部的一位同事最近找到他，知道他曾经教过经济学，并透露她想了解更多关于股票市场的知识，以便能够更深入地教授 1929 年的股灾。"她说：'……我不懂股票市场……'所以我们在教师休息室坐下来，大约三十分钟，我给她讲了讲。"这种互动发生在校园的教师休息室——一个在许多学校都是闲聊和八卦的公共空间——说明好奇心和自发学习的文化普遍存在，并延伸到IB高中的成年人身上。

是什么创造了这种文化？当然，它在一定程度上得到了精心挑选的教师的支持和维护，这些教师对他们所教的学科非常关注。IB本身也是一个贡献者，因为这是它提出的问题和它要求的工作。正如教授IB历史和知识论的沃尔什女士所说："我觉得高中的美国历史优等生课程是一种琐碎的练习，就像'好吧，我要制作学习卡片'。在这里，你真的把显微镜放在它上面，你要注重的是细节。我认为，这导致了某种程度的知性主义。"除此之外，该项目三个核心要求中的两个（知识理论课程和拓展性论文）反映了一种信念，即青少年能够而且应该参与持续的概念性探究。这种观点似乎是许多IB高中的教职员工已经内化的信念。正如一个人所总结的那样："成年人对待学生就像对待自己的大脑一样……真正的尊重学生的想法，而且他们也做到了。"

## 基于学习和公平的学校荣誉感

"学校荣誉感"一词一度被过度使用，也缺乏理论依据，它指的是一种现象，大众对高中的描述主要与课堂之外的领域有关：运动队、合唱团和其他有竞争性的课外团体。然而，在IB高中，一种集体认同感直接来自学校的"面向所有人的IB"的理念。对学生来说，这种感觉源于他们知道自己和他们的同龄人正在面临相似的挑战。正如一位追求证书的高年级学生所描述的那样："即使他们没有追求全部的IB证书，也会有这种集体感，因为你仍然必须参加这些困难的课程，我们都在经历同样的事情。如果你从未与人交谈过，你与他们的第一句话就是：'啊，你的数学怎么样？我真的很挣扎。'"教师们也描述了一种与信念相关的共同的目标感，他们明白通过一个为知识精英设计的项目来支持普通孩子是非常困难的。

为此，许多教师被唤起了在逆境中坚持不懈的斗志，他们谈到在征服 IB 的共同追求中与学生团结一致的感觉。罗伊先生进一步解释了这一思路，他说，学校的独特使命使得学生们看到他们的老师在课堂上付出了巨大的努力，这一点尤为重要。

"你必须记住，这些孩子正在尝试的课程，在大多数情况下，他们永远不会被允许尝试。这很难，这真的很困难。（学生们）真的需要你加入他们的团队……如果我要求他们努力工作，那么我也需要像他们那样努力工作。否则，这就会不平衡。在要求他们做事情的时候，我必须确保我也在做这类事情，这个信念推动着我。孩子们知道这一点，他们也看到了。"

因此，对罗伊先生来说，学校对培养集体认同感的重视与他的教学实践直接相关。

并非只有罗伊先生认为学校的使命为他的工作赋予了更广泛的意义。几乎无一例外，学校的老师们都非常清楚，他们的学校在让普通学生参与一个为少数特权阶层设计的课程方面代表了一个前沿领域。对一些人来说，即那些来自国际精英学校的教师，把 IBDP 带给更多的学习者的愿望是当初吸引他们来到这所学校的原因。对另一些人来说，他们最初的承诺是让历史上被边缘化的群体参与更深层的学习，IB 高中的"面向所有人的 IB"模式提供了一种实践方法。无论他们的背景如何，教师们都对学校的工作表示出一种集体的自豪感，以及一种共同的信念，即这项工作超越了任何特定的学生群体。许多人参与了区域性和全国性的培训课程，重点是扩大 IBDP 的使用范围；学校的几位特殊教育人员最近还与全球各地的同行合作，创建了"IB 整合教育指南"，为学校提供战略规划资源。即使是那些对项目和学校比较陌生的人也表达了一种植根于学校目标的使命感。正如一位教师所说："我认为我们在这里最好的事情之一就是我们是成功的。我们每天在学生的脸上、在他们的谈话中、在我们的教室里、在走廊上看到成功。这本身就是一种滋养。你只知道，能够成为这个实验的一部分是一种莫大的荣誉。"

## 面向所有人的 IB？机会、公平和规模

乍一看，本杰明·富兰克林高级中学（Benjamin Franklin Upper School）（一所非择优录取的中学，位于美国东北部城市的移民密集区，为大约 500 名高度贫困学生服务）看起来庄重大气。校园坐落在一栋有百年历史的砖砌建筑中，入口处有一个拱形的门廊，以及人们所想象的一个古老中学的所有特征——高高的走廊、含铅玻璃窗、嵌入式书架、硬木地板。然而，仔细一看，却发现是一种年久失修的状态，这表明该地区的预算紧张，同时也说明对这个空间普遍缺乏关注。在走廊里，储物柜的门已经松动。在教室里，灯具摇摇欲坠，窗户长期被灰尘和岁月所笼罩。在整个教室里，明显缺乏书籍和科技产品，只有少数房间的墙壁上有学生作品展示。一名十一年级的学生说："我们说（这所学校）是一个监狱，因为到处都是坏的东西，没有任何可以更换的东西。"[20]

尽管破旧不堪，这所在当地被称为富兰克林的学校仍因其学术严谨而在当地享有越来越高的声誉。自 2010 年获得认证以来，该校一直作为一所国际文凭组织的世界学校运作，为其高年级学生提供 IBDP 课程，最近又为其低年级学生提供 IB 中期课程。并非巧合的是，IB 高中就位于富兰克林学校南部仅 90 英里处，而且 IB 高中作为该地区最成功的非筛选的 IB 学校，富兰克林学校的领导团队一直在与 IB 高中的管理者保持着长期联系，因此，两所学校采用的策略的相似之处非常明显。与 IB 高中一样，富兰克林学校的学生可以选择是否追求全部的 IB 证书，但都必须参加 IBDP 课程。与 IB 高中一样，有特殊需要的学生（19%）以及英语水平有限的学生（16%）会得到额外的支持，但仍被纳入 IB 课程。和 IB 高中一样，富兰克林学校的所有教师几乎都参加了至少一次国际文凭组织主办的培训。在富兰克林学校，由于很少有教师之前接触过这个项目，因此学校培训花费了 10 万美元以上。《华盛顿邮报》评论认为，富兰克林学校是"美国最具挑战性的高中"之一，这一荣誉是对该校致力于专为高度贫困

学生开设 IB 课程的认可。

然而，人们只要在富兰克林学校的走廊和教室里待上几个小时，就会意识到，如果学校要实现 IB 作为更深层学习框架的承诺，前面还有不少工作要做。例如，在四月的一个下午，一群追求 IB 证书的高年级学生聚集在楼下的一间教室里，为彼此的认识论演讲充当观众。这些演讲的结构和目标在所有提供 IBDP 的学校中都是通用的：为了在课程结束前的书面考试中相互支持，各组学生就一个学科领域（例如自然科学或艺术）进行大约 20 分钟的演讲，举例说明该学科的认识论结构，然后回答观众的问题。可以想象，这项任务的结果会因学生的技能水平和准备程度，以及班级和学校的广泛文化而有很大的不同。当时，教室里大约有 20 名学生，以及他们的认识论老师和两位受邀的专家学者：学校的联合校长和 IB 数学协调员。在我们的观察中，第一个演讲开始了。

演讲者是六个十二年级的男孩（三个黑人、两个亚裔和一个拉丁裔）他们站成一个松散的半圆形，面对观众。他们分发了一张标有"人文科学"的表格，上面有一些定义。没有使用投影，最左边的主讲人把一台打开的笔记本电脑像书一样放在他们面前。在老师们进行了一番寒暄之后，教室里安静下来，小组成员进行自我介绍。拿着笔记本的演讲者开始了。"所以我知道，你们可能在想：什么是人文科学？是关于人类的科学吗？肯定不是。"他逐字逐句地读着人文科学的定义，微微蹲下身子看屏幕。"自然科学和人文科学之间的区别非常明显，"他说，"在自然科学中，想出规律和规则要容易得多。人类行为不能像那样被研究，你不能真正证明一些事情……比如抑郁症，通过自然科学，你可以证明某种化学物质在大脑中被激活，但在人文科学中，你可能看到有人微笑着四处闲逛，但下周他们就自杀了，而你却不知道。这不是可以觉察到的。"

下一个小组成员从他的同伴手中接过笔记本电脑，从屏幕上逐字逐句地阅读关于人文科学的历史。他说话时无精打采，嘴里嘟囔着，不到一分钟，各种各样的旁听者的谈话就爆发了。当他的部分结束时，他看起来如释重负。站在他旁边的演讲者说，他要举一个涉及人文科学的活动的例子。他请一位演讲者微笑,并反问道:"我们知道他是否真的快乐吗?不……我们没有办法确定。"然后,他要求观众席上的学生们互相做鬼脸,并猜测他们所看的人的感受。房间里的噪声立刻上升;观众们互相对视做鬼脸,一般都会打闹几分钟,而演讲者仍然站在前面,偶尔会露出一个不好意思的笑容。数学课协调员似乎在一张纸上记下了一些想法,但她和其他人都没有一个正式的评分标准,他们就是用这个方法来评估演讲的。

几分钟过后,认识论老师把大家召集起来,说现在是演讲者回答提问的时候了。副组长是一位中年亚裔男子,他一直抱着双臂观察着这一切,他问:"为什么'科学'这个词会出现在'人文科学'中?"演讲者没有一个人回答,一种尴尬的沉默随之而来。最后,认识论的老师用另一个问题进行了干预。他问道:"你怎么能以一种不是自我报告的方式来衡量幸福呢?"其中一位演讲者说,他可能会画出不同的面孔,让受试者指出最能代表他们心情的那张。老师摇摇头说:"我想让你举个例子,说明你可以用一种不是自我报告的方式来衡量幸福。"另一个学生说:"你可以测量血压或心率。"老师说:"对!"他继续举了一些其他的例子,说明如何用生理学来测量情绪,在演讲剩下的 5 分钟里几乎都是他在讲。在这位讲话的时候,有几个观众点了点头;其他观众则看着窗外或在宣传单上涂鸦。演讲者们转移了他们的重心,似乎松了一口气,让老师来掌控局面。教室后面的一个学生对一个朋友嘀咕道:"我们为什么要上 IB 课程?我们又不是欧洲人。"

在这项作业中当然可以发现一些深层的闪光点,特别是它的期望值方面。学生们被要求集体承担一个概念复杂的主题:他们的演讲包括了一个核心困境,说明这个困境与在某一特定学科中确定真理含义有关;有机会与观众互动交流;两位小组成员的出现,试图增加任务的风险。所有这些内容都与 IBDP 规定的更深层的学习的愿景高度一致。但是,现实并没有接近该计划的理想。

最应引起注意的是,演讲者缺乏基本的学术技能,这削弱了他们完成要求的能力。例如,鉴于大多数演讲者都是逐字逐句地阅读二手资料,因此不清楚他们中有谁在多大程度上参与了这项任务所要支持的深入综合和跨学科比较。此外，他们设计的实验过于简单，而且无法解决小组成员提出的问题，这表明他们对这一主题的理解缺乏概念深度。所有这些局限性都因为他们在公开演讲时明显（甚至是令人痛苦地）缺乏自如感和流畅性。

这些问题并不局限于这项特殊的任务。我们的观察以及与教师和领导的交谈表明，这些问题在整个学校都以不同的方式表现出来。特别是，富兰克林学校的教师发现自己被这样一个问题所困扰：如何确保那些在技能和知识上有很大差距的学生（这个群体占学校学生的大多数）能够有意义地参与IBDP课程作业所要求的高水平任务。例如，在处理内部评估任务时，应该如何考虑为那些阅读能力相当于四年级水平的十一年级学生或尚未掌握基本数学概念的学生提供适当的支持？对于那些不能或不愿意以IBDP评估所要求的持续方式独立完成学术任务的学生，他们应该怎么做？更进一步讲，他们如何让学生（这些学生中的许多人不是来自讲英语或受过大学教育的家庭）相信与邻近高中提供的不那么雄心勃勃的课程相比，IBDP的学术强度是值得努力的——尤其是在富兰克林学校的学生中只有一小部分人能够获得证书的情况下？

学校的领导也有同样的担忧。他们还表示他们对如何改变他们所承认的"以教师为中心""以工作表为中心"的教学实践模式的困惑，特别是在学校用于专业学习的预算和时间都非常有限的情况下。其中一位联合校长特别关注教学问题，他强调，虽然向IB学校的转变鼓励了一些教学实践的变化，尤其是在数学部，但它并没有像预期的那样广泛或深入地渗透进来。学生们也注意到了这种模式。正如一位有见地的高年级学生所报告的那样：

"在十年级时，我们没有学到任何新东西，但当我们到了十一年级时，老师们在夏天参加了IB培训，所以他们开始推动学生了解更多。最大的转变是教师的沟通方式。当我们高二时，我们和老师并没有真正的沟通，但在培训后，他们开始更好地了解我们，有时开始询问我们的想法……他们仍然说得很多，但至少他们想让我们了解这些东西。"

这些情绪以及我们的观察表明，富兰克林学校缺少的关键因素之一是 IB 高中的许多教师所持有的一个重要的共同立场——把对学生的真正兴趣和他们的思维方式与他们在得到足够支持时能够做什么的真正信念结合起来。

富兰克林学校也缺少 IB 高中的一些其他机制。它没有一支拥有 IB 知识的教师队伍来指导新教师了解这个课程。它没有内置的反应机制，通过这些机制，教师可以仔细解读他们的课程，并从知识渊博的教师那里获得反馈。它没有为那些在 IB 要求上有困难的学生制定一套具体的支持措施。没有这些机制，"面向所有人的 IB"更多的是一种愿望而非现实，这反过来又使公平文化难以持续。

IB 高中有一些结构上的特点，使它比富兰克林学校更有优势。IB 高中是一所社会经济多元化的学校，这意味着一些学生来自专业阶层的家庭。IB 高中也是一所特许学校，这意味着学生和教师都选择在那里学习和工作。作为一所非择优录取的高度贫困地区学校，富兰克林学校的财政资源较少，对招聘过程的控制也更少，专业学习计划明显有限，设施较差，吸引和留住中产阶级家庭的能力也远不如沿海地区的同类学校。富兰克林学校不得不与当地择优录取的名校竞争，这些学校导致了该地区更积极向上、技能更高的中学生流失的情况。这使富兰克林学校处于更不利的地位。最后，也许最重要的是，大量学生的技能差距和语言障碍的严重程度，加剧了如何将补习和创造机会纳入到雄心勃勃的学术任务中的问题，正如我们在第七章和第八章中探讨的那样，这个领域还没有任何系统的一致性的答案。

在这种情况下，IB 高中可以被看作是该领域"学习优势"的一个生动例证，因为它将 IBDP 作为工具来创造公平分配和更深层的学习的机会。富兰克林学校展示了将 IBDP 带给更广泛的学习者的可行性，这是历史上从未有过的，并揭示了能够帮助领导者和教师实现该项目潜力的学校层面的特点。但它尚未回答的问题是如何克服困扰美国基础教育系统中最弱势群体的错综复杂的问题。换句话说，富兰克林学校并没有揭示如何才能成功地为所有人提供 IB 课程；相反，它讲述了一个令人信服的故事，即怎样才能为更多人成功提供 IB 课程，以便让他们获得更多的机会。

## 更深层的学习体系？

国际文凭组织能否创造一个更深层的学习体系？本章的研究表明，国际文凭组织应该被视为实现这一愿望的重要资源，但其本身并不是万能的。作为一个支柱，它提供了一个丰富、详细的愿景，这意味着学生将在不同的学科和跨学科中进行复杂的思考。作为一个阶梯，它可以帮助指导教师朝着这些结果努力。它还通过创建一系列外部调节的测试，作为防止低预期的保障。该课程带来的所有这些资源强化了关于建立一个支持更深层的学习的"基础设施"重要性的论点。但是，"基础设施"不是自我实现的。就像其他外部政策工具一样，只有与学校内部的支持和机制相配合，才能实现目标，并帮助教师实现其愿景。这些机制包括：有 IB 教学经验的领导教师的频繁反馈，对公平的文化承诺，以及愿意为需要帮助达到 IB 要求的学生提供额外的支持。IB 高中在对待学生的平等和人文立场方面也是与众不同的：它不按成绩分班，它将 IB 的参与置于测试成绩之上，以避免 IB 成为另一种形式的考试准备的危险。[21] IB 创造了努力实现更深层的学习的机会，但是这所学校的文化、基调和对学生的态度，仍然是由学校里的成年人创造的。

从规模的角度来看，这一结论有悲观和乐观两种解读方式。悲观的观点认为，如果教师的知识和技能以及学校的文化是影响结果的因素，而且只有在这些学校层面的因素到位后，IB 才能实现其承诺，那么真正重要的还是学校里的人。乐观的观点承认当地人才和技能的重要性，但断言 IB 发挥了三个关键作用。首先，为学生设定明确和高度具体的期望，以减轻学校的负担，即对"是什么"有了明确的认识，学校就可以在"如何做"上下功夫。其次，建立一个由外部调节的、具有高标准的系统，为创造和维持严格的学习制造压力，并帮助学校认清自己在帮助学生完成复杂的学科任务方面的立场。最后，创建一个共享的学习框架，为教师围绕共同的内容和目标创建学习的平台——随着教师获得教学实践、接受并随后给予反馈，以及最终担任 IB 考官，这种学习会逐年积累。因此，可以说，如果学校没有相应的知识、技能、文化和内部凝聚力，任何外部衍生的系统都不可能被成功利用，但 IB 可以在帮助学校建立这些关键品质方面发挥重要作用。

IB 也很有趣，因为它在激进和传统的更深层的学习愿景之间找到了一个中间地带。为此，我们在与杜威高中和无借口高中的领导谈话中提到了 IBDP 课程——事实证明，这两所学校都对该课程持积极态度。在杜威高中，外向型网络领导者与国外几所 IB 高中的领导者建立了重要的伙伴关系。杜威高中的领导认为，虽然该课程在组织学术学习的内容方面比杜威高中更传统，但它为丰富的建构主义和全球导向的课堂提供了一个平台，与他们自己的课堂有很多共同之处。在无借口高中，领导们对该课程赞赏有加；他们甚至考虑过把 IBDP 作为他们目前课程项目的一个更严格和更综合的替代方案，但最终决定不采用这个方案是因为这需要放弃他们所围绕 SATii 和 AP 建立的大量基础设施。两所截然不同的学校都认真对待 IBDP 课程，并将其作为创造更深层的学习的方法，这在很大程度上说明该课程作为深化许多美国高中课堂的一种机制的潜力是巨大的。

# 综合高中：成绩与学习

到目前为止，我们已经在三所相对较小的学校探索了更深层的学习的方法，每所学校都围绕着一个特定的主题：基于项目的学习，"无借口"，以及国际文凭课程。这些学校向我们展示了在学生选择在此学习并以共同使命为导向的环境中可能出现的情况。但是，作为绝大多数美国青少年受教育的地方，综合性公立高中的情况又如何呢？

在这一章中，我们将参观一所这样的学校，它显示了在一所大型综合性公立高中追求更深层的学习的可能性和局限性。这所学校，我们称之为"成就高中"，这里有两千多名学生，位于美国东北部一个城市的富裕郊区。该校学生中66%为白人，14%为亚裔，9%为拉丁裔，7%为非裔，4%为其他族裔；16%的学生有资格获得免费或减价午餐。一个将学生从城市接到学校的校车项目有助于学校的种族和社会经济多样性。92%的学生在高中毕业后直接进入大学，其中84%进入四年制大学。优秀的学生通常进入常春藤高校或竞争激烈的文理学院；完整的大学录取名单显示了不同层次的院校，从几乎录取所有申请者的本地学院到像斯坦福这样的高度择优录取的大学。

成就高中坐落在一座漂亮的砖与玻璃融合的建筑中，于2010年完工。它经常出现在城市杂志和其他排名系统的顶级学校名单中，它所在的郊区是一个非常理想的居住区。

因此，从某种意义上说，成就高中是评估综合高中的可能性的最佳案例。这所学校有大量受过高等教育的家长，财务状况良好，并有经验丰富的教师，其中许多人将成就高中描述为他们的梦想工作之地。成就高中也显示了一些种族和社会经济的多样性，这使我们能够在一个有利的背景下探讨多样性和差异化的问题。

与本书中的其他案例一样，我们对学校的了解是通过沉浸在学校环境及其开展的活动中的方式进行的。我们总共走访了 40 个班级，参加了俱乐部会议和课外活动，参加了全校教师和部门团队会议，并采访了 30 名教师和管理人员，以及 20 名学生。由于这是一所比前几章介绍的学校大得多的学校，我们无法看到每一间教室，也无法与每一位教师交谈，所以我们不得不采取另一种方法，以确保我们的研究既有广度又有深度。在最初的几天里，我们跟踪了不同年级和不同层级的学生。这让我们对学校的教学模式及其分布有所了解。然后，根据这些观察，以及与学生、教师和管理人员的交谈，我们深入研究了被认为是特别强大的学习空间的地方，试图了解是什么让这些地方如此活跃，以及它们是如何或为什么与常规不同的。最后，在研究访问的尾声，我们回到了整体的问题上，询问校长、部门主任和教师如何在核心课程中寻求扩大学习的严谨性、相关性和公平性，以及他们在这样做时所面临的障碍。

虽然我们可以从强有力的学习角度来讲述这所学校的许多故事（学习富有挑战性和吸引力，并邀请学生在接受知识的同时创造知识），但我们发现，这是一所传统教学背景下的机构。在成就高中，有很多阻碍更深层的学习的因素。传播式的教学仍占主导地位。学生们擅长玩学校那套游戏。对证书（包括 AP）的渴望，阻碍了更多真正参与的机会。州测试强调最低分数而不是最高分数。继承下来的结构，如 50 分钟的课程，限制了深入探索的机会。社会上的压力，加强了学习成绩的追逐，而不是以学习为导向。按成绩分班保留了不同层次参与高阶思维机会的差异。尤其引人注目的是，学校在核心课程中把青少年视为被动的学习者，而在俱乐部和课外活动中，学校对学生采取积极的态度，这两者是不匹配的。

与此同时，主流学术模式也有例外，特别是在选修课和非 AP 课程中，相互选择、不受外部约束、深度大于广度、教师和学生共同的热情，以及在某些情况下的实践学习，这些因素的结合产生了更强大的学习体验。一些管理者和教师正在挑战主流的学术惯例，试图减少课程差异化，接受以探究为导向的教学，不再强调 AP 分数，并直接解决种族不平等问题，但改变是缓慢和零散的。这意味着，无论是在学校内部还是外部期望方面，即使是引导一流公立学校走向更深层的学习和公平的发展方向，在政治上也是困难的。更深层的学习的障碍是什么呢？

## 教学规则

学者拉里·库班和大卫·提阿克认为，某种"学校教育的规则"的元素——按年龄分级的教室、按常规科目划分的学习、教师在教室里一次只教25名学生，这些都是学校如何构思和组织的根深蒂固的问题，它们是不受变化影响的。虽然学校教育的规则集中在学校的结构方面，但我们看到一个伴随的"教学规则"，它为传统的课堂奠定了教学的基本原理。这里的模式是，有一个预先指定的知识体系，学生花一些时间来学习记忆这个知识体系的一些关键内容，这里有一个评估（要么是测试，要么是写作任务），然后用一个新的主题重复这个过程。在最好的情况下，这个过程在某个领域构建了一些知识；在最糟糕的情况下，它变成了一个"覆盖—记忆—测试—忘记—重复"的游戏，占用了学生和教师的时间，但几乎无法产生持续的理解。

与无借口高中不同的是，这里没有一个单一的模板来决定所有课程的内容。核心课程更多是以教师为中心，但具体模式因学科和教师而不同。历史课的特点是既有讲课也有一些机会处理基于文献的问题或对历史事件发表意见。英语课的特点是学生对文本的讨论和教师对写作要素的小型讲座。科学课的特点是讲课和学生实验相结合。在我们调查时，数学课正处于改革过程中，因此，我们将在以后对其进行深入探讨。一位管理人员估计，他看过学校近90%的课程，几乎所有的课程都是老师站在教室前面。科学、历史和数学的标准和进度指南是由国家和地区制定的，教科书和这些标准的结合设置了一个强调广度而非深度的课程。几乎所有的核心学科课程都是在"批量处理"模式下进行的，整个班级都在学习相同的内容，进行评估，然后进入下一个课程。所有这些核心课程都是基于单一的传统学科，没有机会让这些学科相互联系或互动。除了科学方面的实验，学生们在这些课上主要是坐着，用他们的大脑来记忆和解读文章和问题，很少使用他们的身体或声音。因此，虽然有一些讲座和更积极的学生体验交替进行，但在核心学术课程中，很少有动手的、个性化的、跨学科的、学徒制的或基于项目的学习。

这种方法的成功各不相同。这种模式对于有学术倾向的学生来说，在他们感兴趣的科目上可以很好地发挥作用。一些学生表示，他们在至少一门学科上有良好的经历，并将这些积极的经历归功于他们对该学科的兴趣或教师让他们投入这些学科的能力。同时，许多学生说，他们对很多学术大餐不感兴趣，他们说这些不是他们选择的，没什么用处，在很大程度上只是为了做进入大学和深造所需要的练习。

有两个主导假设尤其具有局限性。第一种假设是对覆盖范围的期望。这意味着课程需要快速跨越各种主题。实验通常被挤到一个课时里。讲述十字军有一周的时间，讲述冷战有两天时间。因此，更深入的历史或科学调查被取消了，以支持跨越更多的内容，而且所涉及的材料数量如此之多，以至于学生在记忆方面有很大的困难。一位教师告诉我们，当她试图引用学生在三个月前的州科学测试中成功答题的材料时，学生们不仅不知道这些内容，还争辩说他们从未见过这些内容。

第二种假设是，学生的工作是吸收已经发现的知识，或将其整合到学科中。由于这种假设，教师没有什么动力去将社会上或学生心里的想法或事件结合起来；当务之急是将更多的内容灌输到学生的大脑中。这也意味着跨领域或跨学科的联系照亮了冷战的真相，关于冷战的文献、关于冷战的电影、关于冷战的生活经历是无法容纳的。这意味着学生们花了更多的时间去学习其他人已经学过的学科知识，而这些知识正是冷战的起因，是牛顿定律，而不是做这些学科本身的工作。正如一位拥有麻省理工学院博士学位的科学老师告诉我们的那样，学校里的科学问题在于，教师主要是在向自己展示已知的东西；她说，真正的科学都是关于未知的。

其结果是，当学生获得探索现实世界的机会时，沉浸在学校学科学习中的他们有时会感到惊讶。例如，在成就高中成绩优异的学生爱德华，在初中升入高中那年的暑假有机会与一位历史教授合作。他将这个项目描述为对 18 世纪德国工匠和手工艺人工作的档案调查，这与他在课堂上学习历史的方式完全不同。例如，他在学校完成一篇十一年级的研究论文时是这样写的："很多内容都是课本上写的，还有四个网站可以使用，上面会有与论文相关的内容。这是一种非常有条理的研究方式，这样做一个项目就变得容易得多。"但是，他说："当你真正做研究时，这并不是你会遇到的研究环境。"他说：与此相反，与教授一起进行的研究是不确定的：有一个最初的问题和一些需要参考的资料，但除此之外，研究是在他找到的资料的基础上发展起来的。这一经历不仅改变了他对历史学家实际工作的认知，事实上，最终将出版一部作品，也大大增加了他进行这项研究的动力。他说："我在做这件事时有很多乐趣……与教授一起做，因为我觉得我所做的事并不只是在做其他成千上万的学生所做的事。我不只是在写这篇公式化的论文，我实际上是在寻找教授在未来写的论文中会用到的信息。我从中获得了更多的乐趣。"

**玩游戏：学习与成绩**

作为一个拥有高水平文化和社会资本的社区，学生们也擅长玩"学校的游戏"。虽然学生们告诉我们，他们之间有很多相互抄袭的现象，但他们大多都完成了要求的任务和家庭作业。作为回报，课堂上的气氛不是专制的，而是宽松的——学生们在做数学题或进行科学实验时，彼此间不断地交谈着，热闹非凡。这些都是以前的学者所称的"条约"：学生基本上同意按照教师的要求去做，而作为回报，教师不会对学生的每个方面进行事无巨细的管理。[1] 大多数学生与教师有着共同的阶级和种族背景，加上学生们都希望在学校里取得好成绩从而进入大学，这意味着与我们访问过的许多较贫困的学校相比，这里的气氛更加融洽。

虽然这些课堂明显是在学习，但从学生通过 AP 和 SATii 考试以及被名牌大学录取的可能性来看，这种方法也在学生中产生了相当多的玩世不恭，他们非常清楚，为了获得好成绩而按照老师的要求去做和真正参与到这些课程中是有区别的。从学生的角度来看，问题在于教师把他们的主题说成是开放式的，但实际上，每个问题都有一个他们希望学生能够给出来的正确答案。例如，我们在一门 AP 心理学课上看到了这种情况，学生们参加了一个由 AP 考试改编的、涉及一系列心理学术语（操作性条件反射、行为条件反射等）的选择题测验。老师让学生自愿说出他们在测验中选择了哪些选项。"康尼，你在这上面得到了什么？A？这不会是最好的选择。"老师回答道。然后她又叫了其他人，后者给出了她想要的答案。虽然有人可能会说，建立这样的事实性知识可以为更深入的调查奠定基础，但与学生的对话表明，我们想看到的那个日子从未到来——它只是去了下一个单元和下一组定义。学生们对此尤为不满，因为这似乎与主题不兼容。例如，一个关于先验主义的单元让人联想到梭罗和爱默生打破常规，但授课方式是用 PPT 总结运动的要点。一位学生举了另一个例子："我们在英语课上看《死亡诗社》……然后老师说'这就是你们应该从这部电影中推断出的东西'，而这与电影的观点完全相反。"

一位化学老师和一位物理老师认为，多年来这种方法的社会化后果是，他们班上的学生现在试图"通过读懂"老师来猜测正确答案。他们在讨论这一动态时提到了一个化学色谱实验，该实验对样品中是否存在五种或六种染料产生了模棱两可的结果。

采访者："学生们是否能接受这样的想法：这里可能有五种或六种，这取决于你如何测量它，或你如何看待它？他们认为这里应该有一个答案吗？"

化学老师："他们认为应该有。"

物理老师："是的，应该有一个正确的答案。"

化学老师："他们想知道我们想要什么。我的意思是，我想我很早就知道，一张扑克脸是非常重要的。我的意思是，我不知道，我没有去过小学或中学的教室。在我看来，有很多学生只是学会了看老师的脸色，这就是他们所做的。他们给出一个回答，然后……"

物理老师："这有点像在结尾处有一个问题。"

化学老师："看老师的脸。他们有这种感觉，我不知道这种感觉从何而来，但他们有这种感觉，总是有一个正确的答案，而这总是我想尝试和给予的。老师会让他们知道。"

物理老师："我们在小学和中学里教孩子们玩扑克。"

化学老师："是的，我觉得学生经常感到沮丧，因为他们给了我一个答案，我只是看着他们，或要求他们解释，或问为什么。然后他们就改变了他们的答案……是的。"

物理老师："是的。"

化学老师："是的，我认为他们更愿意接受这样的想法：这里有一个答案，而且答案就在我这里，他们只是应该找到答案并把它交给我。"

学者们区分了学习导向和成绩导向：学习导向强调学习是一个过程，失败是学习的一部分，得到正确的答案并不像与问题斗争那样重要。[2] 成绩导向则相反——注重自己是否正确，可能会忽略自己正在学习的内容。在成就高中到处都有关于学习导向重要性的海报，但实际上，对学生和教师来说，成绩导向才是王道。学生需要得到正确的答案，以获得好成绩，从而进入好大学。教师需要学生通过 SATii 和 AP 考试，这样他们才能在学生、家长和同事中保持良好的声誉。其结果是，在大多数班级中，长期以来的传播教学模式盛行。虽然可能会有一些积极的学生处理过程，如学生在实验室里做实验或解决一个数学问题，但最终的目标不是让学生探索一个学科领域，而是让他们能够做这些外部指标所要求的。

## AP：证书与参与度

这种成绩取向和学习取向之间的紧张关系在该校的 AP 课程中表现得尤为突出。在最近的一年里，成就高中的 395 名学生参加了 21 个科目的 766 次 AP 考试，其中 92% 的学生获得了 3 分或更高的分数。在 AP 课程中发生的许多事情是由远在它之外的力量所决定的。特别是，竞争日益激烈的大学环境，以及随之而来的来自家长的压力，意味着学生们感到了相当大的压力，必须参加 AP 课程，并在其中取得好成绩。正如一位教师所描述的那样："我们学生的一个很大的压力来源是，他们的父母都在上学时表现得非常好，上了精英大学，这就是他们能在这个区买得起房子的原因。"其结果是一种既表现优异又竞争激烈的风气，教师们认为这种风气经常抑制了他们所要促进的学习方式。正如一位 AP 物理教师所描述的那样："竞争是更深层的学习的严重障碍，合作是至关重要的，而当学生感到他们是作为个体被评估时，这与合作是背道而驰的。"

在过去的几年里，在成就高中和同区的另一所高中，发生了三起自杀事件。虽然这些自杀的原因因人而异，但在教师、学生和家长中引发了关于如何缓和这种追求成绩和竞争文化的广泛讨论。正如一位物理老师所描述的他的立场变化："今年我教 AP 课程的一个重要部分是明确地谈论焦虑和减轻焦虑——过去强调的是：这是一门艰苦的课程，你要非常努力地学习，这就是你报名参加 AP 课程的结果。今年我就稍微改变一下语气，和他们谈一谈，让他们自己少一些压力和紧张。"但是，教师们在试图减轻一些压力的同时，也意识到他们并不是压力的主要来源。正如有人所说："我们所有人都无法摆脱竞争——学生们给自己施加了巨大的压力，他们已经内化了来自社会的压力，他们没有考虑到心理健康、财务和其他问题。"

如果说压力的来源之一是父母，那么另一个就是对大学的期望。像许多学校一样，成就高中使用加权平均分系统，其中 AP 课程可以帮助推动一个人的 GPA 超过 4 分，并有可能达到 5 分的上限。正如一位观察家所描述的那样："我发现大多数人都非常关注证书认证，并且非常渴望在尽可能多的 AP 考试中获得更多的 4 分或 5 分。学生们认为，没有这些考试，他们对名牌大学的申请是无效的。"其结果是，尖子生们都在 AP 课程上加码，尽可能多地学习。一位老师说，其后果是学生们忙于"用东西装满他们的盘子，他们没有时间进行更深层的学习"。第二位老师也有同感：

"孩子们上了这么多高水平的课程,他们没有时间去培养激情或深入探究。"这个问题是如此普遍,以至于学校建议学生参加不超过三门 AP 课程,但是鉴于大学和社会的压力,很难让这个建议坚持下去。

对 AP 课程和 AP 考试的强调让一些 AP 教师感到很不安,因为考试的内容历来强调广度而不是深度。各个学科领域都存在一些差异,但特别是在历史和科学领域,教师们认为,对覆盖面的推动干扰了更深层次的研究。正如一位 AP 历史老师所说:"AP 课程中所讲授的更多的是为推动内容的学习。"另一位老师说:"AP 课程包括比我希望的更多的讲授,有很多材料需要钻研,你在那里牺牲了一些东西。美国大学理事会声称,将有更多的深度和更少的荒谬材料,但我只有亲眼所见后才会相信。"

AP 被如此强调的一个重要原因是它的历史。大学先修课程(AP)是在第二次世界大战后由一小部分私立学校和精英大学与福特基金会(Ford Foundation)合作创立的,并于 20 世纪 50 年代中期向公立高中开放。它的目标是满足学术上雄心勃勃的学习需求,并为一流大学证明学习成果。它的解决方案是提供节奏更快、要求更高的课程,但它并不寻求从根本上改变教学或使其更加以学生为中心。正如大卫·科恩和杰尔·梅塔在其他地方写的那样,"AP 是一项以学科为中心而不是以学生为中心的改革。AP 教师仍然在讲课,学生仍然在做笔记",大多数课堂仍然以教师为中心。与 IB 不同的是,AP 课程并没有提出希望学生成为什么样的人的愿景,只是提供了希望学生能够吸收的内容。因此,在某些方面,AP 与成就高中的许多倾向是一致的,并在此得到了加强:首先,它与"教学即传播"的主导性教学取向相一致;其次,它提供了一个高含金量的证书,这是家长和学生从学校寻求的一个重要部分。正如一位敏锐的认证过程观察者对我们说的那样:"AP 从根本上说是为了使中学教育的成就结构发挥作用;如果 AP 不存在,我们就必须发明它。"[3]

对 AP 不满意的教师还告诉我们,AP 是如何干扰了开发基于项目课程的机会。例如,在生物课上,学生们曾经进行过一个漫长的研究项目,作为 AP 生物课的一部分。生物老师向我们描述了发生的情况:

这是一个为期一年的项目，有四个阶段。它必须结合社区中的一些东西。他们中的很多人都会致力于河流流域或一些生态学应用，这是很常见的。有些人会在实验室工作。挑战在于，AP 生物学课程主要是由十一年级学生选修的，他们同时也在选修 AP 美国历史，而且他们也在写毕业论文，这是在成就高中的大论文，工作量太大了。

学生们告诉我们，到目前为止，这个项目是课程中最好的部分。当我们转换到新的 AP 生物课程时，老师都决定放弃这个项目。因为这对老师们来说也无法忍受——今年教 AP 生物课的老师有四个组，每个组有 27 个学生。这么多的独立研究项目是难以管理的。我们谈到的一件事是，我们是否在意美国大学理事会？我们在意 AP 吗？如果我们不受美国大学理事会的限制，我们可以做这些项目。我们从学生那里听到的是，这是一次非常震撼的经历。

许多老师公开表示，如果放弃 AP 课程，开设不以考试为最终目的严格的顶级课程是否会更好。正如一位老师所说："如果这些课程不标明是 AP 课程，你就可以把它变成你想要的样子，你可以设定参数。你可以说我们要教一门优等生高级生物学课程，它仍然可能是学校里最难的课程，但你可以使它的评分不仅仅是关于你可能在考试中得到的东西。"一些私立学校已经采取了放弃 AP 课程的措施，成就高中也在探索削减此类课程的可能性。前任校长带着一些高级教师参观了 IB 模式的学校，但成就高中并没有在这个方面采取任何明确的措施。

教师对待 AP 的方式也对学生的体验产生了重大影响。在我们看到的一些 AP 课程中，考试显然是主导一切的。单元测试取自或刻意模仿 AP 考试，教师在课堂上经常提到考试可能会出现什么样的问题，什么样的答案会让 AP 考官满意。有些老师是本着真诚的帮助精神来做的，而有些老师则是在说 AP 的坏话或表示对命运的无奈。每一种选择都有效地扼杀了这些课堂的气氛，因为教师的立场不是对这门学科的热情，而是服从于美国大学理事会的要求。

一些有经验的教师对考试采取了不同的立场。成年人发展心理学家罗伯特·凯根（Robert Kegan）描述了他所谓的"主体到客体的转变"，即人们把统治他们的信仰体系的某些方面变成了客体，也就是说，它变成了他们自己的东西，并为之做出决定。[4] 类似地，一些老师在 AP 考试中进行了科目到对象的转换：他们在涵盖学生考试所需的关键材料的同时，也宣传了他们自己的课程目标。例如，这位 AP 比较政府学教师被这门课所吸引，是因为她自己有移民的经历，而且她致力于帮助学生转变对美国的看法。但她发现，AP 比较政府学考试相当枯燥，大多是选择题，只是要求学生记住六个不同国家的特点，但很少要求他们理解这些不同国家的社会和经济现实。因此，她围绕学生对不同国家紧迫问题的介绍来组织部分课程。在我们见证的一堂课上，我们看到了一场关于如何解决美国—墨西哥毒品走廊的激烈辩论，这场讨论融合了政治、文化、经济和道德的观点。不出所料，学生们在那堂课上的参与度很高，并讨论起来也很有热情，因为这不是建立在遥远的考试上，而是建立在现实问题和各种可研究视角上的。

也许是因为 AP 所提供的潜在机会——可以与一组经过挑选的学生一起研究高水平的内容，当学生利用这个机会玩"学校游戏"时，教师们感到很沮丧。各个学科领域的教师都报告说，学生们经常玩"你得到了什么？"的游戏，在小测验、测试，甚至讨论中互相竞争得分。一位英语老师描述说，优等生是如何在小组讨论中为她和其他学生"表演"的。"我认为优等生对这种想法非常敏感，在某种程度上，这是一个错误的观点：当你参与课堂讨论时，你在某种程度上是在表演，你在为老师表演。看，我真的知道这个。你在为你的同龄人表演。"

教师们相信，这些课堂动态可以通过采用新的教学策略来改变，但这些步骤只能到此为止了。英语老师发现，在小组中，学生们比在大组中更愿意冒险，并提供未完全发展的想法。前面提到的化学和物理老师已经改变了他们的课堂，给学生更多的时间在课堂上一起做题。他们还停止了对每周习题进行评分，以避免监督学生是否互相抄袭的问题，而是将全部风险都放在期末考试上。他们发现，在这种氛围下，学生们越来越有可能把每周的作业看作是对他们有利的事情（如果他们选择不做，就会付出代价），而不是看作是由老师监管的游戏。

尽管这些教学上的改变可以部分缓解问题，但教师们认为，根本的问题是来自学生、家长和社会对证书的期望。一位 AP 教师描述了她所看到的情况，提到了教育理论家大卫·拉巴里（David Labaree），他一直对证书竞赛持批评态度：

"我的愤世嫉俗受到了大卫·拉巴里的影响，他写的很多东西都解释了我的经验和我的挫折感。我的挫折感很多时候是，我觉得我正试图与学生围绕一个共同的目标进行交流，但我感觉我被当作对手来对待——我教育学生的目标与学生的目标相悖，也许还有社会的目标，即获取证书，也与我教育学生的目标是相互矛盾的。"

"我想和学生一起进行你们所说的更深层的学习：学生会提出问题并回答他们自己的问题，而我则提供资源指导，提出反对意见并进行智力上的交流。我们的许多学生有能力在这样的环境中工作，但我认为学生希望在他们的护照上再盖一个章，然后继续下一个。我认为部分原因是对进入有竞争力大学的录取率感到焦虑，因为录取率正在下降，这导致了对录取过程的偏执。"

拉巴里认为，教育既有内在价值（从学习中获得的东西），也有交换价值（有人愿意为你的学习提供什么）。在他看来，随着对精英证书的竞争加剧，学生们很理性地开始追求证书而不是基本的知识和技能。正如他所写的："当他们通过其交换价值的视角来看待教育时，各个层次的学生很快就会得出结论，最重要的不是他们在学校学到的知识，而是他们在学校获得的证书。成绩、学分和学位——这些都成为他们追求的目标……对教育的影响是强调形式而不是内容——促进教育系统愿意奖励学生在形式上遵守适度的表现要求，而不是展示对技能的操作掌握。"[5] 或者正如一位非常有见解的学生所说："但问题是我觉得大多数时候我们必须在获得好成绩和真正的学习之间做出选择。而我要选择一个好成绩，因为学习并不能帮助我进入大学，对吗？"虽然从现在大学招生的激烈竞赛来看，这可能是相当合理的，但教师觉得这似乎破坏了教和学的根本目的，也就不足为奇了。[6]

我们在这些顶级赛道上看到的情况，也为安妮特·拉雷奥（Annette Lareau）关于"协同培养"（Concerted Cultivation）的著作提供了警示。拉雷奥认为，更有优势的父母不仅会让他们的孩子在与成年人交往时表现出更自信的风格，也会花更多的时间来安排他们孩子的时间表，以打造他们的简历，使他们在大学和其他方面的竞争中获得优势。穷人和工人阶级的父母更倾向于"自然成长"，他们给孩子更多的时间去玩耍，并不太清楚如何玩好攀登地位阶梯的游戏。我们在成就高中看到的是协同培养的必然结果——学生们在获得他们上大学所需的许多证书方面非常有成就。但他们的老师告诉我们，虽然从保持社会地位和特权的角度来看，这种策略可能是有效的，但它往往会削弱学校本该产生的学习参与度。

## 坚持把学生按成绩分班的意义

虽然 AP 课程的特征可能更快，而不是更深入，但大多数课程确实要求学生至少进行一些更高层次的思考。在英语课上，这意味着要分析作者的选择；在物理课上，这意味着要研究有关抛射物的数据，并设法弄清物体如何移动以及为什么移动；在历史课上，这意味着要写出 15 页的研究论文。虽然在这些领域中，人们可以想象更深层次的工作——在英语中，将一个人对故事的分析与自己写作的长期努力联系起来；在物理学中，设计自己的实验，而不是复制现有的实验；在历史中，借鉴更多的原始资料，开展自己的调查——这些课程至少要求学生完成一些原创作品，并参与一些分析。

在较低层次的课程中，成就高中把大学预科（CP）称为最低级别的课程，高级大学预科（ACP）是中级课程。（译者注：实际上是按学生的学习成绩将其由低到高进行了分层，最低为 CP 班，之后是 ACP 班，最优的是 AP 班）这种课程分析和思考的机会较少。预期的作业时间较短，教师讲得多，学生讲得少，课堂时间被分割成较短的部分，而且就要求学生做的事情而言，作业通常更有条理。

雷巴·佩奇（Reba Page）的《低层级课堂》一书可以帮助我们理解这些课堂。佩奇的研究表明，低层级课堂通常有三种模式：第一种是"骨架"模式，即以较慢的速度讲授高层级内容的表面版本；第二种是"关联"模式，即使用有趣的、及时的或现实世界的内容，试图引起学生的兴趣；第三种是"技能"模式，即对学生进行基本技能的训练。[7] 无论是在成就高中还是在我们访问的其他学校，我们在数据中都看到了这三种模式。在成就高中，老师们说，他们试图学习相同的内容，但速度更慢："在低层级上，你花在同一任务上的时间是你花在优等生身上的三倍。"另一位教师在谈到"关联"模式时说："随着课程水平的降低，作为一名老师，我对学生的培养越多就越不关心教学内容了，而更关心如何防止学生停止学习。"

不同学科之间的不平等现象并不是成就高中所特有的，我们在访问的每一所综合高中都看到了这些差异。我们在美国中西部的一个主要城市选择了一所学校进行调查，它是一所大型的综合高中，在种族和社会经济方面都很多样化，并且拥有全美首批 IB 课程。但是，当我们到达时，我们发现 IB 班里几乎全是白人和亚裔学生，而大多数较贫穷的黑人和拉丁裔学生则在普通的非 IB 班里。在十二月的一个上午，我们背靠背旁听了两堂英语课。在高级/优等生班中，学生们被要求分析作者的选择；而在普通班中，学生们只是费力地大声朗读故事，没有努力去理解这个故事，也没有去思考作者为什么会这样组织故事。文献中已经反复记录了不同层级之间的差异，但在更深层的学习研究中，这些差异仍然很重要，因为层级是将学习机会分配给整个学生群体的重要手段。

成就高中在不同的课程层级上也存在种族不平等。学校的内部数据显示，虽然学校的人口中有 7% 的黑人和 9% 的拉丁裔，但高级课程的平均入学率为 2.4% 的黑人和 5% 的拉丁裔。亚裔学生在高级课程中的比例过高：他们占学校学生的 14%，但占高级课程平均入学人数的 19%，总体分布包括艺术、音乐、职业和技术课程。在核心学术科目中，黑人和拉丁裔学生的比例更低：高级英语课中黑人占2.1%，拉丁裔占4.2%；高级数学课中黑人占2.9%，拉丁裔占5%；高级科学课中黑人占2.0%，拉丁裔占3.4%；高级语言课中黑人占1.5%，拉丁裔占8.2%（见表5.1）。[8]

表5.1 学习高级课程或AP课程的学生比例（按种族划分） %

| 分类 | 学校人口统计资料 | 历史和社会研究 | 英语 | 数学 | 科学 | 语言 |
| --- | --- | --- | --- | --- | --- | --- |
| 白人 | 66 | 71.5 | 72.4 | 68.7 | 65.5 | 66.7 |
| 亚裔 | 14 | 17.7 | 16.6 | 19.3 | 24.2 | 19.1 |
| 拉丁裔 | 9 | 3.9 | 4.2 | 5.0 | 3.4 | 8.2 |
| 黑人 | 7 | 1.8 | 2.1 | 2.9 | 2.0 | 1.5 |
| 其他 | 4 | 5 | 4.7 | 4 | 5 | 4.5 |

虽然学生们可以而且确实上了某些科目的高级课程，但他们认为，在他们的日常生活中，他们大多看到的是同一批学生。优等生尤其如此，他们的许多课程都是一起上的，而普通学生也是如此。一位优等生说："这很像——我的意思是这是一种分裂。当你进入高中时，你几乎已经确定了班级的水平等级，比如你有表现最好的学生。然后，就像其他两三个等级，并没有真正的变化。比如我在所有的课堂上都能看到同样的孩子，有些人在中学是我的朋友，但我只在足球比赛或其他场合看到他们，因为他们不会在我的任何课堂上出现。"这种模式的例外情况是在体育方面，这吸引了很多学生，以及在其他一些课外活动和一些选修课方面，我们将在后面详细讨论。

不同学科之间的差异与种族和阶级高度相关，这也会在不同的课程层级上产生不健康的动态。一位老师描述了一次消防演习："我的普通班学生和我的优等生班最后都在一个房间里，我想，哦，我的天哪，我可以看到他们之间的眼神交流。当她事后与普通班学生谈论房间里的敌意时，'发生了什么？'一个学生说，'嗯，那些优等生认为他们比我们优秀，我们很愚蠢，他们认为自己都很有钱。'我说：'这与钱无关。'另一个学生说：'好吧，他们确实是这样做的。'"这位老师说，她反对把学生按成绩分班，因为这基本上是学校内部的种族隔离。

教师们还发现，低层级的学生倾向于将他们在学术层次中的地位藏在心里。一位老师说，他觉得低层级的学生在课堂上犯错时更难堪，而且低层级的孩子更感到羞愧。另一位老师讲了一个故事：一个学生大部分时间都在 CP 和 ACP 班，但被安排到一个与优等生混合的英语班。他不断质疑，作为一个 ACP 班的学生，他是否属于优等生。"我就说，哦，亲爱的，你得放开手脚。你来对了地方，你真的可以。"还有一位老师将 AP 课程的挑战与较低水平的课程进行了比较。她说，对于优等生来说，"我们面对的是证书问题"，但至少，他们想知道一些东西，而其他孩子则是，"等我长大了，我希望我不必去做一份我讨厌的工作，就像我讨厌上学一样"。

鉴于这些不同课程水平的差异，学生被安排到哪个班级是一个关键问题。从形式上看，各部门安排学生的标准各不相同，但一般来说，学生最初是根据八年级老师的建议被安排到不同的班级。在此基础上，如果学生成绩好（A 级），并且在不需要老师额外帮助的情况下完成作业，就会建议他们提高一个级别。虽然过去有更多基于考试的方法，但总的来说，学校认为校内表现是一个更好的预测指标，同时也给教师提供了灵活性，即使学生考试不理想，也可以让他们升级。升级或降级的建议来自教师，而部门主任有最终决定权。在这个过程中也有回旋的余地；也就是说，有决心的家长和学生可以争取更高水平的课程。

教师和学生对不同课程水平的种族差异提供了一系列解释。一些人认为这就是偏见的证据。在学校组织的关于种族和性别偏见的小组讨论中，一名拉丁裔女孩说："我一直想进入优等班。有时我的成绩和白人学生一样，他们被安排在优等班和 AP 班，而我却没有。在 AP 班和优等班里都是白人或亚裔，我相信如果我们更多地支持黑人和拉美裔，他们也可以进入这些班级。"一位跨专业任教的英语教师提出了一个相关的观点："尽管我们不愿意承认，但我们更多的是根据行为标准而不是他们的实际才能水平来提升孩子们的水平。"他说,所谓行为标准,他的意思是:"一切都很准时,他们不会引起我们的注意——你知道,你不必一直重新引导他们。"他发现,这些行为标准不利于少数族裔的学生,有时也不利于工作能力强但行为不稳定的白人男性学生。有一个数据并不支持偏见导致较少黑人学生被安排到优等班或 AP 班的解释,那就是有 93% 或更多的拉美裔、白人和亚裔学生在这些课程中获得了 A 或 B,但只有 79% 的黑人学生获得了 A 或 B 的成绩。(当然,成绩本身可能有种族偏见。)

教师和学生对不同课程的种族差异给出了另外三种解释。一个是家庭背景的差异和以前学校教育的准备程度的差异。从这个角度看,课程水平是对学生在不同科目上的不同技能和知识水平的回应。有些人认为这只是一个现实,因为学校的服务对象是大都会地区最富裕的家庭以及寄养家庭的学生。在普遍中学任教的教师们说,低层级课程的学生的家庭不像那些高层级课程的学生的家庭那样有足够的资源来支持他们的孩子。一个相关的解释是,最初的学术背景差异是由于小学和中学的分组做法和其他教师或学校的选择而加剧的。从这个角度看,最初在学校准备方面的微小差异,由于小学和中学对这些差异的反应而变得更加严重;随着时间的推移,白人、经济条件好的学生认为自己是成绩好的,而少数族裔、贫困程度高的学生则认为自己不是。一位老师说,在 CP 班的学生中,人们的看法是,"一旦你在初中被安排在一个需要辅导的班级里,你就会待在笨人班里,直到高中毕业"。

老师和学生给出的另一个解释是:分班程序使家长和学生有能力争取更多的高级课程,更多的白人和亚裔家长利用这个机会把他们的孩子推向优等班和 AP 班。例如,在科学部,部门主任为了扩大机会,决定批准家长或学生提出的任何申请,让他们转到更高水平的班级。随着这项新政策的实施,在九年级和十年级之间,有 126 名白人和亚裔学生和家长要求从普通班升到科学优等班,一名黑人学生和一名拉丁裔学生也提出了同样的要求。同样,在十年级和十一年级之间,有 19 名白人和亚裔学生要求从普通班升入优等班,而有一名黑人和一名拉丁裔学生提出了同样的要求;

在十一年级和十二年级之间，有 30 名白人和亚裔学生要求从普通班升入优等班，而有三名黑人和两名拉丁裔学生提出了同样的要求（见表 5.2）。学校出于对学生心理健康的考虑，建议学生不要选超过三门 AP 课程，但一些家长和学生无视这一建议，希望能在进入更好大学的竞争中使自己更具竞争力。随着有优势的白人和亚裔学生选修越来越多的 AP 课程（他们往往忽视了自己的心理健康），教师和管理人员对缩小大学预科课程的种族差距感到失望。

表 5.2　按种族从普通（R）班转向优等（H）科学班

| 分类 | 九年级的普通班→十年级的优等班 | 十年级的普通班→十一年级的优等班 | 十一年级的普通班→十二年级的优等班 |
| --- | --- | --- | --- |
| 白人和亚裔 | 126 | 19 | 30 |
| 黑人 | 1 | 1 | 3 |
| 拉丁裔 | 1 | 1 | 2 |

多年来，学校一直在努力解决这些差异，但收效甚微。前任校长凯伦·阿伦（Karen Stein）在这所学校工作了 7 年，她的工作重点是缩小种族和社会经济方面的成绩和成就的差距。这一努力取得了一些成果，包括在标准化测试中取得了一些实际进展。但是，在学生分班方面，虽然各部门重新审查了各自的标准，试图确保这些标准与学生在更高层级课程中的工作能力准确相关，但这并没有导致分班的显著变化。我们参加了一次会议，会上一群教师讨论了这个问题，所有这些问题都出现了。其中一个人表示，他们的准备程度各不相同。"但我们是如何安置他们的呢？"另一个人问道。让我们看看成功的案例，一个人说："我们是否可以从这些案例中学习一些东西？"还有人说："我们也不想过度安置孩子。"有时，当我们试图为提升孩子的地位而提升他们的等级时，他们却还没有准备好。从外部观察，我们看到的是一群用心良苦的人，他们深深地关心着学生，但却面临着一个他们不知道如何解决的大问题。

## 州测试：底层进步，顶层担忧

与分班方面的停滞不前形成鲜明对比的是，学校在缩小英语语言艺术、数学和科学方面的州测试差距方面取得了重大进展。例如，在物理学方面，贫困学生达到或超过熟练程度的百分比从 2008 年的 50% 增加到 2016 年的 92.2%；黑人学生达到或超过熟练程度的百分比从 2008 年的 36.6% 增加到 2016 年的 80%。在数学和英语语言艺术方面，经济贫困学生也取得了巨大的进步。表 5.3 总结了这些变化。

表 5.3　2008—2016 年州测试中熟练及以上学生的比例　　　　%

| 科目 | 黑人学生 2008 年 | 黑人学生 2016 年 | 低收入学生 2008 年 | 低收入学生 2016 年 |
| --- | --- | --- | --- | --- |
| 数学 | 45.4 | 82.6 | 63.21 | 89.8 |
| 英语语言艺术 | 64.2 | 100 | 68.0 | 98.0 |
| 物理 | 36.6 | 80.0 | 50 | 92.2 |

这项工作是由斯坦恩女士（Ms. Stein）领导的，她在加入学校时，就围绕着利用数据促进公平而制定了工作方案。她的信条之一是，学校的低收入学生比该州几乎所有的特许学校都要多（考虑到学校的规模，这是事实），学校有义务为这些学生提供良好的服务。关注数据对这所学校来说是相当新颖的；正如一位部门主任所说，最初的反应有点像"你们说的这些图表是什么"，然而，随着时间的推移，与人们分享数据有助于提出一个真的无法拒绝的论点。当看到差距被直观地描绘出来时，它就不只是空话，不只是一个人为了成为独裁者而说出自己的想法，而是我们都能在背后支持它。斯坦恩女士利用人格力量、数据、高度激励这些测试进展的外部环境的推动，以及给各部门一些自由度，让各部门在各自的环境中找出缩小差距的最佳策略，在州测试中取得了重大进展。

一旦确立了愿景，学校就采取了一系列措施来提高成绩，特别是缩小差距。学校将相当一部分课程，特别是科学课程，与州测试所涉及的主题挂钩。学校研究了学生在测试中的表现，并给学生做了模拟测试。它为那些有可能无法通过测试的学生创造了额外的测试准备时间。而且，特别是随着测试的临近，教师会指导学生如何应对各种问题以及如何回答。

正如其他地方基于标准的改革有时所发生的那样，一个共同的目标和一套衡量标准会使得合作比过去更多。一位科学老师将学校不参加州测试的化学教学与参加州测试的物理教学进行了比较。"在化学教学中，你可以有更多的自由。我发现物理学的好处是，孩子们会有共同的经验。尽管我不喜欢州测试，但它确保你对所有学生都有一定程度的要求。"虽然这位老师觉得他支持州测试有点像背叛了自己的群体，但他确实认为有一个外部的标准来为学生学习创造更多的公平，也可以让他们展示自己学到的知识。基于标准的改革者认为，"不让一个孩子掉队"计划甚至会促使好学校关注低收入和少数族裔学生的成绩差距的数据，他们会把成就高中的发展视为对他们观点的验证。

与此同时，人们对州测试的准备工作是否从根本上破坏了学科的更深层的教学也有很大疑问。与外部分析一致的是，许多教师认为以州测试为导向从根本上限制了学科的发展。[9]一位科学老师说："我觉得至少在物理部，我们所教的东西……我们的目标就是要通过州测试，尽管我们不一定会承认这一点。一切都是这样构成的。我们回避了更深层的学习的问题。我认为这对学生是一种伤害。在我们期望学生能够做什么、理解什么方面，我们非常浅薄。浅层的学习与更深层的学习有何不同？物理学中的更深层的学习是指你可以真正花时间来处理问题，并找到一种方法来模拟它，并以一种对你有意义的方式来理解它。"他继续说，如果一个人可以用多种方式来表达同一个想法，就会产生深刻的理解，这将显示他不仅理解了公式，而且理解了基本概念。

科学部的主任虽然对缩小州测试差距的效果比较肯定，但也认为对速度和广度的强调破坏了更深层的理解。她举例说，加速度对新生来说是难以理解的东西，因为加速度是变化率的变化率。她说："在过去，我们会花两周时间和孩子们一起做各种带问题的工作表，试图理解加速度。但后来一位新老师想出了一个主意，这个主意来自英国电视节目'疯狂汽车秀'（Top Gear），让学生弄清楚一个物体的加速度，你知道，猎豹、尤塞恩·博尔特、航天飞机。孩子们必须进行研究，以获得所有的数据、距离、时间、速度，以及他们实际需要的所有信息，算出这个物体的一些加速度信息，做所有的单位转换，将其转化为米每秒的平方，就得到了这个答案。因此，他们没有做大量的加速度问题，而是只做了一个，但他们做得非常深入。"

其结果是孩子们对物理学有了截然不同的理解。老师们发现，孩子们第一次理解了 15 $m^2/s$ 与 200 $m^2/s$ 意味着什么，因为他们在做类似的另一个作业时，会得到一个数字，然后说："嗯，这没有意义，因为航天飞机有这个加速度，而我们正在谈论一辆汽车。"他们能够以一种从未拥有过的方式拥有它。"所以我宁愿孩子们拥有它，并且能够带着它离开。但是，当他们必须在州测试中取得好成绩，并且能够做各种类型的加速度问题时，这是一个困难的平衡。因此，我们试图在课程中插入一些像这样的项目，但我们从来没有觉得我们可以说'我们要用这种方式来教所有九年级的物理'。"科学部主任说。

最后，虽然学校在州测试中缩小了差距，在高级标准方面却没有取得同样大的进展。例如，在物理测试中，62%的学生在物理测试中获得了高分，但只有35%的经济困难学生和32%的黑人学生获得了类似的分数。虽然在州测试中获得高分只是意味着答对了更多的题目，实际上并不代表质量的提高。这是一种截然不同的理解，但它确实表明，在学生知识和能力上仍然存在种族和阶级的差异。

## 公平与生态系统

虽然高分的差距仍然存在，而且人们在准备州测试的过程中对学习深度的担忧是合理的，但在实现测试分数的公平方面取得的进展明显多于解决选课模式中的种族不平等的问题。在州测试方面，学校采取的措施似乎也非常有效。教师和管理人员一起工作，使用数据，承担集体责任，随着时间的推移取得了可靠的进展。相比之下，对于在高层级就读的少数族裔学生来说，学校并没有类似的集体策略，只是将少数族裔学生集中起来。相反，学校更有可能将不平等的责任归咎于它无法控制的因素，如学生的家庭文化和以前的学校准备。为什么会有这种差异？

我们认为，答案在于外部的生态系统。提高州测试成绩受到了州政府的极大鼓励。学生需要通过测试才能毕业，通过率会被当地杂志和其他媒体报道，并对学校进行排名。测试还衡量了更多的下限而不是上限：做基础数学的能力，理解阅读段落的能力，以及在科学中应用中等复杂算法的能力。学校坚信，每个人都可以而且应该能够通过这些测试。为这样的测试做准备，导致一些家长抱怨，认为这样一个强大的学区不应该专注于基础的测试准备，这也可能导致一些家长选择私立学校，但这种努力并没有从根本上破坏将学校作为通往顶级大学的传送带的协议。

相比之下，当涉及学生在不同课程级别之间的分配时，学校的态度要矛盾得多。课程分班的存在本身就是对两个问题的解决：学术差异的问题，以及向大学发出谁是最有技能的学生的信号的问题。因此，任何在学校取消或减少按学生成绩分班的努力都会遭到家长的反对。例如，当学校将九年级的物理课改为只有两个级别，85%的学生在一起，15%的学生在一个较低的水平的班级中，一些家长抱怨说，如果他们的孩子在最高的数学级别，为什么这些孩子要在他们认为是水平不高的班级里学习物理？同样，虽然学校出于心理健康的考虑，建议学生选修不超过三门AP课程，但并没有设立严格的限制，因为这样做会与家长和学生辛苦备战大学的努力背道而驰。教师们也表达了矛盾心理：一方面，他们希望看到高级别课程更加多样化，另一方面，他们认为高级别课程是为那些已经为该标准的工作做好准备的学生开设的，所以他们不愿意向更多的学生敞开大门。一位刚来学校的学生说，她在面试时被老师告知"AP和优等生课程已经今非昔比"，这意味着随着课程的增加以容纳更多的学生，学生的整体准备水平和对这些科目的兴趣都下降了。教师们也同样致力于平衡学校的一些压力，因此他们认为自己的角色是抵制家长和学生尽可能多地选修优等生课程的冲动。

管理人员确实试图解决这些公平问题，他们创建了一个课后"家庭作业俱乐部"和一个"遗产学者"项目，这两个项目通过创造结构、时间和支持来帮助少数族裔学生的学业。该学区还创建了一个微积分项目，帮助少数族裔学生在暑期学习微积分，从而使他们更容易进入高级别的数学课程。学校管理者还创建了一个"分组"计划，将部分参加 AP 课程的少数族裔学生安排在同一班级，以创造社会支持，避免让学生觉得他们必须作为其种族的代表。虽然这些计划受到广泛赞誉，但它们并没有明显改变学校的招生模式或课程差异化结构。总的来说，虽然学校全心全意地支持提高少数族裔和贫困学生在州测试中成绩的目标，但对于在选课模式中创造种族平等，仍然比较矛盾。

## 一个不同的世界：俱乐部和学生领导力

课堂并不是成就高中唯一的学习场所。学校还有超过 85 个学生俱乐部，以及一系列的体育、艺术、舞蹈、音乐和文学团体。在许多方面，这些都是学校的命脉。我们问一个学生："如果没有俱乐部和课外活动，成就高中会是什么样子？"他的表情变得很痛苦，他说："他们不会这样对我们的。"他甚至不愿意考虑这种可能性。

这些俱乐部在与核心课程相同的地方开会，但它们的运作逻辑不同。核心课程的逻辑从根本上说是以教师为中心的：教师确定目标，组织学习，并评估学生是否达到他们的期望。学生的作用主要是按照教师的要求去做。这种模式带来了一定的学习效果，但隐藏在其中的课程奖励是因为学生遵从了老师的意愿。

相比之下，支配俱乐部和课外活动的逻辑则截然不同。我们将在第六章中深入讨论课外活动，所以在这里我们将重点放在讨论俱乐部上。俱乐部的理念是，学生可以挖掘他们感兴趣的东西，而教师的工作是支持这种学习。这种学习或工作没有预设的方向；每年，根据管理这些俱乐部的学生的想法，俱乐部的安排和内部发生的事情都会有所变化。在核心课程中，学生按年龄和层级进行分班，但在俱乐部中，各年级的学生都混合在一起，而且没有层级的区别。俱乐部与核心课程的不同之处还在于，学生选择成为其中的一部分；没有人强迫他们加入。

从更深层的学习的角度来看，特别吸引我们的是那些参与政治事业、公民工作或在学校具有领导力的俱乐部。这些俱乐部引起了我们的兴趣，因为支配它们的逻辑与前面描述的传统学校教育规则的假设截然不同。在传统规则中，教师是专家，而学生是需要被灌输知识的容器。相反，学校对俱乐部的看法非常不同——学校认为学生是有能力的领导者，他们的知识、判断力、领导力和组织能力可以成为学校、社区和更广阔世界的重要资产。

当这所学校遭遇一系列事件，挑战其作为包容性避难所的形象时，这一点就表现得再明显不过了。在一个旨在庆祝黑人文化的日子里，一些学生公然提出种族主义问题。女权主义俱乐部在浴室里张贴了一些海报，问"女权主义对你意味着什么？"而在男生浴室里，学生们在海报上画上了男性特征，并写了"我恨女孩"、"去他的母权制"和其他反女权主义的信息。在与一所天主教学校的篮球比赛中，球队被嘲弄为"你杀了耶稣"（指的是在成就高中的大量犹太人）。在男生浴室里画了两个纳粹标志。最后，在2016年总统大选前两个月，有两名学生驾驶一辆挂有美国南部邦联旗帜（译者注：美国南部邦联的旗帜被许多人视为种族主义和压迫的象征）的卡车绕着学校正门转圈，这一事件的视频被拍摄下来，该市的主要报纸也进行了大量报道。

为了应对这些事件，学生们成立了一个名为"心声"（Voice）的俱乐部，不同种族、民族和性别的各种团体聚集在一起，以组织活动，提出政策改革，并为包容和公平的愿景进行辩论。为了应对震惊全校的美国南部邦联旗事件，该俱乐部在食堂组织了一次"停电"活动。虽然是在正常的上课时间举行，但校长同意有兴趣的学生可以去参加集会，这次集会吸引了 250 名学生。所有与会者都穿着黑色服装，以声援非裔美国学生。几位黑人学生发言，解释了他们在成就高中的生活情况，引发了学生之间关于种族和特权的一系列对话。学生们还负责反欺凌课程的各个方面：他们把成年人在这个问题上所做的工作描述为"超级俗气"，设计了一系列互动活动，帮助学生反思学校中欺凌的本质。

校长本人也是有色人种，他呼吁"心声"俱乐部帮助教师组织一场反偏见的专业发展活动。该俱乐部召开了几次会议，成立了代表不同种族和民族的小组，讨论校园里的种族问题。俱乐部还帮助制作了一个 8 分钟的视频，其中一些学生讲述了学校里的同性恋恐惧症、反变性人情绪和性别歧视。关于性别和性歧视的视频与关于种族偏见的学生小组——占用了为教师举办的为期半天的专业发展会议的第一个小时。然后，教师在没有学生的情况下，自行讨论了学校存在偏见的性质和程度。许多教师表示，视频和学生的感言是这一天最有力的部分，通过学生的眼睛看学校，有助于揭示一些制度上的盲点。学校在与自己的违规行为作斗争，值得注意的是，学校相信学生能为解决这些问题做出贡献。

对参与的学生来说，虽然他们声称的目的是教育他人，但参与"心声"也刺激了他们自己的学习。负责人雅各布说："我最初是一个温和的自由主义犹太人，父母是南非人，但听到黑人学生和非主流群体的经历以及他们在成就高中受到的待遇后，我从来没有感受到他们所感受到的类似痛苦。"他认为这种觉醒改变了他对自己肤色和特权的看法。除了后面详细讨论的领导力课程（这是一门选修课，后面还会详细讨论）外，他说他从来没有过像"心声"这样强大的学术经历。虽然在某些方面，人们可以把这看作是一个可预见的轨迹——2016 年自由主义的年轻白人逐渐迎来了种族觉醒，这是这个国家的故事，而不仅仅是成就高中，但它仍然代表了雅各布和参与"心声"的其他人的重大转变。这不是一个巧合，这发生在一个俱乐部，而不是作为正式课程的一部分；俱乐部空间的开放性和流动性使得学习与外部世界的持续发展相联系。

## 选修课：外围的创新

如果说俱乐部是一个提供不同"规则"的学校教育空间，那么另一个这样的空间就是选修课。在核心课程之外，高年级学生的选修课比例过高，成就高中的选修课不受其他课程的压力的影响。从工程学到戏剧，从哲学到领导力，从海洋学到嘻哈文化，它们涵盖了广泛的学科和教学模式，其中没有一个是直接关于 AP 考试、州测试或 SATii 考试的。当我们要求教师和管理人员告诉我们哪里正在进行更深层的学习时，他们经常建议我们看一下选修课。

如果说组织核心课程的逻辑在其关键假设中是计划经济的——有些事情是州政府和学区认为学生需要知道的，教师的工作是实施这一设想——那么选修课的逻辑就是规范市场的逻辑，是由教师和学生的选择驱动的。教师可以提出选修课，首先向部门主任提出，他们会评估这些课程是否符合部门的整体课程安排，是否有学术价值，以及是否能吸引学生的兴趣。然后，得到支持的提案将被提交给学术标准委员会，该委员会由部门主任和行政人员组成。学术标准委员会做出最终决定。虽然偶尔会有提案被拒绝，但更常见的过程是一系列的对话，这将有助于一个想法的发展，直到这个想法看起来可能成功。如果说俱乐部为学生提供了与核心课程不同的愿景，那么选修课则为教师提供了与核心课程不同的愿景，老师们会认为自己不再是地区和州政府意志的执行者，而更像是设计自己和学生感兴趣的课程的人。

就像在任何市场过程中一样，这些课程的质量都有一些差异，但总体而言，选修课的特点是学生的参与度和兴趣，通常还有教师的热情。一个主要的原因是相互选择：教师和学生双向选择。这确保了学生对这一主题的兴趣和对这一事业更高层次的承诺；因为学生是自愿的，而不是被安排的，所以他们觉得自己更有责任去完成。双向选择是选修课的一个重要部分，这并不令人惊讶；选修课的很大一部分是人们选择去那里。

更耐人寻味的是，当我们对这些选修课进行调研时，我们意识到每门选修课都至少改变了学校教育的传统规则的一个维度。选修课经常在广度和深度方面做出与核心课程不同的选择。选修课不是让学生学习大量的内容，而是专注于研究一件事，从不同的角度来研究它，而不是从一件事跳到另一件事。选修课程摆脱了批量处理的模式，为学生创造了适合他们天赋和技能水平的不同的学习节奏。选修课程更注重实践，为学生创造机会，将制作或表演与思考结合起来，也就是说，学生在使用他们的身体的同时也使用他们的头脑。一些学校通过为现实世界的客户创造项目，或将大部分的课程时间用于报道主导新闻的事件，打破了学校和世界之间的壁垒。其他人则打破了客体和自我之间的壁垒，探索不同的学术视角如何帮助学生了解他们自己的身份。许多项目是由学生驱动的，让学生有机会在一个广泛定义的内容领域内开发持续的项目。有些是跨学科的，例如，他们让历史和科学教师在一起合作，开设科学史课程。即使是那些学术性最强、结构最熟悉的课程——作为为期一年的苏格拉底研讨会的哲学课，也使学生对知识有了全新的认识，他们不再把哲学当作需要被吸收的东西，而是把它当作可以用来研究关于生命目的和存在本质的永恒问题的工具。

当然，任何容器的好坏取决于人们在里面做了什么。并非所有的选修课都是好的选修课，特别是因为高年级学生选修了不成比例的选修课，有些人患上了明显的"毕业倦怠症"。但总的来说，我们的观察与教师和学生的感觉是一致的，即选修课比核心课程提供了更多的机会，使学生的参与程度更高。我们在此描述了几门课程，它们以不同的方式展示了选修课程中可能出现的情况。

## 学生自定进度的有机化学和电影配乐课

一些选修课对传统学校教育观点提出了挑战，那就是批量处理：即所有学生都需要以相似的速度阅读相似的材料，进行评估，然后进入下一个学习阶段。亚当·西蒙斯（Adam Simmons），这位曾感叹学生试图"读懂"教师正确答案的化学老师，创建了一门有机化学的选修课，颠覆了批量处理这一情况。该课程有一系列模块，由西蒙斯先生编写，提出了越来越复杂的分子结构问题。学生们以不同的进度通过这些模块，这意味着一个学生可能在学习模块一或模块二，而另一个学生在学习模块六或模块七。课程开始时，学生们两人一组，共同回答西蒙斯先生提出的一个问题，但课堂上的大部分时间都是学生用来单独完成各自模块的学习。他们在工作中利用各种资源，包括西蒙斯先生自己拍摄的解释课程材料的讲座、可汗学院的视频、教科书和其他资源。西蒙斯先生在课堂上巡视，回答问题，并与学生讨论他们的进展情况。在每个模块结束时，他们会进行一次开放性测试（正如西蒙斯先生所说："重要的不是他们记住了什么，而是他们能用这些知识做什么。"）他们必须在进入下一个模块之前解决这些问题。如果他们在一次考试中没有取得完美的分数，他们会继续学习，并参加另一次测试，评估相同的内容，但问题不同。

这种方法比传统的批量处理模式有优势。因为每个学生都需要获得一个完美的分数才能继续学习，所以测试的作用就从排序学生的方式转变为激励学生掌握内容的方式。完成模块一需要多少时间，但是一旦你完成了它，就证明你了解这些内容。西蒙斯先生说，正常的学习方法是："这就像一个游戏，我只要把这些东西记在脑子里，以便通过这一关，然后我就可以继续下一个。"他继续说："在有机化学课上，我必须让他们打破这种习惯，因为他们做了小测验，并不完美，这对我来说没什么。我把它还给他们。但他们必须坚持下去，直到他们真正了解这些内容。"学生们证实了这一说法，他们说在这个课堂上，他们觉得"思维过程似乎不像其他课堂那样被操纵"，因为目的不是取悦老师，而是利用各种资源来掌握内容。

以能力为基础的教学模式也使我们能够采取不同的方法进行区分。课堂上所有的学生都是十一年级和十二年级的，他们都学过一年化学，但他们的课程方向差异很大。学生和西蒙斯先生都认为这门课程对技能水平较高和较低的学生都很有效：希望更深入、更快速地学习高级化学的学生喜欢按照自己的节奏来学习模块，而在化学方面有困难的学生喜欢放慢学习进度，并在遇到困难时有机会得到西蒙斯先生一对一的辅导。起初，西蒙斯先生与来自不同课程水平的学生在一起是不安的。正如他所描述的那样：来自 CP 级课程的学生，在开学时走进一个房间，看到一群刚上完 AP 化学课程的学生——这可能真的很吓人。但在这一学期中，他们意识到，课程的结构可以为不同的学生服务。这门课成功的关键是采用了不同的评估方法：西蒙斯先生根据学生的努力程度而不是进步速度来评分。学生需要证明他们在做笔记，他们在使用资源，他们在设定目标并实现目标——正是这个过程，而不是他们完成的模块数量，反映在他们的成绩中。

学生们也表示，这门课程对他们提出了不同的要求。他们被要求承担更多的责任，对自己的学习更加负责。学生们说，这既是一种能力，有时也是一种挑战——对自己的教育负责是件好事，但有时也很难激励和组织一门自主学习的课程。我们采访的一位非裔美国学生说："有些人喜欢传统课程，因为它有更多的结构。""这对像他这样总是感到被课程束缚的学生来说是件好事。"另一名白人学生在听完谈话后补充说，"我从 AP 美国历史课中退出了，因为它不允许你探索你喜欢的有趣话题。"他说，有机化学课程，由于节奏灵活，允许在对事物感兴趣时深入研究。这时，那位非裔学生插话说，他对"改变历史的十四个分子"非常感兴趣，这门课程使他能够更深入地探索。他补充说："这是为大学做准备的好机会；你只需要重新调整自己的思路。"

最后，自定进度的有机化学课程设计与该课程的设计者很契合。西蒙斯先生自称是一个化学痴迷者，他一直被化学所吸引，作为附近一所顶尖大学的有机化学暑期助教，他在当地也算得上是一个传奇人物。西蒙斯先生喜欢化学：发现问题，探索模块的基本结构。他喜欢邀请学生进入有机化学的世界，帮助他们理解这个世界。但他不喜欢监督学生是否抄了家庭作业，不希望成为舞台上的圣人，也不需要教学中所带来的崇拜。通过将教学模式转变为学生只是在做化学实验，而他的角色是编写模块，在学生中传播，并帮助他们按照自己的节奏学习材料，他找到了一种组织课堂的方法，这与他作为教师所能提供的最好的内容是一致的。

在电影配乐课上也采用了类似的方法。电影配乐就是选择或创造音乐以配合视频。教授这门课程的老师是詹姆斯·纳尔逊（James Nelson），他是表演艺术部的主任，拥有电影配乐的学位，曾在当地的一所社区学院教授相关课程。他对自己专业领域的认识与西蒙斯先生相似——希望学生"通过音乐学习"，而不是"学习关于音乐的东西"，并将学生们引入一个他所热衷的领域。学生只要坐在电脑前，使用一个程序，就能够将音乐与视频相匹配。他们在很大程度上是独立工作的，纳尔逊先生偶尔会给他们上一些小课。在他看来，电影配乐的本质是看一个场景，理解人物或事件的情感，然后选择反映这些情感的音乐。虽然从某种意义上说这是一项应用任务，但纳尔逊先生对所要完成的任务有一种文科的眼光。"我只是认为你知道得越多，生活就越美好。"他说。他描述了他与一个受过良好教育的家庭成员一起参加音乐会，而这个家庭成员在结束时问道："这音乐会好吗？"他的目标是让学生发展词汇量，以便他们能够自己回答这个问题。

为了实现这一目标，他将有关音乐的小型课程嵌入到以项目为导向的模式中。在这一年中，学生们有一系列的作业要完成，这些作业的规模和复杂程度不断增加，从一个汽车广告开始，到更长的时间和更多的自我设计的作品。就像西蒙斯先生在有机化学课程中所扮演的角色一样，纳尔逊先生的作用是设定课程的整体脉络，并建立班级的文化和基调。在完成这些工作后，他将精力用在帮助学生了解课程的特点上，并对他们正在发展的想法提供反馈。就像有机化学课程一样，这门课程也适合程度不同的学生来学习：有些学生可以阅读甚至作曲，而其他学生则在学习什么是音符。学生们使用的程序逻辑使这种差异化成为可能，因为不仅可以从头开始写音乐，还可以用电子乐器演奏，且以这种方式创作音乐。该课程还吸引了来自不同专业的学生。正如纳尔逊先生所描述的那样，他指着坐在一起的两个学生说："你看到的是学生1和学生480……在这栋楼里几乎没有任何地方是这样的。"就参与程度而言，这是我们在成就高中看到的最投入的课程之一。在我们调研的几天里，学生们一进来就开始工作，纳尔逊先生很少指导，或者根本不指导。学生们说，他们很喜欢这门课，因为正如一位学生所说，这门课比常规课程"更自由"；另一位学生说："我们有机会发挥创造力，做一些东西，发挥我的想象力，而不是简单地跟着走。"纳尔逊先生以非常轻松的方式创造了一个自主学习的环境。

## 领导力选修课

这是2016年总统选举后的第二天早上7点50分，唐纳德·特朗普在7个小时前击败了希拉里·克林顿。我走进领导力课堂，这里汇集了全校50名被提名的领导人，学习种族、社会正义和领导力。这里有来自各个领域和兴趣小组的学生：运动员和艺术家；白人、黑人、亚裔和拉丁裔学生；AP课程学生和CP课程学生。两位联合教师之一，一位亚裔美国女性，我们称之为王安（Ann. Wang），她在走廊上一直强忍着泪水，但她还是镇定了下来，用这些话开始了课程："我们将偏离我们的课程，但世界就是我们的课程。在我们的家庭中，这是一个艰难的夜晚，我们爱你们每一个人。这间屋子里的人可能会有各种各样的情绪。我们来自一个我们相信每个人都可以有尊严地生活的地方。我们想利用这个机会来思考我们将做些什么来共同前进。"另一位老师，他是一位与黑人女性结婚的白人男子，给出了一些提示，他要求学生写下这些提示，然后分成四组进行讨论：①什么在起作用？②需要解决的问题是什么？③你将采取什么行动？

学生们开始写。一些学生泪流满面。一些有色人种的学生看起来绝对是被吓坏了，就像他们被一辆卡车碾过一样。经过几分钟的小组讨论，大组讨论开始了。以下是我们听到的一些评论。

白人男孩："如果我们回到'二战'时期，我们会认为希特勒是一个伟大的领袖。"

黑人女孩："说实话，我觉得我没有一个总统。奥巴马是我们的希望。我觉得整个国家对我们不闻不问——我们在未来四年没有任何支持，我们没有任何代表，我们没有一个承认我们的总统。"

拉丁裔女孩："在我看来，如果我们相信有什么东西在起作用，我们就太天真了。"

黑人女孩："我想到的第一件事是我的肤色，作为一个黑人女性，我还要被侵犯多少次，因为像唐纳德·特朗普这样的人被选为总统。今天，一个小孩子长大后，认为他是总统，我应该仰视他。大卫·杜克支持特朗普。知道发生这样的事情，我感到非常不舒服；这实在是令人震惊。"

白人女孩："作为一个白人女性，我知道这件事对我的影响并不像对有色人种的影响那样大。我们前一天在成就高中做的投票是70%以上的人投给希拉里·克林顿，也有人投票给特朗普，这很好，而且他们今天很高兴。我们总是谈论我们作为一个社区是如何开放的——当人们的观点与大多数人不同时，我们都会变得有所防备。"

白人男孩："我昨晚看到一个民意调查。如果特朗普当选，你会有什么感觉？54%的人表示担心或害怕。作为所有类别中的多数人，这对我来说是很可怕的——你可以对希拉里说你想说的，但我们不会害怕。你可以很生气，但你不会害怕。"

变性的白人男孩："有很多关于人人平等的言论。当你的观点是专门用来妖魔化其他人的时候，这些观点是不应该被容忍的。投票给特朗普是恐同者、阶级歧视者、能力歧视者、种族主义者。"

拉丁裔女孩："无论如何，我都相信这个国家。我今天早上哭了。我们是勇敢者的家园。我们不惧怕唐纳德·特朗普。我环顾这个房间，我看到了领袖们。不是在这里。是时候让我们走到一起了，但我不认为这就是结束。"

白人女孩："我非常害怕。希特勒说：'只有我可以解决这个问题。我们要把一群人当作替罪羊。'他利用了恐惧和仇恨，他利用这一点攫取权力。我们看到的是白人反对黑人担任总统。人们不愿意摆脱白人至上主义。我们有大多数人潜意识里是种族主义者，他在利用种族主义和性别歧视。有什么可以阻止他在我们的边境上建造一堵墙吗？还让美国的穆斯林流离失所。他的竞选伙伴支持性取向转换疗法（译者注：指精神病医生试图将同性恋者转变为异性恋者的治疗方法）。"

黑人男孩激动地说："这他妈的是怎么发生的？"

在将近一个小时的时间里（这是一段很长的时间），讨论持续进行。一小时结束时，50名学生几乎都说了些什么。老师们偶尔会插话，试图给讨论补充一些背景知识——例如，提供共和党演变方式的简单历史。但大多数时候，他们只是让学生讲话。在这所80%支持希拉里·克林顿的学校（正如前一天的模拟投票所显示的那样），没有人明确表示支持特朗普。随着讨论的进行，教室里的原始情绪在一定程度上消散了——许多学生对特朗普当选的伤害和震惊通过讨论在一定程度上得到了缓解。当课程即将结束时，一个男孩说："我们今天早上醒来，从一个黑人总统变成了一个白人至上主义者。""是橙色！"（译者注：这是在调侃特朗普的肤色）另一个男孩开玩笑说。全班哄堂大笑，这是在一个震撼人心的夜晚之后的适度放松。

王女士一开始就说他们今天要不局限于课程本身，在领导力课堂上，世界始终是课程。这门课已经由不同的老师上了几十年，被认为是学校各部门共同学习他们的学校和世界所面临的问题的一个时机。学生们通过社会学读物、批判性文章、诗歌、纪录片和其他资源，学习隐性偏见、种族隔离、种族、政治、特权和许多其他与社会正义课程相关的内容。这些阅读和活动包括一些经典作品，也包括一些高水平的当代作品。塔那西斯·科茨（Ta-Nehisi Coates）被列入教学大纲；学生做了马萨琳·班娜吉（Mazarin Banajee）在哈佛大学开发的隐性联想测试；播放了PBS的纪录片《种族：幻觉的力量》。讨论通常围绕课文、学生生活和时事展开。气氛一般比较宽松，不强调成绩，学生可以自由地说出他们的想法。虽然选举后的那一天是我们唯一听到脏话的一天，但那常常是一个情感和认知交织的空间，因为谈论真实的问题往往导致强烈的情感。该课程旨在帮助学生了解结构性和制度性种族主义的力量，它偏向于左派，当然可以批评它没有挑战班上许多学生所认同的自由主义共识。如加入更多的保守派思想家，会以更有趣的方式扩大对话的范围。同时，这门课程还探讨了造成社会不平等的许多层面，学生们逐渐熟悉了在不同领域和学科中理解这些问题的一系列方式。

学生们珍视这门课，认为这是在成就高中为数不多的让他们在课堂上讨论当代问题的课程之一。正如雅各布在"心声"的经历一样，班上的白人学生经常开始看到他们以前没有考虑过的关于自己优势的东西。亚裔美国学生中有许多人在成就高中成绩优异，他们经历了另一种不同的觉醒，开始了解典型的少数族裔和亚裔美国人在美国面临歧视的方式。这一点对王女士尤为重要，她在夏威夷的亚裔社区中长大，但来到美国本土后，白人教授质疑她的英语是否是第一语言。对于黑人和拉美裔学生来说，这门课程提供了一个直接谈论种族和歧视的机会，使他们的经历成为主流历史课程中的中心议题。而且，这也是来自不同层级和不同种族的学生难得的相互交流的场所。正如一位主要参加优等生课程的白人学生所说："我的意思是，当我走进领导力课程的第一天，我就觉得，在这个房间的 55 个孩子，我认识 10 个，他们都是高年级学生，就像我的朋友圈都是白人一样。……不管你是否愿意承认，你都会和你觉得舒服的人在一起。"他补充说，虽然关于种族的对话通常发生在自我选择的群体中，但领导力课程的独特之处在于，每个人都在进行这样的对话："有些孩子可能从未想过这些问题，他们来到这个课堂，他们会说：'哇，我从未想过这个问题。'而在我的理想世界里，每个人都应该上这样的课。"

### 面向现实世界的科学选修课

另一组被学生描述为特别有影响力的课程是设计工程和绿色工程选修课。在设计工程和绿色工程课上，学生们利用设计课程为现实世界的客户开发真实世界的项目。最著名的例子是在埃塞俄比亚建立的行人警报系统。这个项目的目标是减少道路交通事故的数量。该小组选择关注埃塞俄比亚，因为这里是世界上道路死亡率最高的国家之一。其中一名学生出生在埃塞俄比亚；他帮助建立了与亚的斯亚贝巴一所学校的联系，以获得对当地条件和背景的更多了解。在附近一所大学提供的 1 万美元初始资金的帮助下，学生们建造了一台机器，可以感知迎面而来的汽车的速度，并告诉行人是否可以安全通过。这台机器靠太阳能工作，并且可以用可回收的部件制造。为了开发这项工作，学生们在两所著名大学以及专业工程师和设计师中找到了导师。这些导师帮助他们完成了多轮的评审和反复测试，包括在本市一家设计公司进行的一次扩展的评审会议。他们的老师在教高中之前做了 16 年的设计师，这种经历塑造了她的知识和情感。该项目最终在白宫的科学展上展出，学生们得到了奥巴马总统的认可。有人说："奥巴马的手出奇地柔软，但他的握手却很有力。"[10]并非所有的项目都如此成功，但这是一个了不起的例子，说明只要有机会，高中生也能创造出这样的作品。

设计工程课程采取了一种不同的方法来获取知识。如果大多数核心课程的逻辑是"这是一套你需要学习的材料，因为这些以后可能会有用"，那么选修课的逻辑是"弄清楚你要构建什么，然后获得你需要的知识来实现它"。工程学确实是有顺序的学习课程，早期的课程更多的是围绕着内容来组织（有应用），后期的课程更多的是以项目驱动的，假设学生已经知道很多基本内容。但总的来说，实施工程项目的人认为，你知道什么并不重要，重要的是你能用你的知识做什么。工程学教师贝克先生和彼得森女士（Mr. Baker and Ms. Peterson）回忆说，他们介绍了一种仪器，即卡尺，并要求学生弄清楚如何使用它。学生们上了 YouTube 视频网站，互相交流想法，最终弄清楚了如何使用它。在这里，我们要问的是这种归纳法的目的。

采访者："对你来说，直接告诉他们如何做不是更有效率吗？"

贝克先生："是的，但这并不是我想让他们知道的。"

采访者："为什么不呢？"

彼得森女士："他们记不住。那又有什么意义呢？你可以告诉别人很多信息，但我们的目标不是让他们听到，我们的目标是让他们学会。这是有区别的。"

采访者："听和学之间有什么区别？"

彼得森女士："因为如果我告诉他们，他们就听到了。下个星期，它就不在他们的大脑中了。这对我来说是没有用的。"

工程学教师的背景不同，采用的方法也不同。贝克先生总是穿着灰色的橄榄球帽衫和褪色的牛仔裤，他曾就读于当地的一所州立大学，主修制造业。他自己在学校的经历并不积极。"我是那个有特殊需要的孩子。我没有按照标准方式学习，"他说，"你知道，我会坐在后面等着，直到老师停下来，然后我打开书，试着自己弄清楚，对吗？走到幕后，试了18次，直到我能够弄明白为止，我必须教自己如何做这些事情。"其结果是，贝克先生毫无保留地摆脱传统的教师主导模式；他很看重给学生们机会，让他们自己把事情搞清楚。彼得森女士采取了不同的方法来达到同样的目的。大学毕业后，她在西北大学获得硕士学位，并在麻省理工学院获得博士学位。但是她来到麻省理工学院读研究生的第一年，就发现她到那时为止所学的知识并非真正为科学在做准备。"我实际上是一个传统的好学生，我做得一直很好，直到我到了研究生院，不再有什么指示了。实验室里有一堆垃圾，你得想办法让它做你想做的事。做研究的全部意义在于这之前没有人做过，所以没有关于如何做的说明。也就是说，你必须自己想办法。这是很痛苦的。"研究生毕业后，她加入了一个由她的一位教授创建的初创公司，并发现在那样的环境中，开放式解决问题和坚持不懈比任何具体的现有知识都要重要得多。因此，彼得森女士和贝克先生一致希望能教会学生摸索正确的方法，他们重视这种坚持而不是快速获得正确答案的能力。

与其他选修课的教师一样，这些目标也改变了他们的评估方法。正如IB的目的是评估你所知道的，而不是评估你所不知道的。贝克先生采用了类似的方法，他让学生少汇报他们的结果，多报告他们用来获得结果的过程，以及他们如何随着时间的推移改进这个过程。他向学生们指出，这里有很多关于如何创建有效团队的研究，如果学生在管理他们的小组过程中遇到困难，他要求学生研究一下这些研究成果。教师的目标是激励学生努力。正如贝克先生所说："我所认为的成功是，如果学生17次试图解决一个问题，虽然每次都失败了，但那是最好的。这比学生尝试一次，并且第一次就得到了正确答案要成功得多。"贝克先生和彼得森女士说，他们强调奖励学习而不是成绩，他们的立场与学校其他部门的运作方式大相径庭。因此，他们的课对学生来说可能是一种文化冲击。他们说，特别是对于成绩优异的学生来说，从"如何做才能得到好成绩"转变为"弄清楚它"，最初可能是一个相当大的挑战。然而，他们表示，从长远来看，学生很少因为这个原因离开他们的课程，更多的时候，他们会适应不同的期望和方法。

这些课程还打破了学校和世界之间的壁垒，这是大多数学术课程所不具备的。许多项目有现实世界的客户，工程序列的开发人员与企业、大学工程项目和以前的学生组成了一个咨询委员会。这个委员会反过来指导学校要强调哪些技能并解释强调这些技能的原因。这个过程有时会带来惊喜。贝克先生描述了这个委员会早期提供的一个惊人的指导。"当我把咨询委员会拉进来时，我开始问，你希望我们的学生在得到这些技能时知道什么？我期待的是具体的技术能力。而我发现的一个令人震惊的事情是，事实并非如此。这更多地与团队工作中的职业道德和表达技巧有关……这就像，如果你给我一个能做到这一点的人，我们可以教他们所需要的技术上的东西……所以，我们把这一点融入我们所做的每一件事上。因此，所有的项目都是以团队形式完成的，学生们必须在完成后展示他们的项目。"

这些项目也有很强的社会使命，对创始人和学生都很重要。在完成埃塞俄比亚人行道设计项目后，一些领导该项目的学生与该市一所贫困中学合作，每周为七年级学生上一堂设计工程课。木工课程班的学生与领导力课程班的学生合作了几年，一起去新奥尔良进行为期一周的旅行，为"卡特里娜"飓风后的受灾家庭重建房屋。正如负责该计划的一名教师所描述的那样："对于学生来说，在一个遭受如此严重破坏的环境中，了解我们国家另一个地区的人，体验这个人的故事，成为这个人生活的一部分，去为一个家庭工作，这些都是具有变革意义的。"在新奥尔良期间，学生们不仅重建了房屋，他们还与社区成员讨论了飓风带来的政治后果和他们正在重建家园的人们的生活。这位老师继续说："这些年轻人在那么短的时间内发生的转变，让我非常感动。这种经历和他们的感受将一直伴随着他们。这引起了他们的共鸣。从那时起，这些改变了他们看待事物的方式。"

**选择把哲学作为文学来学习**

这所学校的珍宝之一是一门名为"哲学即文学"的选修课。我们将在第七章中更深入地讨论这门课和教授这门课的人，在第七章中我们将描述我们观察到的最好的老师是如何将普通的学术主题转化为深入研究的课题的。但我们在这里简要介绍一下，以表明选修课可以创造强大的学习环境，即使它们不是自定进度的、基于项目的、实践的或探索当代问题的。教授这门课的，是一位我们称为菲尔兹先生（Mr. Fields）的人。课上，大约20名学生围坐成一个半圆，讨论哲学文献。菲尔兹先生会先提出一个问题："笛卡尔是如何确定我们的存在的？"然后学生们会引用文献中的引文。随着时间的推移，讨论可能会转移到学生是否相信笛卡尔（我们思考的事实是否意味着我们存在？），学生们也会提出反例（即使不能思考，你也能像植物一样存在吗？），每一个问题都会被拿来讨论。学生们对这门课非常兴奋，讨论经常在下课铃响后继续进行；一个学生告诉我们说，他曾多次试图向他拼车的伙伴解释他对笛卡尔和自由意志的看法。

正如我们在第七章所详述的那样，菲尔兹先生的特别之处在于他对学生和知识的态度。学生不是需要填充的被动容器，而是积极的意义创造者，他们的想法和发展的意见值得尊重。知识不是传下来的东西；相反，最好的问题是学生可以发展不同的甚至是原创的解释。学生们对这种方法反应热烈，说菲尔兹先生是少有的说"没有正确答案"的老师。与领导力课程的情况一样，学生们似乎也为他的课程内容做好了发扬壮大的准备：对于持怀疑态度的青少年来说，世界并非如其所见——椅子可能不是真的椅子——这种想法是一剂强大的灵丹妙药，这让他们有可能揭开呈现在他们面前的世界的面纱。

菲尔兹先生在他的"文学即哲学"课上所做的很多事情，在常规学科课上也能做到。然而，这是一门选修课，使得这里的学习环境比他的英语Ⅰ的课堂更加强大，我们也见证了这一点。学生们选择在这里学习是关键——在这门课上有一种专注、共享的注意力，这是我们在他的普通课堂上所看不到的。这里没有关于这个或那个能得到多少分的问题，而在英语Ⅰ课上，有时会有人提出这样的问题，这让菲尔兹先生感到很沮丧。没有任何节奏上的期望，这就意味着哲学课的学习并不匆忙，因为文学课的时间似乎是暂停的，一个给定的讨论或一组观点，可以在学生需要的时间内放松地进行。当我们问学生这种节奏的价值时，他们对菲尔兹先生试图灌输的智力美德做出了热情的辩护。我们问道："他指导你学习笛卡尔不是更有效率吗？""不，"一个学生回答。"为什么不呢？"我们问。"因为我觉得理解笛卡尔并不是阅读笛卡尔的意义所在。这不是为了给我们提供信息，而是学习如何理解这些信息。他所做的是让我们思考，而思考才是关键。"学生回答。

**选修课：不同规则的力量**

这些选修课以不同的方式为学校教育开辟另一种可能性，从而释放出核心课程所缺乏的能量并激发学生的兴趣。这些选修课之所以能够做到这一点，部分原因是它们远离了控制学校其他课程的许多要求和期望。因为许多选修课的学生都是毕业班的学生，大学的压力减轻了，而且有更多的机会参与到学习中而不是以成绩为方向。同样，鉴于大多数学生已经参加了州测试、SATii 考试和 AP 考试，他们已经为自己的知识创造了外部标志，从而腾出了更多的时间和精力来学习而不是追求成绩。选修课也大多不属于核心学科中存在的垂直排列顺序，这意味着教师和学生可以自由地追随他们自己的爱好。因为学生通过完成核心学科的必修课程，已经满足了或正在满足传统、历史和外部权威的要求，他们可以在选修课的空间里自由地进行实验和探索。

从公平的角度看，在选修课中，与课程的其他部分一样，显然存在一些纵向的差异。特别是，长期以来，工人阶层家庭的学生经常选修更多的职业性选修课，而像"哲学即文学"这样的课程则更多是被优等生选修。同时，有些选修课是学校里唯一能将不同领域的学生聚在一起的学术空间。有时，这种融合是在录取学生方面的有意为之（如领导力课程中），但有时它是改变学校教育传统规则的副产品：在更多的项目驱动、自定进度或以学生为中心的课程中，有可能让不同技能水平的学生并肩工作。

在思考选修课时，有一些复杂的规范性问题，这些问题涉及横向和纵向的差异化。如果像"领导力"和"电影配乐"这样的课程构成了学生学术学习的全部，包括我们在内的大多数人会认为一些重要的东西丢失了。但是，是否有办法将我们在这些选修课中看到的特质，如更多的深度、更多的选择和更多的学生自主学习，注入核心科目的教学中呢？那么，学科本身是否会产生影响？虽然来自工人阶层家庭的学生确实经常选择职业选修课，但如果取消这些选修课，让学生选修纯粹的学术课程，是否会对他们更好，这一点还不清楚。学生们在这些领域的参与度要比他们在低层次学术课程中的参与度高得多，部分原因是教学方法的不同，但也是因为职业选修课有明确的目的，并有可能导致现实世界的就业。可能的答案不是取消职业课程，而是对其进行更新，将其与就业的实际需求更紧密地联系起来，并使学生掌握比过去这类课程所教授的更广泛的技能。

## 部门为改变核心课程所做的努力

虽然成就高中最重要的创新发生在选修课上，但也有一些改革核心学科课程的努力。推动这些变化的关键单位是部门。正如以前研究高中的学者，如莱斯利·希斯金（Leslie Siskin）和其他学者所强调的，在大型综合高中，使教师形成文化并完成大部分工作的是部门。[11]在成就高中尤其如此，这是一座新建的大型建筑，教师办公室按部门划分，通常在一个房间里有一个冰箱和一些共用的长桌，而个人办公室则在这个公共区域之外。结果是，教师们经常在共享的部门空间里吃午饭或与同事一起工作，这几乎是默认的，但都是积极努力与其他部门的教师交谈。

学校的规模和各部门的力量也削弱了由校长及其行政团队领导的改善教学的集中努力。在前几章中，我们表明，这些学校之所以能成功地实现其不同的愿景，是因为它们将一些关键因素与明确的教学理念相统一。无论是杜威高中的项目、IB 高中的 IB 评估，还是无借口高中的全校性教学模板，这些学校的领导人都从良好教学的微观愿景出发。然后，他们开发了强大的成年人学习机制，让学生的学习成果一目了然，以他们希望成年人对待学生的方式对待成年人（对称性），围绕他们的教学愿景建立集体认同，并组织了结构的所有方面来支持这一愿景。在成就高中，这些都不可能在全校实现。这里有太多的教师，长期以来都有着自己作为一流人才的传统观念（雇用最好的人，让他们来教书），老师们对让其他教师旁听自己的课程有抵触情绪，而且成年人学习的时间相对有限。

不同的领导以不同的方式处理这些限制。前任校长卡伦·斯坦因（Karen Stein）凭借其人格魅力和外部环境的支持，大力推动全校性的公平议程。她能够加强对州测试的关注，并通过让教师小团体密切关注这些考试来提高少数族裔学生的成绩。她还能够创建新的项目来帮助有困难的和弱势群体的学生——这些项目帮助学生在课后完成家庭作业，或者为有色人种的学生创造高期望和高水平的支持。但最难的是改变教学方式，因为这需要更直接挑战学校的许多长期的规范和做法。

新校长杰克·迪克森（Jack Dixon）和副校长温迪·帕克（Wendy Parker）（前科学部主任）对直接接受改善教学的挑战感兴趣。他们不仅想在各部门内改善教学，还想在各部门之间改善教学，为各部门的教师创造机会，让他们互相访问对方的课堂。帕克女士将打破学科文化的挑战描述为一种对称性的挑战。"所以，我认为我们的学生现在以非常孤立的方式思考问题，因为我们的老师也以非常孤立的方式思考问题。如果我们希望孩子们能够看到联系，建立联系，并将技能从一个传递到另一个，我认为我们必须先让教师做一些事情。"迪克森先生和帕克女士对我们关注的许多的选修课充满热情，部分原因是这些课程能够打破束缚许多学科课程的界限。但他们知道，他们必须小心翼翼地在各部门之间寻求建立更多的常规联系，因为这样做违反了学科作为教学的主要负责人的坚定愿景。

在学科内部，他们也在寻求变革，但在这里他们面临着来自一种文化的强大阻力，在这种文化中，部门主任对其学科的思想行使权力，并组织了许多围绕教学的发展。在这些部门发生的事情反映了部门主任的利益、外部环境的变化和部门教师的观点。其结果是，不同的部门朝着不同的方向发展：有些强调公平，有些强调特性，有些则强调传统意义上的严谨。部门主任寻求统一的程度和维度（内容或技能）也有所不同。为了说明这一点，我们简要地看一下科学、历史、英语和数学这几个部门的发展。

帕克女士在转到中央政府部门工作之前，已经担任了近十年的科学部主任。她坚信公平和以探究为导向的教学。最大的转变是改变所有学生的科学课程的顺序，这是由她的前任开始的，但由她来实施。"（在以前的迭代中）我们曾经有一种科学方面的双模系统，一些孩子在九年级就可以学习生物，他们是速成的学生，他们在这个层级上学习生物、化学和物理。然后，其他孩子，大约40%，在九年级学习物理科学，他们走的是另一条路。所以，在九年级时，就完全不一样。"整个部门的学生，都在九年级学习物理，在十年级学习化学，在十一年级学习生物。这既创造了更多的公平，因为所有的学生都在学习同样的课程，也在实质上更有意义，因为"你需要在理解化学之前理解物理，你需要在理解生物之前理解化学"。这一变化也反映了全美科学课程顺序的转变，因为全美各地越来越多的学校对科学学科之间的关系做出了类似的决定。该部门还决定只提供两门九年级的物理课程（没有优等生课程）：一门 ACP 课程，为 85% 的学生服务，另一门 CP 课程为其余 15% 的学生服务。在十年级的化学课程中，有三个级别（AP 课程、ACP 课程和 CP 课程）。他们还发现了一门名为"靠化学生活"的课程，这门课程可以适用于所有三个等级的学生，取代了以前的模式，即高年级的课程涵盖更多的化学知识。虽然高年级的课程可能在某个概念上有更多的变化，或者将它们与高年级的数学联系起来，但目标是学科的核心概念在各领域都是相似的。在所有这些方面，科学部认为他们在教育所有学生的使命方面取得了进展。

所有这些都发生在物理、化学和生物学科应该发生的相当标准的想法中，复制了前面描述的主导教学模式——更多的广度，更少的深度，批判性教学，用实验室来证明现有的原理，而不是把实验室作为研究未知的机会。但是，新的科学部主任坎贝尔女士，三十出头年纪，曾在中西部数学和科学学院（化名）上过高中，这是一所全州范围的考试学校，我们将在第七章进一步讨论。在那所学校里，学生们花了一个月的时间来研究月球轨道的成因，每周三下午放学后在校园的实验室里学习，并在最后展示他们希望在杂志上发表的科学研究成果。对坎贝尔女士来说，带着这种对高中科学的憧憬，成就高中看起来就像一个苍白的仿制品。虽然该部门有一些创新精神的教师，尤其是在工程方面，但许多科学教师对科学教学的看法从未改变过。在一个拥有许多比她年长且有经验的教师的部门里，在一个拥有良好声誉但没有外部变革动力的学校，要改变这种状况，将是一个艰巨的挑战。

历史是成就高中学科中最具传统的学科。事实上，我们在这里和其他学校的观察表明，一般来说，它可能是主要学科中最保守的学科。历史部主任托马斯先生（Mr. Thomas）非常明确地将他所做的工作定义为反对一切形式的渐进式学校教育。他喜欢讲课，认为内容至少和技能一样重要。"我们的学生来到我们这里，他们什么都不知道。当他们离开时，他们中的大多数人将永远不会再上历史课。因此，我认为，我们真正需要做的，是为那些有能力的公民做准备，给他们一个关于历史上重要事情和重要故事的叙事调查。"他认为，大学和高中之间有明显的区别，大学的教师和学生可以自由地研究他们喜欢的东西，而高中的目的是贯彻国民的意愿。"我们不是被雇来做学者的。我们被雇来教阿特拉斯维尔市（成就高所在的城市）希望我们教的东西，而不是我们想教的东西。你知道，你和大学里的人交谈……有这样的概念，比如'教师对他们不感兴趣的内容怎么能做好？'完全是胡说八道。我们不是被雇来谈论我们认为有趣的东西的，那是大学的教师被雇来做的事情。你知道，在大学你可以向院长申请课程，然后说，'我想教有关维多利亚时代的裤子及其意义'的课程。请自便，伙计。我们不是来干这个的。我们不是因为我们的内容专长或兴趣而被雇用的。我们被雇用是因为我们的教学专长和兴趣。"托马斯先生的观点基于他自己对哥伦比亚大学核心课程的亲身体验，他对学校在民主制度中所扮演的角色的看法，以及他对 E. D. 赫希（E. D. Hirsch）的阅读。他认为，赫希提出了一个令人信服的理由，即证明核心知识的重要性是民主和公平的基础。他认为，"进步主义是富人的奢侈品"，涵盖美国和世界历史的主要方面对于为背景知识不均衡的学生提供平等的竞争环境至关重要。

托马斯先生担任部门主任已经超过 15 年了，部门里所有的教师几乎都是他招聘来的。他希望他们都能围绕他制定的四个问题模板进行教学。①发生了什么？②在场的人是如何理解它的？③为什么会发生这种情况？④你对所发生的事情有什么看法？就像在"无借口高中"一样，托马斯先生对好的教学有一个细致的设想，并愿意利用他作为部门主任的权力来实现这一设想。通过在招聘阶段的选择、观察和反馈，以及四个问题模板的开发，托马斯先生正在尽力实现成就高中历史教学的特殊观念。新任校长杰克·迪克森对历史教学有着截然不同的看法。他也曾是一名历史老师，他倾向于一种更积极主动的、不那么说教的教学方式。他认为，虽然托马斯先生的方法在涵盖关键主题方面做得很好，但在培养学生像历史学家一样思考的能力方面做得较少，同时也没有给许多学生提供对历史感兴趣的理由。该部门的一些教师也对托马斯先生所要求的标准化感到不满。因为他想确保每个学生都能掌握美国和世界历史中的每一个关键话题，所以教师没有太多的空间来开发自己感兴趣的单元或想法。他还为每门课程开发了一个通用的题库，供所有教师在期末考试时选择使用。一些刚来的年轻的教师也有兴趣重新思考核心课程，以包括更多的非西方历史、社会历史和来自世界各地边缘化人群的历史。不过，尽管有这些来自上级和下级的批评，但并没有什么真正的变革动力。托马斯先生对历史课有一个成熟的设想，这与地区和家长的期望相一致，而且很适合学生参加内容繁杂的 AP 和 SATii 考试。由于缺乏能对托马斯的做法提出质疑的指标或外部选民，迪克森校长没能换掉这位历史部的老主任。

英语部主任摩根女士（Ms. Morgan）的愿景与托马斯先生截然不同。

摩根女士的愿景一定程度上是由她自己在高中的经历形成的，在那里她是一名优等生。但后来她的家庭生活开始走下坡路：她的父母离婚了，然后她的母亲得了癌症。"再后来就什么都与我无关了，没有人注意到，没有人与我交谈。所有发生的这一切，在别人看来就像在说：'你为什么不读《尤利西斯》？这篇关于《尤利西斯》的论文交迟了。'而且，你知道，就像在说，我根本不在乎这些。"在一所主要研究型大学的研究生院从事电影研究之后，她再次感到学校对学生的关心很少，她决定回到高中，在那里她想创造一个在她自己的教育经历中没有的关爱环境。她发誓，她将永远把学生首先看作是人，她不遗余力地与学生交谈，参加他们的表演和比赛，并以各种各样的方式向他们表明她对学生的关心。

作为部门主任，她将这种以学生为中心的观点与文学教学的目的结合起来，即帮助学生看到文学的作用，并培养他们阅读文章和写作的技能。她的任务很复杂，因为当她 15 年前加入该部门时，有一个强大的传统，即将教师视为受过严格训练的一流人才。她说，当时你得到的只是一份书单和关于英语部目标的模糊说明。她说，英语教师过去和现在都很珍惜这种自主权：他们喜欢在一所功能完善的郊区学校工作，很大程度上是因为这里可以让他们自由地按照自己的意愿教学；他们对共同的地区任务持强烈的怀疑态度，他们认为这些任务来自脱离实际的官僚。权衡之后，从摩根女士的角度来看，一些课堂比其他课堂好得多，但是，整个部门很难集体朝着任何目标前进。

为了处理这些两难问题，摩根女士花了很多时间与教师单独交谈，建立信任。然后，她试图找到一系列的平衡。她强调普遍培养特定技能的重要性，但在选择教材来培养这些技能时给予了教师相当大的灵活性。部分原因是，与托马斯先生不同，她不认为她的教师是"执行地区意志"的人，而是认为他们对书本的热情是可以传染的。"你知道，如果你对《人鼠之间》充满热情，感受到带来的快乐，这将转化为你的教学，然后学生会感到有激情。但是，如果我让你教《人鼠之间》，只是因为……有些人被这本书搞得很不舒服。当他们看到克鲁克斯这个人物时，不知道该怎么办。他们不知道如何处理莱尼和乔治之间的关系。他们讨厌这本书。这对孩子们有好处吗?"同时,她说她正试图摆脱教师仅仅因为喜欢而选书的做法。她希望教师能够清楚地阐明:为什么某本书对培养他们普遍认为重要的某项技能是有用的。

在所有学生都要阅读的核心文章方面,存在着一个相关的困境。该部门的一部分教师认为,所有的学生都应该阅读莎士比亚和许多其他经典的核心文章。另一部分则认为,经典虽然重要,但可以进行删减,以便为非西方文章和少数族裔作家的文章创造机会。这个群体还认为,通常的文章不能很好地触及少数族裔学生,他们很少看到自己所读的书中有像他们一样的人。

摩根女士耐心地主持了这场辩论,尊重两种立场的选择,鼓励每位老师更仔细地倾听学生的意见,并非常温和地探讨是否可以从传统的名单中取消一些项目,为新的作者腾出空间。她还利用选修课提供的灵活性,开设了"文学中的多元化视角"课程,以回应一些少数族裔学生所表达的关切。因此,在我们的研究中,摩根女士是个少数派,她试图平衡更深层的学习三角中的不同角落:尊重教师的激情和学生的选择,同时也保持对常识,特别是技能的尊重;认识到学科传统文章的重要性,同时也引入新的文章和课程来激发学生的参与和身份认同。

数学是我们在学校调研期间经历的最重大变革的学科。直到五年前,成就高中的数学教学看起来还非常像传统的数学:学生们排排坐,各自做题;教师翻阅教科书,利用课上时间解答问题;家庭作业专门用来练习算法。近年来,在"共同核心"课程的推动下,数学部在数学教学方面逐步发生了重大转变。"共同核心"关注各种数学实践,例如,"理解问题并坚持不懈地解决问题""用数学建模""抽象地和定量地推理",所有这些都强调数学教育不在于记住算法,而在于开始像数学家那样思考。这种方法的核心是"富有成效的挣扎"的重要性——教师提出一个多步骤的问题,并不是引导学生完成这些步骤,而是要求他们思考解决这个问题的重要环节。这里强调的是小组合作,将重点从获取问题的答案转移到思考解决特定数学问题的各种方法上。虽然教师对新方法的接受程度不尽相同，但观察和访谈表明，他们都在尝试用新方法教学，并对这种转变感到兴奋。

　　这种变化是如何实现的？这里的关键因素与上一章所描述的关于学校层面的教学改革类似，但这一次，部门层面是集中参与的。与 IB 高中一样，新的数学实践标准为部门的工作提供了一个支柱。然后，教师们集体思考这一设想在课程单元和教学实践方面的具体含义。重要的是，他们并不期望每个教师都能想出如何将新方法融入自己的教学中（以及想出如何解决由进度指南和其他限制因素带来的困境）；相反，他们共同合作，开发出一种新旧结合的常见方式。由于数学是循序渐进的，这项工作从九年级开始：他们试图重新设想九年级的数学在新方法下会是什么样子。随后几年，他们在十年级和十一年级分阶段进行了改革。在九年级进行试点，并取得了成功，这体现在成绩评估和学生对数学的参与度的提高上，这使他们更容易说服持反对意见的人，认为这种改变是值得的。由于许多教师是跨年级教学的，那些在九年级做了工作的教师能够在其他年级支持这项工作。在他们做这项工作的同时，这也为他们提供了一种跨课程层级讨论数学的方式。就像在科学领域一样，这些老师正在寻找方法，在不同层次上探索相同的内容，希望能让学生更容易提升水平。最后，外部环境也很有利，即将到来的向"共同核心"的转变为这项工作提供了外部动力，但州政府还没有选择一个评估来取代现有的州测试。这意味着，虽然有一些变革的动力，但该部门能够积极地建立自己的动力和教学设计，而不觉得自己是在为新的考试而教学。

　　毫不奇怪，个别教师的反应是不同的。有些老师马上就喜欢上了它，特别是那些不把数学看作是一门有明确正确答案的算法学科，而看作是一种研究和理解世界多面性方式的老师。这些老师已经在寻找资源，并参加了由新数学主要传播者如丹·梅耶尔（Dan Meyer）和乔·博勒（Jo Boaler）开设的在线课程，并以此深化他们的实践。其他教师对这一转变有更多的困扰，特别是学生成了解决问题的中心角色，教师成了学生工作的引导者。在普通课程班，取消阶梯，让学生承担更复杂的问题，这种想法与低水平课程中常见的结构化方法相悖。试图在"富有成效的挣扎"和"学生只是在挣扎"之间划清界限，是教师难以处理的另一个难题。这些问题在我们在学校的时候就已经存在了。

总的来说，数学部的例子表明，在大型综合高中的各个部门可以发生显著的增量变化。当环境合适时（外部推动力、内部支持、重新设计课程和教学法、稳定且有经验的教师），就有可能集体朝着更深层的学习的方向发展，而不是像算法那样，更像是学科中的实际工作。这个例子也显示了学校教育的规则所施加的限制——该部门没有改变课程分类的体系，也没有让数学更加跨学科或以项目为基础，教师们继续为 AP 和 SATii 考试的限制所困扰。然而，尽管有这些限制，该部门还是能够对数学教学的性质做出有意义的改变。

当迪克森先生纵观他的学校，思考他的最终目标：即在每一堂课上，学生都会提出真实的问题，全身心地投入到他们的学习中去。他知道这样一个广泛的转变将是一个沉重的负担。"所以，我想我在类似地区的经验告诉我，注重可持续的缓慢变革要比彻底变革好。因此，这可能有点削弱了我的观点……我认为，我所能产生的影响并不像我在担任校长时那样大。"看着这个在他出生前就创建的大型机构，以及许多继承下来的体系和设想，他知道变革将是一个漫长的过程。

## 重温《购物中心高中》

我们对这所当代高中的描述既建立在类似高中描述的著作之上，又与之不同。《购物中心高中》是 1985 年关于大型综合学校的经典之作，它认为问题在于学生可以选择各种不同的选修课，这削弱了学术的连贯性和成年人对学生教育的责任。[12]也许是由于过去 30 年来的学术改革，现在的情况已经不一样了，学生们现在选择的是完整的学术核心课程，选修课被限制在外围，这种转变可能有一些积极的后果。《购物中心高中》的作者之一大卫·科恩在读到我们的描述时会被这样一个事实所震撼：虽然我们可能经常发现学术课程毫无生气，但至少在学术上发生了一些事情；相反，30年前，有许多课程是非常愉快的，但没有什么内容。同时，目前的教学模式仍有一些重要的限制。学校教育的核心规则、"教学即传播"的传统、国家和地区对广度的要求高于深度，以及来自外部证书的压力，经常导致核心教育涉及快速浏览大量信息，很少有机会选择或深入探索一个主题。相反，我们在选修课上发现了许多重大的创新：摆脱了传统核心课程的限制，教师们正在开发跨学科课程，这些课程以学生为主导，深度高于广度，并且与世界和学生的生活有更大的关联。不出所料，这些课程的学生参与度要高得多。当我们问及更深层的学习时，学生和教师也都指向这些课程。这表明，30年前的论点被颠覆了：在许多方面，外围领域比核心领域更重要。

重新阅读《购物中心高中》可以发现，虽然作者的主要结论与我们的论点相反，但他们的基本数据支持许多相同的结论。他们还发现，许多核心学术课程是枯燥乏味、毫无挑战性的，学生们感到无聊，一系列的课堂条例维持着现状，对学生和教师的要求并不高。他们也在所谓的"特色商店"中发现了许多亮点，这些领域在学校因共同的使命而引人注目——学生的选择和承诺，加上教师对学生进入其领域的热情而闻名。在他们研究阶段，这些都是最强大的学习环境。在最后一章中，他们问是否有办法在核心课程中灌输这些品质，这是我们今天还在提出的问题。

我们的描述也不同于那些将成就高中的学生描述为"体制青年"（David Brooks）或"优秀的绵羊"（William Deresiewicz）的文章。[13]这些作者认为我们的一些优等生已经变得更善于跳圈，而不是定义自己的核心目标和方向。虽然这种批评有一定的道理，但我们的调查表明，学生对呈现在他们面前不同世界的反应也是不同的。在许多核心课程中，这个世界是以工具的方式呈现的（按照我们要求去做，从老师那里得到答案，做大学理事会所要求的，你就能上大学，满足你父母和社会成员的期望）。这样的环境可以促进学习，特别是对那些对某一领域特别感兴趣的学生来说，但这也会产生玩世不恭和大量的"学校游戏"。相反，在俱乐部和课外活动中，以及在许多选修课中，世界呈现出截然不同的面貌：选修课是进入自我选择学习领域的入门课程，课堂是一个不强调正式评估的地方；内在动机是核心；通常是主题与世界、自我或人类活动的广泛领域有着明显联系。在这些领域里，学生的热情、毅力、好奇心和对学习的普遍热情要高得多。正如多萝西·霍兰德（Dorothy Holland）和她的同事所认为的那样，人们对呈现在他们面前的不同形象的世界会以不同的身份作出回应。我们发现，由于成就高中不同方面对学生的期望非常不同，学生们会对这些不同的要求作出回应，甚至经常在这些领域发展出不同的身份。[14]

这所学校，特别是一部分教师和管理人员，认识到学校教育的传统规则所带来的挑战，但其应对这些挑战的能力又相当有限。与前几章描述的任务驱动的环境不同，这所综合高中是一个长期存在的实体，有着根深蒂固的传统和强大的外部期望。从内部来看，许多教师自己也是在类似的学校里接受教育的，他们既不知道什么是不同的东西，也没有兴趣在一个传统上表现优异的学校里进行重大变革。从外部来看，家长并没有要求进行这样的改变，他们对目前的安排基本满意，特别是对学生上大学前景的保证。正如一位改革家告诉我们的那样，在另一个镇上的一所类似的高中，家长的反应是："你想怎么做就怎么做，但无论你怎么做，都要确保四年后我的汽车保险杠上要贴上大学的贴纸。"（译者注：代指四年后孩子考上了大学）因此，虽然对核心课程进行了一些改革，但更多的是程度上的改变，而不是种类上的改变，是单向学习而不是双向学习，或者是旨在逐步改进而不是从根本上重新设想教学方法的改变。（数学是个例外）。同样，在种族和公平方面，学校在缩小州测试差距方面取得了进展，并制订了旨在增加高级课程中有色人种学生数量的计划，但在成就高中的学校教育的规则中，按成绩分班的核心结构保留了这些基本的不平等，并在很大程度上没有受到挑战。

虽然有其他强大的力量在维持现状，但似乎学校的传统教育规则与学校更有活力的冲动相抵触。说白了，学校在某种程度上是自我分裂的，传统学校教育规则中的假设与学校想要对待学生的方式发生了冲突。教师和学生之间的关系总体上是温暖的，而且是相互尊重的。教师们对学生询问考试内容的方式感到遗憾。许多教师讨厌这种匆忙的节奏，渴望有时间做更多的项目，并有机会更深入地研究他们的学科。那么，一个关键的问题是，是否有可能创造一种不同的学校教育规则，使教师希望对待学生的方式与他们的工作模式相一致。我们认为，这种规则已经存在——只是在课外领域。我们接下来会讨论这个问题。

## 在外围领域进行更深层的学习：
## 为什么外围比核心更重要？

新英格兰的星期一，天高气爽，我继续在成就高中访问。我一整天都在听课，最后一节是高级英语课。现在是 2016 年总统选举前两周，当我走进去时，学生们在老师的鼓励下，正在用手机上网搜索哪些国家的选民投票率最高。一个学生说，是比利时。另一个说，是乌兹别克斯坦。大概这节课的前 7 分钟是这样过去的。

然后所有人的注意力都转向了我。我是一位访问者，学生们正在寻找任何可以分散他们对当天任务注意力的东西。"你来自哪里？"老师问道。我解释说我来自哈佛，这引发了许多关于哈佛和我学习目的的问题。我们谈了大约 5 分钟，然后在 12 分钟后，最终的课程开始了。

这是一节高级英语课。课程是关于嘻哈文化的，但所有高年级学生都必须阅读《哈姆雷特》，所以这是一堂关于嘻哈的课，今天的任务是《哈姆雷特》。老师是位三十多岁的白人，用一种街头俚语和一群学生说话，学生一半是白人，一半是黑人和拉丁裔。他首先解释说，如果要写一篇分析性论文，首先需要引用——文章引用，并解释了文章引用的格式。他告诉学生，并不是所有的论文都要写成五段，如果有更多的话要讲，可以随意加长。他告诉学生要在他们的作品上写上标题。学生们无精打采，似乎很无聊。

然后他们转向《哈姆雷特》。"懦弱和谨慎之间有什么区别？"老师问道，"你怎么想，洛根？你怎么想，阿曼达？"他试图引出一些回答。在几个敷衍了事的回答之后，他问："哈姆雷特是个懦夫吗？"一个学生回答说："他说要做所有这些事情，但没有一件事情付诸实施。"老师总结说："我们都有过这样的经历，说了很多废话，却没有付诸实践。"这个小型讨论持续了大约 5 分钟。

他们开始观看三个不同电影版本的《哈姆雷特》。学生们应该是在看不同的演员如何扮演哈姆雷特，并判断哈姆雷特作为一个行动派的可信度。在看了 20 分钟的电影后，又进行了 5 分钟的讨论：梅尔·吉布森很情绪化；肯尼斯·布拉纳更有分寸。

老师告诉他们，他们一整天都没有站起来了，所以他们应该四处走走。他们走到房间后面，看了看墙上的一些海报，然后又坐了下来。

最后的任务是看一些莎士比亚台词的现代英语版本，并以小组为单位，找出它与剧中的哪个场景相匹配。他们就这样毫无热情地做了大约 10 分钟后，铃声响起。学生们匆忙起身，开始鱼贯而去。老师播放了一些嘻哈音乐作为下课音乐。当他们离开时，他在黑板上写下了他们下次需要阅读的《哈姆雷特》的场景。

下课时，一名叫艾米丽的女孩走到老师面前。她说她这周晚些时候不能读《哈姆雷特》第四幕了：她是一个演出的舞台监督，《一仆二主》下周就要上演了，她要在剧院里待到很晚。老师说："别担心，你知道什么是最重要的。"

大约一个小时后，我来到剧院观察为《一仆二主》的演出而进行的排练。这里的气氛与我刚刚离开的那堂课完全不同。学生们走进来，开始和他们的朋友聊天。工作人员在舞台周围忙碌着，对刚刚安装在上层甲板的栏杆进行最后的装饰。艾米丽正在通读剧本，为这一天做准备。本·迪萨沃（Ben DiSalvo），这个节目的成年人导演，叫学生们保持秩序，并提供了一个简短的议程，说明他们当天要做的场景。学生们安静下来，专心致志地听着。

行动从热身开始——首先是身体上的，然后是精神上的。演员们围成一个圈。今天的身体热身由马特（Matt）主持，他是剧中的资深演员之一。他们从一段绕口令开始。"我只想要一杯像样的咖啡，"马特低声说，周围的人跟着他重复，"用真正的铜制咖啡壶煮的。我可能是疯了。但我想要杯咖啡。用一个合适的咖啡壶。"他们几乎在每一次排练的开始都会使用这个绕口令，气氛很轻松。他们重复着这句话，速度越来越快，当出现不可避免的失误时，会爆发出笑声。接着开始做一些伸展运动：转动肩膀，摆动手臂。

然后本开始做心理热身。他说："我知道，（学生们闭上眼睛，但仍然分散在舞台上）你们可能正经历着压力很大的时刻，但要把这些抛在脑后。忘掉考试，忘掉作业和那些给你带来压力的事情，让它们随风而去。活在这里，活在当下，融入你的角色，开始从你的角色的角度来思考这个世界，感受角色的情感。"

然后就开始排练了。他们排练了两个小时，停下来听取反馈意见和做笔记。今天是一次完整的排练。这不一定是他们最好的排练，因为他们不熟悉剧本，演员们正在努力记住各自的台词，因此在舞台上失去了一些动作的流畅性，而这正是他们早期排练的特点。但是，随着他们逐渐进入剧情，精力也更旺盛了，到最后，他们为至少完成了一次完整的排练而感到自豪，这可以作为明天工作的基础。排练结束后，学生们彼此重新联络、沟通，他们慢慢走向停车场，有些人还逗留了一会儿，与本交谈，或向朋友聊起当天的排练情况。

---

这可能看起来有悖常理，但在许多高中，在外围活动中发生的更深层的学习比在核心课程中发生的更多。我们已经看到，选修课往往比核心课程为学生创造了更强大的体验。在这里，我们将这一观点延伸到课外活动，如戏剧、音乐、辩论、报纸、体育、舞蹈、模拟联合国等，学生们告诉我们，这些活动具有核心课程所缺乏的深度、真实性和创造性精神。这些课外空间不仅更有趣、更有吸引力，而且实际上更符合我们所期望的良好学习平台的要求。

尽管课外活动在具体内容上有很大的不同，但它们都有一些共同的特点，为更深层的学习提供了平台。首先，它们为学生提供机会，将他们的身份与现实世界的专业实践领域联系起来，随着时间的推移积累知识和技能,并创造真实的产品和表演。其次,在这些场景中的学习是通过学徒模式进行的,其中现实世界的专业实践领域提供了良好的工作标准,教师示范了专业知识和信念,而学生则逐渐进入了该领域更复杂的方面。学徒模式还有一个好处,就是让学习者接触到学者大卫·帕金斯(David Perkins)所说的"整个游戏",让他们作为初级成员进入一个有效的、综合的领域。[1] 最后,选择的因素使学生既能探索新的身份,又能发挥自己的优势,在风险与安全之间取得适当的发展平衡。我们认为,从整体上看,这些特质解释了为什么外围领域往往是更深层的学习发生的地方。

提升外围领域的优点,颠覆了人们看待美国高中的一些传统假设。有些人认为,课外活动和选修课的发展已经淡化了高中应有的学术使命。[2] 我们在这里论证的是接近相反的观点——这些外围领域在促进严肃的学习方面有一些独特的优势,可以使它们成为学校内更传统的学术领域的典范。在提出这个论点时,我们将结合校外环境如何促进青少年积极发展的研究,这些研究强调了我们在选修课和课外活动中发现的许多相同品质的重要性。

当我们开始本研究时,我们并不打算提出这个论点。我们的意图是把重点放在核心课程上。但是,随着我们在学校待的时间越来越长,我们被老师控制的核心课程中经常出现的学生的被动、无聊和冷漠与我们在选修课和课外活动中所看到的活力、生机、教师的热情和学生的领导能力之间的反差所震撼。[3] 在反复观察了这种模式后,我们决定专注于一项课外活动,以便更详细地了解这些领域的不同特征是如何聚集在一起创造强大学习环境的。最后,我们将考虑我们在戏剧中发现的关键因素如何存在于其他课外活动中,以及是否有一些更广泛的经验可以从外围带到核心。

## 课外活动和选修课简史

课外活动和选修课的发展与美国高中的扩张密切相关。直到1900年,高中只为一小部分美国精英学生服务，课程以古典学科为主：拉丁语、希腊语、古代和外国历史以及哲学。在接下来的 30 年里，高中逐渐形成了今天的形式——为绝大多数 13 至 18 岁的年轻人服务的大众机构，其主要的刺激因素是经济。随着经济从农业经济转向工业经济，童工日益被禁止，越来越多的年轻人被期望接受普通教育，而不是直接进入劳动力市场。

随着学校的扩大，就需要有一些办法来处理现在学校运行发展的许多费用。这导致了学校活动的重大转变，包括对正式课程和课外活动的发展做出改变。在正式课程方面，学校增加了越来越多的现代科目。随后，关于这种变化中的课程的性质展开了辩论。以哈佛大学校长、著名的十人委员会主席查尔斯·艾略特（Charles Eliot）为首的一派认为，课程应扩大到包括更多的现代科目，如法语、物理和化学，但在其基础上保持学术性，而且这种课程应服务于所有学生。另一派的观点在 1918 年的《基本原则》文件中被提出来，他们认为学校需要更有针对性地满足学生的兴趣，这就需要更多的科目，包括簿记、速记、家政学等。虽然前者在制定大部分正式课程方面取得了成功，特别是对高年级学生而言，但后者在扩展学校可学习的科目范围方面取得了成功。协调两者的一个重要方法是建立不同的层级——学术层级的学生将学习十人委员会规定的课程，商业层级的学生将学习低级白领工作所需的技能课程，职业层级的学生将学习更多的实践课程，为进入制造业做好准备，而普通层级的学生将学习这三类课程。新兴的智力测试科学被用来支持学生按成绩分班系统，因为它似乎可以客观地评估学生属于哪个领域。[4]

在这一时期，我们今天看到的课外活动也得到了发展。第一波是男孩的运动，包括棒球、橄榄球和田径，后来又有篮球和足球。其他早期活动包括辩论、戏剧、年鉴和报纸。1910 年至 1930 年间，学校开展了许多其他活动，包括学生会、乐队、管弦乐队和合唱团，以及各种俱乐部和业余爱好，包括一些与学科有关的活动。[5]

批评者对这些转变提出了两大反对意见。首先，这些选修课、实践课和课外活动的推广冲淡了对学术科目的关注。林德夫妇（Lynds'）在1929年的经典著作《米德尔敦》（*Middletown*）中认为学生和成年人对这些不同的俱乐部比对实际的学术工作更感兴趣。[6] 林德夫妇引用了校长们的抱怨："几乎没有一个星期他们不需要从课堂工作中抽出时间来准备某个组织特别关注的竞赛。"[7] 他们也引用了学生的话，学生说他们已经想出了如何在课堂上打发时间，做最少的工作，以腾出时间更多地参与这些俱乐部和活动。[8] 林德夫妇认为这些早期的社团，特别是社交俱乐部（甚至包括联谊会和兄弟会的分会），"不受教师和教科书世界的学术标准所支配"，更多的是关于"社交"，而不是"学习和思想上的东西"。[9]

詹姆斯·科尔曼（James Coleman）在他1961年的经典之作《青少年社会》中对这一批评进行了扩展。科尔曼认为，将青春期作为一个独立的生命阶段来延长，导致了一个青少年社会的形成，它在很大程度上与成年人的世界或学校教育的既定目的相分离。[10] 在这个青少年社会中，地位的分配不是靠一个人在学校正式课程中的表现，而是靠一个人在课外领域的表现，而体育是通往青春期荣耀的最可靠途径（尤其是对男孩而言）。同样，这种处理方式可以被解读为，学校正在失去对其基本学术目的的控制，而社会和体育方面的关注正在发挥着不成比例的影响。最近的说法，如《购物中心高中》，也采取了类似的做法，认为学校通过开发一系列的选修课、实践课和课外活动，满足所有层次的学生的愿望，在体制上取得了成功，但在这样做的时候，却放弃了学校的责任，即开发一个连贯的教育方法，对所有的学生提出重要的学术要求。一些研究美国高中的学者提出的反对意见是，这些发展创造并维持了一个严重分层的学校教育体系。[11] 从一开始到现在，更有优势的学生被安排在学术层级上，他们接触到核心学术科目，而没有优势的学生被安排在商业、职业和实用的课程中，使他们远离大学和大学教育后的中产阶级工作。

最尖锐的批评是针对那些试图使教育减少学术性而增加实用的人物、事件和运动。一个熟悉的目标是斯坦利·霍尔（Stanley Hall），他是一个浪漫的进步主义者，他的思想对《基本原则》的发展至关重要。霍尔认为，学校应该少一些深奥的学科培训，而应着重服务于让绝大多数学生为生活做好准备，而不是上大学。[12]另一个目标是"生活适应教育"，这是20世纪40年代的一场运动，它把学生重视眼前的东西而不是抽象的东西的想法与极端资产阶级的情感结合起来，认为应该教育女孩如何缝纫和约会，男孩如何管理家庭的财务。批评人士将霍尔、《基本原则》和"生活适应教育"混为一谈，认为所有这些努力都是在降低学校质量，使条件较差的学生无法获得为条件最优越学生所提供的那种学术教育。[13]从这个角度来看，在核心教育中加入更多的外围教育，会使教育简单化，使分层具体化。

这些都是重要的批评意见，并非毫无道理。但他们也忽略了一些不容忽视的事实，并混淆了几个截然不同的问题。一个不容忽视的事实是，对课堂生活最密切的观察研究清楚地表明，从来没有一个学术教育的黄金时代，即使对最优秀的学生来说也是如此。约瑟夫·迈尔·赖斯1893年对课堂进行的一项研究发现，学生们大多只是简单地阅读教科书，并把材料背给老师听。[14]当时几乎没有独立思考的证据，也没有什么机会让学生去调查问题、发展思想、研究原始资料，或我们今天认为是良好教育的任何其他标志。林德夫妇的记述、霍林斯海德的"榆树镇"和科尔曼的叙述没有显示出任何重要的智力参与，甚至在高年级学生中也是如此；对所有学生来说，学校教育的正式部分似乎主要是要忍受的。正如我们在第一章中详细回顾的那样，在美国历史上不同时期进行的课堂研究一次又一次地记录了我们今天所看到的大部分情况——以教师为中心的课堂基本上毫无生气，缺乏智力活力，喜欢封闭式的信息传递，而不是更开放的调查。因此，虽然参加学术课程的学生确实比普通课程、商业课程和职业课程的学生接触到更多的科目，但教授这些科目的方式不可能激发他们的智力或想象力。[15]

相反，从一开始就有迹象表明，一些最有趣的行动是在这些课外活动和选修课上。在林德夫妇的描述中，学生们讨厌拉丁语，对俱乐部表示出浓厚的兴趣，而职业课程则是"米德尔敦人眼中的宠儿"。[16]1915年的一篇文章引用了一位高中校长的话，认为课外活动"充满了活力和目的"，而正式课程"要归功于一个强制性的制度，联系松散和高度人为"。[17]科尔曼的描述可能是最有趣的，虽然他因描述体育的影响和自我封闭的青少年社会的出现而被人们记住，但他的补救措施并不是回到某个已经过去的正规学校教育时代，而是扩大校际竞赛，包括更多的学术领域。科尔曼认为，相比学术，体育的主要优势在于，体育成绩代表学校，而学术则代表个人，因此，学生和家长崇拜明星运动员，但羡慕明星学生。如果物理和化学成为学术竞赛的一部分，那么它们就会对学生有更大的激励作用，并成为青少年社会中地位更高的活动。[18]

有一种方法可以调和这些观点，它是由约翰·杜威提出的，这点并不令人惊讶。正如大卫·科恩所描述的那样，杜威的独特贡献在于，他继承了卢梭关于教育在正规学校教育之外可以成为什么样的浪漫主义思想，并提出这种教育可以在学校的围墙内发生。[19]杜威还反对他所认为的一系列错误的二分法：在实践和学术之间，在学校和社会之间，在孩子的利益和学科的中心地位之间。杜威认为，所有这些看起来的差距都可以通过熟练的教师加以融合，如理解汽车的工作原理可以而且应该与理解物理和化学相结合。他还认为，对于所有的学生来说（无论他们最终的目的地是哪里），了解汽车的实际机械原理和基本的科学学科都是值得的。有两件事情让杜威感到震惊：一是在正规学校教育中产生肤浅理解的呆板教学；二是强调实践而忽视学术的进步人士对他的思想的篡改。

杜威所预言的，但仍然经常被忽略的是，标准的说法将两个层面混为一谈，它将学术性的、严谨的教育与相关性的、不严谨的教育对立起来。但是，教育是否以学术为中心与它是否严谨没有关系：教育可以是学术性的，但不是严谨的，关键是，教育也可以是相关的和严谨的。表6.1（我们称之为杜威象限）显示了各种可能性。许多解释美国高中的人都把注意力集中在右上方（学术的和严谨的）和左下方（相关的和不严谨的）之间的对比上。这种对比的问题在于，它更多地存在于政策讨论的层面，而不是实践层面——虽然艾略特和十人委员会倡导他们在大学阶段所要提供的那种严格的学术教育，但大多数研究表明，这在美国中学教育中很少实现。相反，更常见的是左上角的情况，学生们接触到学术材料，但由于各种原因，他们接触的方式是强调信息的传递而不是实质性的参与。同样常见的是左下方，实践课程可能对学生更有吸引力，但没有推动这些学生与某个研究领域更深入地联系。社交俱乐部、女生联谊会和兄弟会也属于这种情况。

表 6.1　杜威象限

| 分类 | 不严谨的 | 严谨的 |
| --- | --- | --- |
| 学术的 | 大多数美国高中，学术层级 | 查尔斯·艾略特（在实践中很少成功） |
| 相关的 | 斯坦利·霍尔，基本原则<br>大多数美国高中，较低层级<br>社交俱乐部，兄弟会，纯粹的实用的选修课 | 约翰·杜威<br>最好的进步教育<br>许多课外活动和选修课 |

这些说法基本上没有提到右下角象限的可能性，那里的学习既严谨又相关。这是杜威所倡导的教育。在正规公立学校的正式课程中，这种教育是非常难以实现的，尽管熟练的教师可以使之成为现实。我们也有充分的理由认为，许多课外活动和选修课可以作为这种方法的范例。

这种启发式方法有一些局限性。但正如我们所指出的，有许多方法可以使某些东西与学生相关，有经验的教师会想办法使他们的学生对传统的学术科目感兴趣。他们也会经常通过寻找一些更广泛的吸引人的东西或叙事来嵌入他们的主题。例如，一个生物老师把对细胞的研究作为理解人类疾病的一种方式来鼓励学生。因此，本着杜威的精神，我们可以说，最好的教育显然是在右列，打破各行之间的区别，在理论与实践、学术研究和与学生的相关性之间无缝切换。

## 重新审视课外活动

如果我们从课外活动本身的角度出发，而不是将其与学术活动相比较，会发生什么？

研究一致发现，参加各种课外活动与后面的学术、社交和心理结果（包括等级、考试成绩、心理健康和公民参与）之间存在正相关。[20]参加课外活动也与较低的辍学率有关，并与吸毒和其他犯罪结果呈负相关。参加课外活动和较低的问题发生率之间的联系在高风险青年中尤其明显。[21]虽然还不完全清楚这些联系是因果关系，还是自我选择的结果，但很清楚的是根本不存在参加课外活动会挤掉优异学业能力的"零和游戏"。[22]相反，参加课外活动与良好的成绩和其他学校成功的指标正相关。

我们也有理由认为，在课外活动和其他校外组织的活动中唤起的内心状态比在传统学校发生的情况更有利于学习。米哈伊·齐克森特米哈伊（Mihaly Csikszentmihalyi）对这个问题特别感兴趣，他提出了"心流"理论，以了解促进集中注意力的条件，这种注意力是工作和娱乐的最佳特征。在一系列巧妙的研究中，齐克森特米哈伊和他的同事在一天的不同时间点呼叫学生，以测量他们在那一刻的感受。他们发现，学生在做学校作业时，一直报告说内在动机水平低、无聊程度高。当学生在听课、记笔记或做个人作业时，他们的参与程度较低；在小组作业、实验室和与老师单独交谈时，他们的参与程度较高。但是，平均而言，寻呼机的研究证实了关于参与度的更广泛的研究趋势，即学生往往对学校不感兴趣。[23]相反，当他们在课外或有组织的课后活动中对学生进行呼叫时，他们发现，学生表现出与一天中的其他时间相比更高的内在动机、集中精力和积极的情绪状态，包括在休闲时间（如与朋友出去玩或看电视），此时学生的内在动机水平高，但注意力水平低。[24]

对校外环境的社会学研究也表明，校外环境可以成为发展和学习的良好平台。[25]米尔布雷·麦克劳克林（Milbre McLaughlin）对34个城市的120

个青年组织的研究发现，在这些地方，青年感到被了解和支持，他们有机会对自己的学习负责，他们创造产品并参与他们认为有意义的公共活动。被调研的学生说，他们在学校和邻居中经常被视为"问题学生"，但这些社区机构花时间了解他们，并发挥他们的优势。麦克劳克林还强调，这些社区机构中最好的是有意的学习环境，在此环境中教授某些领域的知识，同时随着时间的推移、知识的进步，以及形成性的反馈，学生们逐渐提高了作为芭蕾舞者、篮球运动员或社区服务组织者的能力。[26]山姆·英特拉托（Sam. Intrator）和唐·西格尔（Don Siegel）对一系列校外项目进行了研究，得出了类似的结论。[27]

罗伯特·哈尔珀恩（Robert Halpern）的工作建立在一个更有理论依据的愿景上，即为什么这种方法可以特别强大。哈尔珀恩的框架以学徒制的概念为基础。他指出，有大量的证据表明，人类从婴儿开始，就通过模仿和观察长辈的模式来学习。他综合了杜威、玛丽亚·蒙特梭利（Maria. Montessori）和列夫·维果茨基（Lev. Vigotsky）的研究成果，认为学习是在头脑和双手共同作用下发生的，教师的角色是为学习者搭建一个刚好无法完成的任务，学习从根本上说是一种社会行为，发生在有知识的人组成的群体中。他指出，杜威和蒙特梭利对学习持乐观态度，但对传统学校持怀疑态度，正是因为其学习规则在理论与实践、头脑与双手、校内与校外之间制造了人为的障碍。与让·拉夫（Jean Lave）和艾蒂安·温格（Etienne Wenger）关于合理的外围参与的研究相比较，他认为人们通过逐渐融入一个知道如何掌握某项技能或学科的群体来学习，随着时间的推移成为核心成员并以更深的方式参与这个领域。哈尔珀恩还认为，这种形式特别适合青少年，他们正在寻求发展自己的身份，但同时仍在寻求一些成年人的指导。给他们提供有组织的机会，让他们与成年人一起工作，同时也为他们的工作承担相当大的责任，这符合他们的发展状况。他认为，与成年人一起工作的机会对那些成长环境艰难的青少年来说特别重要，因为他们需要与善意的成年人接触的机会，需要体验成功，并获得一些公众认可。[28]

## 戏剧作为"强大的学习生态"

我们选择戏剧作为更深入研究的领域。戏剧似乎是一个特别有趣的舞台，因为它与学术领域（英语语言艺术）密切相关，但大多数学校主要是作为课外活动组织的。因此，它似乎是一个很有价值的地方，可以研究外围如何处理一个与核心类似的课题。

成就高中有一个蓬勃发展的戏剧项目。该校有两千多名学生，每年要举办 11 场演出，包括新生歌舞剧、大型音乐剧、几场规模不大的非音乐剧，以及一个以学生自创作品为特色的戏剧节。每年有两百多名学生参与戏剧的各个方面，包括参加相关课程学习或从事服装、灯光、音乐、表演和学生导演等工作。戏剧是成就高中除体育外最大的活动，有四名全职员工负责（导演、灯光设计师、服装设计师和技术经理）。该项目规模之大，本身就证明了它在吸引学生和确保社会支持方面的成功。

我们的研究集中在一个节目上，即 2016 年秋季上映的《一仆二主》。我们参加了十次排练和演出，参加了制作会议，在演员和导演离开舞台时与他们共度时光，并跟随学生从事服装、灯光等工作。我们采访了该剧几乎所有的演员，以及导演和副导演、舞台监督、灯光设计师、服装设计师和道具负责人。我们还采访了参与演出的所有成年人，只有一人除外。

虽然戏剧对我们或我们的读者来说并不陌生，但我们的目的是以新的视角来看待它。我们想找出戏剧作为一个学习平台的关键因素，并看看这些特征与典型的课堂经验相比如何。我们发现，戏剧提供了一个强大的学习平台，将目的性、激情和精确性有力地结合在一起。学生们认为，相对于学校而言，剧院是他们自己选择的地方，在这里有明确的公共产品，可以为他们的工作创造目的。在这里，他们不仅可以发展自己的思想，还可以发展自己的身体和情感；在这里，人们承担既定的角色，成为高度相互依赖的社区的一部分。这是一个提供学习曲线的地方，从创造性的探索开始，以精心的提炼结束；这是一个更大的事业（戏剧）的一部分，这是他们共同认同和渴望的。在这里，他们从不感到无聊，而是时而感到害怕，时而感到兴奋，最终为自己的创造而感到自豪。

## 目标

在成就高中，戏剧排练与常规课程之间最显著的区别是排练中弥漫的目标感，而我们在许多常规课程中看到的是冷漠或服从。每一天的排练都有一个清晰的描述：刚开始是与同伴打成一片，身体热身，心理热身，然后是排练，并经常停下来听取导演的反馈。排练的时间表由舞台监督每隔两周用电子邮件发送一次，因此只有那些在排练场景中的人需要在特定的排练中到场。其目标的透明性，在普通班级中是很少能实现的，每个人都知道谁需要到场，什么时候，为什么，排练时间为每天15：00至18：00（技术周和彩排期间更晚）。

有了这个明确的目标，当演出日期越来越近时，常规课程中经常出现的那种行为监控就被取消了。在排练中，没有通行证，也没有人问他们是否需要去厕所、喝水或吃点东西。学生们在不上台的时候吃喝，在需要的时候上厕所，在没人叫他们的时候看手机或做作业。当他们在舞台上时，他们会全身心地投入，认真排练并听取反馈意见，往往一排练就是几个小时。

布景设计人员，以及服装、道具和灯光工作人员的结构甚至更为松散。除了放学后的主要工作时间，学生们在一天中的任何时候，比如空闲时间或午餐时间，都会出现在剧院、存放道具和材料的几个房间、技术组工作室和服装制作室。所有这些空间都是不上锁的。学生可能会在自己的空闲时间去挂灯，缝制一件服装，或者给布景的某个部分上色。学生们经常结伴而来，或在工作时与戏剧项目中的一个成年人聊天。虽然有一个协调这些任务的总体计划，但日常工作往往具有高度的独立性。

曾研究过利比里亚裁缝工作的让·拉夫（Jean Lave）将工作的整体轨迹描述为：日常工作松散，但对活动的整体顺序和对学习的最终期望很严格。[29]这种模式与我们在大多数传统课堂上观察到的情况形成了鲜明的对比：在课堂上，日常工作受到严格监控，但整体的弧线和目的对学生来说是模糊的。我们的一位受访者让我们明白了这一点。她问："为什么我有一个排练的时间表，而在我的课堂上却没有？"

随着目标的确立，气氛往往是相当融洽的。学生和成年人的关系没有那么正式，而且往往比学生和老师之间的关系更密切。戏剧部主任科迪·布莱克（Cody Black）是"布莱克"，本·迪萨尔沃是"迪萨尔沃"。学生们取笑科迪的（没有）头发，认为本的穿着总是非常时髦，嘲笑罗斯（Ross）（脾气粗暴但受人爱戴的摄制组主任）他那刀子嘴豆腐心的样子。[30] 在一次排练中，男女主角特鲁瓦迪诺和斯梅拉迪纳在努力挑逗对方。我的笔记上写着："她从侧面去拥抱，看起来很尴尬。学生副导演塔莉娅（Talia）走到成人导演本身边，面对他，握住他的手，说：'这样试试行吗？'虽然这种身体接触在课堂上是不可想象的，但在剧场中，女学生握住男老师的手是排练过程中可以接受的一部分。"

同样，对于戏剧项目中的成年人来说，这个空间提供了与学生建立不同类型关系的机会。本，这个节目的导演，白天是一名西班牙语老师。他描述了两种环境之间的差异："我觉得我以一种完全不同的方式了解这些（戏剧）孩子。在西班牙语课堂上，我们将90%的内容保持在目标语言中。在这里，我们在一个环境中谈论一个角色的情绪，我们变得真实和个性化。他们也是出于自己的意愿来的。而且我们有三个小时的时间，而不是四十五分钟。"负责戏剧制作的成年人也花了很长时间与学生一起工作——给予一些指导，但也只是在制作、搭建场景或缝制一些布料时并行工作。特别是在几年的时间里，经过多次合作，他们对学生有了了解，这在普通学校时间紧张的情况下是不可能的。服装总监是一位热情的中年妇女，名叫纳奥米（Naomi），她说她的几个徒弟就像她自己的孩子一样。

戏剧与传统课堂体验的另一个区别在于它对时间的处理。在大多数传统课程中，学分仍然是从座位时间中累积的——学生需要在课堂上花一定的时间来获得学分。其结果是，从学生的角度来看，时间在课堂上会过得很慢，而注意力不集中的学生有强烈的动机去打瞌睡或惹麻烦。相反，在戏剧中,从某种意义上说,时间的分配是非常充裕的(每天三个小时)。但在另一种意义上,时间是一种非常稀缺的资源,因为在演出前人们总觉得没有足够的时间来准备好一切。学生们也愿意付出额外的时间,在科技周期间一直待到晚上 8 点或更晚,并在演出前的三次彩排中待到晚上 11 点。制作团队的工作节奏类似于我们在杜威高中看到的那样——在过程的早期没有密集的工作,然后在演出临近时全力以赴,包括一些周末。在所有这些方面,剧院里的时间不像是工厂模式的学校教育,而更像是现代工作场所的时间——在工作和休息之间交替进行,项目的最后期限凌驾于一切之上。

"目的也可以创造心流。"这是米哈伊·齐克森特米哈伊的术语,指的是当人们完全沉浸在一项活动中时发生的情况。正如服装设计师罗莎琳德(Rosalind)所描述的戏剧和课堂的区别:"在课堂上,我经常会说'好吧,55 分钟',我每隔 10 分钟就会看一下表。但在设计服装时,我下午 3 点到达那里,一下就到了下午 6 点了。"

教育作家帕克·帕尔默(Parker Palmer)认为,最好的课堂既不是由教师也不是由学生主导,而是由一个"伟大的事件"主导,这个"伟大的事件"就是需要关注的主题。[31] 戏剧就是这样——表演的存在和观众的期望总是在视线之外组织着空间、时间和注意力。这让学生和成年人站在同一战线上——当集体为一个目标努力时,时间就是敌人(因为时间过得太快了),任何可能促进目标的行动都是有意义的。这里不需要等级和其他形式的管理,因为生产是组织行动的要素。

**选择**

戏剧、课外活动和选修课的一大特点是,学生选择参加。当我们在戏剧演出结束后采访学生时,他们一次又一次地提到,这与学校的核心课程不同,因为他们自己选择来这里。

"我总是对去剧院感到兴奋,因为我喜欢这样做。我的意思是在学校,你必须去做一些事。而在戏剧中,你可以选择做或者不做。"

"我在排练时比在学校时更开心,因为这是我想做的事、喜欢做的事,和那些想做这件事的人一起。"

即使是该剧的成年人导演本也承认,他在导演工作中比在西班牙语课上能够更多地发挥自己的能力,因为大家共同选择了去那里:

"我认为,当你觉得你周围的人与你有同样的动力,或与你做同一件事时,你会更容易敞开心扉。而在剧院里,每个人都是步调一致的。因此,他们也会自然而然地敞开心扉。而在西班牙语课堂上,我觉得我有些孩子想成为一名西班牙语教师,有些孩子想出国旅行,还有些孩子宁愿待在地牢里,你懂的。"

选择参加演出也提高了责任感。演员们表示,选择参加演出、工作的相互依赖性以及最终作品的公共性质,这三者结合在一起,意味着他们在排练中比在课堂上更有智力投入的责任。正如参加演出的高年级学生马特所描述的那样:"我觉得在排练中付出的努力肯定比在课堂上多得多。这是为什么呢?很明显,因为你自己选择了排练,但你不一定选择上课。除此之外,还有其他参加试镜的人也想来这里,但最终没能来这里,因为你被选中了,你需要全力以赴,你需要证明选你的人是对的。"另一位演员朱恩说:"我觉得我需要在排练中更多地参与,因为这不仅仅是关于我和我的教育。而在课堂上,如果你有点走神,你总是可以问你的朋友或问老师,你懂的。"

演员们也感到,作为一个共同选择参与戏剧社团的一部分,有一些特别之处。有几个人描述了他们在暑期戏剧夏令营的美好回忆,在那里他们和其他对舞台有着同样热情的孩子一起演出。相互的承诺使对戏剧的热情合法化——在这里,人们可以沉浸在莎士比亚的作品中,也可以把表演当作一门技艺来谈论,都是可以的。演戏也需要弱点,这在致力于同一最终目标的人中更容易做到。劳拉说,因为每个人都选择了去那里,"你真的可以自由地在舞台上表演"。本描述说,在有类似动机的人中,"更容易敞开心扉"。在这里,塞奇(Sage)解释了戏剧营和普通英语课的区别,首先是所有高年级学生都必须学习《哈姆雷特》这个事实:

"所有高年级学生都必须学习《哈姆雷特》。我真的很喜欢莎士比亚，但我并不总是喜欢上那门课，或者在这所学校里，因为很多孩子并不真的想学莎士比亚……这种漠不关心的态度最终会影响到其他人。然后，如果你真的热衷于此，你就会感到尴尬和奇怪。"

她把这与夏令营中的莎士比亚作了对比：

"所以，关于莎士比亚，我的意思是，我第一次开始接触这些实际上是在佛蒙特州的一个叫'带你去找乐子'的夏令营，蕾妮（剧中的另一个学生）也参加过。那是一次非凡的经历……

"我们玩即兴游戏，做表演练习，而且我们每年夏天都会表演莎士比亚戏剧的节选版。那是真的、真的、真的很棒。"

"为什么它很棒？"

"你身边的人也和你一样对同样的事情充满热情。许多比我年龄大的人都曾去过那里，我一直很钦佩他们。我们只是通读每个场景。每当有人有问题的时候，你就停下来，大家一起讨论。那真是太棒了，因为我觉得我第一次去那里的时候，也就是七年级前的那个夏天，感觉棒极了，因为你会突然注意到那些不恰当的笑话，那些粗俗的语言，还有那些美丽的诗意的语言。因为我是那里年纪较小的孩子之一，至少在我去的头几年，我有年长的青少年可以仰视，还有那些……他们中的很多人都给了我很多帮助。"

"这与在学校读《哈姆雷特》相比有什么不同？"

"哦，天哪，人们都不知道那些关于粗俗的笑话，或者即使有人知道，也没有人会笑，因为这并不好笑，只是，我'哦，哇，这太尴尬了，我真的不关心班上的任何人。所以，我不会嘲笑那些有趣的事情，因为我不想让他们认为我是一个书呆子'诸如此类的。我也不知道，我感觉很多时候人们有点害怕说他们喜欢莎士比亚，至少在学校，尤其是在这个学校。"

### 归属感

正如塞奇的描述所表明的那样，戏剧对学生产生力量的原因不仅是自主选择，也在于归属感。在我们的现场记录中，归属感是出现频率最高的词，这表明学生们谈论它的次数比任何其他元素都多。在最好的情况下，戏剧为学生创造了一种方法，让他们找到有共同兴趣和爱好的朋友；至少，戏剧给了他们一个可以去的地方和一个接受他们的社团。让我们惊讶的是，有许多学生只是感谢他们不必在放学后回家自己待着，喜欢这里有一个他们可以玩的地方。就像以前的职业运动员说他们退休后最怀念的是更衣室里的友情一样，学生们也表示，戏剧的最好部分是有机会和他们的朋友在一起。

正式和非正式的机制都被用来支持戏剧社团的创建。从形式上看，演出的特点是演员之间的亲密关系，演员们会一起去某人家里玩，吃比萨，点篝火。这里还有一个传统，就是这个节目的演员与另一个节目的演员玩激光枪战。学生们显然很重视这些机会，并深情地谈到了演员之间的联系。但是，也许建立社团的更有力的机制只是日常工作的性质。每天花3个小时一起共同制作一些东西，其中一些时间被安排在特定的任务上，但也有一些自由时间，这为建立这样一个社团创造了条件。在这里，奥利弗回答了一个关于学校和剧院之间区别的问题：

"我认为社团的感觉是不同的。当你在教室里时，你可能不知道每个人的名字，但当你在演出时，你会知道每个人的名字。你和每个人都有关系。如果我在戏里和你说话，我应该在戏外也和你说话，因为我有点想知道戏外的你是谁。而在课堂上你会举手，有时你在小组中工作，然后说'哦，这听起来很有趣'，但等你回到座位上，你就会忘记了。"

戏剧还为学生创造了一种方式，让他们在一所大型高中里找到自己的位置并定义自己的身份。该项目中的学生将自己描述为"戏剧社的孩子"，他们认为这是在高中生态系统中公认的身份。戏剧的力量之一是，它不仅是一项活动，也是一种身份。戏剧社的孩子们通常会在学校尽头剧院所在的地方闲逛，不仅是放学后，午餐时间和白天也是如此。戏剧社的孩子们经常把自己与体育生相对立，后者在学校的另一端活动。有一个情况就能表明体育运动在美国社会中有多么重要：有几个演员在被问及为何进入剧院时，一开始就说"我不是一个喜欢运动的孩子""我不会做任何运动""我不能""我甚至不知道什么是足球"。更为肯定的是，戏剧社的孩子们定义了一种围绕着艺术、自由的政治和社会价值观，对少数族裔和同性恋学生的包容，以及对戏剧的热爱的集体身份。拉文是演出中的两名非裔美国学生之一，她说她在戏剧社找到了家的感觉，部分原因是他们的种族意识：

"我的意思是，当我走进女孩们的更衣室，她们会谈论：'哦，你听说过特雷冯·马丁或塔米尔·赖斯的事吗？'或者，呃，不完全是这些，但是类似的例子，她们说：'哦，是的，这太可怕了，你听说过，你知道，在抗议活动中发生了什么？'而这些事情，我起初甚至都没有意识到。所以，有不同种族背景的孩子，他们不是少数族裔，但他们对这些话题更感兴趣，而且比我更开放，这真的很令人惊讶。这真的让我很高兴，感觉充满希望。"

那些不一定能很好地融入其他社会群体的学生经常在戏剧项目中找到归属感。一位女同性恋演员描述了戏剧社团的性质：

"好吧，我觉得很多怪人最后都去了戏剧社。在六年级、七年级、八年级、中学时代，人们会说：'哦，是戏剧社的孩子，他们可能是同性恋，他们有点笨，他们很安静，除非他们对斯蒂芬·桑德海姆大喊大叫。'我不知道。但现在是这样的：'哦，是戏剧社的孩子。他们对与人交谈有很好的掌控能力，他们的语言，他们的情绪，他们知道如何吸引人群，他们是非常有趣的人。'"

虽然"怪人"对我们在戏剧项目中遇到的许多令人愉快的人来说，似乎并不讨喜，但这确实反映了它优先接纳非传统人士的方式，包括非运动员。

如果说在戏剧项目中总有玫瑰和蜂蜜，那是不现实的。学生们说，其他演员可能会很斤斤计较，可能喜欢搞小团体，特别是，当他们试演同一个角色时，有些人得到了，有些人没有得到，朋友之间的关系往往会有些紧张。有些人说，在几乎每场演出的主角和配角之间也存在分歧。与任何涉及青少年的事业一样，友谊和归属感是最强大的吸引力，但嫉妒和排斥的力量也可能会露出丑陋的头。

然而，总的来说，天平倾向于创造一个开放、包容和温暖的社团。虽然这个社团是由戏剧项目中的每个人建立和维持的，但它起源于项目的创始人科迪·布莱克。本说，他有一种神奇的感觉。科迪是一个出生在底特律的犹太孩子，在皇后区长大。科迪的父母离异，用他自己的话说，他的家庭生活是不正常的。戏剧和体育给了他喘息之机，他在那里找到了在家里所缺少的那种归属感。这些地方很特别，因为"你在和人们一起工作，以实现一些目标。你知道，我回想起来，它给了我快乐，让我对自己感觉良好。我认为这很重要，因为我在家里没有得到这些。我认为与志同道合的人一起工作是最重要的，不管是运动队，还是戏剧制作，以及有这些关心你的老师"。

科迪特别受到几位老师的影响，他们都真正信任他们的学生。科迪记得最重要的象征行为是老师给学生钥匙的时候。"总有个老师会把钥匙给你。'嘿，去拿这个'，这是一串钥匙。这些钥匙对我来说意味着他们对我的信任。看在上帝的分上，他们把他们的钥匙给了我。所以，他们信任我，他们把主人的身份交给我，而不是权力，但是……他们把他们的东西交给了我，我必须保管好这些钥匙，把它们当作我自己的东西。"科迪在对待自己的学生时延续了这种做法。"所以，我觉得把通往王国的钥匙交给这些孩子是很重要的。"

科迪以进入他的"办公室"的方式，把通往王国的钥匙交给了学生。"办公室"不同于其他任何地方。戏剧社的孩子们似乎每时每刻都在这个10英尺×10英尺的空间里，躺在沙发上，坐在地板上，做作业，或者只是聊天。特别是在午餐时或排练前，你会发现学生们在弹吉他、吃饭或闲逛。科迪有时在那里，有时不在。当他在那里时，他经常坐在后面用他的电脑工作，偶尔加入谈话，开个玩笑或轻松调侃一下，但大多数时候只是让学生们去做。科迪的办公室是一个可以畅所欲言的空间（你可以倾诉自己的一天，抱怨家庭作业或其他老师），没有任何话题是禁区，也没有学生在成年人周围进行通常的那种自我审查。学生拥有这个空间，在某种程度上，这所学校有很多走廊，但很少有长椅或其他可以坐的地方，所以这是很难得的机会。我们一些最好的采访数据来自布莱克的办公室，因为学生似乎更自由地说出了他们真正的想法。一个学生说，办公室已经被青少年占领了，现在不像是一个办公室，更像是一个公共空间。另一名学生说："这是一个你可以倾诉的地方。你可以和朋友们在一起，聊聊今天特别烦人的小妞。所以，对其他人来说，可能是那些不在戏剧社的人，这就像'哦，这是另一群孩子，你知道，只是在老师的办公室里聊天'，但对我们来说，这就像一个秘密俱乐部。"

除了管理戏剧项目和每年指导音乐剧外，科迪还教一门戏剧课。在这门课上，最终的作业是让学生给朋友或家人写一封信，表达他们一直想说但一直没能说出的话，然后他们为全班进行展示。在这些独白中，学生们公开了自己的同性恋身份，分享了他们酗酒的母亲和虐待孩子的父亲，并描述了他们每况愈下的友谊和破裂的关系。科迪描述了接下来发生的事情："重点是，他们看着对方，'哇，我们都有自己的故事，我们都有来自的地方，或者在我们的生活中发生的事情，我们可以涉及或与之联系'……最后的结局总是一样的，'哦，我的天，你知道，就像我们更了解彼此'，然后当他们在大厅里看到彼此时，他们明白他们有这种特殊的联系。"由于这个戏剧项目中的许多演员都上过科迪的课，他们一起有过这样的经历，这为彼此之间建立更深的关系创造了机会。剧组中的一位演员说："我上过他的戏剧艺术课，很质朴。我的意思是，我们所学的内容，如独白和发现角色，是一个非常质朴的过程。所以，一旦你完成了冗长的独白，你就会觉得说什么都很舒服。"

虽然建立一个相互信任的社团会使戏剧更精彩，但科迪的观点是，戏剧是建立社团的一种机制。科迪拥有教育咨询的硕士学位，在他的论文中，他开发了一个即兴剧团，处理同性恋恐惧症和约会强奸等问题，并通过将这些戏剧化试着帮助青少年讨论这些问题。当我们问他关于项目人员的主要目标是什么，是以人为先，还是以主题为先，或者是让人胜利完成这个主题时，他回答说："人，我认为是人。你知道，我认为这可以归结为人类经历，我认为我们都渴望与其他（人，甚至动物）联系在一起。我的意思是我要对你说实话。当我遇到一个人，而他是一个来自皇后区的犹太人，我就会有一种共鸣。'嘿，你来自哪里？你去过沃尔瑟·姆那家店吗？'我认为我们都有这种感觉，在我看来，我们希望有联系。特别是当与年轻人一起工作时，他们正在积极尝试发展自己的身份，承担风险，并学会如何与他人相处。"科迪认为，戏剧及其所建立的社团不仅对培养学生的表演技能有好处，而且有助于他们成为更自信、更团结的成年人。

## 相互依赖的角色

艾米丽（舞台监督）："如果有人请假或生病了，就会对整个过程造成影响，不管是谁。（平常）你可以正常工作，但如果有人生病或不在这里，那情况就不是最好的了。"

采访者："有意思。为什么会这样？"

艾米丽："因为每部分工作都很重要——每个人在这里都是有原因的，我们没有多余的人在这里闲逛。如果你看一下舞台工作人员，或灯光，或其他东西，每个人总是在做一些事情，因为他们必须这样做。因为他们有最后期限。而这些最后期限无法改变。所以，每个人都在他们需要的地方，总是不可或缺的。"

本（导演）："在剧院，这是一个团体，因为每个人都有自己的一份工作。但是如果比利在我的西班牙语课上睡着了，也不会真正影响我在课堂上的表现。我们在剧院里一起创作，但在西班牙语课上（我们没有）。"

戏剧制作与常规课程不同的一个方面是角色的存在。大多数课堂里只有两个角色（老师和学生），而一部作品有多少人就有多少角色，总共有30个。这些角色包括演出中所有不同的表演角色，以及导演、副导演、灯光设计师、助理灯光设计师、戏剧编导、服装设计师、助理服装设计师等。戏剧的制作是高度相互依赖的——它不仅要求每个学生履行自己的职责，而且要求这些部分以一种综合的方式结合起来。这并不总是那么容易，正如我们将看到的那样。

这些角色的一个重要优势是，它们创造了许多领导机会。与上课时不同，学生们有机会指导他们的同龄人。舞台监督艾米丽比较了她在课堂和学校的角色：

"上课对我来说是一生都在做的事情。这有点孩子气。排练是'好吧，这是一份工作'。随着年龄的增长，这就是生活的样子。我知道有很多朋友和熟人都在为'哦，天哪，我要成为一个成年人了'而挣扎。我要自己做主了。在过去的几个月里，我负责管理20个人。因此，我对照顾自己并不感到紧张。"

学生副导演塔莉娅描述了她是如何逐渐适应承担责任的："对我来说，当我做导演的时候，我不仅在学习作为导演实际的内容，也在学习领导力。开始，我觉得做导演有点奇怪，因为我想'哇，这个人比我更有经验'，有点害怕，但后来意识到'不，我是导演，我处于这个领导岗位上，我需要站出来'，我学会了如何超越自己，成为一个领导者。"

就这些角色的优势而言，他们提出了在任何中型组织中都存在的同样的挑战：如果角色能够实现专业化所需的差异，这些角色如何才能整合成一个连贯的整体？在许多组织中，每个部门都把自己看作是独立的单位。学生们大部分时间都和其他类似角色的人在一起——演员和其他演员，工作人员和工作人员，服装人员和服装人员。这些小组往往在物理上被隔离开来，以便每个小组都能完成他们的工作：服装人员有一个制作服装的房间；一个类似木工房的空间是剧组进行大部分工作的地方；而演员有舞台，除非有一天灯光或布景需要，他们会被移到乐队室。虽然随着时间的推移，角色之间会有一些变化（也就是说，有人可能在一场演出中担任演员，而在下一场演出中做服装），但也有许多人多年来一直担任他们的角色，这进一步加强了部门的结构。因此，当所有的小组都在一起时，比如在技术团队，学生们在休息时大多与他们部门的人在一起。

考虑到这些动态，节目的一个关键挑战是建立团队间的融合，这样他们就可以在整个过程中学习团队合作、换位思考和相互尊重。有一些正式的整合机制。一个是在演出开始时，本和塔莉娅与服装、布景和灯光等部门的一系列会议，以沟通演出的整体效果。另一个是周五下午的制作会议，由艾米丽主持，每个部门都有大约 5 分钟的时间来报告自己的进展，并提出需要其他部门配合的问题。正如我在现场笔记中描述的一次制作会议那样：

"大约 12 名学生围坐在两个被推到一起的长方形桌旁。娜奥米、罗斯、本和其他成年人站在外圈。艾米丽正在主持会议，并把介绍我们的议程移到了下一个。科迪正在打字，估计是在做别的东西。每个人都在用他们的眼睛关注着。还有一个女孩在用电脑做笔记。这里有四个水瓶。麦克斯面前放着一罐品客薯片。几乎每个人都穿着牛仔裤——看起来像是在开会，等待轮到自己。他们并不着迷，但也没有不合适的举止，只是看起来像成年人的生活。"

一个理解这里所发生的事情的方法是将教室的隐性课程与戏剧的隐性课程进行比较。正如塔莉娅所描述的："我认为，当你在学习的时候，有两件事是你真正学到的。一是内容。所以，如果我在英语课上学习《哈姆雷特》，那么《哈姆雷特》就是我正在学习的内容。另一个是你所处的实际情况。所以，在我学习《哈姆雷特》的同时，我也在学习如何融入课堂。实际上，我并没有学到什么新东西，因为我以前也上过课，我在学习如何坐下来，听老师讲课，做笔记，以及所有这些东西。"正如菲利普·杰克逊（Philip Jackson）等隐性课程理论家所观察到的，大多数课堂的隐性课程是服从，课堂让学生学会如何听从指令、单独工作，并满足权威人物（教师）的要求。[32]

相比之下，戏剧的隐性课程是学习如何在现代组织中发挥作用，在这种现代组织中，专业知识是横向分布的，参与者需要学习的是如何尊重他人的工作，以及如何协商不同领域的问题。例如，在一个节目中需要大量协调的一个问题是旁白，即演员转身直接对观众说话的时刻。当时的想法是，演员转身，聚光灯照在身上，演员说台词，然后演员转回身，灯光熄灭。但在实践中这是一个挑战，因为这个动作的时机（在演员转身时准确地打开灯光）和定位（让演员准确地站在灯光照射的位置）都很难掌握。这是如此困难，以至于在演出前两天的彩排中，他们考虑彻底放弃这个想法。但最终他们决定保留旁白，并决定移动演员，因为这比移动灯光更容易。这个决定导致剧组在舞台上策略性地重做了演员用来定位的标记。例如，给一个不知所措的演员设置了自己的标记颜色，以便在表演中更容易找到他的位置。在一次彩排中，一位演员离光太远，以至于他不得不跳进光里，这引起了在场人员的哄堂大笑，由于这是一部喜剧，他们决定保留这一内容。因此，通过讨论、相互适应和即兴表演的过程，该小组学会了如何解决一个跨越部门的问题。

在教授这些团队合作和相互尊重的技巧方面，戏剧有一个相当大的优势：参与其中的成年人本身就有长期合作的历史，彼此之间有很大的信任和相互尊重。正如服装设计师娜奥米讲到灯光设计师拉里时所说："他只是顺便问一下我是否需要什么，然后就会主动提出帮我做，即使这要占用他正在工作的时间。"然后，成年人将这种相互尊重延伸到了学生身上，将他们的角色和专业知识视为与成年人同等重要。例如，在一次制作会议上，娜奥米说，由于家庭问题，她不能参加设计人员的排练，这是一次重要的排练，演员们会从头到尾表演一遍，以便各个设计团队都能看到它并在需要时调整他们的工作。然后，她非常试探性地问，是否可以将这个大彩排从下周末移到下周初。以下是我的笔记：

"接下来是大量的来回讨论。摄制组主任罗斯说，这对他来说是可行的，他可以利用额外的时间推进剧院其他工作。艾米丽查看了周一和周二的日程安排，发现有两个演员，包括主角之一的潘塔隆，那天要外出。罗斯问他们是否可以商量一下换演员。本说，他觉得这样问不太合适。罗斯说提前一周以上通知，这显然是常态。本仍有异议。娜奥米总结说：'如果容易的话，我才愿意换。'最后，他们同意录下大彩排的情况给她看，并用它来给服装部门做说明。"

这次交流值得注意的是，成年人彼此尊重，也尊重学生。罗斯想让娜奥米满意，但娜奥米不愿意调换角色，因为这样对演员不公平。

学生们经常用工作的比喻来描述戏剧——并不是说它不能是有趣的和好玩的，而是说它是一个专业的环境，个人应该在工作的要求面前退居其次。正如一位演员在回答一个问题时所说的那样，在一场演出中，他们的同伴是为他们挑选的，"好的一面是，在剧院里，我们被扔进一个房间，和一群我们并不认识的人在一起，我们并没有发言权。我不得不和他们一起工作。我很高兴能有机会和他们一起工作，这是我不得不面对的经验。"学生们互相称对方为"专业人士"，例如当演员丽莎在排练休息时走到服装组，他们问她对衣服的看法。"哦，我不知道，"她回答说，"你们是专业人士。"科迪诙谐地引用爱国者队（译者注：美国著名橄榄球队）教练比尔·贝利奇克（Bill Belichick）的话说，这个项目的口号是"做好你的工作"，意思是"无论你选择做什么，都要用心去做。你可能不喜欢关于它的每一件小事。你可能不喜欢要缝这个，画那个。但是，他们真的很在乎……这就把他们带回来了。"

总的来说，学生和成年人都认为《一仆二主》这部戏在创造相互尊重的关系方面相当成功，同时他们试图在短时间内建立一个非常复杂的东西。舞台助理塞奇说，有时气氛会变得非常紧张，但总体而言，"每个人的感情都很好"。正如娜奥米描述的那样："这是一群令人难以置信的相互尊重的演员，尽管工作很复杂，但他们非常尊重彼此的工作成果，有时这就是个性和月相的完美组合，这一点真的很了不起。"

## 学徒制

戏剧的另一个重要方面，也是使其有别于课堂学习的一个方面，是学生学习中强烈的学徒制元素。学生们通过实践来学习，但他们是在有更多经验的人的监督下进行的，在制作部门（灯光、服装、布景、舞台监督）尤其如此。在那里，学生们描述了一个逐级上升并逐渐获得更多责任的过程。例如，该剧的服装设计师罗莎琳德记得，她最初作为新生，在第一部作品中做跟班，然后成为"换装者"，即在演出中为演员更换服装的人，然后在一些小型演出中做一些设计，如今成为《一仆二主》的首席学生设计师。高年级的学生有时会向低年级的学生展示事情是如何做的，正如塞奇所描述的，她是如何在早期的演出中从一个叫阿曼达的女孩那里学会舞台监督的：

"她教我如何做每一件事，她教我如何设置活页夹，以及什么是台词笔记，如何为这些演出做分段笔记，如何做节目单和运输单，以及所有这些。我的意思是，她教了我很多东西，我想大部分都不是我做的。但是，我对这一点很满意。我当时就想'哦，天哪，我可以坐在高年级的学生旁边了'。所以，是的，我的意思是，我认为这对我来说基本上是我的前奏。"

正如塞奇所描述的，高年级学生不仅仅是在传授技术知识，他们也是榜样，甚至最初被纳入他们之中，也会觉得是一种荣誉。这个过程是拉夫和温格所说的合法的外围参与的一个更具体的实例，这是学徒学习的一个理论，表明人们从一个领域的外围参与者开始学习，随着他们扮演更重要的角色而逐渐获得专业知识。[33]

这个特殊的戏剧项目有一个好处，那就是每个部门都有成年人带领，这让学生可以直接接触到比最有经验的学生更具专业知识的人。这些成年人也同样经历了这个过程，在他们的领域里被更有经验的人指导，并付诸行动。例如，成人灯光设计师拉里，本科时主修灯光设计，曾与一些专业剧院合作，做灯光方面的兼职工作。随着演出数量的增加和项目的扩大，他逐渐成为全职。现在在夏天和一些周末，他还与专业剧院和社区剧院一起工作，有时，他无法参加，就把这个机会交给他培训过的高年级学生或刚毕业的学生。因此，参与演出的成年人提供给这些学生的是真实的、在某些程度上来说是最近正在进行的实践经验。有的学生会因为这些机会在高中毕业后参与这些领域。这与我们研究中的大多数普通教师形成了鲜明的对比，他们与他们所教学科的专业工作几乎没有持续的联系。

学徒制学习与课堂学习的不同之处还在于罗兰·萨普（Roland Tharp）所说的成年人和学生之间的共同努力。[34]如果说在普通课堂上，学生是为了取悦老师，而老师在评价学生的作品时扮演评委或裁判的角色，那么在戏剧制作中,他们是在共同为观众制作作品。虽然老师小心翼翼地把最终决定权交给学生,但他们对所制作的东西也有相当大的职业自豪感,因此师生共同努力,确保作品达到他们的标准。例如,受人喜爱的服装设计师娜奥米决定与低年级的罗莎琳德共同为这个演出设计服装。这个决定是应学生的要求而做出的,因为退出这个项目的学生说,这里有时有太多的学生领导,学生们因为没有成年人直接与他们合作而失去了优势。

反过来,罗莎琳德描述了和娜奥米一起工作的感觉,她说娜奥米是"我认识的最善良的人之一"。"我认为这很特别,因为我不确定娜奥米上次为演出设计服装是什么时候……这和同学一起设计完全不同,真的很特别。其次,因为她知识渊博,而且擅长她所做的事情,我认为这给了我对所做事情额外的信心。此外,因为我知道娜奥米自始至终支持着我。"娜奥米和罗莎琳德一起经历了整个过程——研究剧本背景、制订设计和配色方案,创建形象板和品趣志(译者注:Pinterest,类似于微博、Facebook的社交网站),缝制服装,然后根据需要进行调整。在所有这些过程中,罗莎琳德发现娜奥米非常冷静。"她是如此博学。我不知道她是如何知道这么多的,但她总是对这些微小的复杂的时间周期,甚至是特定的年份,关于不同的事情有一些了解。因此,她可以很早就指出'哦,不,这行不通的,这不是正确的时间段'……或'虽然这早了两年,但没有人会知道'。这些都是小事。有这样的支持,我认为这真的很好。"通过合作创造一些东西,罗莎琳德从娜奥米那里学到了大量的专业知识,同时还积累了为演出设计服装的经验。

随着学生年龄的增长,他们所扮演的角色越来越多,要求他们完成的任务也越来越复杂,这反过来也有助于建立更复杂的理解。例如,塔莉娅将她从演员到导演的转变描述为从部分到整体的转变,从只根据要求做到完成整个制作过程。[35]成年人灯光设计师拉里同样表示,他与资深学生灯光导演利亚姆的合作更像是一种伙伴关系,而不是师生关系,因为利亚姆现在有足够的经验看到和拉里同样复杂的东西。例如,拉里说,刚开始学灯光的学生脑子里还没有整个演出的画面,因此,虽然他可以解释他们在做什么和为什么做,但他们还没有一个完整的心理模型,不知道他们要创造的是什么。但是，与设计了多年节目的利亚姆合作，他们可以从一开始就谈论广泛的愿景和特定场景的实现，因为他们可以同样地设想最终作品可能是什么样子。在整个过程中，学生和成年人都听从利亚姆关于灯光设计的决定，给予他与他的专业知识相称的尊重。

### 强大学习经验的弧线

对戏剧的熟悉掩盖了戏剧学习的复杂性。一场演出要想成功，演员需要：了解演出剧目的历史、时期和作者的意图，对他们如何演出进行集体解读，理解他们的每一句台词——他们在那场戏中是谁，说话的目的是什么，通过动作和声音的变化来传达什么；内化他们的台词，以便他们可以不假思索地说出这些台词；发挥场景中其他角色的作用；并将其与服装、布景和灯光相结合。所有这些都充满了风险和脆弱性。学生们需要发展对角色的解释，而这些解释可能是平淡无奇的，他们需要挖掘自己的一部分，并将这些部分在数百人面前现场展示。要实现这一切，需要将那些通常保持独特的内容整合在一起，如激情、头脑、心灵及双手、有意识的记忆和无意识的流畅、个体部分和整个集体。我们之所以将戏剧和其他课外活动视为有潜力的学习平台，部分原因在于它们有办法丰富和整合诸多领域的学习。

### 打好基础

所有人都认为，《一仆二主》是学校有史以来最复杂的演出之一。该剧是18世纪卡洛·戈尔多尼（Cario Goldoni）创作的一部喜剧，剧中的主角不是一个而是两个，导致了一系列喜剧故事，如"为你的主人"偿还债务而不知道钱应该给谁。它是一种意大利风格的喜剧艺术，剧团的演员每人都有一个角色（老巫婆、年轻小伙子）和一本演出大纲，然后他们要即兴发挥，利用那些固定角色的预期任务。在他们的《一仆二主》这个版本中，他们将遵循台词（而不是即兴创作），但同时也在塑造角色所代表的人物。此外，他们决定遵循密尔沃基剧团在 2004 年首次推出的演绎方式，在这种演绎方式中，演员不总是扮演角色，有时还会扮演一个正在演出的剧团。观众会知道他们是在看戏（演员扮演的角色）还是戏中戏（剧团的情景），因为会用到舞台的不同部分（和不同的灯光方案）。剧情的高潮是仆人主角特鲁法尔迪诺（Truffaldino）在剧中结婚了，但扮演该角色的演员却病死了，学生们必须向观众传达这种双重性。正如演员们自己所证明的那样，当他们刚开始表演时，他们对仆人、喜剧风格或所扮演的具体角色知之甚少。在短短的八周时间里，他们是如何学会这些的呢？

在制作过程中，每个人都对这个节目、剧作呈现的时代和喜剧风格做了一些研究。本提出了一些总体的框架性想法，阐述了意大利式喜剧与英国式喜剧的不同，解释了为什么要做该剧的黄金版本，并介绍了一些历史背景。演员们还观看了英国国家剧院的演员扮演的该剧不同角色的片段。一些演员还观看了与他们所扮演角色相关的其他演员的 YouTube 视频。该剧还得益于两名学生编剧，这是一个由学生自己发起的新岗位，在该剧中进行试点。他们对剧作家的意图和该剧的历史进行了研究，并将其提交给演员。因此，在早期阶段，开展了各种不同的学习形式，包括成年人的指导、学生对以往作品视频的集体分析和对角色的解读、演员的个人研究（包括文本和视频），以及特定的学生岗位（戏剧编剧），在这些岗位中，选定的学生发展了专门的专业知识，然后与大家分享。

一个专门从事喜剧的成年人剧团也是其重要资源。这个剧团通过社交网络找到了一个排练场，解释并演示了许多角色的动作，并和学生们做了一些游戏，让他们尝试一些主要角色和伴随角色的肢体动作。许多演员认为成年人剧团对于帮助他们发展"肢体素质"特别重要，因为该剧的每个角色都有相应的动作。虽然剧中的大多数演员以前都演过戏，但没有人有过喜剧所要求的夸张动作的经验，他们中的一些人将这种挑战描述为该剧最重要的部分。与专业剧团合作的好处是注入专业知识，提供反馈，并表明学生的工作有一个真实的世界背景。所有戏剧的主要元素，大多数核心课程中都没有。

## 在实践中学习

刚开始排练，学生们参与"桌面工作"，也就是逐行阅读剧本，熟悉人物、台词和演员之间的节奏。其中一些工作是盘腿坐在舞台的地板上进行的。当工作逐渐进展到更多的场景表演时，仍然有剧本在手。

这些早期排练的主要任务是让演员们尝试他们角色的最初版本。本的观点，也是许多导演所认同的，他认为在最初的时候冒险尝试一些东西，对后面的一切至关重要。他说他从他的导师罗恩修士（Brother Bon）那里学到了这一点，罗恩修士是他高中演出时的导演。"我从罗恩修士那里得到的是，他总是说'不要说，要做'。而我真的是在做一些事情，然后分析结果，而不是计划两个小时关于第二场戏要怎么做。"从这一理念出发，本最经常的反馈是"做出选择"，意思是演员需要对他们的每一句台词和每一个动作做出强有力的决定。特别是对于年轻的和经验不足的演员来说，这并不那么容易。他们会向本寻求更多的指导，但他的回答总是相同的："你需要做出选择，你需要做出决定并去尝试。"从本的角度来看，对人们的任何尝试给予反馈总是比较容易的，但不能这样做，除非有人冒险尝试了一些东西。做出选择也是对演出任务量的务实反应，因为演一出戏的工作量太大了，正如本在排练中经常强调的那样，有太多的台词和动作，本和塔莉娅无法——指导他们每个人。因此，如果这出戏想要成功，学生的主动性就不是可有可无的，而是必需的。

与此相关的一点是，本试图鼓励演员们在他们提出的内容上承担风险。正如他在许多场合所说，"更大的危险在于不冒风险"。就像一个雕塑家，一旦一坨黏土有了最初的形状，它就可以被塑造成不同的形状，但在它被创造出来之前，没有什么可以塑造它。正如本所描述的那样："对我来说，收回东西比试图收回东西要容易得多。"更有经验的演员明白这一点。该剧的主角亚历克斯是一位经验丰富的即兴表演者，他把排练描述为尝试不同可能性的过程。"如果你认为某件事情很有趣，你应该去尝试，你应该去做。如果你认为这是个好主意，一定要去做，如果你搞砸了也没什么大不了的。人们并不是真的要考虑那么多。这没什么大不了的。"亚历克斯在排练中践行了这一口号：他尝试了各种不同的方式在舞台上跳跃，以强调他的角色引人注目的本性；他尝试了在诱惑场景中以粗俗的方式表达台词。正如他所说的，这些方法有的奏效，有的不奏效，但通过这些选择，他无疑得到了更快的发展。相比之下，一些年轻的、经验不足的演员有时会用"我不确定"来回答本的"你当时做了什么选择"，而缺乏这些选择意味着他们需要更长的时间去塑造他们的角色。就像设计思维有一个"更快失败"的口号和建议专栏说的"不冒险，不收获"一样，演员在发展他们的角色时也是如此。

这之所以困难，部分原因是它需要摆脱根深蒂固的克制。当我们在演出结束后采访演员时，大约有一半的人说自己是外向型的，在舞台上是"高大上的自己"，而另一半人则说自己是内向型的，对他们来说，舞台使他们能够做他们在现实生活中永远不会做的事情。雷尼是一个非常害羞的女孩，她在剧中扮演女主角斯梅拉迪娜。她说，这个角色最初让她很害怕，因为"她很放荡，大嗓门又很性感——所有这些我都没有"。她不是唯一一个持这种观点的人。一些演员说，他们发现早期的排练非常具有挑战性，因为他们基本上"赤身裸体"地在那里，努力寻找他们所演的角色。最具讽刺意味的是，他们说，在演出当晚，在观众面前的表演相对来说比较容易，因为那时展示的是角色，而不是他们真实的自我。

早期排练中的另一个复杂情况是，演员们彼此都还不太了解，有些人试图证明他们属于这部剧。高二学生瑞文解释说："在这个过程的开始，我认为这真的很难，因为你还没有机会了解这个剧组中的大多数孩子。我的意思是我对他们所有人都很熟，但是我真的不了解这些孩子，我不信任他们。所以，看起来每个人都在试图打动对方。比如，'哦，我是最好的演员，我是最好的演员，你知道的。这就是我得到这个角色的原因。'我肯定是想以瑞文的身份给所有人留下深刻印象，而作为瑞文，我甚至没有把注意力放到碧翠丝（她的角色）身上。我试图向大家展示，我值得这个角色，你知道。"高一新生莱莎说："本试图对抗这种情况，但并不总是成功。我的意思是我注意到本，他总是说'你没有什么需要证明的。你已经被录取了'。但我觉得我必须证明我值得参加这个演出，是的，我可以做到。"就像大学新生在刚入校第一个月里试图证明他们不是录取错误一样，演员们想要证明自己归属的个人欲望妨碍了他们在戏剧内容上的实际合作。

### 语气和文化

鉴于这些挑战，为排练过程建立正确的基调（一个不受评判，产生信任，并鼓励人们冒险的基调）对于演出的成功至关重要。在第一天，小组共同构建了一些规范，这些规范反映了未来过程中的许多主要挑战，包括：尝试新事物，做出明智的选择，关注他人，享受乐趣，创造一个温暖的、无偏见的环境，做好犯错的准备。本和塔莉娅也对他们给演员的反馈和注释的性质进行了很多思考，正如塔莉娅所说，"错误的注释会让一个演员崩溃"。他们试图调整他们的反馈量。本说他在多年的导演生涯中学到的东西之一是少给注释，因为演员无法一下子接受所有的反馈。本还明确地表扬他们做出的选择，无论其选择是否有效，他都给予了积极的反馈。

如果说给予好的反馈的关键部分在于其语气，那么反馈的内容也很重要。本的大多数反馈不是下达指令，而是提供一种选择。演员们非常欣赏这种风格，因为这让他们负责塑造自己的角色，同时也为他们可能尝试的东西提供了想法。马特说："他给的大多数反馈都不是说'这就是要做的事情，没有什么好争论的'。通常情况下，它更像是：'如果你尝试这样做，或者思考一下这个问题呢？'……因此，我认为我们绝对有机会去思考我们的角色，而不是，你知道，让他来决定一切。"本还试图把反馈意见归结为不是来自他本人，而是来自节目的需要。"如果他们认为我在谈论我的个人偏好，那么他们就必须接受我的个性，接受我的一套价值观。……这不是关于我的，而是关于我作为观众看到的东西，以及我对它的理解。这不是说你需要为我做的，你需要为你自己做，为观众做。"由于戏剧是一种表演媒介,本的评论经常反映出我们作为局外人的旁观者,作为未来的观众所看到的东西,这是事实。演员们尝试的一些东西奏效了,而另一些则没有(拥抱显得自然或勉强,笑话成功了或毫无反响),因此本所做的大部分工作只是温和地预测观众对演员们所做尝试的反应。这种反馈对于制定标准至关重要,这将使戏剧真正值得观众观看。

这些过程累积起来,随着时间的推移,演员们彼此之间的关系越来越好,也越来越敢于冒险。在这里,瑞文描述了事情的演变:"一旦演员们有了信任的基础,就不再是'哦,谁在看着我',而是'我们如何创造一个可以一起冒险的空间,并给对方提供这些注释'。"她说,随着时间的推移,这变得更加容易和流畅,因为"你在舞台上与你逐渐信任的人在一起,逐渐成为亲密的朋友,逐渐爱上他们"。瑞文的描述让人想起关于团队如何发展的研究——经历了学者布鲁斯·塔克曼(Bruce Tuckman)描述的"形成、风暴、规范和执行"等阶段——信任和时间是促成协调行动的关键因素。[36]高一学生黛西补充说,导演组对待演员的方式反映了他们希望演员在演出中的表现,这种平行关系我们先前称之为对称性。

"本和塔莉娅是非常好的导演。他们有足够的影响力来控制一群吵闹的高中生。但他们也有足够的宽容,让我们有一点乐趣,开一点小玩笑……拿某人戴的一个有一英尺长鼻子的面具来开玩笑。在任何时候,他都不会说:'这是一场戏剧表演,你不应该这么开心。你应该只是为人们上演一场喜剧。'因为为了上演一部喜剧,不仅自己玩得开心。我认为很大一部分原因是我们很多人都玩得很开心。"

### 头脑、双手和心灵的互动

即使有一个支持性环境的帮助,演员们仍然需要弄清楚如何扮演他们的角色。"做出选择"比看起来更难。本的另一个被引用最多的建议——"表演一个动作,而不是一种情绪"——是为了帮助他们思考为什么他们的角色会有一种特殊的感觉,以便将其传达给观众。例如,在这里莱莎描述了"表演悲伤"的问题。她说:"我的意思是,如果你在表演悲伤,就没有真正的动机。你只是悲伤，但你不知道为什么，你不知道你怎么会悲伤。这只是一种肤浅的东西，并不像真实的人。真实的人他们有深度，他们有生活，他们有经验，所有这些都会影响到情感。那么，你会怎么做呢？我认为你必须做研究，并认真思考它。我们把这个剧本分成几个不同的节奏，所以每个节奏都有具体的目标和动作。"在莱莎的叙述中，我们也看到了整体和部分之间的循环往复——她既在努力思考她的角色的整体动机，也在努力思考具体台词和动作的目的。

许多演员都表示，找到自己角色的关键是为角色找到合适的体态。这表明在他们的学习中，认知和身体，头脑和身体之间存在着一个交集。例如，瑞文扮演的碧翠丝是一个女人，她在剧中的大部分时间里把自己伪装成一个男人，在最后以女人的身份再次出现。她描述了她是如何找到自己扮演碧翠丝的方式，她表示通过阅读剧本和练习并没有真正掌握精髓。她说，转折点是："获得作为一个男人的体态，因为这是我的心态。一旦我进入了实体角色，成为那个角色就不那么难了。"但实际上人们说的是相反的，她说，她咨询了一位变性人朋友。"我和我的变性朋友谈了他在女人的体态到男人的体态之间的转变是什么。如何降低你的声音，如何走路，以及如何说话。所以，一旦我得到了这些，我就深入研究角色的情感状态……事情是循序渐进的。我把我的体态练好了，然后我再把我的心态和性格练好。"扮演弗洛林多的尼科说，观看专业喜剧演员表演的视频很有帮助，因为之前他认为弗洛林多的傲慢体态有助于理解角色，但直到他亲自尝试动作他才将这种观察转化为行动。"我认为，没有拿着剧本的第一天，是我真正发现自己角色的第一天。在此之前，我非常不确定我的角色是什么——我知道我的角色要完成什么，他的目标是什么，因为这就是我们在排练中所研究的东西——角色的塑造。但是，我并不真正知道他有什么样的身体状态，也不知道如何实现他的目标。"

如果说寻找角色的部分内容是整合身心，那么另一部分则是激发角色的情感。所有的演员都表示，尽管他们扮演的是 18 世纪的意大利人物，但他们需要将自己与角色联系起来，赋予角色深度。例如，瑞文说："我会把碧翠丝的独白翻译成我自己的话，我会用我自己的情感。我是以瑞文的身份做的。然后，当我以瑞文的身份这样做的时候，我从我的情感中、从我应该在这些台词中加入的动作中汲取，把这些注入到碧翠丝身上。"正如尼科所描述的情感对表演的重要性："教学可以传达信息，但我认为戏剧的本质，像其他艺术一样，是传达情感。所以，你要努力把情感从你的身体带到另一个演员的身体上，然后再一起带到观众面前，这样观众就能感受到共鸣，然后对刚刚在表演中发生的事情有一种宣泄，以一种能反映在这部戏剧上的方式感受这些情感。"强大的学习往往需要整合认知和情感、头脑和心灵，而戏剧作为一种形式，一直在推动演员发展和使用这些理解模式。

## 学习的层次

随着排练进入中后期阶段，演员们的任务每周都会增加一层复杂性。在短短的十月份，他们开始脱稿，这意味着他们需要记住自己的台词，而不是看剧本；他们封闭排练，这意味着他们不仅要记住动作，还要记住台词；他们融合了服装、灯光和道具，这意味着他们必须学会穿着新衣服和使用新物品；最后他们进行了三次彩排，然后是三次演出，这意味着他们必须从头到尾不间断地完成整场演出。每一个新层次都有一种"前进一步，后退两步"的感觉，但质量提高了。当学生们试图把注意力集中在新维度上时，前一阶段发展的许多东西都暂时消失了。例如，在最初的一次脱稿排练中，本给那些台词还有些不熟练的演员提供了一些严厉的反馈："等一下，请所有演员上台。这是对现实的检验。现在我们看到的只是一条线。我希望你能有更多条线……没有能量来回传递。别再想下一步了，想想现在吧。这是一个非常安全的做法。"

专业学者描述了学习的四个阶段：无意识的无能（你不知道你不知道什么），有意识的无能（你知道你不知道什么），有意识的能力（你可以通过思考去做某些事情），最后，无意识的能力（你可以自动去做）。[37]在排练中，随着新层次的引入，已经达到无意识能力阶段的东西（例如，演员如何扮演角色）在演员试图记住他们的台词（有意识的能力）时暂时遗忘了。因此，每一个新的层次都有得失，直到达到一个新的平衡点，在这个平衡中，演员对他们的台词和角色都有无意识的能力。在这些新阶段取得进展的关键是要有时间去适应。例如，虽然大家一致认为第一次彩排是很糟糕的，但到了第三次也就是最后一次彩排时，演出的状况已经很好了，这不仅是因为前几晚的修正，而且还因为一旦演员对服装、灯光和完整的演出过程感到舒适，以前建立的许多东西就会重新出现。

**完善与表演**

如果说排练过程的开始是创作，中间是巩固和融合，那么最后一步则是两件事：越来越详细的微调和表演。就微调而言，这部剧的发展轨迹与几乎任何一种制作活动的发展轨迹相似。任何写过论文、制作过演讲稿或创建过项目的人都知道，在这个过程的最后，需要仔细关注一些非常细小的事情，以使产品闪闪发光。(这方面的一个格言是"九十法则"——最后的10%需要90%的时间，这个谚语承认了最后这段时间是多么耗时和重要)。就这个节目而言，最后两周的排练时间越来越长，对细节的反馈也越来越多。例如，在倒数第二轮带妆彩排后的记录中，本告诉马特："把舞台下的脚再抬高一点。我们看到了关于那个面具的很多资料。"他告诉乔恩："确保当你在后备厢场景中与朱恩交谈时，她在你的舞台上方，因此你说话时要远离观众。"他们还利用一些时间对一些特定的场景或场景中具有挑战性的时刻进行了加强，在最后的完整彩排之前，对一些场景进行了额外的排练。[38]而且，如前所述，他们在旁白方面做了很多工作，试图使演员的转身和灯光的出现之间的时间完全正确。

最后阶段的另一项主要任务是为表演做准备。表演需要释放能量和控制焦虑。尤其这是一部喜剧，每个人都高度关注演出的节奏；要想演出成功，台词应该快速地从一个到另一个，提高观众的期待，并形成语言和肢体上的笑点。为了营造这种能量，在舞台后面的中场休息时出现了这样的场景。

安德烈："还有 8 分钟后就要开始了。"

塔莉娅："当你们准备好了，就到小剧场来。伙计们，你们能围成一个圈吗。"

瑞文（到了）："气氛正在迅速升温。"

"5 分钟后各就各位。"

塔莉娅："我们需要什么？我们需要什么？我们需要什么？"

演员："能量，能量，能量，能量。"

他们围成了一个圈，开始互相碰撞。他们被从一个推向另一个。这听起来像是一场打斗戏。我能感觉到能量，他们在一个圈子里。

塔莉娅："好，我们要做两轮'骑小马'。然后是能量，能量集中。"

他们围成一个内圈，一个外圈：内圈向一边移动，外圈向另一边移动，他们走过时互相摇晃屁股。他们开始吟唱，由塔莉娅带领，但每个人都加入其中。"骑，骑，骑那匹小马，背靠背，侧对侧，这就是我们要做的。站起来，站起来，骑上那匹大肥马。骑，骑，骑那匹小马；站起来，站起来，骑那匹大肥马。能量，能量，能量，然后摇晃。"

塔莉娅："安德烈，多少分钟？"

安德烈："三分钟各就各位。"

塔莉娅："在这三分钟内做好你需要做的事情。"

演员（在离开的路上）："这也太牛了！让我们开始第二幕吧！"

在积累这种能量的同时，演员们也在努力控制焦虑，将他们的紧张能量投入到表演中。例如，蕾妮说，她的策略是在后台对自己说一些烦人的积极的口头禅："你可以，你知道你可以，你可以，而且你必须做到，现在退缩已经太晚了。"塔莉娅，作为高年级学生和助理导演，是这个演出的领导者之一，她记得高二演出前被吓坏的时刻："我记得有一天晚上，开幕式的第一个晚上，我只是被压力压得喘不过气来……我受不了了，在我们准备上台的前十分钟，我就开始号啕大哭。我必须把情绪全部发泄出来，布莱克先生在外面安慰我。我必须迅速哭完，化好妆，整理好，然后出去，马上开始。"科迪说，管理这种现场表演的压力是困难的，但也是使其成为强大学习经验的关键部分。"你了解自己以及如何处理这些事情。在舞台上,这是现场的时刻,没有停止的余地。你不能停下来,你必须继续下去。你必须这样做。你知道,在电影中,你可以直接剪掉,倒回去。在剧院里,它是贯穿始终的。"

很快,演出之夜到来了。对于一个在演出的各个阶段都见过的人来说(在乐队室里拿着剧本排练,布景建了一半,灯光挂了起来,但还没有完全编排好),看到这一切作为一场演出走到一起是很了不起的。观众的出现为演出增添了色彩——因为经过几周的排练,演员们已经没有人在那里笑了,但来自那些没有听过上千遍笑话的观众的现场笑声为演出注入了新的活力,也为演员们带来了信心。蕾妮在我们第一次排练时,对她的角色的轻浮本性的挣扎是如此明显,她扮演的娇媚的斯梅拉迪娜把全场气氛推向了高潮:有一次她无法完成她的台词,因为观众对她前一句台词的反应太热烈了。旁白不是很完美,但也很接近完美了,尼科的跃入灯光下,引起了观众的大笑。演出结束时,演员们从本的后台走过,本记得这是他在演出中最美好的时刻。"我的意思是周五晚上是他们最好的表演,而当我在谢幕后跑出去,在回来的路上和他们所有人击掌时,后台的欢乐时刻,他们的喜悦达到了高潮。"经过八周的辛勤工作,演出之夜带来了工作出色完成后的兴奋。

总的来说,这个节目从第一次排练到最后演出,为不同阶段的学习创造了空间。在开始时,有低风险的机会来发展创造力;在中间时,有机会进行巩固和整合;在最后,有机会进行细节的改进。这使学生能够逐步发展出真正的专长,从无意识的无能(从未听说过喜剧艺术)逐步发展到最终有一定程度的无意识能力(将喜剧的肢体表演作为他们表演剧目的一部分)。它提供了一个机会,将思想和身体整合到对戏剧的统一解释中。它将参与者对戏剧的热情与高水平的精确性结合起来,为他们提供了火花和持续的动力,因为他们正在努力完善这部作品。

## 整个游戏在一个初级水平

学习科学家大卫·帕金斯称高中戏剧是高中阶段"整个游戏在初级水平"的一个例子。[39]帕金斯的观点是，在像棒球小联盟这样的比赛中球员不会花一年的时间学习接球，又花一年的时间学习投球和击球。相反，他们从一开始就玩整个游戏，只是在他们能够玩的水平上可能有高低。这个想法是，在初级阶段玩整个游戏有助于球员了解棒球比赛整体是如何运作的，以及为什么他们想把投入练习时间放在学习具体技能上。我们看到的作品是大学或专业演员的初级形式——虽然专业剧院会有更多的资源、更多的专业知识，可能也会有更多的时间，但大部分情况都是一样的。戏剧社团的学生演员们正在做专业演员所做的事情，只在他们能够做到的水平上——发展对角色的诠释，准备他们的思想、身体和声音，在戏剧的大背景下排练和完善他们的角色，都是为了最终打动观众。

在此过程中，他们也可以利用戏剧作为一个领域所提供的许多资源或支持。戏剧作为一个领域，为开展这项工作提供了坚实的基础设施。它利用了一系列熟悉的角色（布景和灯光师、服装设计师、戏剧编剧、舞台监督、导演），以及对这些角色的期望。它提供了一种经过几代人发展的技术语言，能够以每个参与者都能理解的方式进行精确反馈。它为工作创造了一个节奏或时间弧线——桌面工作、走位、场景工作、运行、技术周、彩排、表演。它创造了著名的戏剧或电影明星的榜样，这些人都很出名，并为有朝一日学生演员可能成为什么样的人提供了样板。它还为作品建立了外部受众，人们知道作品是什么，以及为什么人们想去看演出。它是一种可识别的、有价值的形式，也有助于保证学生每天在课余时间的活动，以及为空间和参与项目的成年人的工作提供公共预算。

这与我们在许多学术课堂上观察到的情况不同。例如，在科学课上，学生即使在做实验时，也大多是通过一系列的步骤来证明以前的科学家已经发现的原理。从某种意义上说，这与真正的科学相反——真正的科学家探索的是未知的东西，而不是试图去验证已知的东西。

或者将戏剧与基于项目的学习相比较。基于项目的教师有许多与戏剧导演相同的目标：希望学生创造出对其有意义的真实作品，展示出对内容的某种理解，并受到外界的重视。但是，基于项目的教师所能做的工作少得可怜：基于项目的教师需要向学生解释最终作品是什么，尽管他们从未见过他们要制作的东西；如果想让学生在小组中扮演角色，他需要解释这些角色是什么以及这些角色为什么重要；如果想给出反馈，他没有具体的共同技术语言可以依赖；如果想创造一个学习的弧线，他需要解释项目发展的各个阶段，以及为什么这些阶段很重要；如果想让学生进行同伴指导和学徒训练，他可能需要做出特别的安排，因为更有经验的学生可能在其他年级，而不在他的课堂上，他可能需要较长的时间，特别是在项目的最后阶段，他需要一个固定的短时间的时间表；如果希望有听众，他将不得不做出特别的安排来招募听众，他必须向听众解释学生在做什么和为什么；如果要为这个项目开发资源，他需要说服校长、家长和学校董事会相信一个作品和一种学习模式的价值，这些人可能不理解也可能不重视。

学者芭芭拉·罗格夫（Barbara Rogoff）提出，学徒制在三个层面上起作用：个人、人际关系和社群。[40]所有这些层面都存在于戏剧中：个人发展出与戏剧相关的身份；人际关系层面是参与者共同发展演出的层面；社群层面为演出提供观众、空间和财政支持。但我们的研究表明，还有另一个层面融入了工作中，那就是在这个领域构建和实现学生戏剧作品的方式。如果我们想让在戏剧中发生的强大的学习经验成为普通学校的常态，我们必须在更经典的学术领域开发类似的领域。

## 局限与紧张

虽然这个戏剧作品有很多值得赞赏的地方，但也有一些需要注意的地方。首先是外部的普遍性。成就高中的戏剧很特别，即使与附近其他类似的大型综合性高中相比，它也是该地区最发达的高中戏剧项目之一。它的精神和气质反映了其导演科迪·布莱克的影响，他将社区建设、帮助学生找到真实自我的能力、幽默和政治智慧结合在一起，这对设定基调和建立项目至关重要。很明显，在一些戏剧项目中，导演是专制的，学生们拉帮结派、钩心斗角，还有许多其他不好的事情发生。因此，戏剧是一个容器，在这个容器中，好事和坏事都可能发生。这个特殊的戏剧项目的成功部分归功于围绕戏剧的传统所创造的机会，但这些机会反过来又取决于培养学生体验的成年人的判断力、智慧和人性。我们认为戏剧是一个比许多学术课程的容器更有潜力的容器，但它毕竟只是一个容器。

更具体地说，在这部作品中也有一些权衡，可能指向了一些更广泛的紧张关系。制作这样一个复杂的节目需要大量的时间，这不适用于那种可能导致对其微妙性和意义进行更深层次探索的实验。具体来说，为了让灯光团队开展工作，演出需要被叫停，这意味着中间几周的大部分时间都花在了试图弄清楚谁应该在什么时候去哪里，而不是去塑造角色，这可不是演员和导演所希望看到的。这种时间分配与演出的长度和规模密切相关——《一仆二主》是一部完整的两幕、两小时（或更长时间）的戏剧，有11个演员，这意味着有许多台词需要学习，有许多场景需要布置，这些重要但平凡的任务占据了大部分排练时间。如果说更深层的学习经常来自"少即是多"的方法，那么在这种情况下，它并没有得到重视。但与此同时，对演员的学习深度有好处的做法可能无法满足其他重要的需求，特别是文化上对高中剧团制作大型完整剧目的期望，这是演员所期待的，也是观众所期待的。戏剧项目每年春天都会上演一些短剧，但它不会打破每年都有几部大型戏剧和一部音乐剧的传统。

分配给戏剧制作的时间很短，也限制了学生对一些历史或文化背景的了解。在我们与学生的交谈以及对排练过程的观察中，我们没有看到很多证据表明学生对戈尔多尼、他的同时代人或当时威尼斯的历史、文化、艺术、政治或音乐有深入的了解。这将需要比学生和戏剧编剧的初步研究多得多的东西。如果将英语和历史课程与长达一年的演出联系起来，将为更深入了解一部戏剧产生的背景提供机会。

在过程和作品之间也存在着一种相关的紧张关系。本的戏剧生涯始于一所小型天主教预科学校，他当时在那所学校读高中，一个叫"罗恩修士"的人组织了戏剧演出，他让演员们自己来掌控。在给演员分配一个任务或一个场景后，罗恩修士会坐在后面，或者完全离开剧院，让演员一起合作。本说："因此，从很小的时候起，我就学到了获得同伴间反馈的价值，以及如何给予同伴反馈，还有就像我们在很多方面都是创造者一样。他想出了设计方案，但他给了我们很多自由，这是我非常看重的。"当本第一次来到成就高中时，他试图在他的第一个节目中引入这种方法。正如他所描述的那样，这真的很不容易："这是一个艰难的过程，真的是。我试图用罗恩修士的那种魔力来打动他们，比如，我们都在一起工作，我们是一个剧团，用知识来武装他们，然后让他们走出去，但这与这里的文化不相符。"本说，具体来讲，成就高中的人习惯于一种更传统的戏剧方法，由导演组织行动，带领热身，并给出说明。规模和预期的生产价值也抑制了更多的演员主导的戏剧，因为有一个大量的演员阵容和许多需要整合的部门，需要更多的预先计划来发展一个协调的演出。

本最终确定的版本是一个混合型的方式，他给了演员尽可能多的自由来发展他们对角色的诠释，同时保留整体控制权和方向。正如他所说，这种快乐的媒介使他能够满足成就高中的各种期望，同时也培养了一些学生的主动性，但他仍然怀念由罗恩修士的方法所激发的主动性和创造性。"创造力达到了前所未有的高度，我们可以做任何事情。我们制作了《仲夏夜之梦》，最后有五个不同的概念，所以没有取得好成绩。这里有很多创作的空间，成长是你打开自己的机会，还有就是大一点的孩子真的被允许……做一些事情，因为很多事情都掌握在他们自己手里。"相比之下，成就高中的戏剧更安全一些，由成年人指导得更多一些，这使得戏剧的质量更稳定，但代价是更多的学生缺乏主动性和原始创造力。

## 更深层的学习是如何发展的：一种理论

在引言中，我们认为对更深层的学习感兴趣的人应该特别注意三种品质：掌握、认同和创造力。掌握是因为如果不在该领域建立起相当的技能和知识，你就无法进入更深层的学习；认同是因为如果不认同该领域，就很难进入更深层的学习；创造力是因为从接受别人的想法到发展自己的想法是使学习深入的一个重要部分。第四个重要的品质是社群（社区），因为这种学习经常是在社群（社区）中进行的。

这是一种随着时间推移而加深学习的理论，如图6-1所示。

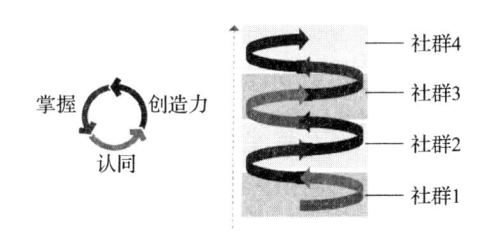

**图6-1　同样的游戏随着时间的推移在不断提高着水平**

戏剧的例子使我们能够将这些品质变成动态的运动，看看它们是如何相互加强的，并随着时间的推移创造不断深化的学习循环。我们可以把"掌握—认同—创造力"想象成一个自我强化的螺旋式上升过程，其中认同是燃料和动机，创造力提供的目标使学生的力量得到了延伸，掌握是创作作品为满足质量要求而奠定的基础，而社群（社区）是发生学习的环境。这一理论建立在以前的工作基础之上，并将关于学习的各种观点整合到一个观点中，即重要的学习是如何随着时间的推移而积累起来的。[41]图6-1提供了这个模型的可视化描述。

我们认为这个模型可以描述任何领域的更深层的学习是如何发展的，但我们将继续以戏剧为例来解释它是如何运作的。在掌握方面，戏剧中没有增值的分数，但有一些过程会随着时间的推移产生越来越多的专业知识。在一个特定的作品中，参与者有机会体验整个戏剧游戏：他们学习戏剧是如何从头到尾组合在一起的，他们学习许多戏剧的技术语言，他们有机会发展想法和解释，并从更有知识的人那里得到多轮详细的工作反馈。也有机会练习特别困难的地方——虽然有很多全局性的视角，但这与特别强调需要努力的地方相辅相成，这是发展"掌握"的一个关键部分。在高中生涯中，这个过程会有很多重复，对许多人来说，随着他们表现出更多的专业知识，他们的角色会越来越重要。在这个过程中还存在着差异：相对来说，新手只有几句台词，而更有经验的演员有更多的台词，并可能承担新的角色，扩展他们的表演方式。这样一来，每个人的发展都得到了推动。

所有这些工作都是由持续学习的动机所推动的。这种动机来自学生们对戏剧这一领域的认同，以及他们希望在自己的技艺上变得更好并制作出高质量作品的愿望。学生们将戏剧项目描述为一所大型高中里的家，它既为每个参与者提供了个人身份，也为作为共同艺术努力的成员提供了集体身份。在戏剧项目中，有成为演员或灯光、服装工作人员的机会，也有进一步发展的机会，这里可以找到与自己有共同兴趣的一群人。作为戏剧的一部分，是学生参与的原因之一，他们需要这种参与来保持在学习的"螺旋"中，并随着时间的推移建立"掌握"。

使这种持续的工作更深入的是创造力因素。学生们不仅需要学习戏剧、角色，理解时代；他们还必须发展他们自己对戏剧表演方式的理解。参与者把在课堂上阅读戏剧和表演戏剧的区别描述为二维空间和三维空间的区别。正如艾米丽所解释的那样："这就是分析和制作之间的区别。我认为分析只能到此为止……而创作，你可以做任何你想做的东西。"她把阅读《罗密欧与朱丽叶》与上演该作品作了对比："去年我为《罗密欧与朱丽叶》做了舞台策划，所以那是我第一次为我以前读过的东西做舞台策划。那是一种不同的体验，就像你可以看到它变得栩栩如生，就像当你参与制作一部作品时，你从无到有地观看它，你知道，从布景、灯光到一切。"

尼科进一步对比了学校的被动与舞台的活跃："因为课堂学习不是为了表达，而是为了吸收……作为一名学生，你必须成为听众，你必须吸收那些信息，也许要用你的个性来解读这些信息，我想这与戏剧完全相反，我认为。"

戏剧怎么会是相反的？

"因为戏剧像是一个演员，它更像是一个老师，就像你拿着这个剧本，这个像别人给你的知识，就像所有这些汇编的信息，所有这些故事情节，你把它放在自己身上，然后你把它发给许多观众和许多学生。之后，你作为一个学生，更像是一位听众，因为你正在接受老师所表达的东西，吸收它，并记住它。"

如果布卢姆的分类法把记忆放在最底层，把创造放在最顶层，那么表演就会推动学生在分类法的各个层次中移动——记忆、理解和分析，但这样做是为了综合和创造的行为服务。

如果我们把这种掌握、认同和创造力的自我强化循环想象成一个螺旋式上升的过程，参与者在越来越高的水平上一次又一次地回到相同的任务上，那么关键的想法是，学习者参与的每个社区都会增加一些重要和独特的东西。学习过程的一个关键部分是这些社区的性质，它必须同时具有足够的安全性，使人们感到愿意承担风险和表达弱点，但又足够严格，以建立真正的标准，并在必要时给予批评性反馈。每部作品都创造了这样一个社区，因此每部作品都创造了一个机会来学习一些不同的东西——不同的戏剧，可能是不同的导演，以及不同的演员群体。该剧的主角亚历克斯描述了从社区剧院转到成就高中剧院的感受：

"我一开始是在一个没有真正戏剧的小镇。但有无数的机会，因为那里有大量的社区剧院，有大量的社区剧院的表演在进行。但他们并不是高质量的作品。可这些给了我基本的东西，让我在舞台上很舒服。然后，我进入一个瓶颈，好像我无法再从那里学到任何东西了。就像我在那里做的最后一个角色，我是主角，是汤姆·索亚。我在那里面做得很好，那很好。然后我就觉得我没有从每场演出中学到什么。然后我们搬到了这里，我开始从这里的演出中学习了很多东西。我从喜剧团学到了很多东西，这是肯定的。这也鼓励了我做我自己的研究，我正在做独立研究。我知道，我肯定还在学东西，因为这里给了我机会，让我自己做事情，但我不觉得我在接受教育。"

因此，通过反复的循环，在不同的和越来越复杂的社区中，亚历克斯逐渐成长为一名演员。

　　这个关于人们如何成为更深层的学习者的理论融合了不同的学习理论，这也是它作为一个模型吸引人的部分原因。从某种意义上说，这是一个非常建构主义的、强调在实践中学习的方式。这与戏剧是一个主动学习的空间的方式相联系，在这里，人们通过尝试和错误来学习，如果不冒险，就没有收获。它还与学校教育的进步愿景相一致，强调开发真实的产品，挖掘学习者的内在动机、创造力和激情。但与此同时，这也是一种观点，在这种观点中，领域构建了学习，创建了角色和预期的时间弧线，并为更有知识的人提供外部反馈留下了很大空间。它也非常强调有规律的实践的作用，我们通常认为这是比较保守的或传统的学习观的标志。这里也有个人和社群之间的平衡——个人必须发展新的技能，帮助指导他人的学习，并随着时间的推移变得更加熟练，但社群构建了学习并创造了学习的环境。我们认为，这些整合对于如何深入了解并成为指导现实的理论至关重要。

**超越戏剧**

　　以下因素使戏剧成为一个强大的学习环境。
- 目的和表现；
- 选择；
- 社区；
- 相互依赖的角色；
- 运用头脑、双手和心灵；
- 学习的弧线；
- 学徒制；
- 在初级水平上提供整个游戏。

　　我们有充分的理由认为，这些因素在其他课外活动中也是至关重要的。[42]以制作一份报纸为例，像戏剧一样，公共产品的形成也有其目的。就像戏剧一样，人们选择在那里工作，更具体地说，他们选择在不同的栏目（艺术、体育、新闻、设计）工作，因为这些栏目与他们的兴趣和身份相符。这些角色是相互依赖的，因为所有这些角色都是成功制作报纸所需要的，而且，有时它们确实需要保持一致，例如，当一幅插图或照片配上一个故事时。召开的会议与戏剧中的制作会议类似，不同部门汇报工作进展，并做出集体决策。工作有一个时间弧线，从第一轮头脑风暴开始（我们应该报道什么？我们可以探讨什么特殊问题？），高年级学生有高年级的角色，低年级学生有低年级的角色，这种情况为学徒和实践学习创造了重要机会。虽然这只是一个初级版本，但其核心任务与大学或专业报纸是一样的，而且学生在其高中生涯中有许多机会来玩创建报纸的"整个游戏"。

高中辩论是另一个有潜力的领域。在与普贾里·巴哈伊（Pooja Bakhai）合作的另一篇论文中，我们报告了我们对高中辩论的研究结果，该研究在方法和规模上与本次戏剧研究相类似。[43]这项研究是在两所学校进行的，这些学校有超过75%的学生享受免费或减价午餐，所有参加辩论的学生都是有色人种。在这里，我们观察到了一些类似的主题：由公开辩论所创造的真实的公共目的激发了大量的研究和实践。学生们选择留在那里（对于更有经验的学生来说，他们选择留下来），扮演着相互依赖的角色，因为学生们在团队中进行辩论，需要用互补的方式来发挥各自的长处。学生们谈到了头脑、双手、心灵的结合，说一场好的辩论在于逻辑、情感（激情）和道德（同情心）的结合，他们可能在一个方面很强，但在另一个方面需要努力。学徒制的主题非常突出：辩论有四个级别，从"新手"开始，一直到达"开放"辩论阶段，这使得学生既能与同级别的学生组成同伴社区，又能向高级别的学生学习。最有经验的辩论者不仅在他们的学校形成了社团，而且还与城市里的其他辩论者形成了社群，他们利用业余时间与这些人见面，并把他们作为反馈和研究伙伴。辩论也是学习学术内容的一个很好的载体。辩论和戏剧一样，塑造了学生的身份：那些辩论时间较长的学生将其视为自我的核心部分，并热情地谈论辩论如何改变了他们，特别是辩论如何使他们能够在生活的其他领域有效地进行宣传。虽然由于社会经济的差异，他们与成就高中的戏剧课程存在一些差异。例如，成就高中的学生在技术周享受由家长支付的丰盛晚餐，而辩手们在练习期吃的燕麦片和水果是由赞助组织提供的，但核心学习过程非常相似。在某些方面，辩论可能是比戏剧更有力的载体，因为在辩论中，学生可以选择自己的语言，而且学生在辩论中体验到的能动性与他们所在的高度贫困学校中所感受到的控制氛围形成鲜明对比。

竞技体育同样拥有许多相同的特质。它有明确的目标，有外部观众，学生自愿选择，建立社区，有相互依赖的角色，使用头脑和身体，有创造性的表达和有纪律的实践的混合。在"玩整个游戏"的过程中有助于定义个人和集体的身份，还有学徒制和混合年龄的分组。一项研究比较了同一组学生在篮球训练中和在数学课上的经验，发现篮球训练支持更深层的参与，因为球员有更多的机会了解这个领域，被分配并承担了一个独特的角色，这是练习中不可或缺的，并有机会表达自己和证明自己的能力，而数学课只为最成功的数学学习者提供了类似的机会。[44]在戏剧、报纸或辩论中，这种学习不那么具有学术性，人们在学校可能会遇到那种有更直接联系的问题，但在这些领域，采用的是一种厚重的、多维度的学习方法。[45]

这项研究表明，戏剧、辩论，以及其他课外活动，将目标、激情和精确性有力地结合在一起。它们构成了第二种"学校教育规则"，这种规则就在人们的视线范围内，与指导全美大多数核心学术课程的规则并存，并且一目了然。第二种规则体现了与第一种规则截然不同的原则，它强调：

- 学生是积极的生产者，而不是被动的接收者；
- 通过实践学习，而不是通过传播；
- 明确目标和外部受众，而不是简单地取悦老师；
- 混合年龄分组，而不是按年龄分级的课堂；
- 整合不同技能水平的学生，而不是按成绩分班；
- 通过学徒制而不是说教的方式学习。

换句话说，课外活动不仅仅是有趣的、吸引人的，而且还与一种强大的学习模式高度契合。

可以肯定的是，课外活动在某种程度上得益于它们所处的特殊环境。学生被社团选中的事实对他们的成功至关重要，因为这种选择对建立共同感兴趣的社团很重要。课外活动还得益于不受核心课程的一些限制：学生对应该教什么没有期望，也不被测试他们学到了什么（或没有学到什么），而且他们在传统意义上至少没有压力来获得分数或胜利，用以帮助学生进入大学。这些特点使学习能够遵循其学科的自然节奏，并将学生从工具性思维中解放出来（这个会出现在考试中吗？），这在比较传统的学校是很常见的。[46]

同时，也有办法将这些品质更多地注入到传统的学术课程中去。正如我们所看到的，选修课使学生能够在学术课程中选择并形成对某一特定学科感兴趣的群体。某些领域的选修课，如英语，可以被规范化，这样，虽然学生可以选择阅读的内容，但核心技能在各个领域是通用的。课程可以以更明确的方式介绍其目的，而学生可以制作与现实世界相关的最终作品。因此，与其关注课外活动在结构上的特殊性，不如更多地考虑是否有办法在核心课程中产生一些相同的学习品质。只要我们敞开心扉接受第二种学校教育规则所创造的可能性，外围课程就能教给核心课程很多东西。

# 更深层的教学：严谨、乐趣和学徒制

我们已经看到，课外活动和选修活动可以为强大的学习体验提供平台。如何在核心学术课程中创造类似的品质？虽然我们很难找到在核心课程中始终保持卓越的学校，但我们确实找到了在课堂上有优异表现的个别教师。他们在各种类型的学校工作（传统的公立学校、特许学校和私立学校），他们负责各类学科，他们教授不同层级的学生。这些教师的做法有什么不同？他们的背景和生活经历与他们的同事有何不同？他们是如何在那些难以掌握基本技能的学生身上实现更深层的学习的呢？这些教师的工作如何为广泛的更深层的学习提供参考？

我们通过关注三个主要指标来确定这些教师：认知挑战、参与度和参与性。在认知挑战方面，我们考查学生面临的任务是否处于布卢姆分类法的前半部分（学生被要求分析、综合或创造），或者处于韦伯知识深度量表的第三或第四级，侧重于复杂思维，而不是回忆或应用。[1] 关于参与度，我们对课堂的氛围很感兴趣：教室里是否充满活力？学生们是否带着求知欲和热情谈论他们正在做的工作？他们的肢体语言、口头表达或书面表现是否表明他们在执行任务，而不是在数着时间等待铃声响起？我们的第三个指标是参与性。我们挑选那些至少有四分之三学生积极参与任务的班级，仅仅为少数学生开设一个好的课堂是不够的。除了这些观察指标外，我们还与其他信息进行了对比。这些课堂也是教师和学生强烈推荐的，我们所访问的学校的人说，如果我们想在他们学校看到最深刻的教学，就必须要看这些课堂。这些课堂上的讨论将蔓延到走廊和食堂。可以预见的是，这些课程也是高年级学生多年后会回忆起的课程。

为了记录这些老师，我们利用了课堂观察、长时间的访谈、人工制品（包括计划文件、学生的工作和与学生的对话）。我们用密尔（Mill）的一致方法来确定这些有深度的教师的共同点，并使用密尔的差异法来验证这些特征与我们研究中的其他教师特征的不同。[2] 我们的编码过程是归纳式的，虽然参加了课程，但我们可以看到老师在选择时的一些明显差异。这些观察为我们随后的分析过程提供了参考。当我们阅读我们的数据时，我们开始看到他们如何看待自己的目标（为什么），他们课堂的性质（什么），以及他们自己作为教师和自我的身份（谁）之间的紧密联系。因此，我们围绕教师及其实践的三个维度，组织了我们的第二轮编码。

在一个考试分数至上的时代，一些读者可能会发现这种选择教师的方式是不合时宜的。我们理解这种批评，但认为它被误导了。第一，在我们的研究期间，大多数州的测试被证明主要是测量低水平的认知过程，因此，我们不能把这些测试作为更深层的学习的指标。[3] 第二，那些试图使用增值教学法来确定教师的研究发现，许多用这些方法最有效的教师是那些直接按照州测试进行教学的人。[4] 第三，我们感兴趣的一些学科缺乏标准化的测试。第四，鉴于我们认为重要的学习是长期积累的，我们对那些能激发学生主动性的教师特别感兴趣，他们能成功地播下种子，使学生对某个学科产生长期的兴趣。那些当下就激发了学生激情的教师，或者那些被高年级学生认定为特别优秀的教师，似乎是具有持久影响力的教师的很好代表。第五，学生和同事都证实，这些教师都是出类拔萃的。他们给了我们一个难得的机会，向这些有经验的教师学习。

对其他读者来说，跨学科的考察会掩盖更深层次学科教学中的重要差异。从某种角度看，我们认为这是一个公平的观点。在特定的学科领域内深入研究教学和内容技巧当然是可能的，而且我们在本章的某些地方建立了特定的学科工作。但与此同时，我们发现这些教师有着惊人的相似之处，甚至是跨学科的，如他们如何思考自己的领域，如何与学生相处，如何看待自己工作的目的，以及所有这一切是如何被他们的身份所塑造的。通过讲述他们的故事，我们希望重新启动关于教学的综合对话，在具体学科工作的基础上，重新探讨"什么造就了强有力的教学"这一共同话题。

在本章中，我们借鉴了七位教师的工作（所有姓名均为化名）。

- 杰夫·菲尔兹（Jeff Fields），成就高中的英语和哲学教师。
- 尼克·柯林斯（Nick Collins）和纳撒尼尔·克拉克（Nathaniel Clarke），美国东北部一所高贫困率传统公立学校的数学教师。
- 凯尔·霍根（Kyle Hogan），美国东北部一所高贫困率的传统公立学校的英语教师。
- 乔尔·沃尔夫（Joel Wolf）和威廉·杜钦（William Duchin），美国中西部数学和科学学院的科学教师。
- 梅根·马里诺（Megan Marino），美国东北部一所高贫困率传统公立学校的化学教师。

除一人外，其他人都至少有十年的教学经验；他们的年龄从三十出头到接近七十岁不等，年龄中位数为四十多岁。虽然他们的教学环境各不相同，但值得注意的是，他们都在传统的公立学校任教，而且七人中有四人在高度贫困的城市地区的普通校任教。这些教师都是白人。这一事实反映了一个令人沮丧的现实，即我们在研究中观察到的教师中很少有有色人种——这本身就反映了一个事实，即美国教师队伍中80%以上的人仍然是白人。我们还找到了另外五位有类似实践和观点的老师，由于篇幅关系，我们没有介绍他们的故事，但我们对他们的分析与我们在这里提出的论点是一致的，正如我们在第六章对选修课教师的分析一样。[5]

从各种意义上讲，我们讲述的关于这些教师的故事都是一个整体的故事。我们不仅对他们的实践感兴趣，而且对他们的身份、他们的经历以及他们对学生所做的努力的描述感兴趣。在此过程中，我们试图扩大围绕教学的对话，"从提高测试分数的最佳做法是什么"这样的问题转向"如果我们的目标是激发和激励下一代学生，我们要在教师中培养什么样的性格、技能、价值取向和身份"。由于我们看到了这些人的身份和他们的教学方式之间的紧密联系，我们的故事也许会让那些寻求最佳实践或简单技术解决方案的人感到沮丧。然而，我们希望我们对所遇到的一些最引人注目的教育者的丰富描述，能够帮助未来的教师踏上他们自己的更深层的教学之旅，并说明需要哪些政策和实践来支持这些后续工作的发展。

我们也希望这种方法能对这一主题的学术文献有所贡献。有关好的教学的文章，有关教师身份和信仰的文章，有关教学生命周期的文章，但很少有文章将教师自身的学习经历、身份、对学科和学生的立场与他们实际教学的观察联系起来。[6] 因为我们相信成为一名"更有深度的教师"需要很长的时间，所以理解这些轨迹、本质以及教师身份与其实践之间的演变关系是至关重要的。以前的学者们在建立这些联系时，主要关注的是教师的准备工作和最初几年的教学工作。这项研究使我们能够研究经验丰富的模范教师，以及他们在较长时间内的发展轨迹。[7]

我们的方法有一些局限性。我们只深入探讨了七位教师，所以我们研究结果的普遍性有待于未来进一步的研究。他们在各自学科中的教学方式并不是唯一的；每一个学科都有很多方式。他们对自己经历的描述是回顾性的，因此会受到这种重构中常见的现实主义偏见的影响。尽管有这些局限性，但能有机会探索这些引人注目的教师的实践、经历和身份，还是很难得的；我们希望这样做能激发更多的此类研究。

## 杰夫·菲尔兹：存在主义的探索

教室里有一面墙是有窗的，可以看到外面的树林，这是一个风景如画的哲学讨论的背景。菲尔兹先生是一个四十岁出头的运动型男人，精力充沛，声音低沉。他留着寸头，穿着一件卷起袖子的亚麻衬衫，配了一条卡其裤；上课时，菲尔兹先生坐在一张面向其他课桌的马蹄形的桌子前，戴上一副眼镜。大约有20名学生坐在马蹄形桌子周围，满怀期待地面向前方。他们穿着随意。这是成就高中的一个哲学文学优等生班。

学生们进来后，两个男孩与我简短地交谈。当我说我在这里的目的时，其中一个人说："你找不到比这里更深入的地方了。"我问这是什么意思，他说："这是一门哲学课，所以我们什么都谈。"他的同伴打断说："每个人进来时都假装他们理解了阅读材料，但我真的只理解其中的一部分，结果是，我们都理解不同的部分，所以到下课时我们都理解了所有的内容。"

上课了。今天课堂的主题是笛卡尔著名的假设——"我思故我在"。黑板上写着四个问题:"1. D 只知道自己存在这一论点的依据是什么? 2. 他是什么? 3. 如何证明上帝是真实存在的? 4. 如何回应?"这里没有对学生的训练目标(SWBAT),没有议程,只有问题。[8] 教室里充满了活力,学生们开始在小组里互相讨论这四个问题。菲尔兹先生提示他们重新加入大组。"对第一个问题有什么想法?来自课本的想法?"

一个学生开始说:"如果他在思考一件事,那么他一定存在。"菲尔兹先生插话说:"你有课本上的语言作为支持吗?"这位学生翻看了一下课文。"也许也应该这样,如果我停止思考,那么我将不复存在。"他读了笛卡尔的《沉思录二》。另一个学生(安娜)插话说:"如果他不存在,他就不能思考。"菲尔兹先生说:"我听到你说的和他写的有点不同。我听到他在课文中说的是,如果我不思考,我就不存在。"第三个学生问道:"你曾经停止过思考吗?"第四个学生回答说:"我们怎么会知道?"

他们继续以这种方式解构课文,大约用了 15 分钟。学生们大部分时间都在讨论,他们有时会相互质疑,要求为他们的论点提供课本的支持。学生们在课本上做了大量的标记,眼睛正专注地追踪着演讲者。然后菲尔兹先生将讨论从"是什么"转移到"为什么":"为什么笛卡尔要费力地做这件事?有什么意义?"

一个学生回答:"我唯一能指望的是我的存在。即使这些认识是错误的,我也存在。"(这里他们接受了笛卡尔的"欺骗者"的想法——如果有一个人,像"黑客帝国"那样的,试图让你相信一个实际上并不真实的现实,那会怎么样?)另一个学生补充说:"一定有什么东西被欺骗了。因为他感觉到的一切不一定是真实的,但思考的东西一定存在。""但是,"另一个人补充说,"我对(另一个学生的)论点的疑问是,存在是什么意思?上帝在你面前制订了你的计划——你仍然作为一个人存在,但你没有自由意志。如果有什么东西在为你做决定,这个论点是否会崩塌?那是一个不同层次的存在吗?"

在这节课即将结束时，菲尔兹先生邀请他们从解读笛卡尔的论文转向评估他的论点。"那电脑呢？"一个学生说。"他们似乎在思考，但他们并不存在。"他争辩说。"或者，如果你是植物人，"另一个人说，"那么你就不能思考，但你仍然存在。"其他学生接过这些伪理论，提出他们对证明存在的必要条件和充分条件的看法。

时钟到了8：50分，这段时间结束了。时间飞快地过去了，菲尔兹先生试图对讨论进行总结："明天，我们将看到笛卡尔如何证明如果我们存在，上帝就一定存在。"房间里响起了一片叫好声。我们存在的事实如何表明上帝存在？怀疑一旦被释放出来，就不容易被遏制。当学生们收拾东西时，他们继续讨论。正如一个人后来告诉我们的那样："几乎每堂课后，我们都要争论一下，或者在课后讨论15分钟。我们在走廊上，谈论我们刚刚谈论过的话题。人们可能认为我们是疯了，在走廊里争论存在的本质。"

是什么让这个课堂如此活跃？如果你听学生说，那就是菲尔兹先生对这一主题的热情，以及他对学生关于这一主题的想法的尊重程度。一位学生说："在其他课堂上，老师有点居高临下。菲尔兹先生真正地想知道我们要说什么。他和我们说话时感觉非常真诚。"为了支持这一说法，学生们指出，当他们引用一段话时，"菲尔兹先生会和我们一起翻阅"，当他们说到一些有趣的事情时，他会暂停，花一些时间来思考他们所说的。另一个人补充说："你可以看出他对这些教材是如此热情，他真的想知道每个人对它的看法……我所遇到的所有真正的好老师都非常了解他们的教材，而且真的很投入，甚至不只是在教学上，而是在教材上也投入了很多。这是有感染力的。"

学生们特别注意到，菲尔兹先生最近被授予"禅师"称号，这意味着在关于佛教的阅读中，他和学生们一样感兴趣。"当我们得知他成为一名禅师时，"一名学生说，"我们把他看作是一个人，但在某些方面，也看作是另一个学生。他也在和我们一起学习这些材料，尽管他已经知道了。"作家帕克·帕尔默认为，最好的课堂不是由学生或老师主导，而是由主题主导的，他称之为"伟大的事情"，它引导着探究的方向。这堂课就有这种感觉：虽然菲尔兹先生是更有知识的读者，但这堂课的基调是学生和老师共同探索哲学课文。

使这一探索成为可能的部分原因是，学生们已经开始理解他们所参与的学科。他们不把哲学看作是历史上伟大的思想家所建立的永恒真理的固定体系，而是把它看作是一个他们可以而且应该为自己寻求真理的领域，课本会为他们的旅程做出贡献。一位学生说："我觉得人们认为哲学很有趣的原因是它没有正确答案，就像生物学和数学一样。"（在最强大的科学和数学课上不一定是这样的，我们将在后面探讨。）反过来，这使得学生的关键任务不是记忆，而是理解课文。在学生们的讲述中，课堂上创造了一种不同寻常的、令人兴奋的气氛——这种气氛不太关注他们是对是错，而是更关注作为一个课堂，他们是否一起努力加深了理解。他们还指出，随着时间的推移，他们对自己提供这些解释的能力变得更加自信，而这种不断增长的自信是他们从课堂上获得的最重要的东西之一。

和戏剧创作一样，菲尔兹先生的课堂是激情和精确的结合，并以明确的目标感为基础。课堂开始时往往只是说："谁想开始？"——邀请学生对前一天晚上的课文发表自己的看法。谈话有一些规则，特别是学生要在彼此的观点基础上，紧贴课文。有时气氛很轻松有趣——比如当一个学生感叹"《星球大战》是这样一个佛教系列电影"时，他的同学们哄堂大笑；有时则非常严肃，比如当学生在思考一个深刻的哲学难题时。我们没有一次听到有人问某样东西是否会在考试中出现，或者是否可以因为这个或那个而得到分数，因为这样的问题与这个课堂规范是非常不和谐的。虽然手头的存在主义问题产生了大量的能量，但学生们的谈话方式也相当精确，他们提出了一个主张，回到了课文中，并被菲尔兹先生和其他学生质疑是否真的能根据那篇课文提出这个主张。在这样做的过程中，他们学到了哲学这个领域的一些核心准则，其中如何捍卫和支持自己的主张是至关重要的。

支持这种学习的是一种高度进化的，甚至是几乎看不见的教学方法。

菲尔兹先生已经教了20年书，他通过长期的实践学会了如何建立一种支持性和协作性的课堂文化，这种文化一旦建立，几乎可以自己运行。与大学里的苏格拉底研讨会或埃克塞特大学的哈克尼斯会议一样，日常的教学方法没有太大变化，其任务是讨论优秀的文章，有时以一些预写作或小组讨论为框架，但主要是要求学生阅读和分享他们的理解。[9] 菲尔兹先生经过多次反复试验，得出四个问题来指导对每一篇文章的探索：（1）什么（作者说了什么？）；（2）为什么（作者为什么要提出这个论点？）；（3）联系（这与课文中的其他段落或其他文本有何联系？）；（4）意义（为什么它很重要，我们对它有什么看法？）。这些问题以同心圆的方式将讨论逐渐向外展开，学生们首先解读课文，然后将课文与其他作品联系起来，只有在这时，当他们确定自己理解了课文之后，才会评价他们所读的内容。这些问题也涉及与更深层的学习相关的一些特质：前两个问题侧重于掌握，要求学生准确地挖掘出某位作者所说的内容以及他为什么要这样说；第三个问题要求转移，促使学生将他们在某一特定课文中所学到的东西与其他读物联系起来；第四个问题涉及价值观和身份，询问学生对他们所读内容意义的看法。所有的问题都是开放式的，要求学生进行分析和回忆。

与本章中的其他教师一样，菲尔兹先生经常将深度置于广度之上。有时，特别是哲学课，每晚只读几页就够了。他经常让学生大声朗读特定的段落，这种做法可以集中讨论，并将课文集中起来进行共同审视。他发现，专注于一个段落可以解决一些相关的教学困境：这样可以平等地获得理解，引起广泛的参与，并建立对课文的更深入的理解。正如他所描述的那样：

"首先有人读了这段话，他们听到了，但对他们来说，这就像死的语言。这不会引起他们的兴趣或好奇心。然后你问：'那么这里面到底说了些什么呢？'一半的人都不感兴趣，因为他们根本不明白这段话里到底在说什么。课堂上有人会说：'嗯，我是这样读的。'然后另一个学生说：'哦，我不是这么想的。'然后他们开始讨论。通过这样做，那些不理解这段话的人就能明白了。在这里，你会有兴趣，因为更多的人可以接触到实际的段落。通过将一种解释叠加在另一种解释之上，学生们逐渐加深了对课文的理解。"

菲尔兹先生对相关性也有不同于其他教师的理解。他说，在他职业生涯的早期，他更倾向于从个人联系开始。但是，他说，他发现"一旦你从个人角度转而谈论课文，就像气球里的空气都被放掉了。学生们兴奋地谈论他们自己以及他们与某个主题的个人联系。他们认为这与书本没有关系，然后你把书拿过来，学生就会说：'哦，该死。他欺骗了我们。这实际上是关于这本书的。'"随着他的经验越来越丰富，他颠覆了这个等式，从课文开始，少问个人联系，多问"为什么这对我们这些人很重要"。菲尔兹先生说，理想的情况是，在课文中所学到的东西和一个人在生活中所关心的东西之间有一个递归的循环：因为课文是主要的，这篇课文在说什么，而不是学生们生活中关心的东西是主要的。这更像是他们的兴趣都是个人的，但这些兴趣激发了他们对课文本身的兴趣。这篇课文对我如何看待我的家庭有什么启示？这是否改变了我看待现实的方式，或我生命中的意义，或诸如此类的事情？然后他们会产生这样的联想："哇，这在我的生活中也是真实的。"这时，往往会有一种恍然大悟的感觉，比如说，哇，这确实有意义。然后，这种认识变成了把探究反馈到课文中的能量。

作为教师，菲尔兹先生成长的一个关键部分是学会了如何分享他对这个学科的热情，并承认学生可能在课文中发现与他不同的东西。菲尔兹先生主修文学，与一位哲学教授结婚了，并继续研究哲学，作为他佛教训练的一部分。在大学毕业后，他做了一年不尽如人意的顾问工作，他觉得向高中生教授文学和哲学，才是他人生的使命。现在他已经从教将近20年了。因此，对他来说，要表达他对这个学科的热情并不难。他笑着说："如果你把你的学科说成是死的，有点无聊，孩子们就不会去投资。如果你把它说成是有意义的、真正重要的，而且是变革性的，这改变了我的生活，孩子们会感觉到。他们感觉到了，他们就想知道这是什么感觉。这是如何改变你的生活的？为什么这对你如此重要？"此外，他说，一个关键的转折点是，他不再试图用他预先选择的一系列问题来引导学生阅读课文。他说:"学生可以从老师身上读到这种态度,因为当你提出你知道答案的问题时,这不是真正的公开讨论,这更像是一次口头测验。"

在最近几年,菲尔兹先生改变了他的方法,让学生挑选讨论的段落。"实际上,学会从对话中退出,我认为这真的很重要。学会满怀激情地提出问题,因为你确实关心这一部分内容,但要说:'对我重要的原因不一定和对你重要的原因相同。这是非常重要的材料。这些材料已经改变了我的生活。它改变了我看待人际关系的方式。它改变了我思考爱情的方式。'然后你说:'它对你有什么作用?'"菲尔兹先生发现,他的角色的转变既提高了学生的参与度——他们正在谈论对他们来说很重要的段落,也表明了他对学生的尊重,学生们的兴趣和他自己的兴趣一样重要。

这种转变虽然现在是菲尔兹先生教学方法的基础,但来之不易,因为这意味着他要重新认识自己作为的教师角色:"当我第一次开始这样做时,感觉是革命性的,因为我决定进入教室,放弃我所知道的关于课文的知识。我不再是这篇课文的权威。我是老师。作为一名老师,你的身份就在于成为那个知道的人。我觉得这有点可怕,因为作为一个老师,你走进教室,对学生说'好吧,我对课文有自己的想法,但这实际上并不重要',或者'我不知道这本书的内容本质。我可以告诉你我自己的个人感受,但我没有答案'。我认为这对很多教师来说真的很可怕,因为基本上你正在做的是你走进一个大的问号。事实上,你就是那个问号。"

不过,如果说做出这样的改变一开始让菲尔兹先生感到害怕,但这确实产生了他在学生身上所寻求的鼓舞人心的效果。他们说,不用再千百次地重复"像《了不起的盖茨比》中关于死亡主题的那篇文章",让人有了耳目一新的感觉。而且他们尊重菲尔兹先生并不总是有答案。"他的态度不像是'我知道一切'。他对自己可能不知道所有事情的事实真的很开放,也没有人真的知道。"当其他老师不知道答案时,他们可能会产生抵触情绪,但学生们认为,这实际上是"当他们愿意承认他们不知道所有事情时,建立起的对老师的尊重"。

这种方法的另一个好处是,它让每个人都有责任进行更深层的学习。

课堂的目标是要从一篇给定的课文中挖掘出所有的东西,而这是小组可以比任何个人,包括老师,做得更好的事情。菲尔兹先生认为这是他自身成长的一部分——他意识到他的观点和其他人的观点一样,都是由个人的背景和经历造就的,因此,相信群众的智慧会带来比他一个人所能提供的更丰富的对课文的理解。学生们认为这是一种平等;这不是一个人知道所有答案的课堂,而是需要多种多样的观点来加深理解的课堂。

在一个为成绩而烦恼的学校里,这门课显得与众不同,因为在这门课上,追求存在主义问题时有着纯粹的乐趣。正如一位学生所总结的那样:"我想我喜欢的是,我们一生都在思考这些问题。我们只是不知道如何称呼这些问题。我觉得我看到了人们的想法,不是个人的想法,而是人类的想法。我认为这真的很酷。"

## 尼克·柯林斯和纳撒尼尔·克拉克:数学是一项活动

培养对哲学开放式探究的欣赏是一回事,但数学呢?在我们的旅程中,我们看到的大多数数学教学都与研究人员对美国数学教学的描述一致:在教师主导的课程中,教师解释规则或算法,在黑板上复习,然后让学生将其应用于练习题,这些练习题在细节上只有细微的差别。[10]学生们对这种方法的反应,取决于他们对数学的兴趣和技能水平,有的像工匠一样顺从,有的则完全厌倦和逃避。然而,我们确实看到有少数班级的学生参与了数学推理,并且对他们的工作很投入,很有兴趣。这些学生大多都在精英或优越的环境中——一所以独特教学方式而闻名的精英私立学校,一所全州范围内的数学和科学公立名校,以及在成就高中的少数经过改良的数学班。但我们特别感兴趣的是,类似的方法是否可以应用于更多的弱势群体学生,这使我们来到了布莱恩特高中。

布莱恩特高中是一所专门为高度贫困学生服务的学校,所有学生都是有色人种,位于美国东北部的一个主要城市。我们在这里描述的课堂是由尼克·柯林斯管理的,他是一位教学名师,被该市的教师驻校计划招募到这所学校任教，并指导一位新教师纳撒尼尔·克拉克，克拉克是第一年从事数学教学工作。

我8：15左右到达布莱恩特高中。这是一座古老的公立学校建筑——高高的天花板散发出另一个时代建造的大型综合高中的感觉。现在是六月初，但幸运的是天气并不太热。主走廊上的灯是关着的，大概是为了省钱。我们走进柯林斯先生和他的学生克拉克先生的房间。当时克拉克先生在，房间里铺着破旧的油毡地板，上面用遮蔽胶带贴着 $X$ 和 $Y$ 轴。学生们坐在两到四人的桌子旁，面向前方。所有学生都是有色人种。他们穿着印有学校名称的深蓝色衬衣。墙上的标语写道："数学是一项活动：质疑、注意、计算、探索、组织、坚持、可解性、理解、运用联系。"

这位年轻的老师开始上课，在头顶上投影出一包气球的正面图片。他要求学生喊出并写下："你注意到了什么？""你能计算或测量什么？""你想知道什么？"（这是对建构主义教学中使用的一个众所周知的方案的改编：看、想、问。）学生们回答："气球是红色的。""包装上有一个6。"在他们交谈时，他正在吹气球。"别昏过去，伙计，"一个学生叫道。大家一起笑了起来，课堂的气氛很轻松。一个学生指出："包装上的气球图片是圆的，但你吹的这个气球却不是很圆。"老师鼓励他们思考原因，随后进行了简短的讨论。他问道："你们还能提出什么问题？还有，这个气球和数学课有什么关系？"一个学生问道："你怎么能测量一个气球？"老师又向全班同学提出这个问题："你怎么能测量气球？"学生们叫道："这里有直径、半径和周长。"老师让他们给这些术语下定义，他们确定可以测量周长，但必须计算半径或直径。然后，老师问："充满这个气球需要吹气多少次？""它完全充气了吗？我们怎么知道？"学生们思考着这个问题，很感兴趣，但不确定。然后，克拉克先生戏剧性地停顿了一下问："要充满一个更大的气球需要吹气多少次？"这时，另一位老师柯林斯先生拿着一个巨大的紫色气球走进门，几乎和他一样大。他问道："充满这个气球需要吹气多少次？"

老师们分发不同大小的气球。学生们以小组为单位开始研究。每个小组的桌子旁边都有一块白板，学生们可以在上面记录他们的工作。这个过程是吹一口气，观察气球膨胀，测量周长，并在两栏图表上标出。目标是找出呼吸次数（$Xs$）和周长（$Ys$）之间的函数关系。所有的小组都在认真工作；只有一个学生要求去洗手间。我问其中一组学生，他们打算如何解决这个问题。一个人说："我们必须从输入开始。"另一个人说："要想真正弄清楚，唯一的办法就是去尝试。"随着时间的推移，学生们开始填写他们的表格。老师们不断走来走去，提供帮助并询问问题。在学生们将他们的结果绘制成图表或转化为函数之前，这节课就结束了。我们和学生们交谈，他们说这是一种非常不同的数学方法，与他们之前所经历的都不同，"更有趣"和"更像一个数学家的思维"。

一组新的学生陆续进来了。接下来的这门课是选修课，离散数学。因为这是一所以 STEM（科学·技术·工程·数学）为主题的学校（虽然不是一所有吸引力的学校，也不是一所择优录取的学校），学生们要上额外的数学课。老师们解释说，这门课是老师们的选修课，而不是学生们的选修课（学生必须要上这门课来填补他们的数学课程）。老师们选择这门课是因为他们喜欢这门课，也是因为他们想让学生们看到一些与他们代数课上不同的东西。（离散数学是关于理解不同基础的算术、模运算和图论）。这门课的主要任务是一个数学游戏。这个游戏的特点是由一系列相连的线和点组成的"树"。每个玩家通过在其中一条线上画一条斜线来进行移动，然后该线以上的所有东西都会被淘汰出局。选手们轮流进行，谁要做最后的切割，谁就输了。在每次配置时，教师都会对他们进行提示。"你想走第一条，你想走第二条，这有什么关系？"学生们尝试了不同的可能性，经常在同一棵树上玩了不止一次，看看各种开局动作是否导致了不同的结果。大家的注意力相当集中，每个人都在玩这个游戏的一个版本，而学生们都想赢。开始时热情很高，随着时间的推移，热情逐渐下降，但这是一种来自思考的能量消耗，你可能会在国际象棋俱乐部看到这种情况。老师们四处走动，试图让学生更全面地思考。"为什么，"他们问，"在某些情况下，你想先走，而其他人不想？这里有什么更普遍的规则吗？"

这两门课与我们在研究中看到的大多数数学课有很大的不同。这两门课都是围绕着一个基本问题组织的。第一种情况是，什么样的函数可以解释吹气球需要吹气多少次；第二种情况是，什么规则可以解释某个数学游戏中的获胜策略。这两种方法都将学生视为意义的创造者——虽然有一些过程需要遵循，但学生被要求发展他们自己的理论和想法来解释结果。第一种情况本身很有趣，参与的动机是演示，而第二种情况，任务采取了游戏的形式，这本身就是有趣的、有挑战性的和有目的性的。在所有这些方面，这些数学课都与我们看到的其他大多数数学课不同。后者的普遍做法是由教师提供一个算法，让学生将规则应用于一系列的练习题。这个课堂气氛也与我们观察到的大多数数学课不同：学生们与老师相处融洽，在气球课上气氛轻松，在数学游戏课上精神高度集中。

这些老师是如何学会这种教学方式的呢？对柯林斯先生来说，这是一个渐进的过程。他在附近的一个富人区长大，在那里他一直是个数学天才。从小时候起，他的数学就很好，他最初接受了竞争性的计时测试，比如"我的乘法表能不能比你做得快"的数学方法。随着年龄的增长，他对数学难题越来越感兴趣，解决这些难题的挑战使他对这个领域产生了兴趣。有趣的是，他对数学的应用（例如，物理学或经济学）不太感兴趣，因为虽然这些应用使数学更加真实，但在他看来，这些应用往往使数学本身变得不那么有趣。他发现自己更喜欢像计算机科学这样的领域，那里有一个大任务要做，而且有很大的自由度和灵活性。

多年来，柯林斯先生逐渐想出了如何将这种对解惑的承诺转化为一套针对高中生的可行的教学原则。他的方法部分来自他的大学教师预备课程，该课程对数学知识的建构性质采取了强硬的立场，一部分来自他自己阅读的那本认为"数学是一项活动"而不是"知识体系"的书，这本书对他影响很大。他描述了最重要的影响（他称之为教学中最大的革命）——他发现了"数学推特"，这是一个由伯克利大学教授乔·博勒（Jo Boaler）和执业数学教师丹·梅耶（Dan Meyer）等有影响力的人物组成的网络社区。这群人对数学有类似的立场，他们在推特上分享想法、教学策略，最重要的是分享"低底限、高上限"的样本问题，也就是说，这些问题足够简单，可以为所有学习者提供一个简单的通道，但又有足够的发挥空间，去挑战最擅长数学的人。在我们的谈话中，柯林斯先生指出，丹·梅耶和其他人的一些帖子对他的实践产生了重大影响，特别是"现实世界不一定意味着真正的数学"的想法，这与他的整体数学哲学和兴趣相一致。

对克拉克先生来说，能找到柯林斯先生这样的导师是天赐良机。克拉克先生在八岁前一直在家里接受教育，因此已经习惯于独立工作并为自己的问题寻找答案。他后来上了他所说的传统的高中，之后，在大学的前两年里，他的任务也是相当传统的，坐在那里，在老师讲课时做笔记。他继续说："直到大三和大四，我才开始接触实际的数学——证明和代数思维。"他现在回想起来，这被描述为"非常程序化的教育"。但当他从最初的挫折中恢复过来时，发现大学的后半段非常刺激，他当时做的那种数学有助于他思考：要对学生做什么。"我经常想：一个真正的数学家会怎么做？为了回答这个问题，我想我是借鉴了在大学里学习数学的经验，不仅仅是在考导数的时候，而是在做证明的时候……我被我的大学教授带入了数学家的社群，我可以和我的学生分享这些。"就像戏剧导演在剧院当学徒，然后反过来把他的学生当学徒一样，克拉克先生认为自己把大学数学的经验带给了他的高中学生。

训练的结果是，克拉克先生和柯林斯先生一样，认为数学不像人们通常认为的那样是一个有正确答案的领域。"数学有正确的答案吗？"我们问。"嗯，"这位23岁的年轻人回答说，"作为人类共同体，我们认为，数字是思考问题的好方法。"而且，鉴于此，他说，"某些事情是真的。"但他继续说道，真正的数学不在于知道正确的答案，而在于"我要尝试，猜想和修正"，而这正是他试图与他的学生分享的。克拉克先生说，与柯林斯先生一起工作是一个天赐良机，因为柯林斯先生"为合作定下了基调——数学是关于你看到随机的东西，并试图使它们有意义；他在很大程度上设定了这样的期望,即数学是学生做的事情,而不是他们接受的东西"。

柯林斯先生和克拉克先生的学生都很欣赏这种态度。学生告诉我们,"就像你知道的那样,这所学校很糟糕——他们更关心规则而不是教育",但又说,"这两位数学老师很了不起"。我们问这是为什么,一名拉丁裔女孩解释说:"当我们感到沮丧时,他知道我们在努力思考。我知道他很关心我们。他使用一种不同形式的评分标准来强调努力和推理,这与做题和看我们是否得到正确答案不同。他关心我们,关心我们的学习。当我们过于沮丧时,他让我们喝口水,出去走走。"一位非裔美国学生补充说:"这门课是不同的,因为我们的思维更像数学家。数学是寻找理解事物的不同方法,并寻找模式。"第三个学生补充说:"这门课很好,我给它打$A^{+++}$。他们真的很关心我们是否学会了,这门课涉及很多数字游戏,当我们得到一些东西时,他们会继续下去,但如果我们有困难,老师们不会告诉我们,他们会一次又一次地问我们,给我们不同的问题,他们总是要求我们思考。老师们总是在午餐和放学后帮助我们思考,这表明他们关心我们。这很有趣。"

柯林斯先生和克拉克先生都认为他们的数学工作不仅是为了培养学生的数学兴趣,也是为了增强学生的能力。正如克拉克先生所说:"我们的目的不是让他们进入大学,我们的目的是给学生力量。我们的想法是帮助学生成为数学家,这意味着他们必须做真正的数学家所做的事情——发现、创新,并满足真正的智力需求。"因此,他们的数学方法(更多的是建立数学认同而不是涵盖内容)与他们对学生的最终目标是一致的。

事实上,在其他地方,我们看到学生们被要求在数学方面做出自己的解释,而这些地方都是高度精英化的环境。在一所享有盛誉的私立学校,哈克尼斯(Harkness)方法被应用于数学,每堂课开始时,每个学生都在黑板上写出一个问题的答案,然后其他学生在此基础上进行点评。(学校的老师们还用他们自己编写的材料取代了教科书,这是一个螺旋式的问题课程,他们希望将学生引入数学这个综合领域,而不是作为不同的、孤立的分支，这也是学生经常经历的。）美国中西部数学和科学学院，是一所为该州最强的数学和科学学生设立的考试学校，学生们以类似的探究方式进行学习：他们通过每次集体解决一个难题来接触微积分和线性代数中的数学奥秘。柯林斯先生和克拉克先生的课堂证明：对于那些条件较差、数学知识较少的学生来说，同样的方法也是可行的；这只需要愿意重新塑造数学，让它对这些学生更具吸引力。

　　在教学上，这意味着谜题、游戏和"低地板"、"高天花板"的问题，两人试图通过这些问题来促进对核心数学内容的理解。正如柯林斯先生所说："我的基本理念是，数学和数学思维以及解决难题是一种与生俱来的乐趣。与其说我必须让学生们相信，倒不如说我必须为他们消除那些无法实现的理由。"柯林斯先生自己也享受他所谓的娱乐性数学（他自己喜欢做的数学游戏和智力谜题），他把这些东西带进来，与学生们分享。尤其在年初，他们做出了相当大的努力来重新规划学生体验数学的方式。对许多人来说，数学是一门痛苦的科目。通过重新介绍数学是一个充满谜题的领域，并且是可以逐步解开的，他们希望能唤醒学生的数学兴趣。当我们问克拉克先生，作为第一年的教师，他是否遇到过课堂管理方面的问题时，他回答说，柯林斯先生通过创造一个任务环境，使数学"在很大程度上被视为你所做的而不是你所接受的东西"，从而形成一种非常强大的合作文化，从那时起，他的工作只是维持它。

　　总的来说，他们的教学与我们在成就高中的选修课中看到的情况类似：如果你想改变学生在核心学科上的体验，你需要改变学生被要求做的内容。柯林斯先生和克拉克先生并没有找到神奇的方法来使传统的数学更有吸引力。相反，他们简单而又显著地改变了要求学生完成的任务（玩数学游戏，集体推理令人费解的数学难题），通过这些过程，他们逐渐教授离散数学和统计分析等课程。像我们样本中的其他"更深层的教师"一样，他们以真实的复杂任务为主导，并在这些任务中嵌入承担这些任务所需的基本技能培养。他们还借鉴了柯林斯先生在该领域的知识来进行这些选择。杰罗姆·布鲁纳认为，真正的掌握是能够看到一个领域中知识结构的能力，柯林斯先生根据他对不同主题的数学学习的感受来选择问题或练习。

柯林斯先生还改变了他评估学生在课堂上的进步和成功的方法。就像成就高中的有机化学老师一样，柯林斯先生也曾对小测验的评分过程感到沮丧：给学生打70分，似乎只是告诉他们，他们不擅长数学，而不是说他们在特定的概念或副主题上有困难。相反，像亚当一样，他采用了一种以掌握为基础的体系：对学生进行特定的数学元素的评估，如果他们没有通过，就给他们机会用不同的问题再重新学习一遍，直到他们显示出对特定技能或想法的掌握。他还尝试了一些集体绩效评估：学生们在小组中合作解决问题，从而在评估中体现出他们在课堂上创造的那种合作文化。

两人的课程还展示了通过教师培训的学徒模式所能做到的事情。尽管克拉克先生参加了一个实习教师项目，该项目本身就提供了重要的培训，但他认为柯林斯先生是迄今为止对他的教学影响最大的人。他们一起计划，一起汇报课程；有时，在课程中，他们从一个人的教学转为另一个人的教学。这种完全沉浸式的教学帮助克拉克先生具体地看到了实现这种数学方法的意义——广泛地进行实践，并与实际的学生一起完善和修改它。教学的平衡也随着时间的推移而改变，年初时，柯林斯先生做了大部分的教学工作，而克拉克先生则负责年底的大部分课程的教学。这是设计好的，作为"住院医师"计划的一部分，就像住院医生在实习一样，年轻的专业人员随着表现出的能力逐渐承担起更多的责任。虽然这样的方法只能与"大师级"的教师同等优秀（我们看到一些学徒采用了首席教师的很多公式化的教学方法），但这确实显示了联合教学作为学习技艺的机制的力量。克拉克先生的一切（如何谈论他的领域的性质，如何思考教学法，以及对学生的实际做法）都是我们在老教师身上观察到的品质，他们在经历了许多轮（往往是多年）的试验和错误后，才放弃了他们最初的方法，重新采用了一种更加合作的、开放式的方法。这只是一个例子，但它确实表明，在合适的导师手中，这种学习曲线可以大大加快。[11]

## 凯尔·霍根：培养技能，增强学习者的能力

在旅程中，我们看到为富裕和高水平学生服务的英语课堂与为高贫困和低水平学生服务的英语课堂之间存在着明显的差异。在富裕的环境中，英语经常是我们看到最有机会进行意义创造、分析和解释的学科，也许是因为讨论是这个领域的关键。但在条件较差的地方，我们看到的这种情况明显减少。例如，在一所高层级的综合高中，既有面向富裕白人和亚裔学生的吸引人的课程，也有面向黑人学生的"常规课程"。我们看到，层级较高的学生被问到这样的问题："作者在组织叙事方面做了什么选择？"而成绩较差的学生则只是大声朗读故事，回答理解性问题，没有机会去解释或表达意思。这些观察结果与大量的文献资料相一致，这些文献资料表明，在较高的层级和较富裕的环境中，扩展思维的机会也更多。[12]

说到凯尔·霍根（Kyle Hogan），他在美国东北部一个主要城市的一所传统公立学校里任教，教的几乎都是贫困的黑人和拉美裔学生。他的人生使命不仅是教育，而且是赋予这些学生能力：培养他们的技能和知识，而且教他们如何批判性地阅读经典文章，以及分析他们周围世界中各种形式的词汇。霍根先生三十多岁，拥有哲学和教育学联合硕士学位，目前正在攻读教育学博士学位，并在一所知名大学教授英语初学者，他将自己的实践描述为只是一项正在进行的工作。如何将技能培养与批判性阅读结合起来，既是他博士论文的主题，也是他一生的难题。

为了描述霍根先生方法的各个方面，我们将重点放在关于塔内西·科茨（Ta-Nehisi Coats）的文章《为一个有含义的词辩护》的讨论课上。[13] 这篇文章于2013年11月发表在《纽约时报》上，为有时使用"黑鬼"（译者注：该词对黑人有歧视和侮辱的成分，在奴隶时代有黑奴的含义，我们后面将用"黑人词汇"作为代指）一词进行辩护，指出关于用法的规则不应是绝对的，而是应该考虑到上下文的性质、说话人的种族以及各方之间的关系。这里描述的课程发生在文章发表后不到两周的时间里。我

们描述了一个三堂课的弧线：第一堂课专门解读文章，第二堂课讨论文章，第三堂课分析写作形式。

霍根先生三十多岁，清瘦挺拔，穿着运动夹克，打着领带。他有一头短而蓬松的头发，给我的整体印象是有点学院风。课堂上一共有20名学生，13名男生和7名女生。我发现其中有两个人在用海地克里奥尔语聊天，而其他人则用西班牙语交谈。

他们围坐在一个马蹄形的桌子旁。霍根先生跳到中间，提醒大家周一要交的分析论文。他让我做个自我介绍。当我说我正在寻找学生更深层的学习的课堂时，一些学生鼓掌，有一个说："这就是你要找的人。"

霍根先生介绍了科茨的作品。"我们将讨论他没有直接陈述的核心论点。"霍根先生说，"我真的不知道他在说什么，所以你们要帮忙弄清楚，并弄清楚为什么他不直接说出来。"一个学生回答说："你真的不知道他在说什么吗？因为那样的话，我也不可能弄清楚。"学生们都笑了。

霍根先生笑了笑，但还是把任务继续下去，大家很快就安静了下来。他指导大家看下周一要交的写作任务，要在两个提示中选择一个。涉及科茨的文章的选择如下：

"在他的文章中，科茨从未直接陈述他的论点；相反，他通过在各段之间建立观点来暗示他的中心论点。你的任务是用你自己的话陈述科茨的中心论点，然后对其进行辩护、挑战或具体说明。用你的阅读、观察和经验中的证据来支持你的论点。"

霍根先生说，《纽约时报》是"最具挑战性的日报"，并举起一份报纸。他说："有些人取笑我，因为每天这份报纸都送到我家里来。"然后他解释了什么是专栏文章："报纸的大部分内容是事实性的报道，但在后面的是论点和观点。"

全班同学开始看文章。"我们将使用一种阅读策略，用几个词来总结他在每段中所说的内容……我们以前也这样做过。我们将一起做第一段，然后我将让你们自学剩下的部分。"霍根先生说了几句话后停顿了一下，问其中一个句子是什么意思，几个学生帮助解释。霍根先生接着说："有没有人有这样的经历，在你的家庭中，他们称呼你的名字，如果来自家庭以外的人也这样叫你，你会感到不舒服？"有的人大声表示赞同。

霍根先生要求学生转过身来，与他们的搭档讨论第一段的内容。讨论时间为一分钟，然后霍根先生问学生们想到了什么。一个男孩举起了手，说："与不同人的关系会影响你对他们的称呼吗？"另一个学生补充说："事实上，其他可能与他不那么亲近的人像家里人那样叫他，他爸爸肯定不乐意。"

霍根先生问他们是否想一起再做一段，有一些人低声表示同意。他带领他们完成下一节，向他们提出问题。"他在这里暗示着什么？……如果我叫我的妻子'宝贝'，可以吗？如果你叫她'宝贝'呢？"一个学生说，他认为这篇文章是关于黑人词汇的，霍根先生引导他们回头看标题。霍根先生要求学生用自己的话说出第二段的关键句。一个学生说："正确的称呼取决于正确的关系。"霍根先生提示学生在文章的空白处注释他们所有的想法和回答。头两段学完后，霍根先生让学生们花 10 到 15 分钟来阅读文章的其余部分。

我和两个男孩坐在一起，他们告诉我，他们发现这种策略非常有用。"因为以后我可以回顾一下，看看我在想什么，因为我们要写一篇关于黑人词汇的文章。"我回到我的电脑所在的那两个人身边。他们已经完成了接下来的两段，并告诉我他们的想法："他暗示种族可能与我们如何使用黑人词汇有关系。"其中一个人告诉我。他们在很多词下面画了线，并在空白处为他们的注释画上箭头。我转到另一边，和一名正在自己工作的学生交谈。他说，他认为科茨可能认为这个词处于可以接受和不可以接受之间，他提到了一段描述黑人音乐和文化中经常出现黑人词汇的段落。我转向两个女孩，她们肯定地说，她们发现这个策略很有用。"我自己做的。"她说。

在这节课上，我们看到了高度支持学生理解文章的努力。意识到他的学生缺乏主导的文化资本，霍根先生解释了什么是《纽约时报》，什么是专栏文章。他通过分享自己对《纽约时报》的热情来树立榜样。他帮助学生们阅读了 11 段的专栏文章，逐段进行注释，直到他们每个人都对文章做出自己的总结。在这样做的过程中，他是在回应学生们，并给他们提供支持——将一篇长长的专栏文章分成几段，但这并没有降低他对学生能够阅读一位重要的当代作家的文章并参与其观点的期望。他还示范说这是一个可以有不同观点的话题。从他的开场白开始，学生的工作就是帮助他理解文章的意义。

一天后，我们再来讨论科茨的文章。

霍根先生开始说："我想做的是就你是否同意或想要限定他的主张进行讨论，但在我们这样做之前，你需要知道他的主张是什么。试着用一两句话把它写下来。"我走了一圈，似乎有大约一半的学生至少已经掌握了这样一个观点：科茨在为黑人词汇辩护，认为这是黑人在某些情况下可以做出的选择。霍根先生在黑板上写了一串连续词，从"辩护"到"具体说明"再到"挑战"，并说那些认为自己对中心论点有感觉的学生应该把他们的首字母写在适当的栏里。一些学生站起来并这样做。他们中的很多人都选了"辩护"和"具体说明"，只有两个人选择了"挑战"。

"让我们开始讨论这个问题。"霍根先生说。

学生 1："我相信他的论点是，在某些情况下你必须使用某些词语……我们可以对彼此说一些礼貌的话。如果你对贾马尔说黑人词汇，他可能会对此很生气……教练用这个词很有攻击性。"

霍根先生："你认为学生 1 的评价是正确的吗？如果是，请举手。"

学生 2："我认为他说某些词是针对某些人的，先生。"

霍根先生："有谁认为自己能理解学生 2 所说的内容，并可以解释它？"

学生 3："就像称呼你的妻子为'宝贝'的例子一样。"

学生 2："不，我认为他的意思是，有些话是说给特定的人听的。"

霍根先生："到目前为止都说了些什么，你有什么想补充的吗？"

学生 4："学生 1 说主要是种族问题……学生 2 说根据种族不同，你不能说某些东西，如黑人词汇或讲西班牙语的人（spic）（译者注：spic 这是对美籍讲西班牙语的人的一种蔑称），但学生3说这取决于关系，我同意。有一些词无论如何都有负面的含义。对于黑人词汇，这里的'er'和'a'是有区别的（译者注：这是指 nigger 和 nigga 这两个词）。我认为科茨一定是觉得，语言确实与某些词和你所处的某些特定情境有关。"

霍根先生："我们是否同意科茨所说的，有些词语要视情况而定？"学生们说是的。"那么，科茨认为种族在多大程度上是情况的一部分？"

学生5："我认为这只是关系的问题。我的意思是，如果我有一个白人朋友这样叫我，我不会在意，但如果是一个随机的陌生人，我会在意。"

霍根先生："你认为科茨会认为黑人在某些情况和背景下使用黑人词汇是可以的吗？"

学生6："我想他是说这个词有负面的含义，所以我想他会说即使对有色人种来说也绝对不行，因为这让人想起历史。"

霍根先生："所以我们需要回到文本中去，因为我们对科茨所说的内容有一些分歧。我们需要弄清楚这一点。"

学生7："一般来说，我想科茨认为在某些情况下，这是可以的。"（他从文中引用了一段话。）

学生8："我觉得科茨想说的是，当有一个'a'时，它是可以的，但在其他情况下，它可以回到负面的东西，否则……我认为当你在你的种族中使用它时，它不是负面的。"

霍根先生："科茨是否这样认为？"

学生9："我想是的，因为这里说（他引用了文本中的一段话），当马特·巴恩斯使用'黑鬼'这个词时，他是不恰当的。当里奇·因科尼托和莱利·库珀使用'黑鬼'这个词时，他们的行为是暴力和有攻击性的。"

学生10："我同意，因为他说，当一些种族使用黑人词汇时，就像一个象征，表示他们已经克服了一些东西。就像最后一句话：'它告诉白人，尽管他们有所有的枪和所有的黄金，但这里总有他们永远不能去的地方。'因此，无论白人做什么，他们都无法以同样的方式使用这个词。"

在这场讨论中，我们看到学生们正在努力解决科茨论点的复杂性。学生们的评论是相互关联的；在学生们累积的回答中，产生了一个越来越复杂的论点。他们考虑的问题是，不同种族是否可以和应该使用这个词，"黑鬼"（nigger）是否与"黑人（俚语）"（nigga）不同，以及如果应该使用这个词时，背景和关系如何决定何时应该使用这个词。黑人和拉丁裔的学生也会不自觉地说出这个词，即使在白人老师面前也是如此，而且对一个潜在的非常敏感的话题开展分析性讨论也没有问题。最后，与我们在第一章中描述的"等待戈多"模式不同的是，教师承诺"更深层"的一天将在某个不确定的未来日期到来，在这里，前一堂课的解答工作成为更深层的思想讨论的平台。

在第三节课上，霍根先生鼓励学生更多地思考论证的结构而不是其内容，这就引出了他们的写作任务。

"我们将从讨论科茨的隐含论点是否有效开始，然后我们要关注引言和论题段落。"他说。家庭作业是为他们的论证文章写一份引言草稿。

"当我说隐含论点时，我指的是什么？"霍根先生问道。"他的意图是向其他人暗示什么？"一个学生说。"如果你暗示了什么，你就不会说出来。"另一个人补充道。"你在暗示它，这是潜意识。"另一个人说。"潜意识就有点太过分了。"霍根先生说。

"如果我们看一下他的第一段，"霍根先生说，并示意他们看一下文章，"我们在那里看到了主题陈述吗？不，所以我想让你们做的是在 0 到 5 的等级内——写出你们是否喜欢他隐含的论点。"一个学生问道："他的隐含论点是什么？"

学生："我认为他说的是，说'黑鬼'这个词取决于你是谁，与谁有关——如果我是黑人，我说'黑鬼'，那是一回事，但如果我是白人，那就好像不行了。"

霍根先生请学生们转过身来，谈谈他们认为科茨的隐含论点的有效性。霍根先生要求学生们大声分享他们的伙伴所说的内容，并要求一个学生总结他的伙伴所说的内容。

学生 1："她说是因为科茨的作品有太多的信息——它从很远的地方

开始，没有联系，让人很困惑。他的观点是存在的，但由于两者之间的联系目前还不清楚。"

霍根先生："那么请告诉我这是否正确：你有一堆不同的故事，它们都离中心点太远了？"

学生2："我在中间，因为他说得很好，但他花了太多时间才说到重点。"

霍根先生："你希望他怎么做？"

学生2："最后他应该只是陈述事实，直奔主题。"

学生3："我认为这些故事和所有的东西都是吻合的，你只需要考虑他所说的内容。他所讲的关于马特·巴恩斯的所有故事都是关于人际关系的，是人际关系从何而来，人际关系如何运作的典型例子。我仍然不能完全确定他的意思，所以这就是为什么我给的评分是2.5分。对我来说，这基本上就像一个谜语。"

霍根先生："当你想到效果时，你是否认为他故意把他的论点隐藏起来，让你思考？"

学生4："我觉得为了证明他的观点，他必须举出不同情况的例子。我认为他是想让读者从不同的角度来看待问题，而不是只看一个方面，这样他们就可以选择他们最同意的那一个观点。"

讨论继续进行，然后霍根先生提示他们开始写自己的文章。提示是"陈述科茨的中心论点，然后对科茨所说的内容进行辩护、具体说明或挑战"。在准备这项任务时，他们看了前一年一位学生的AP英语考试作文。霍根先生要求他们进行分析，不是分析具体内容，而是分析作者如何组织文章的结构。一个学生说："应该有一个论题——解释你对这个主题的看法。""科茨是这样做的吗？"霍根先生问道。"没有。"这位学生说。"所以我们要牢记这一点，把你的论点放在第一位更像是一个准则，因为写作是一门艺术，而不是像数学那样，无论你走到哪里，二加二都等于四。"

我和两个学生交谈过，他们对论点仍然感到困惑，他们正在回顾文章想弄清楚它。霍根先生将一段介绍投影，让昨天在自习室写介绍的拉丁裔学生来阅读：

"在这篇文章中，作者科茨为一个有多重含义的词辩护，他认为，当涉及两个人之间的稳固关系时，他们有一定的权利来称呼对方任何他们觉得舒服的名字。更具体地说，称呼可以对彼此的关系产生消极或积极的影响，这取决于对方对称呼的反应。有些人可能会说，在文明的关系中，使用辱骂性语言是不对的。归根结底，我认为这种语言可能具有攻击性，但要由个人来决定这种语言是否合适。"

霍根先生鼓励学生以此为灵感，坚持下去。他说："写好论文的最好方法是写一个糟糕的初稿——你只需要努力去写。"

在第三节课中，霍根先生将重点从科茨的论证内容转移到有说服力的写作的性质上。他选择科茨的文章的一个原因是，这篇文章与学校经常教给学生的论文写作不同：它没有用论题引出，事实上，论题从未被直接说明。作为一种教学工具，霍根先生认为隐含的论题有双重好处，这会促使他的学生解读论点，并向他们展示真正的写作并不总是符合学校里熟悉的"汉堡包式"的论文模板。这样一来，他就把学生们引入真正的作家的世界，那里没有固定的模板，而只有对不同作者选择的效果的意向性。在我们对他的采访中，霍根先生在没有提示的情况下，引用了大卫·佩金斯的"初级水平的整个游戏"作为他思考的关键：他想向学生展示专业说服性写作的整个游戏，并在其中让他们练习特别困难的部分。

霍根先生还寻求支持技能的转移，而认知科学家认为这是掌握技能的一个关键组成部分。因此，他让学生阅读科茨的文章和以前的 AP 英语例子，了解它们的结构，然后要求学生们思考他们自己的写作意味着什么。在一个关于"元"的新举措中，学生们正在写一篇关于另一篇文章性质的论文，因此他们必须做出与他们正在阅读的作者相同的选择。霍根先生最后鼓励学生把他们的作品看作是他们思考的初稿，这与有价值的作品的生产要经过多次起草和修改的想法是一致的，这也是关于写作过程的另一个"元"课程。

霍根先生是如何做到这种教学方式的？就像我们样本中的许多其他教

师一样，他经历了一个重要的历程才达到这一点。他告诉我们，他最初是被丹·洛尔蒂（Dan Lortie）所说的"观察学徒制"所影响，因为他自己作为学生的经历对他最初的教师实践产生了巨大的影响。[14]"当时的想法是，我们会研讨文学，最终要得到合理的、得到支持的解释，而当我们无法得出那些让我印象深刻的、合理的、得到支持的解释时，我不知道还能做什么，只能说好吧，就这样吧。不出所料，这导致学生的评估更像是反刍"。他还记得，他只是教授课程中指定的书，而且在开始时，他的问题似乎是如何把一学年的课程都填满。

随着时间的推移，他更多地思考他对学生的最终目标，而不是继承下来的目标。作为这种反思的一部分，他进行了一次大学之旅，在那里他跟踪了他以前的学生以及他们的一些教授，并询问他们在大学里有什么困难。他发现"学生们并不是因为不能阅读和理解《哈姆雷特》而在进入下一阶段学习后痛苦挣扎"。问题不在于他们是否能记住这篇课文或那篇课文，而在于"阻碍他们的是他们批判性阅读的能力，分析他们所阅读内容的能力，提出论点，并将各种想法综合为他们的观点的能力"。因此，他意识到，如果他和学生在一起的时间有限，虽然让他们接触各种文章仍然很重要，但他应该做的最重要的事情是在每篇文章上花足够的时间，确保学生建立起分析、质疑和写作的能力，这是他们在大学里需要的最便携的技能。

同时，霍根先生将这种冷静的分析与他自己对所有文章的热爱结合起来，希望引导学生们接受他的观点。霍根先生形容自己"对文字有一种痴迷……我只是喜欢阅读和写作，基本上每一种体裁都喜欢"。莎士比亚、普鲁斯特、狄金森、鲍德温、科茨，小说和非小说，历史和当代，都是霍根先生感兴趣的。他继续如饥似渴地阅读，把新的文章带到课堂上，因为他对这些文章感兴趣，认为它们会给学生带来一些启发。他形容自己对所看到的一切都有一个"教育的眼光"。"当我读报纸、看电影、看广告时，我几乎总是在想，至少在我的脑海里，'这对我的教学有什么用？'"霍根先生的学生描述说，他们自己也逐渐采取了这种态度，正如其中一人所说的那样："我过去只是喜欢看广告而不去想它，现在我想的是他们是如何瞄准那些特定受众的。"

作为一个拥有神学院硕士学位的人，霍根先生认为教学几乎是一种精神上的努力，一种"召唤"。在接受萨拉采访时，他断然反驳了杰尔在前一本书中的说法，即教学应该按照医学或法律的方式实现专业化，因为在他看来，这些枯燥的领域并不能与教学相提并论：

"我真觉得那里缺少点什么。我认为教师更像是建筑师，有更多的艺术成分，教师作为牧师，有更多的精神成分……几乎是更多的神学成分。这是一种生活在这个世界上的方式，就像我认为一些宗教人士会争论的那样，他们每天早上醒来，通过尊贵的先知穆罕默德会怎么做，佛祖会怎么做，耶稣会怎么做来看待这个世界。教学是一种身份，一种存在于世界的方式，一种看待世界的方式，这意味着我的教学将影响我看待校外几乎所有事物的方式。同样，我在校外遇到的事情也会影响我作为教师做出的选择。"

因此，他总结说"杜威是对的"，学校不是为现实世界做准备。"相反，对于那些每天在这里待上几个小时的学生来说，这就是真正的世界。那么，这时我想让这个世界成为现实世界的一部分。对我和学生们来说，这就是现实世界，我想这些对他们作为人类的经历至关重要。"

这些信念促成了霍根先生的许多选择。这一年的基本问题是："你如何使用读写技能来影响你和其他人生活的改变？"他选择这个问题是因为他想向学生展示文学是如何推动社会流动的。在这一总体目标下，他寻找那些既可能让学生感兴趣，又包含"长期"或重要兴趣问题的文章。然后，他给了自己一些灵活性，可以随着课程兴趣的发展而选择文章：

"好吧，现在可能是一个很好的时机，可以引入朱迪思·奥尔蒂斯·科弗（Judith Ortiz Cofer）的《拉丁女人的神话》。这可能是一个好时机，我们已经和理查德·罗德里格斯（Richard Rodriguez）做了一些事情。这可能是引入哈佛大学的兰德尔·肯尼迪（Randall Kennedy）的好时机，他写了关于我们对黑人词汇的使用。这可能是一个引入安扎尔杜阿

（Anzaldúa）的时机。在这一点上，我可以说：'好吧。现在我可以把这些经典作品与科茨的作品联系起来，做一个关于语言的主题单元。'"

与他最初按部就班地学习一套预先指定的课文的做法不同，他现在感受到了课堂的节奏，并思考哪些文章能最好地扩展其知识网。如果说杜威认为的教师工作是将学习者头脑中的知识网与世界上的知识树连接起来，那么他就会利用自己广泛的文学知识来挑选那些可能会不断增长学生理解力的文章。

霍根先生也在努力研究如何使技能建设这一部分变得生动。许多课程以一些词汇开始，例如，并列、反义（对立）、美味，他挑战学生使用和组合这些词汇。提供的例子有："潇洒的反义词是土气的"；"简短的反义词是冗长的"；"两种对立的食物，如西兰花和炸鸡并列放在一起会使西兰花看起来不那么美味"（学生们欢呼，因为这句话包含所有三个词）。通过使词汇变得有趣，邀请学生考虑使用这些词的不同方式，霍根先生试图告诉他们，这些词不仅仅是要记住的，而是他们可以作为作家以不同的方式使用它们。霍根先生的一个重大发现是，将语法作为一种强大的工具来重新构建，使他能够知道如何将其与自己的其他目标相结合。"当我不再把语法看成是正确的，而更多地把它看成是表达思想的选择，这真的很有帮助。起初我根本不知道如何整合它。因此，今年年初的很多时间都在探讨课堂对我们来说意味着什么。作为想要在这个不公平世界里取得成功的人，我们需要能够对我们使用的语言种类做出选择，以确保我们能够使用它来实现我们的目标。"

最后，霍根先生的经历使他采取了与我们采访的其他许多教师不同的立场。在我们的样本中，其他许多教师在当今数据饱和的环境下受到鼓舞，倾向于反思自己的学生不知道怎么做的情况，而霍根先生一开始就坚信，学生的思考往往先于他们的写作。"学生们已经准备好深入思考公共话语的问题——他们在智力上已经准备好了，但他们还没有达到这样的程度，即他们知道当你有两个从句的时候，你应该在协调连词之前加一个逗号。"因此，对许多教师来说，我们看到的常见模式是"布卢姆阶梯"——现在做低层次任务，假设高层次任务会在未来的某个日期出现，而霍根先生的方法是"布卢姆网络"，在解读复杂的文章和写作所需的技能建设之间来回切换。

## 乔尔·沃尔夫、威廉·杜钦和梅根·马里诺：科学探索

在我们旅行初期对一所城市特许学校的访问中，这所学校的科学系主任，一位25岁左右的女性，把我们拉到一边，说："如果你们真的想看到更深层的学习，你们应该去我上高中的学校——中西部数学和科学学院（化名）。"我们称之为MMSA，这是一所由一位州长和一位诺贝尔奖获得者创建的考试学校，肩负着双重使命：教育该州一些最优秀的数学和科学学生，并开发新的学校教育方法，作为该州和全美的样板。我们在2013年访问了MMSA，进行了为期七天的研究，对它如何进行科学教学问题特别感兴趣。虽然我们意识到——有些人怀疑从一所精英学校能学到什么（这所学校当然会从学生的强大技能和积极性中受益），但我们觉得这所学校已经找到了对其学生特别有想法的事情，也许产生的想法对各个领域都有用。

使MMSA与众不同的部分原因在于其强烈的建构主义立场，即学生应该被视为探究者，需要自己去弄清事情。这是我们与学生和教师访谈中的一贯的主题。正如一位学生所说：

"老师们不只是给你信息，并希望你能反刍它——你必须自己去开发东西。他们鼓励发现事物，就像我以前的学校数学课一样，他们会给我们信息，然后让我们在考试中把信息反馈给他们。在这里，老师会给我们（材料），然后会要求你根据你获得的证据得出你自己的结论，这让你有更深的理解，因为你理解了背后的数学。"

另一名学生说："科学考试中的许多问题都是转换题，这些题目会改变场景，你不能只是在考试当天背下它，你需要了解它，并对它有很好的理解。在语言方面，以前你必须背诵词汇和语法，现在都是讨论和沉浸式

的。"从教师的角度来看，这与学生们在以前学校所习惯的情况相比，是一个巨大的转变。正如一位老师告诉我们的那样："这种转变是非常困难的——高二的第一个学期就像地狱一样，因为他们已经入门了，他们会说这就是我多年来成功的原因。"其结果是："学生在早期会感到不舒服，因为他们对教师应该做什么的预期与这里的情况不同。'我的老师不教书，他们总是用问题回答问题。'"随着时间的推移，学生和老师们都表示，学生们逐渐适应了这种不确定性，以及知识不是被给予而是被建构的观念。

帮助学生实现这一转变的一个重要部分是高二的一门必修课，名为"科学探究方法"（MSI），由一个教师团队设计和教授，其目的是教学生如何进行科学探究，其目标是让学生写一篇可以提交给期刊的科学论文。学生首先学习一些基本的统计学知识——如何进行 $t$ 检验，以及如何通过做相关分析或运行回归来检验 $x$ 和 $y$ 变量之间的关系。然后，学生们会接触到一些科学文献，因为正如该课程的教师之一乔尔·沃尔夫所说："许多学生没有看过或读过同行评审的专业文献，只读过教科书。"沃尔夫先生和他的同事们随后指导学生如何使用数据库在科学文献中查找信息。他们做了一个关于浮力的实验，其目的是展示如何标记图形的轴，并将因变量放在 $y$ 轴上，将独立变量放在 $x$ 轴上。因此，在学校的头几个月里，学生们学到了他们需要知道的大大小小的事情，至少可以开始写一篇科学论文。

然后，在这里有一个为论文制定研究的框架过程。第一步是头脑风暴——学生们对什么感兴趣，他们可以获得什么数据，或者他们可以收集什么数据。沃尔夫先生帮助调整头脑风暴的过程，帮助学生弄清楚什么是"可行的或合理的，什么可能不可行"。然后，他们制定一个项目建议书，沃尔夫先生将其描述为该过程中的一个关键步骤。在这里，学生们必须定义问题——将使用的方法，计划如何分析数据，以及如何解决"安全问题和隐私问题"。他们还列出了项目所需的材料清单，并制定了进度表。学生们提交一份建议书的草稿，由沃尔夫先生批改，然后提交一份修订稿，对他的问题做出回应。

更深层的教学：严谨、乐趣和学徒制 | 303

　　本学期的其余部分也遵循类似的模式。项目中的每一步都有严密的结构，但学生可以完全控制实验材料和论文的内容。一篇科学论文的要素是独立的引言、文献综述、数据和方法、发现和讨论——每一个部分都必须单独上交，以便得到沃尔夫先生的反馈。其中一些内容是有广泛支撑的。例如，对于文献综述，学生在实际尝试将该研究纳入他们的文献综述之前，必须写一份至少有十个来源的参考书目。最后的步骤是写一个摘要和标题。正如沃尔夫先生所描述的目标："我们谈论的是类似于艺术课的内容。艺术的作品是绘画、雕塑，但科学的作品是什么？就是出版物，我们希望在最后生成那篇看起来像同行评议期刊文章的论文。"该项目的最后是由学生为此项目制作海报，并与同学们分享他们的成果和结论。

　　多年来，学生们选择了一系列广泛的主题。沃尔夫先生记得，有的项目旨在了解植物生长，比较有机和非有机苹果，还有一个产品测试项目，学生们测量了不同种类纸巾的吸水性能。在社会科学领域也有一些项目，他记得有一个项目，一位教师以单调的方式进行了一个简短演讲，然后以生动的方式进行了同样的演讲，接着实验者给学生进行内容评估，要求他们对两个版本的教学质量进行评分。我们观察到一个小组正在测试是听歌容易记住歌词还是看歌词更容易记住歌词（他们没有发现统计学的显著差异）。在同一年里，一些学生可能在化学实验室里，一些在温室里，一些在野外，这样就避免了争夺稀缺资源的问题。这个班级一般有24名学生，两人一组，这意味着沃尔夫先生同时支持12个项目，他认为这是一个重要但可控的工作量，特别是因为在这个过程的任何特定阶段，有些学生比其他人需要更多的帮助。

　　这些为期一个学期的小项目将在高二的时候融入初中和高中学生调查和研究计划。MMSA将周三的大部分时间用于这些项目，这些项目是更大的科学调查，要么是由学生在校园内设计的，要么是在大学实验室进行的。学校与两所知名大学建立了合作关系，让学生在实验室工作，并在周三用巴士接送学生到这些实验室。学校为该项目配备了一名全职协调员，负责寻找导师，在组队发展过程中对项目进行检查并对安置学生的实验室和其他校外场所进行现场访问。学生自主选择项目，这些项目约有75%是STEM领域的，但有些学生在其他学科中工作，包括文学（写小说）和音乐（作曲）。就像MSI课程一样，整个过程是有框架的，学生必须提交一份提案，保留记录他们所学内容的笔记本，并在年底向社团进行展示。从本质上讲，这里的项目更加雄心勃勃。在我们访问的那一年，一名学生正在对无家可归者的影响进行回归分析，另一名学生正在探讨《世界人权宣言》是否真正具有普遍性，还有一名学生在大学实验室中评估不同药物对心脏病的疗效。这些项目大约会有5%到10%在研究会议上发表或出版。学生们将MSI课程描述为这些大型项目的重要准备："高二那年很重要……，教我们如何自主学习，如何把所有不同类型的数据放在一起，并进行综合和归纳，以证明一些东西。"

有趣的是，在我们访问期间，MSI的工作方式并不是最初设想的方式。沃尔夫先生说，在其早期项目中，技能建设部分花了一学期的大部分时间，而项目只在最后三周进行。但是，当一个小组对该课程进行审查时，他们发现学生们并不觉得技能建设部分特别有吸引力或有意义，因为这部分脱离了使用背景。

"学生们没有看到所有技能建设活动的相关性。他们不明白为什么要让他们做那些似乎没有上下文的事情……该项目本身就是它的背景。他们之所以阅读文献，就是因为这些文献与他们正在进行的研究有关，他们写这些文章也是为了使他们的结论能够在更广泛的背景下被理解，而不是孤立的。背景信息可以提供给论文的读者，以便他们在进入他们所学的具体内容之前，对主题有一些了解。现在它有了一个背景和意义，而且与他们相关，他们明白它是如何融入其中的。"

因此，他们将技能建设部分缩短到了课程的前几周，然后通过科学研究的发展整合了其他工具。从沃尔夫先生的角度来看，这种转变不仅使工作更有吸引力，它还帮助学生像科学家一样思考，对他们来说，整合假设、文献、数据和发现是核心任务。

因此，MSI的例子与学徒制和入职教育的方法相类似，正是这种方法使前面描述的课外活动如此强大。它利用了学生对其课题的内在兴趣，以情境化而不是非情境化的方式发展学习，有一个明确的目的，并在结束时公开展示作品，以此来激励学生。同时，它还具有来自经验丰富的教师的充分反馈和一个精心设计的过程，帮助学生逐步获得进行真正科学研究所需的工具。在 MSI 项目中，初级水平的学生参与了整个游戏，随后，随着学生变得越来越有经验，许多人加入大学实验室，逐渐成为更大的科学家社区的一部分。就像霍根先生对英语语言艺术所做的那样，基本技能的培养被归入一个更大的更有意义和目的的弧线中。

是什么让沃尔夫先生和他的同事杜钦（在校园里被称为杜钦博士）能够为他们的学生构建这个弧线？沃尔夫先生说，他的教学模式源于他自己的教育生涯中最像真实科学的部分："另一件有趣的事情是，我回想一下我自己的教育。直到我在大四时做了一项独立研究，我才真正参与到我们要求学生在 MSI 课上做的一些事情中，那是我在大学的最后一年。直到我成为一名研究生，开始做自己的研究，我才真正接触到很多东西。那是一种与我之前所学的所有课程完全不同的经历。"杜钦博士也是 MSI 的老师，他在 MMSA 已经工作了几十年，他描述了自己的博士培训对他教学的影响："我想，如果我不去读研究生，我就不会是现在这样的人了。我是一个建构主义者，因为这是我所接受的训练。我练习构建反映我所收集的数据的模型。作为这些孩子的老师，我不能把这段经历和现在的自己分开。"[15] MMSA 的许多老师都有自己学科的博士学位，正是这种自己建立和创造知识的经历，使他们能够用类似的模式培养学生。

MMSA 在全校范围内致力于探究性教学，这大大缩短了我们许多其他教师第一年的试错期。杜钦博士介绍说，最初来到 MMSA 时，在大学里做了几年的兼职讲师，发现自己对学科的信念和对教学的信念很契合。"在大学里，我是一名讲师。我应该传达理论、概念、学科的思维模式，然后对学生进行测试。在这里，我很早就发现，这是一个建构主义的氛围，而不是一种教学主义的氛围。这对我有很大的吸引力，特别是在我的职业生涯中，我从事的是科学，而科学是建构主义的。我们应该以建构主义的方式教育我们的理科学生，这似乎很有意义。这对我来说是很合适的。"在一个充满了具有类似信念的学生和同事的环境中，杜钦博士有很多机会在一个支持性的环境中成长和重塑他的教学。

梅根·马里诺也在尝试做类似的事情，但她所在的环境要差得多。在获得侧重于科学教育的化学博士学位后，马里诺女士一直在美国东北部城市的一所大型传统综合公立高中任教。她的大多数学生都是非裔美国人或拉丁裔，他们几乎都是免费或减价午餐受助者。我们观察到她教的其中一门课程是"科学探究方法"。

马里诺女士告诉我，这门课是十一年级和十二年级的选修课，这在功能上意味着它是学生的"垃圾场"，因为课程表把它安排在了这个时间段。她说，虽然学生的技能和兴趣范围很广，但"重点是我不在乎学生是否一开始就认为自己是理科生"。

阳光透过房间一侧的高大窗户照射进来。即使百叶窗部分关闭着，我也能看到学校西边的城市天际线。学生们一直在研究腐蚀问题，昨天他们做了一个实验并带来了他们的结果。上课铃一响，就开始上课了。房间里有大约 20 名学生。大多数人看起来是黑人或拉丁裔，有三位是白人，还有一位穿着预备役军官制服的男孩看起来是中东人。马里诺女士说，学生们将继续他们前一天的钢丝绒（译者注：指我们家庭厨房清洗铁锅用的钢丝球）实验——他们将根据第一个实验的结果设计第二个实验。"你们要根据你们看到的东西，根据你们感兴趣的东西，提出一个新问题。"马里诺女士说。她要求学生拿出他们的笔记本和昨天的讲义，并提示学生看一下实验后的问题，简单解释一下这堂课的计划，并说她会检查作业。学生们在铃声响起的 5 分钟内开始做作业。"你们要做与第一个实验相同的事情……提出一个问题，确定你的变量。"在做实验之前，学生们已经做了一些关于生锈的背景工作（他们读了一篇文章），但马里诺女士告诉我："我更像是一个探索型教师，所以前期工作相当少。"她给了我这篇文章，这篇文章提供了一些关于古董车腐蚀的基本信息，以及它们在美国不同地区生锈的情况。

有一个一页的实验指导大纲。在第一阶段，学生可以从三个问题中选择一个进行探讨——例如，第一个问题是"水温如何影响钢丝绒的腐蚀速度"。他们必须确定变量（并在继续前与 C 女士核对），提出假设，创建材料清单，写出详细的过程（与 C 女士核对），进行实验，并记录结果。今天，在第二阶段，他们要根据第一个结果中最有趣的内容设计一个后续实验。后续问题如下：

1）你的原始实验表明你的因变量和自变量之间的关系是什么？

2）根据你的结果对你的假设进行评论。

3）围绕你的后续实验解释你的想法。最初的结果是如何导致你选择了特定的后续实验？

4）根据你的实验，解释为什么腐蚀在某些条件下比其他条件下发生得更快。这应包括讨论腐蚀所涉及的化学反应以及条件如何影响这一反应。

学生们立即从他们的课桌旁走到教室的其他地方，检查他们的结果。我与两个女孩交谈，其中一个有着长长的黑发和轻微的口齿不清，她告诉我她是"科学导师计划"的一员，另一个扎着凌乱的发髻。她们告诉我，她们挑选的问题是哪种液体或溶液的腐蚀速度最快。她们测试了水、醋和柠檬汁，并向我展示了她们将钢丝绒样品与这些溶液放在一起的试管。她们假设水对钢丝绒的腐蚀最大："因为水是极性的，而钢不是，这就是我们所想的。"我问她们如何知道腐蚀的程度，她们说只是通过观察，但是当我稍后回来时，她们决定测量钢丝绒的质量。

马里诺女士正在与一对难以决定第二个实验的人交谈——一名拉丁裔女孩和一名黑人女孩。她们选择观察盐水、普通水和醋是如何腐蚀钢丝绒的，她们测量了钢丝绒在溶液中浸泡前后的质量。盐水并没有像她们想象的那样改变钢丝绒的质量。马里诺女士说："这取决于你——你甚至可以决定用不同的解决方案重复同样的实验。"她又补充道："我们有没有可能只通过一个实验就能确定答案？"两个女孩摇摇头。几分钟后，当我继续跟进时，这两个女生告诉我，她们已经决定设计一个新的实验，看看更高浓度的盐水是否会导致更大的腐蚀。我问为什么，她们说："水无处不在，它与现实生活有关，所以我们知道如果金属在海洋中会发生什么。"当我问及为什么她们在这两个实验课上会设计不同的实验，而不是都按照同样的程序进行时，其中一个人说："是的，这是一门选修课，所以我们可以选择我们想做的事情。"

教室里的感觉是忙碌而专注的。许多学生戴着安全护目镜，但有些人似乎并不是太在意；在某些时候，马里诺女士对一个学生说："亲爱的，我需要你戴上护目镜。"他不慌不忙地戴上。所有的学生都在参与测量、称重、做笔记、谈论实验，或与马里诺女士或与蒂芙尼（Tiffany）交谈。蒂芙尼以前是学生，现在做助理。自始至终，当我问学生关于实验的问题时，比如他们最初认为哪种溶液的腐蚀性最强，我感到很惊讶，因为他们中的许多人看起来不确定，他们得去查自己的笔记本，而不是即兴回答。我的印象是，这是他们对这种工作普遍缺乏信心的结果。他们似乎没有大局观，没有意识到这是在学习像科学家一样思考，但他们还是在这样做，我猜这是第一次。现在也是 10 月，仍然是一学年中比较早的时候。

在课程结束时，马里诺女士要求大家进行物品清理，所有的学生都把他们贴有标签的实验品放在窗台上。马里诺女士提醒大家：她今天检查了笔记本，所以没有被检查的人需要给她看他们的笔记本。"到明天，我们需要把我们的后续实验完全准备好，我们将着手分析问题。本周晚些时候，我们将有时间在计算机实验室处理其中的一些内容，并将其转化为实验报告。"

这个课程揭示了在一个条件较差的环境中，以探究为导向的立场是什么样子的。在 MMSA，学生们采用了科学方法，对他们的调查性质有一定的控制，并通过证据来评估他们的假设。虽然他们对自己的立足点有些不确定，因为这是他们第一次接触到真正的科学，但他们能够通过科学过程的各个步骤进行工作。这间教室也具有我们在其他强大教室中看到的情感特质——由学生驱动的忙碌的焦点。同样值得注意的是，这是一门选修课——学生们摆脱了其他科学教室的一些覆盖范围的限制,可以对他们的调查内容做出一些选择,这有助于激发他们的兴趣。最后,与我们看到的许多科学实验室(其目的是复制现有的实验)不同的是,在这个教室里有一种真正意义上的不可预知性,这是真正的科学的特征,因为学生们尝试不同的材料来得出他们的结果。实验工作还与化学的基本内容相联系,为实验的结论奠定了基础。

像其他被介绍的教师一样,马里诺女士做出了一系列决定,造就了我们所看到的课堂。因为这门课是高二和高三学生的选修课,所以不需要参加州测试。作为一个在行政监督方面松散的学校中拥有很高声誉的教师,马里诺女士在设计课程时也有很大的自主权。随着时间的推移,她决定牺牲最初她所珍视的化学中的某些想法和相关程序,以支持对核心思想的更多概念性理解,同时引导学生使用科学方法。因此,她将参加科学展作为课程的一个必要组成部分,并将该项目的开发贯穿于全年的学习中。

在教学上,她把科学探究的任务分解成许多部分。她使用的一个策略,尤其是在年初,在第一天,她会设计一个实验,让学生去做;然后他们会设计后续的实验。这样一来,她既积极展示了科学方法的步骤,又给了学生一些自由来发展他们自己的想法。科学展项目是这一演变的高潮,因为她逐渐把责任交给了学生,让他们负责自己的科学探索。就像菲尔兹先生希望每次对文章的讨论都能产生新的东西一样,马里诺女士同样认为,关键是让学生不要觉得自己是第 1 000 名做这个实验的学生,而是要让他们觉得自己在研究一些原创的东西。对科学展项目进行选择是其中的一部分。"如果你讨厌烹饪但喜欢运动,就不要选择关于糖结晶的项目,"她说。即使在日常教学中,她也认为学生的选择赋予了工作生命。"这种真正要求学生从他们自己的身份出发的想法是非常重要的。我认为如果每个学生都觉得是因为他们在那里而有所不同,那么他们在课堂上将会更加投入,因为他们正在参与其中;他们的存在在某种程度上改变了已经发生的事情。"马里诺女士这样告诉我们。

同时，虽然马里诺女士非常强调让学生了解真正的科学方法和认识论，但她也确保融入化学的核心知识。"我总是告诉孩子们，我是认真的。我从化学中了解世界，化学组织了我的视角，我对世界的看法，"她说。马里诺女士的目标之一是让学生成为有科学素养的人，为了实现这一目标，她在自己积极的教学方法中不断积累一系列化学课程。正如美国国家研究委员会所主张的那样，更深层的理解需要将内容与技能相结合，马里诺女士认为科学探究必然建立在不断增长的科学知识基础之上。[16]同时，正如玛格达莱妮·兰珀特在数学方面所做的那样，她经常会先进行调查，然后逐渐引入科学内容，而不是与之相反。

正如我们的许多其他教师一样，以这种方式教学是一种进步。马利诺女士说自己是一个以传统方式从书本上学得很好的人，她开始时也是以相当传统的方式教学。然而，当她开始教高中时，她很快发现这对她的许多学生并不适用。在完成教育学硕士学位的过程中，她与她的科学方法教授建立了合作，后者开始了一项由美国国家科学基金会资助的"以探究为基础的科学教学"的项目研究。马里诺女士成为这个项目的博士生，并做了自己的研究，比较了更多和更少的基于探究的实验室运行方式。同时，她获得了化学博士学位，而不是科学教育博士学位，因此她也完成一些化学研究。这种结合既为她在该学科进行研究奠定了基础，也使她有机会对不同的教学实践进行论文级别的研究。这些经历为她后来的教学工作提供了参考。[17]

马里诺女士现在教那些试图学习探究式科学教学方法的人。她的关键建议是什么？"第一件事是不要害怕。这是一个有点混乱的问题……强迫自己放弃对课堂的严格控制的想法，并相信如果你给学生控制权，一切都会好起来。"与我们样本中的其他教师一样，她信奉成长的价值大于正确的价值。"我对孩子们说的另一句话是：'这很难。这是困难的'你不应该感到难过。这需要时间和反复的努力，但没关系。我们所做的一切，你所做的每一项努力，都在推动你向最终的目标前进，即使你还没有达到。即使你得到错误的答案，也不意味着这是一种浪费'。"正如在成就高中的情况一样，她指出，这种信息与学生们通常接受的信息是反文化的，这需要他们忘掉一些东西来适应这一切。

像教练一样，马里诺女士采用了各种方法让学生适应这种新的存在方式。例如，如果学生没有真正尝试过开放性回答部分，她就拒绝给考试的选择题部分打分。因为她发现一些学生在写实验报告的阶段就僵住了，所以她鼓励他们先把自己的想法说出来，然后再写下来。她教学的一个核心目标是建立一种文化，让学生互相尝试科学理念，最终让他们负责创造和管理一个充满科学规范的空间。

杜威主张教师应该成为自己实践的积极研究者，而作为一位改革派校长，他在1893年就倡导教师学习，使学生能够"从流动的小溪中喝水，而不是从死水潭中喝水"。马里诺女士与之保持一致，经常对自己的实践进行调整和尝试[18]。与MMSA的教师不同，她所在的学校并不致力于她所采用的那种教学方式，所以她没有从他们现场的那种社区中受益。因此，她回避了大多数全校性的讨论，而专注于自己的课堂。然而，在她所在的城市，她找到了一群有着相似使命和目标的人，通过这个社群，她既分享了她所学到的东西，又从别人的共同经验中学习。特别是，通过拍摄自己的教学过程，并请她网络上的一群朋友提供反馈，她不断加强着自己的教学。

## 这些老师的工作有什么不同？

这些教师在许多相互联系的方面与他们更传统的同事不同。他们对自己的目的（为什么）给出了不同的概念，这反过来又与不同的教师身份（谁）有关，而教师身份又与不同的教学选择（做什么和如何做）有关。

将这些联系在一起的是一种不同的立场——一种看待他们试图做的事情的不同方式，这来自他们的经验，并贯穿他们的工作。李·舒尔曼（Lee Shulman）的主要工作强调了教师所拥有的不同类型的知识——实质性知识、教学知识、教学内容知识，而我们的研究表明，教师对其工作所持的观点或立场才是至关重要的。[19]（知识当然有助于形成这样的立场，但这还不够。[20]）表 7.1 概括了这种立场的一些关键维度以及它们应如何结合在一起。

表 7.1　不同的立场：传统教师与更深层的教师

|  | 传统教师 | 更深层的教师 |
| --- | --- | --- |
| 教育目标 | 覆盖材料 | 在该领域工作；激励学生成为该领域的成员 |
| 教学重点 | 广度 | 深度 |
| 知识观 | 确定的 | 不确定的 |
| 学生的观点 | 外在动机 | 创造力、好奇心和有能力 |
| 学生的角色 | 知识的接收者 | 知识的创造者 |
| 教师的角色 | 知识的传授者 | 学习的促进者 |
| 失败的观点 | 要避免的事情 | 学习的关键 |
| 精神特质 | 服从 | 严谨和乐趣 |

## 是为什么：教师如何更深入地看待他们的目标

理解这些教师的出发点是他们试图对学生做的事情与大多数教师有着不同的看法。从本质上讲，他们一开始就设定了一系列目标，那就是他们希望自己所负责的年轻人拥有什么——不仅仅是知识，而是一套他们认为面对世界非常重要的能力和态度。他们试图增强学生的能力；他们希望这些孩子能够在自己的领域和其他生活环境中，成为对世界有所影响的人，而不仅仅是让世界对他们有所影响。

虽然他们把学生作为人的希望放在第一位，但他们通过学科来关心他们的学生。换句话说，与父母的角色不同，作为教师，他们通过向学生展示世界、启发他们，来表达对学生的爱。在这样做的过程中，这些教师希望适度地但从根本上改变学生们对学习的刻板印象，帮助他们发展新的兴趣、新的理解，并有可能发展新的身份，将他们所学的东西融入他们的自我核心观念中。[21] 与我们遇到的其他教师相比，这些教师的目标不那么宏大，同时又更具雄心。不那么宏大是因为他们不太关心学生是否记住了特定的内容；而更具雄心是因为他们希望创造出具有开创性的学习经验，对学生的影响将超越课程的特定内容——他们试图播下种子，激发学生多年来对其学科的探索。

这种方法反映了这些教师对其学科的不同理解。他们认为自己的学科是开放的，而不是封闭的，也就是说，他们认为自己的学科是人们构建临时知识的地方，而不是有一套完整的答案需要传递给别人或向别人自诩的地方。

虽然教师对其学科的认识论理解可能看起来有点神秘，但我们发现，这对接下来的每一件事都很关键。如果教师把自己的学科看成是固定的或继承的知识体系，那么，以传授为目的的教学似乎是一种合乎逻辑和有效的方法。学生可能会有机会进行更多的互动，但基本目标是推动学生吸收既定的知识。相反，如果这些学科被理解为不同的人对问题有不同的解释、实验和方法的地方，那么邀请学生进入这个探究过程，将他们与之前几代的学者和求知者联系起来似乎是很自然的。

与此同时，教师给学生提供空间发展自己的方法和解释的同时，也在推动学生认真思考如何为自己所提出的论点进行辩护。老师们热爱他们的领域和学科，这种热爱带来一种信念，即这些学科体现的哪些观点符合标准，哪些不符合标准。他们通过口头和书面的反馈，以及在课堂上的评判来表明这一点。在可能的情况下，他们教学生执行这些标准，使严格的任务成为集体所有的东西。例如，在英语课上，一部分学生们会被大力鼓励用特定的文章来支持他们的解释，其他学生则被要求评估他们是否认为这些解释是合理的。在数学课上，让一些学生在黑板上展示他们已经解决的问题，并让其他人验证他们的逻辑链。如果说传统的教学方法是就特定的内容和技能开展"我做/我们做/你做"，那么，这些教师的方法是根据该领域的标准开展"我做/我们做/你做"，目的是把学习本身的责任逐渐转移到学生身上。[22]

在很多方面，这些教师与我们在前一章中看到的戏剧和其他课外活动的引导过程相类似。他们所做的大部分工作都是为了缩小"学校游戏"与这些领域的专业参与者进行相同活动所采用方法之间的差距。例如，霍根先生用塔·内西·科茨的文章向他的学生表明，优秀的、现实世界的作家并不总是符合他们所学的五段式论文形式，然后邀请他们在自己的作品中做出类似的选择。MMSA 的教师在小范围内引导学生了解科学过程，然后将他们与大学实验室联系起来，让他们参与到真正的科学创造中。即使学生还没有能力为这个领域做出贡献，例如，在数学和哲学领域，老师也试图引导他们进入学科专家所采用的那种思维和方法中。他们这样做并不是因为他们认为所有的学生都会成为这些学科的专业人士，而是因为这是一种增强学生能力的方式，向学生展示他们也可以发展、创造知识和观点。

承诺在教授高度贫困学生和有色人种学生的教师中体现得尤为明显。这些教师清楚地意识到，这些学生在过去没有接受过赋予他们力量的教育，他们认为自己的任务在很大程度上是由对社会正义的承诺决定的。但他们并没有用缺陷来描述他们的学生，也没有像我们样本中的许多教师一样，认为"让学生掌握基础知识"的紧迫性阻碍了学生掌握应有的思维。相反，他们做出了合理的调整（压缩了要求学生阅读的文章，为不熟悉的术语或概念提供解释，在更多的实践环节嵌入技能建设），但保持他们对学生的基本立场，即学生是非常有能力的意义创造者。

这些教师对专业知识的看法也与文献中的观点不同。许多文献，特别是认知科学方面的文献，都强调专家和新手之间差异的重要性：专家可以看到新手看不到的模式，因此，教学的作用就是利用这种专业知识，帮助新手沿着专业知识的轨道前进。[23]这些教师并不否认他们在自己的学科方面比学生更有专业知识，但他们的立场更像是共同研究者。正如杜钦博士所描述的那样："对我来说，发展的是一个以学科为中心的学习共同体。我必须成为学习共同体的一部分，而不是充当内容和学生之间的中间人。我认为这就是真相浮出水面的地方，而学生也知道这一点。"这些教师希望在分析文章、进行实验、提出证明的过程中，他们的学生会发现一些他们没有见过的东西，发掘出新的想法。他们试图激励学生热爱他们的学科，因此他们欢迎其他人与他们一起探索他们的领域。

### 是谁：教师的历程和身份

反过来，这一立场又在很大程度上受到这些教师的人生轨迹和身份的影响。正如我们在一开始所指出的，在我们的样本中，除了一位教师之外，所有的教师都至少有十年的教学经验；经验的中位数是二十年。他们是在经历了漫长的历程之后才达到自己的立场的，他们对教学最重要的东西的认识以及对年轻人的希望都是在长期的实践中形成的。

在我们的抽样调查中，许多教师都是以传统方式开始教学的（覆盖内容，评估结果，批量处理学生，重复上述步骤），并在这个过程中逐渐看到了这种方法的局限性，这促使他们寻找新的方法。IB 高中的教师沃尔什女士回忆说，她的第一次经历是在马来西亚的富布赖特大学任教。她说，在她第一年开展教学的十月份左右，她的一个学生走过来对她说："小姐，你看起来是一位非常好的女士，但你必须停止说话！"她把这一有点发人深省的遭遇描述为她开始探索学生如何体验她的教学，她的教学已经发生了很大的变化，以至于我们二十年后见到她时，她几乎不说话了。许多教师都有过类似的经历。这不是一个简单的转变——这需要颠覆他们对自己作为专业人士应该做什么的最初概念。这种转变可能需要很长时间的反思，因为他们逐渐对自己的角色有了不同的认识。[24]

虽然他们可能需要时间来找到教学的平衡点，但他们一般都认为是一次开创性的学习经历影响了他们对自己领域或目标的看法。对一些人来说，这是在大学或研究生院的最后两年发生的，在他们自己的学校教育中，他们终于从被动接收别人获取的知识转变为主动参与知识的发展。[25]对人文科学教师来说，这源于他们在自己的学校教育中参与的苏格拉底研讨会（译者注：苏格拉底研讨会是一种民主的以学生为中心的课堂讨论方法）或其他有共同创造意义的活动，他们试图将其传递给学生。如果说丹·洛尔蒂强调"观察学徒制"通常是一种保守的力量，复制了传输式的教学，那么我们这些教师则提出，相反的情况也是可能的：借鉴学校教育的最佳经验可以为不同类型的教学提供模式。

关于如何学习学科专业知识和如何教授学科之间的关系，一个特别引人注目的例子出现在我们与一位老师的讨论中，这位老师来自一所优势学校，同时教授历史和 AP 心理学。我们参观了她的历史课，这堂课虽然并不完美，但给学生提供了与文献互动的机会，并尝试发展历史解释。我们还参观了她的 AP 心理学课程，这门课没有历史课的活力，因为学生们被要求记住不同条件反射的定义。当我们采访她以探究这两门课之间差异的原因时，我们问她如何看待这两门学科。她解释说："历史是一门非常开放的学科。人们认为这都是名字和事实，但事实并非如此。"

我们问："为什么这么说？"她说："在大学里，我们有一门为期两年的西方文明必修课，由历史、英语、神学和哲学的四位教授共同授课，我们可以看到同样的事件如何通过不同的视角来理解。"我们问："那心理学呢？""哦，"她说，"与历史不同，心理学只要求正确答案，它是一门封闭的学科。"从这些截然不同的答案中，我们可以看到，即使在同一个人身上，对不同领域或学科的理解也会产生截然不同的教学效果。[26] 也许这并不奇怪，考虑到我们对强大的"教与学"的学徒观，只有当教师自己体验到他们的学科的本质是开放的或构建的，他们才能为他们的学生创造同样的体验。

另外，教师对他们所在领域的深入了解也很重要。我们所有最出色的教师都至少在他们的学科中拥有本科学位，有些人甚至拥有硕士，乃至博士学位。这种知识的深度帮助他们思考如何构建自己领域的工作，特别是帮助他们决定哪些读物、问题或难题可能会给学生打开最广泛的可能性。这对他们相信自己有能力以更开放的方式教学至关重要。对于我们研究中的其他教师来说，脱离脚本或提出开放性问题都是危险的，因为这可能会暴露出他们对自己专业领域知识的局限性。相比之下，这些教师希望学生的问题和想法能把他们带到不熟悉的领域，他们对自己处理这一领域问题的能力充满信心，因为他们对自己在这个领域的基础知识很自信。具有讽刺意味的是，在菲尔兹先生的哲学课上学生告诉我们，当教师承认他们并不了解一切时，学生对他们提出的问题思考得更多了，而不是更少了。

如果说这些教师的教学方法深深扎根于他们最初在各自学科的学习，那么，他们对自己的学科和寻找教学方法的持续热情会不断推动他们。这些人文学科的教师都是如饥似渴的读者，他们不断探索学科的不同支流。菲尔兹先生最近被授予"佛教禅师"称号，这是他多年来对佛教持续关注的结果。霍根先生说，他关注生活中的一切电影、电视节目、书籍、杂志，甚至是广告——这些文字承载着可以解构的信息；他总是对可能带进课堂的材料保持着警惕。柯林斯先生继续做他喜欢的所谓的"娱乐数学"，然后与他的学生分享。毫不奇怪，学生们能感觉到这些领域在老师身上的活力，他们把这种激情和兴趣描述为"具有感染力的"。

如果说教师的一部分身份正持续沉浸在自己的学科工作中，那么另一部分正活跃地思考着教学工作，不断修补和修改他们的实践，因为他们试图找出什么适合他们的学生。正如杜威所描述的，教学是一种行动研究，这些教师在不断地进行大大小小的实验。在这样做的过程中，他们紧紧抓住自己所在领域和学科的新潮流，考虑这些方法是否对他们和他们的学生有效。对一些人来说，技术和在线教师社区的发展为他们提供了便利；对另一些人来说，他们所在地区的同事或重要朋友为他们提供了帮助。正如我们所描述的，学生的更深层的学习是在长时间的掌握、认同和创造力的螺旋中发生的，而这些教师在丰富教学内容的过程中也经历了类似的循环。这样的循环也支撑着这些教师，防止在更多结构化教学环境中出现常见的倦怠感。

最后，这些教师对学生重要性的认识不断提高，他们对自己学科的理解与他们采用的教学方法之间存在着互动。起初，对许多教师来说，这些因素是不一致的：他们采用的教学方法与他们对自己学科的理解不一致，虽然他们满足了外界对学生的期望（例如，跟上进度指南），但他们自己对学生学习的评估远没有达到他们的期望。随着时间的推移，随着经验的积累和对学生成绩的跟踪（包括学生离开课堂后的几年），他们逐渐认识到，少即是多——比所讲内容更重要的是培养学生的思考能力和对学科或学科工具的掌控能力。这种认识使他们能够改变他们的目标，并在一定程度上改变他们的课程，这反过来又使他们能够发展教学实践，这既符合他们对学生的期望，也符合他们对自己学科的理解。当他们不断迭代和修改时，这些教师的惊人之处在于他们找到了一种平衡，他们将知识、教学和自我结合起来了。

### 是什么和如何做：引导学生进入学科领域

这些教师的教学模式千差万别。与美国国家研究委员会报告中的箴言一致——"问哪种教学技术最好，就像问哪种工具最好——锤子、螺丝刀、刀子或钳子"，这些教师采用的教学模式因其学科、目标和教学理念而不同。[27]有些人，如菲尔兹先生，基本上只使用一种模式，这样做的好处是学生知道他们将如何工作可以专注于内容并逐渐掌握过程。其他人，如霍根先生和柯林斯先生，则根据他们所教的内容和最适合该任务的方法而调整教学模式。

虽然教学模式各不相同，但其共同之处在于，它们的目标都具有启发性和严谨性。这些教师都认为自己的学科是值得投入大量精力的，正如柯林斯先生所说的那样，如果消除这种投入的障碍，那么每个人都可以这样做。但与此同时，他们都对自己的学科工作有很高的标准，他们通过提出尖锐的问题和要求学生不断地修改他们的思维和书面作业来践行这些标准。

在很多方面，这些教师的课程体现了许多与课外活动相同的品质：目的、选择、社区、学徒制，以及"在初级阶段玩整个游戏"的感觉。就像在剧院里一样，课程都是以一个引人注意的目的或问题为基础。我们怎么知道自己是否存在？吹起一个巨大的气球需要多少次呼吸？在什么情况下说"黑鬼"这个词才是合适的？我们要科学地研究什么？在这个既定的目标下，学生们通常会有选择：菲尔兹先生让学生从对他们有意义的段落开始；科学探究方法课让学生选择他们想要探索的东西，以及他们将如何设计一个实验来探索它。这些工作发生在教师们巧妙创建的团体内，一个充满乐趣和成果的团体，在情感上是温暖的，在精力上是集中的。学生们知道这个空间的运作规则和规范，所以他们可以在大大小小的事情上互相督促，比如提醒同学戴上护目镜，或者督促他们查阅文献。

所有这些都发生在学徒制的背景下，"在初级阶段玩整个游戏"：教师作为这个领域的专家向导，逐渐向学生展示他们的领域是如何工作的，学生通过做这个领域的工作来学习。在这种立场下，教师强调学习而不是成绩，失败不是需要避免的，而是努力完成思考和创造这一艰巨任务的必经之路。最后，所有这些课程都有一种文化，那就是尊重学生，他们是有能力且智慧的年轻人，他们的意见和想法具有真正的价值，而挑战这些想法是一种理智严肃的表现。

这些教师对时间和内容的选择也有独到之处。我们所见到的大多数教师都非常关注教学内容，如果他们担心自己落后于预期目标，就会急于求成或说教。相比之下，本章中的教师则更关注学生是否在他们的学科中养成了探究者的习惯和性格。因此，当学生对某一观点或问题特别感兴趣时，教师认为这是一个激发学习的重要机会，而不是对学科覆盖目标的威胁。例如，一位在著名的城市中心为主要是贫困黑人和拉美裔学生教授美国历史的教师回忆，他曾被教导要用所谓的"发展性课程"进行教学，即向学生提出一系列问题，以达到一个预设的目标——无论你作为教师想就这个主题表达什么观点。他清楚地记得，有一天，一位导师让他尝试一些不同的东西（那是一门关于流行文化的选修课，有关的项目是迈克尔·杰克逊的视频《战栗》），他征求学生的意见，而不是引导他们得出计划中的关于视频的结论。随后的讨论有了一种生命力和活力，这是他以前的教学方法所没有的。这一发现成为他漫长教学之旅的开始，在这一过程中，他逐渐学会了如何开展课堂讨论的技巧，如何在尊重学生兴趣的同时整合核心内容，以及如何平衡广度和深度。作为这种转变的一部分，他发现，当学生对某一主题特别感兴趣时，例如，开国元勋和奴隶制，他就会很好地深入研究这些主题，为学生创造机会，让他们对自己的阅读、写作和分析拥有更多的自主权。

泰德·西泽曾说过:"要改变任何事情,你需要改变一切。"[28] 这些教师将这一点铭记于心。特别是,他们并没有通过一些神奇的教学技巧来创造更大的目的性或参与性;相反,他们改变了课程的节奏和目标,使之更适合他们学科的"入门方法"。具体来说,他们优先考虑的是深度而非广度,给了学生一些选择,并挑选了他们认为会以不同方式吸引青少年的主题。为了创造这些差异,他们必须找到方法来缓冲外部的期望。有些人通过在选修课中教学来做到这一点,有些人通过转到像 MMSA 这样支持这些方法的学校来做到这一点,而有些人只是因为受到学生和家长的喜爱,所以他们有足够的影响力来采取不同的做法。所有人都在寻找不受外部测试监督的环境。因此,要想成为一名令人信服的教师,一个重要部分是与学生一起建立强大的课堂,但同样重要的部分是创造外部舆论空间来重新设计他们的课程。

这些教师向我们展示了高中教育的可能性,从全美最精英的州立学院到最贫困的城市公立学校,他们展示了如何创造空间,使学生成为知识渊博、技能娴熟的人,并愿意投入到核心学术学科中去。

本章中的案例也表明,要取得这样的成果是多么艰难。这些教师为了实现他们现在的教学方法,都经历了重要的个人历程,不仅有数千小时的实践,还有不断的反思和实验。他们的教学不是现成的,他们没有采用最新的"最佳做法"。相反,他们围绕着自己想要成为的教师类型建立了相应的身份认同,这与他们的个人发展和对自己领域的理解有关。在他们的职业生涯中,他们变得更加自信,对自己想要为学生提供的东西有更多的憧憬,并开发出更多的技能来实现这些目标。最终,他们发现了创造连贯的教学身份的方法,将他们的目标、教学方法和更广泛的自我结合起来。

但是,如果说这些教师的教学身份和技能是在多年后才发展起来的,那么,他们也确实是在一个不支持他们成长和发展的系统中工作的,而且,在很多情况下,是在积极地颠覆他们的成长。我们的研究发现,这类教师的缺乏，这本身就说明了没有这样的制度能产生和培养这种教学实践。除了 MMSA 的教师之外，这些教师在很大程度上不得不通过长期的试错过程，在朋友或专家偶尔幸运的知识帮助下，来弄清楚这个问题。在许多情况下，他们不仅没有得到环境的支持，而且还不得不主动违背或缓冲管理人员、地区官员或州测试的期望。

创建一个不同类型的学校生态系统会是什么样子？一种以这样的方式组织的教学可以成为规则而不是例外吗？接下来我们将讨论这些问题。

## 掌握、认同、创造力和学校教育的未来

今天的学校教育寻求的是一个不同的未来，但深受过去的束缚。在美国教育体系的基础上创造 21 世纪技能的努力，令人感到不安，因为美国的教育体系仍然采用 19 世纪晚期的学校教育规则。虽然本书的研究是在美国进行的，但这也是全球的困境，许多国家的教育工作者和官员正在试图重新思考传统的做法，以便培养能够迎接现代世界挑战的学习者。2017 年夏天，当我们在哈佛大学提供关于更深层的学习的高管教育课程时，我们的大多数学员都是国际人士；他们也在寻找将严谨与乐趣，精确与激情，掌握、认同与创造力相结合的方法。

我们应该告诉他们什么呢？本书中的经验必然是片面的，没有人能够完全弄清楚。但我们所发现的，也许是一条前进的道路。我们发现了一系列的尝试，在课堂、课外活动、俱乐部，有时甚至是整个学校层面的，以这样或那样的方式，试图摆脱旧的现实，走向新的和强大的学习环境。美国公立学校正处于走向更深层的学习的早期阶段；旧的做法在许多方面仍然根深蒂固。[1] 我们的公立教育体系建立在"教学即传播"的理念上，建立在致力于将学生分类和批量处理的工业化模式上。我们看到的是一系列试图摆脱这些现实，建立新事物的努力，但这些努力本身还处于萌芽状态。不同的个人和机构努力将拼图的不同部分落实到位，但创造一个完善的整体仍然是一项进行中的工作。[2]

与此同时，我们明白了一些事情：不同的强大的学习环境中，有一些重要的共同点；从事更深层的教学的老师有一个共同的立场，他们通常有非常相似的历程；在所有成功的学校中，有一组共同的元素，使他们能够将所信奉的愿景转化为实际的做法。大家还一致认为，更广泛的教育体系阻碍了更深层的学习。为此，我们许多最成功的例子（选修课、俱乐部、

课外活动、特许学校）在某种程度上缓冲了外部系统及其当前需求。因此，关键问题变成了：怎样才能使例外成为规则？我们如何才能创建一个系统，使其不需要为了成功而违背常理？

在接下来的篇幅中，我们将讨论这些问题。我们的论点可以用一句话概括：我们需要改变学生的学习方式，因此我们需要改变学校，所以我们需要改变系统。我们通过同心圆的方式向外推进这一论点。我们从探索强大学习体验的本质开始，然后转向教师和教学，询问他们需要什么样的准备和职业轨迹来获得这种体验。接着我们转向学校，考虑需要什么样的领导力、文化、规范、流程和组织设计来支持学生和教师的这种学习。最后，我们向外扩展到系统层面，考虑如何重新制定政策和结构，以支持这种更贴近实际的工作。我们将政治和价值观纳入讨论，因为是否进行学校改革和如何改革的问题，说到底不是一个技术问题，而是一个与我们如何看待教育目的有关的核心问题。

下面的内容并不是一个"全是或全否"的命题。当我们为建立一个面向更深层的学习的系统而在各个层面进行改革时，个别教师、管理人员、学校、教师培训机构以及其他方面都可以在这个方向上采取一些具体措施，而不需要等待大规模的系统变革。美国有超过1.3万个地区和近10万所公立学校，其管理系统相当分散。这让那些渴望快速和集中变革的人感到沮丧，但同时也为更深层的学习在不同领域的蓬勃发展创造了机会，因为它获得了当地政治支持。[3] 我们完全可以想象，这种变革看起来更像是一场社会运动或奥赛棋局（译者注：又名黑白棋，是19世纪末英国人发明的，这里隐喻黑白对立的斗争），当一些地方转向更深层的学习时，周围的课堂、学校或地区就会形成类似的变革势头。

## 强大学习环境的本质

在我们研究的各种环境中，那些被学生和教师描述为最强大的学习环境中出现了一些明显的共同点。在所有这些环境中，学习一开始都是有目的的——不是为以后的生活做准备，而是能在当下抓住年轻人的兴趣。学生们被视为生产者，也就是说，他们可以提供解释，解决问题，开发有价值的产品，或者以符合领域或学科规范的方式进行其他的创造。项目被视为开放式的，而不是封闭式的。人们相信，学生所发现或创造的东西具有重要价值，而不是说知识已经被发现，只需要被传播。学生们被邀请"在初级水平上玩整个游戏"，也就是说，虽然有机会深入研究特定的章节，但学生们沉浸在整个项目中，例如进行制作、设计实验或参与数学问题的解决。传统的课堂使用"我做/我们做/你做"的模式，而强大的学习环境逐渐转移了学习过程的所有权。这种转变可以赋予学生个人或小组权力，如杜威高中的项目，或自定进度的有机化学模块或成就高中的设计项目，或者也可以赋予小组集体权力，如菲尔兹先生的哲学课，埃克塞特的哈克尼斯表，或《一仆二主》中的学生制作团队。传统的课堂通常只有两个角色（教师和学生），而强大的学习环境建立了学习者社区，学生可以在其中既教又学，既利用了任何学习者群体中存在的分布式专业知识，又利用了同伴间学习的激励作用。这些强大的学习环境在认知上也具有挑战性。我们不止一次地听到"这门课让我很头疼"的说法。同时，这里也是充满激情的地方，当学习遇到困难时，这种激情能维持学生的动力。为了实现这些体验，教师们精心打造了一个具有挑战性但又脆弱的社区，在这里，学生们力求做到最好，但也愿意接受错误。

这样的环境倾向于调动两种截然不同的美德。它强调内在动机、创造力和学生的权力，唤起了自由或浪漫的美德——这个过程，与卢梭的比喻保持一致，即学习更多的是"点燃火焰"而不是"填满容器"。同时，它也强调古典美德。他们有真正的学习标准，并强调练习、复习和重复的重要性，以达到完美的效果。无论是西蒙斯先生让学生在完全掌握了上一单元的内容后才继续学习有机化学，还是学生们在杜威高中为准备公开展示而一稿接一稿地构思作品，或者是《一仆二主》制作团队耐心调整演员的位置，都是对细节的强烈关注和对"掌握"的坚持。

换句话说，我们观察到的最强大的学习经验既不是在自我指导学习的进步极，也不是在直接指导的保守极。相反，在学徒制或引导的模式下，学生被某个领域所激励，并努力在该领域内发展或创造一些东西，但要在专家导师的监督下进行。[4] 我们的发现与最近对几十年来基于项目的学习和基于问题的学习或以探究为导向的学习进行的两项综合研究是一致的，这两项研究都发现，如果（也只有在）这些模式有适当的框架和来自更有知识的人的必要指导，则会产生非常积极的结果。[5] 约翰·哈蒂（John Hattie）的实践元分析与有效教学结合，同样强调了我们在这里确定的一些元素，包括反馈、有意的练习和框架的重要性。[6]

在强调双重性的同时，我们试图整合学校评论的两个截然不同的传统。一方面，这项研究建立在一系列进步人士不懈努力的基础上——从19世纪90年代的莱斯（J. M. Rice）到20世纪80年代的约翰·古德拉德（John Goodlad），他们都提出过类似的观点，学校是不必要的枯燥乏味之地，教科书、课表以及将教学视为传播的观点将学生与主动学习的可能性隔绝了。另一方面，这项研究也借鉴了专业知识方面的工作（强调实践和来自知识渊博的他人的反馈），各领域都拥有指导优秀作品创作的标准（我们可以在IB等地方看到这一点）。传统观念认为，只有通过大量的努力工作、实践和修改才能产生高质量的东西。这样一来，我们就提供了一座跨越意识形态分歧的桥梁，并建议强大的学习环境将那些经常被视为对立立场的元素整合起来。[7]

我们还认为，更深层的学习是随着时间的推移，通过掌握、认同和创造力的螺旋式上升而逐渐积累起来的。我们的观点是，有一个循环整合了一个人在某一领域的知识和技能（掌握），深入地投入该领域（认同），并试图在该领域创造或做一些新的东西，而不是仅仅被动地接受知识（创造力）。随着时间的推移，学生们玩"整个游戏"的难度越来越大，参与同样的活动，但水平越来越高。我们在对课外活动的观察中清楚地看到了这一点。类似的学习理论也在以项目为基础的学校中发挥作用，这些学校强调在学生努力完成最终项目的过程中进行多轮修改。

同样重要的是，要说出我们没有争论的东西。显然，更深层的学习并不等同于以学生为中心的学习、基于项目的学习、混合学习或基于能力的学习。这些都是学习的模式，在实践中既可以是深的，也可以是浅的。我们认为掌握、认同和创造力是相当严格的标准，可以根据这些标准来评价特定的学习经验。在提出这一论点时，我们试图为更深层的学习提供一些启示，建立一个学生、教师和其他利益相关者都渴望达到的严格标准。

**拓展学校教育的平行规则**

我们采用学徒制的观点也阐明了为什么选修课和课外活动是如此有潜力的学习平台。大卫·提亚克和拉里·库班有力地论证了学校教育的核心规则——以传授为特征，按年龄分级的课堂，短板是并不适合强大的学习模式。[8] 但提亚克和库班忽略了，在高中许多学生每天都在经历第二种平行规则，这种规则有许多特点，使其对学习充满希望：目的、选择、社区、相互依赖的角色、用心灵、双手和头脑学习、学徒制和初级水平的整个游戏。虽然像《青少年社会》和《购物中心高中》这样的书指责外围教育分散了学生对学术核心的注意力，但我们的研究表明，在组织学习经验方面，核心教育可能需要从外围教育中学习很多东西。

这种平行的规则之所以如此有潜力，部分原因在于它与更悠久、更古老的学习传统相联系，特别是学徒制的传统。改变核心学科的学习方式，使学生成为更积极的学习者的努力只能追溯到一个世纪前的杜威和他的弟子们那里，而且，正如我们所看到的，这些努力一直断断续续，从未在公立学校中进行过任何规模的尝试。相比之下，戏剧和辩论的学习至少可以追溯到古希腊时期，因此我们有几千年的知识积累，知道如何最好地使有抱负的演员或辩论者来展示他们的技艺。这些传统都明确指出，学习必须通过实践来进行，尝试和失败是提高的必要部分，从更有技能的人那里得到指导和反馈对学习至关重要。这些领域还发展了创造学习节奏的结构，一系列该领域特有的角色，以及一种技术语言，使人们能够精确地沟通交流，所有这些都与它所模仿的成年人的工作有关。当涉及核心学科的教学时，这些特征要么不存在，要么不太发达；如果要提供同样的基础设施来支持外围的学习模式，这个领域还有很多工作要做。

认识到课外活动的重要性也具有重要的公平意义。参与这些领域的机会分布不均：低收入家庭的学生"既不参加体育活动，也不参加俱乐部"的可能性是非贫困学生的三倍（30%对10%）；一些研究表明，随着时间的推移，这种差距正在扩大，与收入不平等的增长相一致。[9]在我们研究辩论的那所高度贫困学校，辩论是学校提供的唯一非体育课外活动，这与成就高中的大量可选择形成鲜明对比。我们的研究表明，要想使不同种族和阶层的人都有均等的机会获得强大的学习体验，就需要对这些外围领域的不平等以及核心学术课程的不平等给予极大的关注。

## 舍弃所学和双循环学习

我们的研究还表明，要实现这些具有挑战性的整合，需要舍弃的和需要学习的一样多。对于传统的综合高中来说，不放弃一些东西就不可能创造强大的学习环境。例如，如果我们的目标是让学生在这些科目上获得更深层的学习体验，那么就需要重新考虑对各科内容的教学和测试，以及由此带来的种种问题。这样的目标也要求教师重新思考他们身份的基本方面是什么，从内容的传播者和知识的储存者转变为对特定领域进行更深层的探索的熟练促进者。

那些致力于采用特定主题方法的学校（例如杜威高中对项目的投入和无借口高中对传统成就模式的强调）不仅通过它们是什么，而且通过它们不是什么来获得其集体身份认同的一部分。这可能使它们很难将另一方的部分内容纳入自己的方法中。这些学校往往擅长克里斯·阿吉里斯（Chris Argyris）所说的"单循环学习"，他将其定义为在一个人现有的范式和目标范围内变得更好。[10]例如，我们曾经访问过一所无借口学校，问学校的领导正在努力做什么，他说："我们的学生正在有效地利用49分钟时间内的44分钟，我们想把它提高到47分钟。"这就是教科书式的单循环学习。

但我们的学校逐渐意识到，他们需要参与阿吉里斯所说的"双循环学习"，这需要对基本目标和范式提出质疑。在无借口高中，学校领导意识到，他们对控制策略的过度强调抑制了学生在大学更开放的环境中发挥作用的能力，因此他们正试图融入更多的自我指导和基于项目的学习。相反，在杜威高中，教师和管理人员意识到，有时他们很难确保通过学生的项目来建立基础技能，而传统的数据不应该被视为一个四个字母的单词。注意到并指出这些缺失是一回事，但真正承担这些缺失又是另一回事，因为这些学校的世界观、制度、文化和组织基因都被一套看似牢不可破的承诺所束缚。因此，变革需要大量的取消和舍弃。

这些改变无疑是困难的，但实现这些整合可以说是学校乃至整个教育系统向前发展所面临的核心挑战。随着我们旅程的进展，我们发现人们越来越意识到只强调硬币一面的方法的局限性。无借口教育的网络现在正在建设学校，它们希望这些学校能培养出更多有能力和自主的学习者；在PISA排名中一直领先的东亚国家现在对教育是否能照顾学生的心理健康以及是否能充分培养学生的创造力感兴趣；相反，杜威高中以外的基于项目和能力的网络开始认识到持续改进和精心培养技能的重要性，特别是如果这些学校想要实现他们在公平方面的愿望。我们还感到鼓舞的是，不同模式之间似乎有了更多的对话。当我们在 2010 年开始这项研究时，大多数学校都在与和自己相似的同行交流；到 2018 年，许多学校都参与了跨越教育鸿沟的网络。如果我们不是简单地继续改革的摇摆不定的性质，而是将这些对立的特质结合起来，对取得持久的成功将是至关重要的。

## 更深层的教学

虽然我们研究中的学校和网络普遍难以整合这些特质，但我们确实发现了一些有技能的教师能够为学生创造强大的学习体验，而且他们有一些共同的特点：

- 拥有其学科或领域的重要和实质性知识；

- 具有开放性,即把这些学科或领域看作是开放的领域而不是封闭的;
- 具有高水平的教学能力;
- 将教学作为一种激发兴趣的行为而不是传播的行为;
- 他们过去的一个或多个"开创性的学习经历",使他们以这种方式看待他们的领域、学生和目标。

对这些教师来说,真正了解他们的学科是至关重要的。这让他们对自己的学生有了深刻的理解,对模棱两可和没有答案的问题充满自信——因为他们对自己领域的控制从根本上说是安全的,他们对所学专业的热情激发了学生对这些领域的热情。此外,开创性的学习经验通常出现在这些教师的大三、大四或研究生阶段。超越调查课程,真正做他们学科的事情,是帮助他们理解知识是如何创造的关键。这反过来又帮助他们引导学生加入一个由特定学科的人员组成的团体。

因此,虽然丹·洛尔蒂说得很对,未来教师在学生时代所经历的漫长的学徒期,也许是阻碍教学发生重大变化的最重要因素,但他忽略了相反的情况——未来教师最好的经历(在学校、大学,甚至研究生院)可以成为不同类型教学的起点。[11]未来教师在他们的一生中会遇到几十位老师,但他们的影响力并不都一样;哪怕是一次非常好的学习体验也可以为他们想要完成的事情提供灵感。同样,学徒制的观点在这里也是有帮助的;我们所有最引人注目的学生都曾接受过他们自己最看重的老师的教导,他们学会了一种生存方式,然后又试图把这种方式传授给他们的学生。

与此相关的一点是,这些教师的特点是一种具体而特殊的立场,这与他们自己的学科或领域的身份认同有关。他们的立场包含了一些相关的想法:激励学生成为该领域的一员比"覆盖材料"更重要,因此深度比广度更重要;学生可以构建和接受知识;如果有机会,曾经被边缘化的学生可以以强大的方式取得成就;失败是学习的重要组成部分;发现如何参与一个领域的整体过程比获得任何特定的知识更重要。这些立场既源于他们在各自领域工作的经验,也源于他们与学生相处的经验,这些经验再次证实，从长远来看，以这个方向为导向的教学会对学生有好处。鉴于他们所处的体制并不优先考虑这些目的，这些教师必须做出罗伯特·凯根（Robert Kegan）所说的"从主体到客体"的转变，换句话说，他们必须从受制于现有体制的期望转变为将现有体制作为"客体"的立场，并自行决定预期的实践和目标是否能真正支持学生的学习。以 AP 教师为例，这种转变凸显了"为考试而教"的教师与有自己学科目标的教师之间的区别，他们将考试视为设计中的一个制约因素，然后开发出既符合自己目标又能让学生通过考试的单元。

立场和教师学科身份认同的重要性使李·舒尔曼（Lee Shulman）的著名论断变得复杂：好的教学包括实质性知识、教学性知识和教学内容知识。[12] 这些领域的知识是至关重要的，但我们的研究表明，好的教学还需要立足于对相关学科或领域的工作实际情况的清晰认识，以及相信学生（包括弱势的学生）是有能力参与这些工作的意义创造者。这与学生的学习有相似之处：就像学生强大的学习能力一样，建立这样的教学身份以一种强大的方式将认知和情感结合起来，可以从根本上引导和塑造教师的发展轨迹。

我们如何才能更持续地在教师身上培养出这些品质呢？正如我们所看到的，内容知识是至关重要的，因此，一个关键的出发点是通过尽一切努力确保教师教授他们在大学里实际学习过的科目，来减少"领域外"的教学。我们的研究扩展了这一点：它表明，教师不仅需要了解他们所教的科目，还需要有一些实际从事其领域或学科工作的经验（就像外围领域的教师在其领域的经验一样）。这意味着，教师培训项目应该与学科部门合作，帮助学生在实验室里进行真正的科学研究，根据初步研究和原始文献来撰写历史，并以其他方式让教师沉浸在所渴望教授的领域的工作中。就像芬兰教师必须完成一篇研究论文作为他们培训的一部分一样，如果未来的美国高中教师也必须进行类似的研究——一个专注于教育问题的项目，由教育学院的教师监督，以及一个在他们领域的学科研究，由学科的教师监督，那将是件好事。对于那些旨在教授不那么经典的学术科目的人来说，比如现代职业教育的实例，我们期望他们会花时间在现实世界中进行类似的见习。这里的核心原则不是说教师需要变得更加学术化，而是说他们需要沉浸在所渴望教授的学科的现实世界中，根据不同的领域，这些学科可能在大学里，也可能不在。

有了这些实质性的知识，下一个问题就是教师如何学习应怎样教学。在我们的样本中，最有说服力的教师的经验水平中位数为 15 年。这在某种程度上是不可避免的，因为需要时间来积累技能。[13]但这些教师也描述了很长一段时间的试错过程，在这个过程中，他们的传授模式不得不逐渐被推翻，并被不同的教学模式所取代。克拉克先生是一位第一年从事教学的数学老师，他与我们样本中最优秀的教师之一共同执教了一年，他的例子表明，如果新教师成为名师的学徒，成长速度可能会大大加快。这种关系之所以会成功，部分原因在于它是真正的合作教学——两位教师一起计划、一起教学、一起汇报，随着时间的推移，教学的比例逐渐转移到新教师身上。与我们强调的"学徒制是一种强大的学习机制"相一致，这个例子表明，教师最好向其他教师学习教学。

在过去的十年中，我们看到在全美各地的城市建立了许多教师实习项目，将这一想法正式化。我们的想法是，仿照医学住院医师的模式，所有新教师都应该用一年的时间接受名师的精心培训。就像前面描述的数学案例一样（这也是教师实习计划的一部分），随着新教师证明他能胜任教学的不同方面，责任也会从老教师逐渐转移到新教师身上。研究表明，实习项目对教师的留任和教师的质量有积极的影响，并有助于填补难以配备人员的科目的短缺。[14]国家教学和美国未来委员会（梅塔是该委员会的成员之一）最近的一份报告呼吁每位新教师都应在实习项目中完成一年的工作。[15]

这些实习项目为教师培训提供了发展的"容器"。我们的研究表明，正是这些"容器"内发生的事情，决定了教师是否学会以挑战、参与和授权学生的方式来教学。尤为重要的是，这些实习项目要对良好教学的性质采取特定的立场，强调我们在这里所描述的强大学习环境的质量。最近，为教师教育开发高效率实践的运动，支持各种学科的"雄心勃勃"的教学，是朝着这个方向迈出的一步，因为它是细化的、具体的和基于良好教学愿景的探究。[16]与此同时，这些实践本身不需要成为目的，而是实现更广泛的教学立场的方法。我们的研究表明，如果教师要支持更深层的学习和教学，帮助教师反思和理解这些立场的原因是至关重要的。（特别是从传播式教学转变为将学生作为这些领域的初级参与者。）[17]

反过来，这一愿景又需要指导对名师的选择，并在可能的情况下，指导新教师被安置到的学校。更深层的教学的学徒制愿景面临的挑战之一是，大多数教师不采用这种教学方式教学，因此，让现有教师向新教师传授固有的做事方式，只会产生更多相同的结果。因此，驻校项目在选择名师时要有选择性，这一代的优秀教师需要培养下一代教师，我们希望这将成为未来的新常态。[18]

**开展更深层的教学的学校**

虽然目前人们对教师的培训工作很感兴趣，但学习如何开展更深层的教学不会在一年内发生。如果认为新教师无论准备得多么充分，都无法改变他们所进入的机构，那也是不合理的。因此，以新方式培训教师的承诺，如果要取得成功，就必须与建设不同类型的学校结合起来。开展更深层的教学的学校可能还需要重新思考学校教育的规则，给学生更多的目标、更多的选择、更多的社团，以及其他已被证明是更深层的学习经验所固有的品质。

这样的学校会是什么样子？它们会如何组织？推动这个项目的部分原因是人们都在写关于"高效率的学校"的文章或是关于"雄心勃勃的教学"的文章，但几乎没有关于"雄心勃勃的学校"的文章。我们着手填补这一空白，却没有找到答案。我们发现，大多数学校并不总是能够制定一个愿景，因为它们缺乏能够实现这种变革的组织机制。此外，我们发现那些在实践中具有一定一致性的学校在实现某些学习目标方面往往比其他学校做得更好。

据我们所知，似乎有一系列的机制对实施"雄心勃勃的教学计划"至关重要（方法），但它们需要与一种整合了严谨与乐趣的强大的学习愿景联系在一起（内容）。因此，如果我们建议未来的学校领导建立一个更深层的学习型学校，那么同样会建议他们以符合我们先前描述的"强大学习环境的性质"的方式定义一个学习愿景，然后用下面描述的机制来实现这个愿景。

无论如何，这些学校具有一些共同的特点，无论其愿景如何，它们都发现了如何将其所信奉的价值观转化为实践的方法。如下所示：

（1）对良好的教学有一个具体而细化的愿景，这将为所有事情指明方向。

（2）厚重的成年人学习机制，使学校里的所有成年人能够共同学习如何实现这一愿景。

（3）对称性，也就是说，成年人相互合作和学习的方式与他们希望学生学习的方式相一致。

（4）可见性，这意味着学生的工作（以及教师的教学）是公开和共享的，这既消除了教学的私有化，也为教学愿景的实现创造了一些集体责任。

（5）与教学愿景相关的集体认同，使学生和教师遵守对这种工作方式的承诺。

（6）一种组织设计，使所有结构一致以支持教学愿景。[19]

与"有效果的学校"相比，这些元素与教学的关系更为密切，这些元素共同构成了一个复杂的网络，可以支持教学愿景的实现。

这些元素帮助学校摆脱了我们在访问的绝大多数学校中都看到的课堂与课堂之间的差异。通过定义一个细化的教学愿景，如在前面章节中提到的学校——能够进行非常具体的对话，讨论良好教学的本质，以及这种教学的更严格或更不严格的版本会是什么样子。通过创建成年人学习的强大机制，帮助教学去私有化，消除了我们在其他学校看到的现象，即教师知道其他教师在做繁重的工作，但无法理解他们如何以及为什么在做这些事情。对称性，即在领导力和成年人学习的设计中反映学校的价值观，这是一个特别关键的因素。从某种意义上说，我们参观的所有学校都是对称的：在管理人员控制和不信任教师的学校里，教师控制和不信任学生；在那些管理人员授权给教师并把他们视为设计师的学校里（就像杜威高中一样），教师更多地将学生视为有能力和有思想的人。虽然我们认为对称性只是学校作为社会机构的一个自然属性，但有技巧的领导者将他们与教师的工作视为示范的机会，他们希望教师与学生有机会进行互动。对称性在更具体的意义上也很重要：教师不能以他们自己没有经历过的方式进行教学，因此，最有技能的学校领导者利用专业学习时间给教师提供学校希望教师在课堂上重现的那种学习体验。

第四个要素（学生作业的可见性）是另一个使课堂非私有化的要素，也是对所学内容严谨性的检查。在杜威高中，它是以公开展示项目的形式出现的。看到自己的学生和同事学生的作品，不仅对学生的表现施加了一定的压力，而且还促进了教师之间关于高质量学生作品性质的集体对话。IB 考试在 IB 高中也发挥了类似的作用，它们创造了一个共同的"阶梯"和"支柱"，为教师的集体工作提供了一个平台。杜威高中围绕着项目建立了一种集体认同，IB 高中以让非精英学生也能学习 IB 课程为核心，无借口高中以缩小成绩差距为目的的——是这些学校保持动力、目标和活力的关键。最后，这些学校经过精心设计，使其结构中的所有元素保持一致，从招聘到教师发展再到评估，都围绕着学校的教学愿景和总体目标。相比之下，在我们访问的大多数学校中，一些元素（如教师评估系统）与其他元素（如专业学习策略）严重脱节。

就大型综合性学校而言，期望像我们在小型特许学校看到的那样，围绕单一的教学愿景进行完全的统一，可能是不现实的。在这些较大的学校里，部门可以成为深化教学的工具。[20]这种学科小组在部门层面需要做的事情，与某些较小的学校在全校范围内所做的事情基本相同。例如，成就高中的数学部制定了一个具体的、细化的教学愿景，对他们而言，侧重于发展学生的数学实践，并在很大程度上借鉴了"共同核心"的期望。由于基于"共同核心"的州级评估方案尚未制定，所以无法开展应试教育。相反，部门必须共同努力，以确定如何将更广泛的"共同核心"标准转化为课程和教学，这一需求提供了丰富的对话和学习机会。随着时间的推移，部门里的许多人开始热衷于这项工作，并开始在新的数学方法和旧方法之间划定界限。在这样的过程中，他们形成了一种集体认同，这种认同产生了动力，也将该部门的数学教育工作者和研究人员与更大的社区联系在一起，共同推动改革。这项工作有一个强有力的、统一的组织设计，因为部门在九年级引入了新的方法，并在以后的几年里逐步推行。

贯穿这些机制的是学校的文化。我们在选修课、课外活动和核心课程中观察到的强大的学习环境有一种风气，即学生的冒险行为是正常的，有成效的艰难前行是可期待的，失败被视为学习的一个重要部分。那些在课堂上以对称的方式优先考虑这些品质的学校，为教师创造了类似的文化，在这种文化中他们可以做出决定并承担风险。失败不被视为失职，而被视为学习和成长的关键部分。如果我们的目标是让教师以一种不同于以往的工作方式来工作，那么，创造一种支持这种"弃学又学"的文化是至关重要的。[21]这种文化往往伴随着一种扁平的组织结构，在这种结构中，决策由教职员工共同制定。人们认识到，群体的智慧创造了一个比中央自上而下的管理更强大的学习平台。这种文化也带来了对学生态度的转变，学生的想法、兴趣和能力应得到尊重，他们应参与到对他们的教育和学校的一些决定中来。像无借口高中这样的学校，在其历史和组织印记中，一开始就有一套非常不同的假设（强调等级制度、控制和对失败的恐惧），如果它们要从一种文化和结构模式转变为另一种，就需要经历一个重要的归零过程。

最后，一套成熟的人文价值观是无可替代的，它是成年人的模式，并指导着学校的重要决策。[22]例如，IB 高中寻求一种微妙的平衡，使其能够成为一所致力于公平的学校，但又不完全被 IB 考试的分数所吞噬。保持这种平衡是该校的特色所在。一方面，如果学校的领导者落入了其他学校的陷阱——仅仅试图提高分数，那么他们就会增加对考试准备的关注，并耗尽学校的大部分智力活力。另一方面，如果他们不是如此致力于公平，减少对结果的关注，则可能会大大降低标准，加剧不平等。一般来说，拥有真正关心学生的成年人，知道什么时候该鼓励，什么时候该支持，这是我们遇到的所有好学校取得成功的关键。

**重新构想学校教育的规则**

当这些组织要素被一个关于更深层的学习的强大而清晰的愿景所贯穿时，就能在当前的学校教育规则中创建一所开展更深层的教学的学校。IB高中是我们样本中最好的例子。在那里，一个围绕着探究式教学的愿景，一个面向更深层能力的外部评估系统，一个强大的成年人学习文化，以及对公平的承诺，使学校创造了一种思考和尊重学生想法的文化，这确实令人印象深刻。因此，对于许多学校来说，这可以成为一个典范，介绍如何在全校范围内创造更深层的学习，而无须对学科领域、按年龄分级的教室、学校与外部社区的界限，以及被视为学校教育的其他理所当然的方面进行根本性改变。

同时，从杜威高中最好的例子中，从成就高中的一些选修课中，从俱乐部和课外活动中，以及从文献中介绍的其他一些学校中，可以窥见一种组织学习经验的不同方式。为了推陈出新，我们将以完整的形式呈现这样一种愿景。但是，我们也可以把下面的内容看作是一个连续的选择。学校领导可能会保留他们现有的大部分内容，而在一个年级尝试其中的一些想法，或者他们可能会保留数学的学科方法，而在人文领域采用跨学科方法。因此，我们将提出一个不同的学校教育规则作为一个完整的替代方案，它可以被部分地采用，并与一个更传统的结构相结合。

这一愿景的核心是关于学生、发展和学习的一系列假设，这些假设在探究式的教育环境中是共同的，但在传统学校教育中往往不存在。第一个假设是将学生理解为有目的、有好奇心、有能力的人，他们有可以发展的兴趣，并被视为负责任的人。因此，为了使这种教育模式发挥作用，学生需要拥有对他们的学习有一些选择的机会和独立的选择能力，还要有更有经验的学生和成年人的指导。虽然独立的选择能力和选择机会很重要，但我们不能忽视这样一个事实，即青少年从根本上是在寻找社群，寻求可以与他们一起学习和交往的人。这一优先事项导致了进一步的假设：强大的学习从根本上讲是关于联系的，即学生和教师之间、学生和其他学生之间、学生的自我和他们正在学习的科目之间、科目和其他科目之间、学生和校外导师之间、科目和这些科目在校外世界的应用之间。这样的学习每年都是动态的，并对周围的世界做出反应，世界总有一些不同，因此，对学生和教师来说，稍有不同的事情就会显得很重要。俱乐部通过成长和改变来应对这种变化，但科目往往看起来是固定不变的。最终，所有这些假设都需要针对成年人和学生——成年人在工作中需要目标，需要进行选择，也需要社群，需要时间及彼此合作，需要与学校围墙外知识渊博的人联系。他们需要一个机会，随着领域的发展，随着世界的变化，随着新思想的涌现而进行不断完善。

虽然一些教师可以在常规课程中实现这些目标，但如果一个机构要在全校范围内持续实现这些目标，就需要对学校教育的规则进行重大改变。这样的重新构想，将从定义一个更明确的强大的教育目的开始，然后，在角色、时间、空间、评估和学校教育的其他各个层面做出改变（见表8.1）。

表8.1 重新构想学校的规则

| 项目 | 现有的学校教育规则 | 学校教育的新规则 |
| --- | --- | --- |
| 目的 | 吸收现有内容 | 让学生成为在不同领域和有价值的人类追求中成为生产者 |
| 知识观点 | 孤立和固定 | 构建的、相互联系的和动态的 |
| 学习形成 | 教学作为传播 | 通过实践来学习；学徒制；整个游戏在初级水平 |

续表

| 项目 | 现有的学校教育规则 | 学校教育的新规则 |
| --- | --- | --- |
| 角色 | 一名教师，多名学生 | 垂直整合社区：教师，学生作为教师，以及提供专业知识的领域成员 |
| 学科之间的界限 | 强大的 | 有渗透性 |
| 学校和世界之间的界限 | 强大的 | 有渗透性 |
| 学生学习的地方 | 学校 | 各式各样的，包括学校、社区中心、实训场和网络上 |
| 选择 | 有限的 | 开放的，多样的 |
| 时间 | 固定长度的短板 | 更长的、可变的区块，沉浸式体验的时间 |
| 空间 | 独立的教室 | 链接空间、可变空间 |
| 评估 | 规定时间、标准化测试 | 在该领域创造有价值的产品：项目、组合、业绩、研究 |
| 组织模式 | 线性的，自上而下的规划 | 分布式领导；螺旋式的调查 |
| 对社团的态度 | 防守；保持 | 欢迎，邀请 |

这种反思的核心是决心打破我们在学习上设置的障碍。一个传统的学科课堂（比如说，生物学）与世界上从事该学科的人（生物学家）、可能对该学科有更多了解的高年级学生、教师以外的对该领域有了解的成年人、不是由教师规定的关于该学科的知识以及为该学科提供信息的相关学科工作是隔绝的。

在学校教育的新愿景中，学生将接触到各种学习资源。我们脑海中的中心形象来自艺术、体育、研究生院和工作领域，这是一个垂直整合的社区。在这个社区中，目的是明确的，学习者产生的需求是一种驱动力，通过在一个拥有这些技能的人的社区中掌握越来越复杂的技能，而学徒制是一种主要的学习模式。[23]这样的社区有一个好处，就是可以培养严肃学习所需要的不同品质：有机会进行实践并接受更多知识渊博者的监督，从而掌握技能；参与该领域并逐渐成为该领域的有效生产者，从而建立身份认同；为真正的受众生产真正的产品则可以释放出创造力。随着时间的推移，当学生与那些正在做他们想学的事情的人组成的越来越复杂的社群进行交流时，他们会提升对这些领域的理解和行动能力。推动这种方法的是两个核心理念：第一，知识存在于一个相互关联的网络中，学生应该有机会接触到；第二，逐步让学生进入以学徒制为基础的社区，是鼓励创造充满激情和技能的学习者的有力方式。我们的观点是，把这些想法结合起来，成为改革学校教育规则的基础。

我们如何用这些想法来组织学校呢？想象一下，由学校的一位负责人策划一个统计专题，学生们分析新闻中的统计学主张，从大学讲座或关于操纵数字以促进政治议程的文章中取材，安排关于关键统计主题的迷你课程（由教师讲授或组织自定进度的学习模块），然后开发一个项目，使用统计分析来探索一个感兴趣的话题。有些学生可能会兼修大学统计学课程，有些学生可能会在当地的职业球队实习，了解分析方法在体育中的应用，还有一些学生可能会在政府机构实习，了解统计学在那里的应用。人文学科的老师可能会帮助他们思考谁来构建统计数据，这些数据是如何被使用的，以及达到什么目的，特别是关注数字和权力之间的关系。可以有一个展示日，让学生和他们的导师一起讨论统计学在这些不同领域的应用。这种方法将向学生展示统计学的许多分支，满足学生不同的兴趣，鼓励学生批判性地反思数字在社会中的作用，要求他们用这种学习来产生对他们有意义的东西，并将学生与学术或现实世界的数字使用联系起来，以加深他们对统计学在数学和应用中的理解。

虽然将所有这些元素结合在一起，超出了大多数学校迄今为止的尝试，但我们确实遇到了一些实现这些想法的模式。例如，在某种程度上，学校希望保留学科作为其主要学习单元，一些学校已经与大学联系，向学生展示人类在这些学科中产生知识的情况。例如，在中西部数学和科学学院，学生每周三有一半时间在大学实验室工作。虽然安排这一切并不容易（必须包车前往，教授和博士生必须经过审查，以确保他们给高中生提供真正的工作并履行他们的承诺），但这确实向学生展示了什么是真正的科学。无借口高中也做了类似的事情，将学生安置在附近的实验室，表明这种方法不需要局限于择优录取的学校。先修学院附中提供了一种追求这种愿景的系统性方法，使高中生在高中阶段就能注册大学课程。对这个项目的评估表明，这种方式对提高大学入学率有很大影响。[24]

对学校教育规则的反思也为跨学科甚至跨领域的研究创造了机会。大多数高中生对学科本身并不着迷；相反，他们对世界上那些需要科学回答的问题更感兴趣。基于项目的学校在这方面已经有了一个很好的模式，像杜威高中这样的学校帮助学生找到有意义的问题，让他们离开学校去研究这些问题，然后制作出他们希望对真正的观众有影响的艺术品。[25]正如我们在关于杜威高中的章节中所强调的那样，这里的一个核心挑战是通过发展和维持严格的质量标准来指导工作。最好的项目往往涉及来自相关领域专家的大量反馈，就像在成就高中的一些最成功的设计项目中一样——这有助于将更广泛领域的标准融入学校的工作和学生的头脑中。

这样一个充满生机的教育愿景也将为更多类型的机构和成年人创造机会，为学生提供学习经验。建筑公司、医院、社区中心、设计工作室、艺术家合作组织、博物馆、剧院和更多的机构可能成为学生学习的潜在场所。例如，费城科学与领导力学院，一所70%的学生是有色人种，50%的学生有资格获得免费或减价午餐的学校，与以本杰明·富兰克林命名的世界知名的科学博物馆富兰克林研究所合作，让学生参加由富兰克林研究所的学者教授的一系列科学课题的"迷你课程"，包括天文学、计算机编程和项目设计。学生们利用博物馆的资源做实际工作，并在不同领域进一步学习。[26]在克利夫兰的 MC$^2$ STEM 学校，与通用电气公司的合作使学生能够与科学家、工程师和管理人员一起工作，制造机器人、太阳能手机充电器和其他连接物理学理论和实践的产品。[27]究竟哪些合作是可能的，取决于学校的具体位置和背景，但核心原则是相同的。

这种方法也应该给学生更多的选择，让他们知道自己想学什么，想在哪里学。如果对某一领域产生兴趣是持续研究和学习的必要因素，那么让学生对他们学习的内容和地点有一些选择是关键的第一步。在明尼苏达州的阿瓦隆特许学校（Avalon Charter School），一个由教师管理的学校，每学年开始时都会问九年级学生"你想学什么"和"你想做得更好的是什么"，然后根据这些问题制定学年的课程。[28]在纽约市一中，由学生提名选修课并对其进行排名，然后教师排列他们有兴趣教授的主题，下一年的选修课就是学生和教师兴趣的交叉点。除了这样的现场授课机会，随着幕课（MOOC）和其他在线课程的不断扩大，感兴趣的学生将有机会学习比传统学校提供的更多样化的科目。在这种情况下，教师的责任是利用成年人判断力，帮助学生从潜在的选项中做出选择，处理他们通过这些课程学到的东西，并根据需要将学生所在位置与在线提供的内容联系起来的方式构建学习框架。

重新安排时间的作用是这个复杂局面的另一个重要部分。[29]许多私立高中和一些公立高中已经改用一种时间表，让学生每次学习三到四个科目，每次90分钟，而不是保留过去那种每天7个45分钟的课时。有些学校在一年中设置一些时间段（两到三周的时间段），让学生集中学习一个主题，这种学习能使学生集中精力，并创造机会到校外进行实地考察或开展基于项目的学习。[30]这个想法更雄心勃勃的一个版本是把学生送到该国的其他地区，最好是到其他国家，了解不同的文化，并与接收社区的成员完成一个服务项目。这样做将鼓励学生培养公民意识和全球技能，提高他们的第二语言能力，并看到当地社区和国家之外的世界。

评估也将发生变化。我们的目标是根据学生在特定领域的表现来评估他们，而不是根据传统课堂的座位时间或标准化考试的结果来评估他们。对《一仆二主》中的学生的评估是他们的表演之夜；对出版学生报纸的学生的评估是报纸的质量；对基于项目的学习的评估是最终展示或表演的艺术质量。在更传统的学科中，我们可能会要求学生在高中毕业时在自然科学、人文科学和社会科学中完成一件实质性的作品。例如，社会科学的论文要求学生回顾文献，提出假设，制定数据收集策略，收集和分析数据，写出论点，并反思其局限性。如果一个学生能在社会科学领域成功地完成这样的作品，以及在自然科学和人文科学领域完成同等量级的成果，那就证明这个学生非常熟悉这三种探究模式的工具和方法，而这三种模式决定了我们如何理解这个世界。

学校教育的新愿景还包括对学校内部空间的不同使用。[31]目前的空间组织方式体现了工业化学校教育的许多倒退的倾向：教师独自一人在一个有20~35名学生的教室里，合作或灵活分组的机会有限。21世纪学校设计的全领域正在兴起，它试图以与未来学习平行的方式组织空间。[32]创新包括创建大小不同的教室以适应不同的学习模式，使用玻璃墙来保护一些隐私，同时也将教室整合到更大的环境中，以及建立连接不同教室的中心，促进学生和教师的学习交流。可移动的隔断也可以使两个班级聚集在一起（比如说基于项目或跨学科的课程），但在其他学习模式下又可以分开。我们参观过的一些最好的学习空间，有意通过使用地毯、台灯、豆袋椅和其他温暖的点缀来软化学校教育的机构感，使教室更具个性化和亲切感。虽然肯定有一些例子是在美丽的物理空间中设置的缺乏灵感、枯燥乏味的学习体验，但新空间的开发可以引发关于学校正在寻求什么样的教学和学习方式，以及新空间如何支持新的合作和学习目标的讨论。

所有学生体验的变化都需要与教师工作的变化相呼应。例如，学校需要给教师一些选择权，让他们在教学和学习中，有机会相互合作，并有机会与外部的知识来源合作，对他们的工作进行符合其领域最高标准的评估，等等。这里最关键的因素也许是时间和对称性。与其他国家的教师相比，美国的教师教得更多，而与他们的同事一起计划的时间却少得多。[33]如果我们要求教师改变他们的常规工作，发展截然不同的新做法，那么就需要给他们大量的时间来共同发展这些做法，否则任何最初的动力都会很快丧失。教师，尤其是新教师，也需要备课（每天要准备的课程），这将使他们能够更深入地处理每一堂课。关于对称性，如果教师要创造一个环境，把学生当作有能力的人，学生的意见就应该得到尊重，兴趣应该得到发展，那么教师需要在雇用他们的学校里体验到同等程度的考虑，以及类似的受欢迎和尊重的环境。

当学校朝着这个方向发展时，需要注意保持掌握、认同和创造力等关键品质。很有可能会将学生放在现实世界的环境中，让他们做一些没有兴趣的工作，创造一些浅层次而非深层次的跨学科学习，以及一些只学到部分而不了解整体的项目。放宽学校教育的规则，可以创造出一套更多样化的容器，一种潜在的更具变革性的教育可能性，但这种可能性能否实现，仍然在很大程度上取决于这些容器内发生了什么。如果改变规则真的可以提高学生的学习质量，教师和学校领导需要警惕他们提出的重新构想的体验的质量。

## 政治

开展"更深层的学习"的学校的一个主要挑战是创造它们需要的外部舆论空间。学校有两种潜在的策略，它们并不相互排斥。第一种，我们可以称之为倡导，就是直接尝试在家长、学校董事会和地区行政人员中培养对其工作的支持。第二种，我们可以称之为缓冲，就是找到一种方法，通过默认传统的基准来满足外部受众的期望，同时也创造足够的空间来做学校真正关心的工作。这些策略并不相互排斥。在任何一种情况下，组织教学的内部工作都必须与管理外部环境的努力联系起来。

首先采取第一种策略，是倡导，显然最好的方法是直接与利益相关者谈论"更深层的学习"的价值。学校领导可以阐明"21世纪技能"在当代经济中的重要性，并强调正在尝试的这种学习可以培养学生在大学和职业生涯所需要的技能。[34]创造强大的学习体验，包括与合作伙伴的联系或理论与实践的应用，也有助于争取学生的支持，他们可以反过来向家长传达学校的特别之处。杜威高中发现，高度公开的学习展示是向家长和社区成员展示学生所学的有效方式，从而形成动力和支持。强调这类工作并不意味着牺牲核心学术技能，事实上，这些技能可以通过这些方法得到更好的发展，这也是该信息的必要和重要部分。对于普通高中来说，大学录取率和实习机会可能成为关键衡量标准（而不是考试成绩）；如果家长们确信最终的结果仍然是有一所好大学可以选择，他们是愿意给孩子一些灵活性的。[35]

　　本书中提到的学校面临着与考试成绩、卡内基学分和其他无法直接改变的外部限制有关的压力。但是，它们采用了一种双重"记账"的形式——满足外部指标的要求，同时在内部也清楚地知道什么是真正重要的，从而使学校免受外界期望的影响。例如，直到最近，杜威高中还在淡化考试成绩的重要性，向老师们强调，学生需要通过州测试（只为满足外部权威机构的要求），但不需要在测试中获得特别高的分数，而老师根据学生的作品质量进行评估。淡化考试成绩创造了一种内部期望的一致性。在纽约市一中，所有学生都被要求在十年级结束前参加并通过评委会考试（如有必要，提供考试准备），然后他们在十一和十二年级参加全选修课程。这所学校还找到了绕过卡内基学分的方法（高中毕业要求学生在每个学科中积累一定数量的学分），通过创建跨学科课程并将一半的学分分配给相关学科，例如，科学史课程被算作一半的历史和一半的科学。

　　其他学校的领导正在联合起来，与研究人员合作，寻找衡量其他能力的方法（社交情感学习，强大的学术写作，强大的基于项目的学习）。从长远来看，这些举措将能够衡量他们真正看重的东西。[36] 新的评估至关重要，因为学生将继续在测试中接受评估，可能与学校的核心任务一致，也可能不一致。一旦学校通过了规定的最低限度的外部指标，开展"更深层的学习"的学校的领导就可以利用自身的独特性，创造一个自我强化的良性循环，既加强了学校的实力，又保护了学校免受外部怀疑者的影响。就杜威高中和IB高中而言，它们最初的胜利和创新方法使其更容易吸引有抱负的教师，以及志同道合的家长和学生。这也为它们赢得了来自各自地区的保护，因为地区政府部门也不想干扰政治上受欢迎的学校的选择。

**创建更深层的系统**

　　与此同时，一所成功培养出强大学习能力的学校没有必要与学校所在地区或董事会保持距离。从长远来看，如果要让更深层的学习形成规模，这些系统及领导们的期望本身就需要改变。

**平衡广度和深度**

地区领导可以帮助解决的第一个具体问题是在广度和深度之间建立一个新的平衡。教师们一直告诉我们，他们开展更深层的学习的最大障碍是地区制定的进度指南，它规定了学生的学习速度。这些指南，以及它们所提到的科目，都是出于对如何成为一个受过教育的公民的正确理解而发展起来的。谁能说一个高中毕业生不应该知道一些莎士比亚、牛顿、达尔文、鲍德温、兰斯顿·休斯、美国和世界历史以及其他文科教育的内容呢？问题出在将理论转化为实践上。要求学生了解的大量信息，以及所有这些信息所带来的影响，阻碍了对其他学科的深入探索，这意味着学生在记住他们理论上所学的东西方面有相当大的困难。相反，我们看到的几乎所有最好的学习经验都涉及学生沉浸在一门学科中，学习这门学科的实际运作，而不是面对一个固定的版本。当我们用成年人的眼光来判断时，我们看到了学生对一个学科有了深刻的理解，不仅意味着对该领域知识的了解，而且意味着对该领域知识的运用，这几乎总是在学生深入到一个领域的时候才会出现的。同时，颇具讽刺意味的是，发展一个领域的深度知识也需要广度，理解如何将一个特定的主题、事实或事件融入大局，这对于在一个领域发展真正的专业知识至关重要。

有很多方法可以将广度和深度结合起来。考虑一下九年级的世界历史，这是我们在研究中反复看到的一个主题。这门课通常在一年内从古代史讲到法国大革命，模糊的朝代和无穷无尽的日期和名字，从一个耳朵进从另一个耳朵出。想象一下，如果同样的课程重新围绕以下基本问题展开：为什么文明会兴起和衰落？——这个问题迫使学生研究古希腊人、古罗马人、玛雅人和其他人，但这也使学生成为历史社会科学家的角色，因为他们寻求发展理论，权衡证据，并考虑背景。这样的课程也将不可避免地以重要和相关的方式将经济、政府、文化和许多其他力量及其相互作用的问题带到前台，这可能是我们对这些不同文明感兴趣的核心原因。这样的考察可以与关于当代美国是否是一个正在衰落的文明的辩论联系起来，这是最近一些著名的评论家提出的问题。[37]它还可以帮助学生更长久地记住他们所学到的一些东西，因为历史事件不再像一连串的事实，而是成为学生自己形成的意义模式的一部分。

在这种情况下，新的方法敦促制定标准，强调少量的核心思想或基本问题，而不是一长串不相干的内容或技能。已经向21世纪竞争力转变的美国地区，以及其他领先的省份，如不列颠哥伦比亚省，都朝着这个方向发展。[38]这种方法成功的关键是为教师创造机会，使他们能够调整预先确定的目标和目的的强制性核心课程。例如，一个学校或地区决定，所有九年级学生应该学习一些关于世界历史上不同文明的知识，了解它们兴衰的原因，以及了解历史学家和社会科学家如何对其兴衰的问题进行判断。在这个框架内，明智的做法是创造一些灵活性，让教师在他们自己或学生特别感兴趣的时代或时期花费更多时间。例如，如果学生对古罗马的衰落和今天的美国是否有相似之处感到好奇，他们就可以研究这个话题，看看有什么不同和相似之处，批判性地审视进行过这种比较的评论家的作品，也许最后会就这个问题进行公开辩论或发表一组文章或博文。为这种探索创造空间和灵活性是使学习充满活力的原因——学生不再是在青少年的海洋中学习古罗马，他们是第一批参与持续辩论的学生——讨论罗马的例子对当代世界的主要大国意味着什么。如果目标是在九个月内探索五个文明，这样的深入探索一定会帮助学生了解人们所选择的一系列生活方式。

学校和地区也可以坚持发展学生的某些技能（能够分析文章，熟练和权威地写作，发展和进行科学调查，进行有效的研究，并进行定量推理），即在专门学科上给予学校和教师更大的灵活性。摩根女士，成就高中的英语部主任，持有这样的立场：教师在选择他们所教的文章方面有一定的灵活性，但要以培养学生的阅读和写作技能为共同目标。

## 支持更深层的学习的评估和课程

当我们刚开始研究高中的更深层的学习时，睿智的密歇根大学教授大卫·科恩对我们说："那么，你们找到了吗？这里没有任何激励措施。"他的话被证明是有预见性的：我们所到之处，教师和学生都告诉我们，外部评估正在推动更深层的学习。在我们研究的早期，评估都是"不让一个孩子掉队"计划的州测试，也可能是学生毕业所需的州测试。尽管大学理事会声称，即使是大学入学考试，教师们也经常说，它强调广度而不是深度，强调肤浅的内容知识而不是对学科的核心过程和概念的深入理解。正如我们前面所描述的，许多最有力的更深层的学习的例子是在选修课和课外活动中，正是因为这些领域的学生的技能没有被测试。

因此，如果美国社会要认真对待更深层的学习，我们将需要改变学校和学生的外部评估方式。这里不乏可以采用或调整的潜在模式。美国可以效仿 IB 的模式，或者英国、新加坡和澳大利亚等其他国家的考试制度，制定地区或州一级的评估，以衡量更深层的学习能力。[39] 在这些模式中，评估通常包括一个最终"坐下来"的考试，包括一系列的论文或其他开放式问题，以及一系列课堂上的特定任务，要求学习者展示在某个领域的各种重要技能和知识。课堂部分可能意味着开发一个作品集，如英语考试系统，也可能是对一个单一问题的长期调查，如新加坡的科学考试，要求学生提出假设，计划调查，记录可靠的数据，解释实验结果，并反思所使用的方法。这个课堂部分最常见的是用评分表进行内部评分，但也有可能让专家小组对工作进行评估，或者像 IB 那样，对课堂层面的评分进行抽样审核，以确保外部标准得到维护。也可以组织对作品集进行外部评分的系统。例如，由 40 多所公立中学组成的纽约绩效标准联盟（New York Performance Standards Consortium），允许学生提交毕业作品集，而不是参加部分高中会考。任何这些制度的关键在于，它们既不鼓励缩小学科范围，也不奖励在低水平的选择题考试中取得成功的能力；相反，它们将问责制度定位于奖励更深层的学习。

在可能实现这些预期转变的过程中，大学是一个强有力的角色，尽管没有被充分认识到。具体来说，在我们的调研之旅中，我们看到了高中教师认为大学需要的东西和大学教师实际需要的东西之间的不匹配。高中教师认为，大学教师想要的是学过莎士比亚的某些主题，或者能够背诵分子关键成分的学生。但是，除非学生有 AP 学分，否则大学一年级的老师不会假设一个新生有任何特定的内容知识，所以新生课程通常只需要很少的特定知识。在大学里对学生有帮助的是技能：写好文章的能力，分析性的思考能力，坚持不懈地解决困难问题和解读困难文本的能力。毫不奇怪，这些都是大学教师重视的技能。大学教师知道他们可以教这些内容，但他们想要的是那些已经培养出学习能力，并且在写作和分析方面有实践经验的学生。[40] 挡在大学和高中教师之间的是大学委员会的考试（特别是 SATii 和 AP）和大学招生办公室，大学也需要一种有效的方式来处理数以万计的申请。虽然目前的模式是有效的，但这些测试并没有抓住大学教师真正重视的素质。如果大学重新调整录取程序，开始重视其他的成就标志（包括 IB、作品集评估或其他尚未开发的评估），高中就会效仿，而新的体系将更好地反映高中和大学的价值观。[41]

更深层的学习也需要一种不同的课程设计方法。虽然教师，尤其是有经验的教师，可以开发或调整自己的课程，但是，如果在没有支持这种转变的情况下，期望教学上的全面改变是不现实的。[42] 例如，斯坦福大学教授、前历史教师萨姆·温伯格（Sam Wineburg）开发了一套美国历史课程，可以在 45 分钟的时间内教完。它的特点是让学生有机会创造意义，同时分析第一手资料和辩论，而且它所涵盖的内容与大多数美国历史课程所涵盖的内容大致相同。[43] 乔治·卢卡斯教育基金会为 AP 环境科学和 AP 政府管理学开发了课程模块，这些模块被组织成五个基于项目的单元，这些单元仍然为学生考试服务。[44] 早期的研究发现，参加这些课程的学生在 AP 考试中的成绩与对照组一样好，但在更深层的学习能力方面要强得多，如团队合作和设计社会调查方法。[45] 数学改革社群由全美数千名教师和研究人员组成，他们在推特上分享"高标准、低门槛"的数学问题，为学生在数学方面的参与和挑战提供了材料,[46]可以而且应该有更多这方面的努力。正如倡导"探险式学习"的罗恩·伯杰（Ron Berger）指出的那样，即使在现有的标准下，也经常有或多或少的有趣方式来教授同一标准。精心设计的课程材料可以帮助教师找到更有效的方法。[47]

## 地区：倒转的金字塔

虽然我们研究的重点是学校，但很明显，在更深层的学习方面，地区是问题的重要组成部分，因此也可以成为解决方案的重要部分。除了大学的压力之外，教师们提到的更深层的学习的三个最大障碍是地区的进度指南、教师评估系统，以及来自州测试的压力。所有这些都是一个系统性问题的表现：地区是在一个世纪前在以命令、控制、服从为导向的模式下建立起来的，这与现代学习是背道而驰的。本着对称性原则，与学生更深层的学习相关的品质（有机会冒险，承认失败是学习的一部分，对自己的学习有一些控制和选择）应该成为学校和地区成年人文化的特征。

虽然各地区可以采取一些具体的策略来支持更深层的学习，但最大和最根本的转变是文化上的。像大多数公共官僚机构一样，地区倾向于规避风险，寻求控制，并让多数人执行少数人的想法。[48]更发达的职业，以及所有类型的现代学习型组织，都是以不同方式工作。它们不是依靠一个小的行政阶层来监督一个薄弱的从业者阶层，而是意识到工作太复杂多变，不容易从上面标准化，因此在从业者的选择和培训上投入更多。有了这个基础，对行政监督的需求就会变少。如果目标是支持教师为更深层的学习而教学，那么实现从官僚方式到更专业方式的转变就势在必行。[49]

就像那些按等级组织的学校一样，这种转变需要大量的舍弃。地区的工作人员已经被社会化，认为"忠诚执行"才是王道，他们的工作是指导结果。因此，地区工作人员需要重新培养自己，以看到学生和教师是最重要的，地区的基本角色是支持和促进这些学习社区发展。就像教师最初觉得如果他们不直接指导，就不是真正的教学一样，地区领导人需要时间和空间，从"命令和控制"过渡到"授权、施肥和催化"。[50]

如果地区领导人和工作人员能够完成这个过渡，那么，地区可以采取一系列更具体的策略来深化教师和学生的学习，这一点是可行的。这些地区，往往首先使用由美国 21 世纪教育领袖机构（EdLeader21）设计开发的一款名为"毕业生画像"的工具，通过这种工具，社区的各种利益相关者共同确定他们希望学生获得的技能和能力。[51]虽然具体内容不同，但当被要求认真思考他们的价值观时，大多数人都会选择以下版本：学生能够批判性地思考，与他人合作，塑造性格，并以其他方式发展成为有思想和有道德的人。有了这个目标，地区就可以重新审视它所做的决定。例如，在课程方面，可以做一个"更深层的学习的审查"：与教师合作，可以命名某一特定科目和年级所追求的核心技能和知识，然后调整课程，开发一些扩展的调查来探索该主题（例如，将世界历史调查课程变成对五个文明的比较调查）。如果这样的审查在各年级和各学科中持续进行，地区对教学的期望就会与教师的努力保持一致，使之更注重深度而非广度。如果地区对评估做出不同的决定（转向前面描述的更多的基于绩效的、一体化的方法），那么这个系统将更加符合 21 世纪的标准。

　　下一步将是改革教师学习的方法。鉴于我们需要对教师的知识和能力进行巨大的转变，专业成长就显得尤为重要。不幸的是，目前的专业发展方法违反了更深层的学习的原则，也违反了人们对强大的成人学习的认识。教师们经常坐着听一些他们没有选择的主题演讲。正如一份报告所引述的一位沮丧的教师所说："我们走进一个房间，拿到讲义。我们坐在那里，看着 PPT，通常注意力不集中。然后一个小时过去了，我们又去参加下一场会议。"[52]同一报告中的另一位教师说："公共事务是我们经常要做的事情。我们排队去接种疫苗。"一个更好的方法会在很多方面大大改变这种模式：教师在确定学校和地区专业学习的优先次序方面发挥重要作用；教师有大量机会相互学习，而不仅仅是向外部专家学习；教师对其专业学习的轨迹也有一定的选择权。[53]对学生来说，重要的学习经历了漫长的轨迹，学生在掌握、认同和创造力的循环中螺旋式上升，因此我们需要为教师创造机会，让他们也能做到这一点。除了学校和地区组织的集体专业学习外，教师也应该能够提出他们想要或者是需要学习的主题，并且应该有持续的时间让他们获得这种学习。如何实现这些变化，并不缺乏潜在的模式。问题不是技术性的，问题在于各地区必须改变思维方式——不要把教师看成是被塞进现有计划中的部件，而要把他们看成是有才华的人，创造机会让他们在自己控制和指导的方向上成长。[54]

如果更深层的学习成为目标，评估的方法也需要彻底改变。在我们的研究中，教师们痛苦地谈到，地区管理者对课程内容或背景知之甚少，会因为布告栏上没有正确的内容或因为在15分钟的观察中所教授的内容不符合预先制定的标准而对教师提出批评。这里的问题是一个对专业尊重的问题。在这个世界上，没有一个监管者会只看15分钟的手术或审判，就对医生或律师的专业表现做出重要的决定。目前的制度也更注重个人能力，而不是提高集体能力。[55]一个更人性化的制度应该记住，评估只是培养人的大项目中的一小部分，评估的关键目标是不要疏远这个领域需要招募和培养的高素质人才。同样，也有一些专业的评估系统，例如，在许多咨询公司中使用的系统，个人和主管共同确定一套年度目标，并使用360度评估系统（依靠各种不同的证据）来确定哪里有发展，哪里需要提高。这并不排除放弃表现不佳的员工，但留住员工并帮助他们在专业上成长是任何一所学校长期成功的关键，因此应制定相应的评价制度。

各地区也有能力为更深层的学习提供机会和时间。如果目标是在更多的时间里为学生提供更强大的学习体验，那么学生可能需要有更多的选择，更多跨学科工作的机会，以及更多将他们的学习与世界联系起来的机会。各地区有能力使这一切成为可能。它们可以实现分段调度，给学生更多的选择，扩大选修课，打破学科之间的壁垒，并建立学校与各种外部学习机会之间的联系。

最后，如果不能发挥高水平的领导力，地区就不能指望更深层的学习的蓬勃发展。大多数教师按照他们的老师所传授方式进行教学，而我们大多数的教育结构仍然带有工业时代的印记。因此，创造变革需要强有力的领导力。虽然大多数教师并不反对让学生有更多的思考或更多的参与，但他们需要看到那将是什么样子的，所以他们需要按要求以易于管理的规模进行改变。即便如此，许多人也需要一些外部支持来进行适度的改变。改变是可能的，一旦教师和学生开始体验到做有吸引力的工作是什么样子和感觉，能量就会像滚雪球一样向积极方向发展。但是，这些改变是与常规背道而驰的，需要有远见卓识和积极进取的领导来启动。

## 关于公平和更深层的学习

对进步主义或建构主义教育方法的一种批评是："对于那些带着大量社会和文化资本来上学的孩子来说，这很好，但对于那些没有这种背景的孩子来说，他们需要在学校里学习。"虽然这种观察有一定的道理（学生确实在家里学到了不同数量的主流文化知识），但这种假设在教育实践方面带来的很多东西都是有害的。这种思路倾向于强调学生的缺陷，而不是他们的资产；它有助于证明教学的传播性和保罗·弗莱尔（Paulo Freier）所说的教育的"银行模式"是正确的。从大的方面来说，这种思路是一种强大的社会再生产力量——也就是说，无论它的初衷有多好，在实践中的结果是，最有特权的学生被教导如何思考，而处境较差的学生，往往是有色人种的学生，被教导如何听从权威的指示。

我们在学校的时光使我们相信了与此相反的事实。对于那些拥有高水平的主流文化资本的学生来说，他们愿意遵守规则，他们要么对学术科目有内在的兴趣，要么愿意通过"学校的游戏"来进入大学，目前的学校还在这样运转。正如我们所建议的那样，我们认为如果学校被重建，这些学生会有更多的收获，但现状足以让他们上大学。然而，对于其他学生来说，我们建议的改变是必要的，以使他们参与到教育中。例如，我们曾经看到一位生物老师在给两部分不同的孩子讲授关于 DNA 的传统课程。这节课包括一些小型讲座，一些可操作的工作（学生可以用来组装 DNA 链），以及一些练习题。这是一位经验丰富的老师，他精力充沛，非常善于管理课堂，他的课程清晰且符合生物学原理。而且他致力于实现平等：他给他的中低水平的学生上了完全相同的课。然而，这堂课被接受的方式却大不相同。中等生按照他的要求去做——这些学生认真地听他讲课，按照他的要求去做，并填写了工作表。低水平学生则不然——尽管有很多技巧性的劝说，他们还是看着窗外，在某些情况下，拒绝做老师要求的事情。两节课结束后，这位老师向我们征求意见。我们说："我们对您所做的事情没有任何反馈。在有限的时间内，您上了一节由老师主导的关于 DNA 的课程，而且做得很好。但是，我们想问，您有没有做过什么更成功的事情，特别是在低水平学生群体中？"碰巧，他说有。他解释说："我教这门高年级选修课，学生们可以选择想研究的生物课题，他们必须进行研究并创造某种产品，以反映所学的知识。我的一些学生今天趴在桌子上，在那种情况下，他们表现得也很好。"

我们关于样本中最具说服力的教师的章节也得出了类似的结论。在数学、科学、英语和社会研究或历史方面，我们在高挑战、高投入、高参与的精英教师和弱势环境中的教师身上发现了基本相似的方法。所有这些教师都构建了具有明确目的的强大学习环境，并支持学生作为生产者，深度多于广度，学科是开放的而不是封闭的，学生"在初级水平上参与整个游戏"。在学生阅读或数学技能较弱的情况下，教师放慢速度，专注于较短的文章，并包括更多的阶梯，但基本方法是相同的。一些社会学教师还借鉴了批判性传统——对种族、性别、阶级和其他学科的批判性方法，并发现这一传统包含了一种更深层的理解社会过程的方法，以及一种对边缘化学生群体有共鸣的立场。[56]因此，虽然丽莎·戴博纳（Lisa Delpit）的著名研究被认为是主张不同的和更有结构性的学习环境适合弱势学生和有色人种学生，但我们的研究表明，正是这些学生会从一种融合了掌握、认同和创造力的方法中受益最大。[57]

换句话说，这些学生往往是传统学校最不看好的学生，他们最不愿意离开学校，他们的兴趣和种族身份在很大程度上被传统学校的优先考虑事项所否定。[58]因此，他们才是最需要新方法的人，这也许并不令人惊讶。正如麦克劳林和塔尔伯特所描述的那样："非传统学生在教师以新的方式将他们与学科联系起来后，他们在课堂上似乎更容易适应，也更容易成为成功的学习者。我们采访的学生都认可并感谢老师为了解他们所做的努力，以及创造了鼓励学术参与和表达想法的课堂环境。然而，非传统学生描述他们的大部分课程都是高度结构化的，由教师控制的，而且是循规蹈矩的。"[59]

把眼光再放远一点，像不列颠哥伦比亚省这样有远见的省份已经开始积极整合存在于原住民社区的知识资源，这些知识传统上一直被主流学校教育所边缘化。通过文化交流项目和欢迎原住民社区长者作为学生的特殊成年人导师，不列颠哥伦比亚省正在积极尝试向所有学生展示存在于不同社区的各种强大的学习传统。例如，"原住民原则"强调通过实践学习、学徒制学习、跨代学习，以及深入了解历史的学习。[60]更深层的学习存在于许多不同的领域中，未来的学校可能会接纳这些不同的领域，这样做既有助于教育条件优越的学生了解其他文化，又为历史上被边缘化的学生创造一种归属感和认同感。

## 有方法，但有意愿吗？

当我们在 2018 年 6 月完成这本书时，我们对更深层的学习的兴趣与美国政治中很大一部分人的价值观之间的不一致让我们深感震惊。2016 年唐纳德·特朗普的总统选举不是简单的意识形态钟摆的常规摆动，它代表了某种民粹主义政治品牌的神化，且不信任任何形式的专业知识，对科学持怀疑态度，并公开敌视有色人种。启蒙价值观本身受到了攻击，反启蒙价值观的狭隘主义、仇外心理、对理性和证据的不信任已经成为主流。特朗普的当选不是凭空而来的。相反，自 20 世纪 60 年代以来在右翼势力增长的趋势正到达顶点——导致了一种种族歧视的政治，即对非白人的高度对抗，对知识的怀疑，对专业知识的蔑视，对受过教育的人的不信任，以及对权威主义价值观的崇拜，认为这是恢复秩序和国家伟大的方式。上述每一个元素都与支持更深层的学习的价值观背道而驰。

就我们的目的而言，这些趋势特别重要，因为公立学校是公共机构。教育也有一个不发达的技术核心（我们指的是对工作性质和工作方式的专业公认定义的薄弱基础），这使得它特别容易受到公共优先事项变化的影响。因此，那些成功的改革——首先是公立学校系统的建立，标准化考试，按年龄分级的学校教育，课外活动，按学生成绩分班，都是为了满足教师或家长的需求，或者两者都是。那些举步维艰的改革（特别是像本书所讨论的那些，旨在使教育在智力上更加活跃和要求更高的改革），在全美范围内都失败了，不仅因为它们没有解决教师认为它们存在的问题，而且还因为它们从未建立起足够强大的公众支持者来解决这些问题。但它们在一些小众领域取得了成功（要么是个别学校，要么是像蒙特梭利、IB或一些进步的特许管理组织这样的子系统）它们设法在家长和学生的自愿团体中建立了所需的政治支持。这个观点解释了为什么这样的教育可以在特定的社区蓬勃发展，即使是在全美的政治形势不利于更深层的学习的情况下。

如果要实现我们在这里描述的变化，我们认为除了公立学校的领导者（州长、市长、督学、校长、教师，甚至是学生）为更深层的学习提出一个响亮、持续和令人信服的理由之外，别无选择。让学校成为孩子们学习思考的地方，成为他们学习创造的地方，成为追求对他们有意义的东西的地方，成为帮助他们掌握生活技能的地方，这应该是一件容易的事情。但我们认识到，现实并非如此。如果学生不按照他们父母的教育方式学习，可能会被视为一种威胁。就像父母害怕送孩子上大学一样，因为他们最终可能会拒绝父母的教育方式，渴望更深层的学习的学校也同样会引起接受过不同教育的父母的恐惧和怀疑。[61]

这在很大程度上取决于我们是否有勇气和意志来实现这一转变。学校奠定了我们的经济基础和通往公平之路，它们培养了未来的工作者，（我们希望）通过赋予下一代权力来减轻这一代人的一些不平等。这些都是重要的目的。但是，学校所扮演的最重要的角色也许是培养我们未来的公民。这些人需要能够分辨真相和幻想，分辨真假新闻；他们需要明白气候变化是真实的；他们需要能够与其他国家的人合作，解决下一代的问题。如果我们不能从一个认为更深层的学习是例外而不是常规的世界转变过来，那么面临危险的就不仅仅是我们的学校，我们的社会也将处于危险之中。

# 附录

## 方法论

  2010年，我们开始了为期6年的美国高中研究。当时，我们的研究被冠以"超越考试成绩的好学校"的旗号。当时还处于"不让一个孩子掉队"时代的阵痛中，我们设想的项目是观察各种不同类型的高中，并对其中最好学校的优秀的品质进行全面评估。之后发生了两件事，改变了我们工作的轨迹。首先，当我们开始访问学校时，我们特别关注课堂上发生的事情。学生至少有80%的时间是在课堂上度过的，因此，如果一所学校没有找到有趣的、有吸引力的和具有挑战性的方式来利用这些时间，就很难自称是好学校。其次，我们身处的世界开始发生了一些变化。"不让一个孩子掉队"及其对基本技能的不懈强调开始逐渐减少，取而代之的是"共同核心"。休利特基金会将"更深层的学习"一词具体化，作为学生参与现代生活所需的一系列技能的总括：批判性思维、解决问题、协作以及指导自己学习的能力。休利特基金会也开始将其整个教育投资组合致力于更深层的学习研究中，资助地区、学校、特许网络、研究人员、评估设计师、政策制定者和许多寻求向这个方向发展的人。在苹果公司的资助下，XQ发起了一个价值1 000万美元的新学校设计竞赛。虽然一开始我们觉得自己处于学校改革对话的边缘，只能找到一点点资金，但随着项目的成熟，我们发现越来越多的人对我们的研究感兴趣，因为他们也在努力发展更深层的学习。

  在项目的早期，我们把重点放在公立学校上（有些是特许学校，有些是传统学校），这些学校有很高的声誉，并宣称有进步的或更深层的学习的方向。当我们访问这些学校时,我们经常发现,这里的情况远没有我们想得那么好——要么教室与传统教室几乎没有区别,要么所宣扬的使命远远超出了实际情况。我们总共访问了 9 所这样的进步学校,我们在第二章中描述了其中最强大的学校。本着开发多样化学校样本的精神,我们还访问了 4 所无借口学校——非常严格的学校,几乎只为高度贫困的有色人种学生服务,学校有大学预科的任务和课程。虽然有些人认为这样的学校是更深层的学习的对立面,但在我们最初的访问中,我们看到有一所学校的学生正在对学术科目进行复杂的讨论。这所学校成为第三章的重点。我们也对 IB 课程感兴趣,认为这是一种系统地体现更深层学习的方法,因此选择了 5 所将 IB 课程作为其重要组成部分的学校。我们为第四章选择了其中最强的学校。我们对普通综合高中如何进行更深层的学习感兴趣,因此,我们访问了其中的 3 所学校,包括一所备受瞩目的郊区学校,这成为第五章的主题。最后,当我们的研究接近尾声时,我们挑选了几所学校,我们想从它们那里学到些特别的东西。这些学校包括:一所使用哈克尼斯方法作为更深层数学平台的精英私立学校;一所私立学校和一所特许学校,其使命是将低收入学生送入大学;一所全州数学和科学考试学校,被强烈推荐为观察探究式教学的地方;一所备受推崇的非传统学校,将学徒制纳入其工作中;以及一所"新一代"混合式学习学校,大大扩展了选修课和学生选择的范围。我们在第八章中对可能出现的情况提出了建议,并借鉴了这些学校。

我们总共访问了 30 所学校,这些学校代表了美国高中的一个广泛但仍然有限的样本。这些学校来自美国的多个城市——波士顿、纽约、普罗维登斯、辛辛那提、芝加哥、丹佛、奥克兰、圣地亚哥和旧金山,因此大多是政治上的蓝色州或蓝色城市的城市学校,还有一些郊区学校(译者注:这些地区多为倾向于美国民主党的地区)。我们的样本中没有来自南方或农村地区的学校。因此,如何在政治上高度保守的地区实现更深层的学习的问题不在我们的研究范围之内。

我们研究的时机也很重要。在过去的几年里,新的学校模式层出不穷，这些模式更加个性化，或以能力为基础，或试图以其他方式重塑学校教育。这些学校太新了，不可能出现在我们的样本中。我们的样本在很大程度上来自那些长期存在的综合学校或在20世纪90年代或21世纪初创建的学校。在某些方面，本研究抓住了最近一代学校改革的成熟版本，包括对一些早期的特许模式学校和纽约市的一些小型学校的选择。就外部政策环境而言，时间也很重要：我们研究的早期是"不让一个孩子掉队"时代的结束，而后期则是"共同核心"时代的开始。

我们试图利用学校的组合来平衡广度和深度，其中4所学校——一所无借口学校，一所进步的学校，一所IB学校，以及一所综合学校——成为深入研究的场所。在每所学校，我们花了20～30天的时间，试图详细了解这些学校的特点，它们是如何实现自己的愿景的，以及在它们的模式中有哪些权衡。这些学校中的每一所都成为本书其中一章的主要案例。另外6所学校成为中等规模的考察地点——我们在每所学校花了5～10天的时间，研究其模式中最独特的元素，或者在某些情况下，为什么它们在努力实现所期望的目标。其余的20所学校我们访问了1～4天。总的来说，我们在学校待了750多个小时，采访了300多名教师、管理人员和学生。

当我们的工作重点转向更深层的学习时，就出现了这样一个问题：在这样一个观察性研究的基础上，我们可以写关于学习的什么内容。正如一位朋友在研究初期对我们说的那样："你们难道不想把研究中的所有学校排成一排，给他们一个测试，看看谁做得最好吗？"把这作为一个思想实验来对待，就显示出它作为一种思想的局限性。①这是不现实的。我们访问了许多学校，并且必须就进入每所学校进行协商。如果我们坚持让每所学校的学生参加测试，我们将不得不大大限制我们的样本。②这是不公平的。不同学校的学生学习不同的东西，不同的学校试图实现不同的价值观。③我们将没有办法控制选择或抽取比较组，因此将无法评估学校对测试结果的贡献。因此，我们不会根据一个共同的标准来衡量学校对学习的独立贡献。[1]

正如之前对学校的定性研究一样，我们把重点放在我们能在课堂上观察到的东西上。特别是，我们将注意力集中在三个方面：①任务的认知严格程度；②学生的参与程度；③课堂上有多少学生在做任务并被这个工作所吸引。对于任务的认知严格程度，我们使用了布卢姆的修订分类法，其中有六个类别：回忆、理解、应用、分析、综合、创造。虽然我们也喜欢其他新的捕捉课堂活动的方法，比如卡琳·赫斯（Karin Hess）对诺曼·韦伯（Norman Webb）的知识深度量表的改编，以及针对不同学科的更具体的工具，但布卢姆分类法的优点是清晰且广泛适用于不同类型的课堂和环境。[2] 一般来说，如果任务要求学生分析、综合或创造，我们将其视为高阶任务；如果任务要求学生记忆、理解或应用，我们认为这是一个低阶任务。当然，没有哪所学校的学生每时每刻都在分析、综合或创造，有些时候需要引入新信息或执行常规任务。然而，在我们对许多教室、学校和校园的观察中，我们可以看到任务分布的一般模式。根据弗雷德·纽曼（Fred Newmann）关于参与性是重要和持续学习的先决条件的论点，我们还寻找了课堂上参与或不参与的迹象。在参与方面，我们观察了学生的举止，倾听了他们之间的对话，并与他们谈论了他们的课程。虽然这样的观察不能产生细微的区别，但这确实能让我们捕捉到学生主动脱离课堂（低头，盯着窗外，总是看表，互相闲聊，不参与课堂的既定任务）和学生主动参与课堂（眼睛跟着演讲者，做任务，在对话或行动中表现出热情）之间的区别。为了衡量参与度，我们计算了正在完成任务和参与工作的学生的比例。

虽然在书中我们使用了"更深层的学习"这个词，以便加入关于这个话题的讨论，但如果我们要准确地说，我们在课堂上看到的是更深层的学习的机会。虽然参与高阶任务并不能保证更深层的学习，但可以相当有把握地假设，如果没有参与高阶思维任务的机会，或者如果学生不参与这些任务，那么学生就无法在该领域进行更深层的思考，除非在校外也有类似的机会。因此，在这项研究中，我们是建立在有机会学习文献基础上的，这些文献相当确凿地表明，学生能做什么与他们被持续要求做什么有关。[3] 一些著名的关于按成绩分班的定性研究也采用了这种方法。珍妮·奥克斯

（Jeannie Oakes）著名的研究报告《保持按成绩分班》，基于课堂观察和学生访谈，着重研究了不同层级的课程要求学生所做事情的差异。[4]

当我们一直在课堂笔记中监测这三个学习维度时，我们将它们嵌入叙述性的现场笔记中。这些贯穿全书的叙述性田野笔记，试图以一种整体的方式捕捉课堂上发生的一切。它们包括教学三角的三个角——教师的行动、学生的反应和任务的性质。这种叙事方法过去曾被一些著名的作者使用过，包括在《购物中心高中》《好高中》《一个叫做学校的地方》等著名的研究中，而且出于以下几个原因，对我们的研究特别有用。首先，当我们尝试另一种方法时，比如使用评分标准对课堂活动的不同方面进行分类，我们发现很难真正看到课堂上发生了什么。我们认为这是因为叙述的形式将课堂上的各种元素放在一起进行对话，而这些元素所提供的背景信息（这是一个单元的开始，午餐过后，教室里没有什么活力）有助于我们了解某节课的整体情况。其次，正如我们在第八章中详细讨论的那样，我们开始认为好的课堂需要从生态学的角度来理解，也就是说，使课堂成功的不是任何一个因素，而是许多因素的相互作用。提出一个高阶问题是否能带来一个好的课堂，取决于学生是否有机会真正回答这个问题，这个问题是否被嵌入到课堂的叙述弧中，以及学生之间、学生和教师之间是否存在有效的信任，以及其他因素。最后，鉴于我们对教师和学校的工作方法的多样性感兴趣，叙述性的现场记录使我们能够避免将课堂和学校归入预先设想的类别，而是按照他们自己的方式捕捉他们正在努力做的事情。

我们在不同的章节中以不同的方式借鉴了这些数据。在第一章中，我们看了一些我们在整个数据中观察到的总体模式。虽然这个样本并不能代表美国学校的情况，但它确实提供了美国学校多样化的现状。因为这些学校是被推荐的，我们也可以把我们的样本看作是对美国课堂情况"上限"的估计。由于数据的关键结果总体上并不令人鼓舞，我们认为，美国学校的代表性样本可能会得出更发人深省的结果。我们通过查阅全国性的量化证据来证实我们的发现，这些证据也得出了类似的结论。

本着寻求理解实现更深层的学习的不同方法的精神，我们围绕不同的学校模式组织了接下来的四章。第二章探讨了一所进步的、以项目为基础的学校；第三章描述了一所无借口学校；第四章研究了一所 IB 学校；第五章研究了"购物中心高中"或综合高中（译者注：这里将美国的一些综合高中比作购物中心，学校就像推销员，忙着招揽顾客，而学生就像顾客，拥有最终决定权）。在考察了这些学校的不同做法后，我们得出的结论是，没有任何一所学校可以声称自己垄断了"更深层的学习"，相反，他们都倾向于带来对学习很重要的不同品质，而这些相同的设计选择往往妨碍了其他重要的优点。

如果说一个问题是关于不同模式的优点和缺点，那么另一个问题则是关于成功实现一个特定的愿景所需要的东西，不管它是什么类型的。这项研究的早期发现之一是，在学校所信奉的价值观和所实施的措施之间，往往存在着相当大的差距。换句话说，学校在其网站上、在其使命宣言中，或在我们与管理人员的访谈中听到的评价，并没有得到我们在课堂上看到的相一致的支持。在这种情况下，也有少数例外，它们能够实现预期的愿景。我们在第二、第三、第四章选择的主要案例就是这些学校。这些学校（有一所是进步学校，一所是无借口的学校，还有一所是 IB 学校），已经找到了许多（如果不是全部的话）通过课堂成功实现其愿景的方法。因此，虽然这些学校在教学上有很大的差异，但在结构、流程、文化和管理外部环境的方式上有共同之处，都能够实现自己的愿景。我们试图描述这些元素以及它们之间是如何相互作用的，我们希望我们的分析对未来的学校领导者有用，无论他们试图实现什么样的愿景。

我们将这四个深入研究的章节构建为社会学意义上的经典组织案例研究。在每所学校，我们都花了 20～30 天的时间，至少采访了 50 名学生、教师和管理人员，至少观察了 20 节课，还收集了学生作品和文件。我们的一般程序是，在最初的几天里，观察大量不同课堂的学生，通常是跟踪学生们的日常学习。一旦我们对教学模式有了总体了解，我们就开始采访，与教师和管理人员讨论学校的教学力量和机制。由于我们对这些学校是如何打破不同阶层之间高差异的常规模式很感兴趣，我们将一些问题集中在了解产生这种一致性的机制上,并对听到的和看到的对机制的肯定深信不疑。我们还与教师、管理人员和学生讨论了他们认为的学校优势和劣势,并要求他们描述产生这些结果的更广泛的力量。我们在这些学校一直待到达到饱和为止,这意味着,更多的观察和访谈与我们解释这些学校的教学模式和参与度的发展理论是一致的。

在进行这项工作时,我们还借鉴了成熟的社会学逻辑,该逻辑决定了何时使用案例,而不是变量导向的研究。[5] 当目标是使用 $N$ 个样本来探索特定的 $X$ 和特定的 $Y$ 之间的关系时,变量导向的研究是有用的,特别是当有一个相当成熟的理论需要检验时。以案例为导向的研究对于产生假设、理解机制以及考虑情况的不同维度如何相互关联特别有用。[6] 在这种情况下,我们对后者更感兴趣——试图理解学校作为一个机构如何发展机制来支持更深层的学习,以及在这样做的过程中如何管理内部流程和外部利益相关者。鉴于对更深层的学习的渴望是全新的,因此,一种产生假设、以案例为导向的方法是合适的。我们还对实现这些目标的方法的多样性特别感兴趣。将一所寻求考试成绩最大化的无借口学校与一所寻求 21 世纪技能最大化的以项目为基础的学校进行比较是没有意义的。相反,通过给每种类型的学校设立自己单独的章节,我们能够根据不同的条件探索每种方法的优缺点。

我们还利用了统计数据所提供的负面案例,这些学校具有类似的愿望,但在缩小其信奉的价值观与实践措施之间的差距方面进展不大。对于以项目为基础的学校、无借口学校和 IB 学校来说,我们的样本中还有其他学校,它们有类似的理念,但它们试图做的事情和实际完成的事情之间有较大的差距。就无借口学校和以项目为基础的学校而言,我们有非常相似的比较——其他学校也是特许学校,提供类似的学生人口统计数据。对于 IB 学校来说,成功的 IB 学校比困境中的 IB 学校服务更多的中产阶级学生,因此我们认为,这些学校在把 IB 课程带给非精英中产阶级学生方面取得了很大进展,但我们还不知道如何才能成功地把 IB 课程带给高度贫困的学生。

虽然我们最初把研究的重点放在核心学科课程上，但随着我们在学校花的时间越来越多，我们发现这些高中里一些最具参与性和最有活力的地方是在外围领域——艺术、音乐、选修课和课外活动。在第六章中，我们通过对高中戏剧创作的深入研究来探讨这一想法：我们参加了 10 次排练；与演员、教职员工和工作人员在一起；观看了演出；并采访了所有参与其中的人。在这里，我们利用了案例研究方法的优势——它能够捕捉到各部分对整体的贡献。[7] 通过观察和访谈，我们发展了一套理论，即在组织戏剧制作时，不同的因素都很重要——目的、选择、社区、学徒制、"在初级水平上玩整个游戏"，等等，这些因素通过相互作用产生学生和教师所描述的非常强大的学习环境。创建这一理论是一个反复的过程：首先我们制定了一个我们认为是重要因素的初始清单，并与一些受访者分享该清单，根据他们的反馈进行修改；然后在随后的访谈中增加关于其他因素的问题。当访谈和观察不再产生新的信息而只是证实了我们的理论框架时，我们又在饱和点上停下了脚步。

在第七章中，我们将数据作为一个整体来描述我们看到的最强大的课堂。在这里，我们关注那些以认知挑战、参与深度和广度为特征的课堂，并试图了解是什么让这些课堂变得有活力。更为正式地说，我们使用了密尔的一致法，通过这种方法将一组产生类似结果的现象（课堂在认知上具有挑战性，并以高参与度和广泛参与为特征），确定为其共同品质。其中一些内容与教师有关——他们自己是如何被教育的，以及他们对学生和知识的态度。而其他内容则与他们组织课堂的方式和学习的弧度有关。我们还使用了密尔的差异法来观察这些共同品质是否在其他不那么强大的课堂上有所缺失。我们所看到的许多在认知上不具挑战性和吸引力的课堂，以及我们对相关教师所做的访谈，都是负面的数据，我们可以用这些数据与我们在第七章中重点讨论的那些令人信服的教师进行对比。密尔的方法在定性研究中不仅经常使用不存在或存在的因素，而且还考察这些因素影响结果的机制，我们在这里也是这样做的。[8] 例如，如果密尔的方法表明有能力的教师对学习采取了不同的态度（更多的是鼓励如何思考而不是思考什么）然后学生们说："X先生的课真的很有魅力，我认为这是因为他不关心我们学到了什么，而是关心我们是否把这些想清楚"。——那么我们就会认为这证实了对学习采取不同态度的重要性。

使这一点更加复杂的是，当我们分析数据时，我们发现产生一个强大的课堂重要的不是特定个体因素的存在，而是一系列因素的共同作用。我们认为，课堂和学校都应该被理解为生态或环境，在这里，许多因素需要凝聚在一起才能产生结果。案例方法再次适合于理解这些生态，因为它们使我们能够让每个课堂独立存在，同时也寻找强大学习环境中的共同品质。

我们在样本和研究方法的选择上既有优势也有局限。就局限性而言，我们将提到四个方面。第一，如前所述，这不是一项关于学校对测量结果影响的研究，这样的研究需要完全不同的方法。第二，与任何案例研究一样，我们的结论有一个外部普遍性的问题。我们曾多次与教师、校长、主管和公众谈论我们的研究结果，并发现我们所说的大部分内容在这些听众中产生了共鸣，包括国际听众，他们说以不同的形式看到过类似的东西。因此，虽然外部普遍性的确凿证据有待于未来的研究，但我们有充分的理由认为，这里提出的观点具有广泛的影响。第三，我们对这些学校特别感兴趣，因为它们会从教师和管理者的角度出发来寻求创造更深层的学习。鉴于这一观点，我们把大部分采访时间花在了教师和管理人员身上，而我们问学生的问题则主要集中在他们是如何体验他们的学习环境的。这意味着我们没有对学校的同伴文化、社交媒体或学生的校外生活进行过多的调查，如果我们想从学生的角度来探索学生的学习，这些都是重要的话题。第四，作为一项以学校为分析单位的研究，我们在探讨特定学科改革的深度是有局限性的。我们在评估特定课程时借鉴了这些学科的工作，但如果是以学科为导向的研究，就可以更深入地探讨这些主题。[9]

同时，我们认为，我们的研究有一些独特的优势。我们希望能平衡广度和深度，将美国高中的广泛样本与一些特定模式的深入研究结合起来。据我们所知，这是当代唯一一项将不同类型的学校（以项目为基础的学校、IB 学校、无借口学校、综合学校）放在一起考虑的研究，并试图评估不同模式的优势和劣势。关于外围和核心的论点（像课外活动和选修课这样的外围环境往往是比核心课程更有潜力的学习平台）是我们本研究在很大程度上具有原创性的一个论点。[10]尽管我们在研究特定学科的深度方面上存在一些权衡，但将学校作为分析单元的前景具有一些显著的优势，特别是考虑如何在更创新的方向上改造学校教育规则这一问题的重要性上。综上所述，我们认为我们所采用的案例研究方法特别适合解决这一系列问题。

# 注释

## 引言

1. 在本书中，我们遵循学术惯例，对研究中的所有学校和所有个人都使用了假名。这反映了我们与机构审查委员会达成的协议的一部分，并且它能够使我们坦率地讨论限制性的问题，讨论所有的个人，讨论我们所看到的局限性和优势。从道德上讲，这是一件正确的事情，因为我们所访问的每个地方都慷慨地提供了时间，因此，当我们指出缺点时，最好不要公开点名。我们希望能找出正面评价的学校，但即使在这种情况下，也经常会有我们不希望公开讨论的一些因素。此外，我们承诺不透露学校的身份，这使我们的受访者能够更坦率地发表意见。

2. 见西奥多·西泽的《贺拉斯的妥协：美国高中的困境》（纽约：霍顿·米夫林出版社，1984），劳伦斯·莱特福德的《好的高中：性格和文化的肖像》（纽约：基础图书出版社，1983），Arthur G. Powell、Eleanor Farrar 和 David K. Cohen 的《购物中心高中：教育市场上的赢家和输家》（纽约：霍顿·米夫林·哈考特出版社，1985），以及约翰·古德拉德的《一个叫做学校的地方》（纽约：麦格劳·希尔出版社，1984）。

3. 国家教育统计中心，《国家的成绩单：学术进展趋势2012》（华盛顿特区：国家教育统计中心，教育科学研究所，美国教育部，2013）。

4. 经济合作与发展组织和国际学生评估项目，《PISA 2015 结果，第 1 卷：教育的卓越与公平》（巴黎：经合组织，2016）。在 2015 年国际学生评估项目中，美国在 35 个经合组织国家中科学排名第 19，阅读排名第 20，数学排名第 31；见 https://www.oecd.org/pisa/PISA-2015-United-States.pdf，18

(2018年8月21日访问)。

5. 罗斯·布伦曼,《盖洛普学生调查发现学校参与度随年级水平下降》(《教育周刊》, 2016年3月22日)。

6. 休利特基金会,《更深层的学习的能力》(2013), https://www.hewlett.org/wp-content/uploads/2016/08/Deeper_Learning_Defined_April_2013.pdf (2018年8月21日访问);国家研究委员会,定义更深层的学习和21世纪技能委员会,《生活和工作教育:开发21世纪可转移的知识和技能》(华盛顿特区:国家科学院出版社,2012)。

## 1. 美国高中更深层的学习的现状

1. 休利特基金会,《更深层的学习的能力》(2013), https://www.hewlett.org/wpcontent/uploads/2016/08/Deeper_Learning_Defined__April_2013.pd。

2. 国家研究委员会(美国),定义更深层的学习和21世纪技能委员会,《生活和工作教育:开发21世纪可转移的知识和技能》(华盛顿特区:国家科学院出版社,2012)。

3. 保罗·弗莱雷,《被压迫者的教育学》(纽约:西布里出版社,1970)。

4. 阿尔弗雷德·诺斯·怀特海,《教育的目的和其他文章》(纽约:麦克米伦出版社,1929)。

5. 约瑟夫·迈尔·赖斯,《美国的公立学校体系》(纽约:世纪出版社,1893年)。

6. 玛格达琳·兰珀特,等,《保持复杂性:使用排练来支持新手教师学习有抱负的教学》(《教师教育杂志》第64期,2014:第226-243页)。

7. 在与这些先例的联系中,我们将当前对"更深层的学习"的兴趣与关于严肃或强大的教育的旧观念联系起来,而与那些与技术、混合学校、基于能力或个性化教育联系起来的人区分开来。我们的观点是,这些都是学习的模式，可以是深层次的，也可以是浅层次的，取决于它们是如何实施的。

8. 1970 年，请参阅琳达·达玲·哈蒙德等的《高质量评估的标准》（斯坦福，加州：斯坦福教育机会政策中心。2013），第 11 期。关于 2015 年，请参见世界经济论坛，https://www.inc.com/melanie-curtin/the-10-top-skills-that-will-land-you-high-paid-jobs-by-2020-according-to-World-economic-forum.html（2018 年 9 月 10 日访问）。

9. John Bransford，A. L. Brown，R. R. Cocking，等，《人们如何学习：大脑、思维、经验和学校》（华盛顿特区：国家科学院出版社，1999）。

10. 同上。

11. 同上，特别是第一、第二、第七章。Jon R. Star 也提出了类似的论点，认为需要将数学中的程序性知识和概念性知识结合起来：参见 Jon R. Star，《重新概念化程序性知识》（《数学教育研究期刊》第 36 期，2005：404-411 页）。

12. Hilda Borko 和 Carol Livingston，《认知与即兴发挥：专家和新手教师在数学教学中的差异》（《美国教育研究杂志》第 26 期，1989：473-498 页）。

13. 杰罗姆·布鲁纳，《教育的过程》，（马萨诸塞州，剑桥市：哈佛大学大学出版社，1960）。

14. Milbrey W. McLaughlin 和 Joan E. Talbert，《介绍：教学的新愿景》，《理解的教学：政策与实践的挑战》（旧金山：乔西·巴斯出版社，1993，第 1 期）。

15. 如上，第 2 期。另见黛博拉·沃克和玛格达琳·兰珀特，《学习和领导理论：一个世纪的创造》，《建构主义领袖》（纽约：教师学院出版社，1995 年）。

16. 玛格达琳·兰珀特，《更深层的教学·以学生为中心的更深层的学习研究系列》（波士顿：未来的工作，2015）。可在 https://www.researchgate.net/publication/319230890_Deeper_Teaching 获得（2018 年 9 月

10 日访问）。

17. 弗雷德·纽曼，《导论》，摘自弗雷德·纽曼主编的《美国中学的学生参与和成就》（纽约：师范学院出版社，1992）。

18. 同上，第 3 期。

19. 本杰明·布鲁姆，《培养年轻人的天赋》（纽约：百龄坛出版社，1985）；丹尼尔·科伊尔，《人才密码》（纽约：班塔姆出版社，1985）；丹尼尔·科伊尔，《人才密码》（纽约：班塔姆出版社，2009）。

20. 这个螺旋式的想法来自我们更深层次学习班的一群学生。课堂作业作为分析我们收集的更深层学习者的数据的一部分。该小组的学生是 Meredith Innis、Ben Johnson、Jessica Lander、David Sabey、Jesse Tang、Julia Tomasko、Tat Chuen Wee 和 Olivia Werby。这个想法也受到了阅读《布鲁姆：培养年轻人的才能》的影响。虽然这个小组提出了将更深层的学习视为一个螺旋的想法，但将这个螺旋的关键组成部分确定为掌握、认同和创造是本研究的原创。

21. Jean Lave 和 Etienne Wenger，《情景学习：合法的外围参与》（纽约：剑桥大学出版社，1991）。

22. A. Collins，J. S. Brown 和 S. E. Newman，《认知学徒：阅读、写作和数学技巧的教学》，L. B. Resnick《认识、学习和指导：罗伯特·格拉泽荣誉文集》（新泽西州，希尔斯代尔：厄尔鲍姆出版社，1989）。

23. Carl Bereiter 和 Marlene Scardamalia，《超越自我：对专业知识的性质和意义的探索》（芝加哥：公开法庭出版社，1993）。

24. 罗纳德·埃德蒙兹，《为城市贫民提供有效的学校》（《教育领导》第 37 期，1980：15 – 18 页，20 – 24 页）。

25. Elizabeth A. City，等，《教育教学轮次：改善教学和学习的网络方法》（马萨诸塞州，剑桥市：哈佛教育出版社，2009）。

26. Anthony S. Bryk，《组织学校改善：芝加哥的教训》（芝加哥：芝加哥大学出版社，2010）。

27. 保罗·科布和卡拉·杰克逊，《面向大规模提高数学教学质量的经验基础行动理论》，《数学教师教育与发展》，第 13 期，2012：6 - 33 页。引文来自第 7 - 8 页。

28. 兰珀特，等，《保持复杂》；Pamela L. Grossman，《教师教育教学核心实践》（马萨诸塞州，剑桥市：哈佛教育出版社，2018）。

29. 汤姆·范德·阿克和卡里·施耐德，《让每个学生每天都有更深层的学习》，https://www.hewlett.org/wpcontent/uploads/2016/08/Deeper%20Learning%20for%20Every%20Student%20EVery%20Day_GETTING%20SMART_1.2014.pdf（2018 年 9 月 10 日访问），78 页。

30. 对无借口学校没有准确的定义；有些学校在描述自己时使用这个词，有些则没有。我们列出的十个无借口网络包括那些自称为无借口学校的学校，或被那些写学校的人反复描述为无借口学校的学校。成就高中、雄心学院、民主预科、格林多特公立学校、IDEA 预科、KIPP（知识就是力量计划）、贵族学校、成功学院、杰出学校和 Yes 预科学校。另外，近年来，这些学校中的一些已经开始与"无借口"的标签保持距离；我们在第三章中讨论这些问题。

31. Michael Mcshane 和 Jenn Hatfield，《衡量特许学校产品的多样性》（华盛顿特区：美国企业研究院，2015 年），https://www.aei.org/wp-content/uploads/2015/07/Measuring - Diversity - in - Charter - School - Offerings.pdf（2018 年 9 月 10 日访问）。

32. 请参阅 1999 年的《海钦格报告》，《共同核心会破坏马萨诸塞州大学预科计划的多样性目标吗?》，《美国新闻与世界报告》（2016 年 3 月 14 日），https://www.usnews.com/news/articles/2016 - 03 - 14/will - common - core - undermine - an - elite - college - prep - programs - goal - of - diversity；更多最新数据见 International Baccalaureate Organization's data on the United States，https://www.ibo.org/about - the - ib/the - ib - bycountry/u/united - states/（均于 2018 年 9 月 10 日访问）。

33. 萨拉·斯帕克斯，《国际文凭在高贫困学校的快速增长》，《教育周刊》（2015 年 7 月 31 日），http://blogs.edweek.org/edweek/inside - school -

research/2015/07/international_baccalaureate_poor_students.html（2018年9月10日访问）。

34. 汤姆·凯恩和道格拉斯·斯泰格，《收集教学反馈：将高质量的观察与学生调查和成绩提高相结合》（西雅图：比尔和梅林达·盖茨基金会，2012），第24页。我们不知道有类似的对高中的代表性研究。

35. Sonja Santelises 和 Joan Dabrowski，《考勤：课堂作业是否反映了当今更高的标准?》（华盛顿特区：教育基金会，2015），第4页。

36. 马丁·尼斯特兰德和亚当·加莫兰，《全景图：数百节英语课中的语言和学习》，马丁·尼斯特兰德，《开场对话：理解英语课堂中语言和学习的动态》（纽约：师范学院出版社，1997），第33页。

37. 罗斯·布伦曼，《盖洛普学生调查发现学校参与度随年级水平下降》（《教育周刊》，2016年3月22日）。该研究没有探讨这种下降的原因，这可能是，至少部分归因于校外因素或学生同伴动态，而不是学校的做法本身。

38. 海伦·马克斯，《学生参与教学活动：小学、初中和高中时期的模式》（《美国教育研究杂志》37期200：153–184页）。

39. Ethan Yazzie–Mintz，《从参与到成就的路径：2009年高中学生参与调查报告》（印第安纳州布卢明顿：评估与教育政策中心，2010），第6期。HSSSE调查的早期版本报告了几乎相同的结果。

40. 同上，7。

41. 同上，第11页。

42. Marks，《学生的参与》。

43. Yazzie–Mintz，《规划道路》，第17页。

44. 同上，第16页。

45. 凯恩和斯泰格，《为教学收集反馈》，第24页。

46. Yazzie–Mintz，《规划道路》，第10页。

47. 在一项对中学的研究中，Hilary Conklin 同样发现了幽默、游戏和快乐的元素。见 Hilary Conklin，《走向更快乐的学习：将游戏纳入中学教学框架》(《美国教育研究杂志》第 51 期，2014：1227 - 1255 页)。

48. 托尼·瓦格纳，《全球成就的差距：为什么我们最好的学校都不教授孩子们所需的新的生存技能——为此我们能做些什么？》(纽约：基础图书出版社，2010)。

49. 大卫·帕金斯，《使学习完整：教学的七条原则如何改变教育》(加州，旧金山：乔西·巴斯出版社，2010)。

50. 在某些科目中，在某些教师的掌握下，AP 可以以对较少的主题进行更深入或更发达的探索为代价快速覆盖内容，因此，一些最优秀的公立和私立学校已经不再使用 AP 课程。因此，对内容的理解能力以及对内容的推理能力的要求往往比大多数高中课程的要求高得多。近年来，AP 考试也做了一些修改，尤其是在科学方面。美国大学理事会回应了一些批评，称这些考试的范围太广，而不够深入，因此试图要求学生在较少的题目上进行更多的推理。我们认为预科考试可以是一种深入学习的资产，也可以是深入学习的制约因素，这取决于学科和教师为学生准备考试的方式。

51. 大卫·科恩，《教学实践：万变不离其宗》，引自 P. W. 杰克逊主编的《促进教育变革：研究与实践的视角》(加州，伯克利：梅美德出版社，1989：27 - 84 页)。

52. 大卫·提亚克和拉里·库班，《修补乌托邦：一个世纪的公立学校改革》(马萨诸塞州，剑桥市：哈佛大学出版社，1995)。

53. David Tyack，《最好的系统：美国城市教育史》(马萨诸塞州，剑桥市：哈佛大学出版社，1974)；Patricia Graham，《美国学校：公立学校如何满足国家不断变化的需求》(纽约：牛津大学出版社，2007)。

54. 杰尔·梅塔，《秩序的诱惑：高昂的希望，破灭的期望，以及重塑美国学校教育的艰难探索》(纽约：牛津大学出版社，2013)。

55. 赖斯，《公立学校系统》。

56. 拉里·库班，《教师的教学方式：1890—1980 年美国课堂的恒定与变化，教学研究专著系列》(纽约：朗文出版社，1984)。

57. 约翰·古德拉德,《一个叫做学校的地方》(纽约:麦格劳·希尔出版社,1984),第229页。

58. 丹·洛尔蒂,《教师:社会学研究》(芝加哥:芝加哥大学出版社,1975)。

59. 关于细分领域,参见大卫·科恩和杰尔·梅塔,《为什么改革有时会成功:理解产生持久改革的条件》(《美国教育研究杂志》,第54期,2017:644-690页)。

60. Susan F. Semel 和 Alan R. Sadovnik,《未来的学校》《今天的学校:进步教育发生了什么》(纽约:P. Lang 出版社,1999)。

61. Diane Ravitch, Left Back:《一个世纪的学校改革之争》(纽约,Simon & Schuster 出版社,2000)。

62. 威廉·朱利叶斯·威尔逊:《真正的弱势群体:内城、阶层和公共政策》(芝加哥:芝加哥大学出版社,1987);道格·梅西南希·丹顿,《美国种族隔离:种族隔离和下层阶级的形成》(马萨诸塞州,剑桥市:哈佛大学出版社,1993)。

63. Jean Anyon,《社会阶层和学校知识》,(《课程探索》,第11期,1981:3-42页);Jeannie Oakes,《跟踪:学校结构的不平等》(康涅狄格州纽黑文:耶鲁大学出版社,1985)。

64. 塞缪尔·鲍尔斯和赫伯特·金蒂斯,《资本主义美国的学校教育》(纽约:基础图书出版社,1976);梅尔文·科恩,《阶级与服从》(芝加哥:芝加哥大学出版社,1977)。

65. 琳达·珀尔斯坦,《测试:一所美国学校努力取得成绩》(纽约:霍尔特出版社,2007)。

66. 理查德·霍夫斯塔特,《美国生活中的反智主义》(纽约:克诺夫出版社,1963)。

67. Peter Dow,《学校政治:斯普特尼克时代的教训》(马萨诸塞州,剑桥市:哈佛大学出版社,1991)。

68. 西奥多·西泽,《贺拉斯的妥协:美国高中的困境》(波士顿:霍顿·米夫林出版社，1984）。

69. 萨拉·法恩，《一场缓慢的革命：迈向高中课堂的智力玩乐理论》（《哈佛教育评论》，第 84 期，2014：1 – 23 页）；Anyon，《社会阶层与学校知识》。

70. 科恩和梅塔，《为什么改革有时能成功》。

71. 罗伯特·斯特克，杰克·伊斯利，等，《科学教育案例研究》（伊利诺伊州，厄巴纳：教学研究与课程评价中心，1978）。

72. Lortie，《学校教师》；Arthur Levine，《教育学校教师》（华盛顿特区：教育学校项目，2006）。

73. Milbrey W. Mclaughlin 和 Joan Talbert，《专业社区和高中教学工作》（芝加哥：教育学校项目，2006）。Joan Talbert，《专业社区和高中教学工作》（芝加哥：芝加哥大学出版社，2001）。

## 2. 进步的前沿：基于项目的学习

1. Robert Halpern，《成长的手段：重塑学徒制作为一种在青少年时期的发展支持》（纽约：Routledge，2009）。

2. 大卫·科恩，《杜威的问题》（《小学学报》第 98 期，1998：427 – 446 页）。

3. 同上。

4. David B. Tyack，《最好的系统：美国城市教育的历史》（马萨诸塞州，剑桥市：哈佛大学出版社，1974）。

5. 同上；杰尔·梅塔，《秩序的诱惑：高昂的希望，破灭的期望以及重塑美国教育的艰难探索》（纽约：牛津大学出版社，2013）。

6. 约翰·杜威，《儿童与课程，包括学校与社会》（纽约：科西莫经典出版社，2008）。

7. 大卫·科恩，《教学实践：万变不离其宗》（密歇根州立大学，国家教师教育研究中心，1988），https://www.educ.msu.edu/NCRTL/PDFs/

NCRTL/IssuePapers/ip883.pdf（2018 年 9 月 10 日访问）。

8. 杜威，《儿童与课程》。

9. 约翰·杜威，《我的教育学信条》（纽约：E. L. Kellogg 出版社，1897），第 81 页。

10. 哈尔彭，《意味着成长》。

11. Michael Fullan, Joanne Quinn, Joanne McEachen，《深度学习：参与世界，改变世界》（加州，纽伯里帕克：科温出版社，2017）。

12. Richard Elmore，《私人交流》，2011 年 9 月 22 日。

13. 科恩，《教学实践》。

14. 李·S. 舒尔曼，《知识与教学：新改革的基础》（《哈佛教育评论》，第 57 期，1987 年：第 1 页）。

15. 杜威，《儿童与课程》。

16. 同上。

17. 杜威，《我的教育学信条》。

18. 帕特丽夏·格雷厄姆，《私人交流》，2012 年 9 月 19 日。

19. 帕特丽夏·格雷厄姆，《美国学校化：公立学校如何满足国家不断变化的需求》（纽约：牛津大学出版社，2005），第 56 页。

20. 安德里亚·迪·塞萨，《概念变化研究的历史：线索和断层线》，出自 R. K. Sawyer 的《剑桥学习科学手册》（纽约：剑桥大学出版社，2006，265 – 282 页）；肯尼斯·斯特莱克和乔治·波斯纳，《学习和理解的概念变化观点》。在 L. H. T. West 和 A. L. Pines 编写的《认知结构与概念转变》（纽约：学术出版社，1985，211 – 231 页）。

21. Cynthia E. Coburn 和 Sarah L. Woulfin，《阅读教练和政策与实践的关系》（《阅读研究季刊》，第 47 期，2012 年：5 – 30 页）。

22. 作者萨拉·法恩的经历与理查德·爱尔摩在《学校改革从内部进行》中提供的数据相呼应。（马萨诸塞州，剑桥市：哈佛大学教育出版社，2004）。

23. 莫迪凯·戈登，《建构主义教学的误用与有效运用》（《教师与教学：理论与实践》，第 15 期，2009：737 – 746 页）；Tina A. Grotzer，《理解很重要》之《影响数学和科学学习的认知问题：数学/科学问题》（马萨诸塞州，剑桥市：哈佛学校教育和儿童项目，1996）。

24. E. D. Hirsch，《知识为什么重要：把我们的孩子从失败的教育理论中拯救出来》（马萨诸塞州，剑桥市：哈佛教育出版社，2016）。

## 3. 无借口学校：利益与权衡

1. Deborah Walker 和 Linda Lampert，《学习和领导理论：一个世纪的形成》，出自 Linda Lampert 等人编辑的《建构主义领袖》（纽约：师范学院出版社，1995），第 1 – 27 页。

2. 大卫·惠特曼，《为小事而焦虑：老城区的学校和新家长制》（华盛顿特区：托马斯·福特汉姆研究所，2008）。

3. 同上。用乔治·拉科夫的话说，无借口学校拥护"严父"道德观，即如果年轻人要抵制他们的自然冲动，成为有所作为和自律的公民，就需要受到纪律约束。拉科夫将此与"养育型父母"的世界观形成对比，在这种世界观中，人们被认为是天生善良的，父母的作用是教孩子关心他人。虽然许多无借口论者认为自己是自由主义者，因为他们关注公平和社会流动性，但他们对如何实现这些目标的看法是保守的。他们对如何实现这些目标的看法是拉科夫意义上的保守主义。见 George Lakoff，《道德政治：自由派和保守派如何思考》（芝加哥：芝加哥大学出版社，2002）。

4. 定量研究普遍发现，与整个特许学校不同，无借口学校对州测试的数学和阅读成绩以及大学入学率有积极影响。见 Atila Abdulkadiroğlu, Joshua D. Angrist, Susan M. Dynarski, Thomas J. Kane, Parag A. Pathak，《公立学校问责制：波士顿特许学校和试点学校的证据》（《经济学季刊》，第 126 期，2011 年，699 – 748 页）；Joshua Angrist, Parag A. Pathak, Christopher R. Walters，《解释特许学校的有效性》（《美国经济杂志》，第 2 期，2011：699 – 748 页）；Joshua D. Angrist, Sarah Cohodes, Susan

Dynarski, Parag A. Pathak, Christopher Walters,《坚持和实施：波士顿特许高中对大学准备、入学和选择的影响》(《劳动经济学杂志》，第34期，2016：275-318页)；Will Dobbie, Roland G. Fryer,《高成就特许学校的中期影响》(《政治经济杂志》第123期，2015：985-1037页)。Dobbie和Fryer最近的一项研究发现，无借口学校对劳动力市场几乎没有影响，这表明短期人力资本的影响并不会影响到学生获得在劳动力市场上有价值的基本技能。Dobbie, Roland G. Fryer,《特许学校和劳动力市场的结果》(《NBER工作论文》，22502期，2016)，http://www.nber.org/papers/w22502（2018年9月10日访问）。

5. Katrina Bulkley,《公共与私人之间：政治、治理与新城市学校改革的投资组合模型》(马萨诸塞州，剑桥市：哈佛大学出版社，2010)。

6. Joanne Golann,《无借口学校的成功悖论》(《教育社会学》，第88期，2015：103-119页)。

7. KIPP基金会,《完成大学学业的承诺》(KIPP的早期成功和挑战，2011)，http://www.kipp.org/about-kipp/results/college（2018年9月10日访问）。

8. Joan F. Goodman,《特许经营组织和受管制的环境：值这个价吗？》(《教育研究者》第42期，2013：89-96页)。

9. Katherine Merseth,等,《城市特许学校内部：五所城市特许学校的可行做法和策略》(马萨诸塞州，剑桥市：哈佛教育出版社，2008)；Joanne Golann,《为行动编写脚本：阶级、控制和城市学校改革》(普林斯顿大学博士论文，2016)；Seneca Rosenberg,《为教育质量组织起来：教师质量的个体化和系统化方法》(密歇根大学博士论文，2012)。

10. 关于学校业绩的数据来自学校公布的概况介绍。

11. 关于无借口特许学校的人员流失数据难以获得。Mathematica公司对KIPP初中的研究发现，五至七年级的学生流失率为34%，与地区中学的学生流失率没有统计学差异；见Ira Nichols-Barrer等人的《KIPP初中的学生选择、减员和替换》(《教育评估和政策分析》，第9期，2016：

36－58 页）。似乎没有关于其他无借口特许经营网络的减员研究。尽管缺乏更系统的证据，但许多特许研究人员和观察员对无借口的 CMO 的高减员率表示关切；从这个角度来看，我们在无借口中学看到的情况似乎与其他知识渊博的观察者在其他类似学校看到的情况相当相似。

12. 罗恩·W. 齐默，卡桑德拉·M. 瓜里诺，《有实证证据表明特许学校排挤"表现不佳的学生"吗？》（《教育评价和政策分析》，第 35 期，2013：461－480 页）。

13. 阿瑟·鲍威尔，埃莉诺·法拉尔，大卫·科恩，《购物中心高中：教育市场中的赢家和输家》（波士顿：霍顿·米夫林，1985）。

14. 杰罗姆·布鲁纳，《教育的过程》（马萨诸塞州，剑桥市：哈佛大学出版社，1960）。

15. 玛格达琳·兰珀特，《教学问题与教学问题》（康涅狄格州，纽黑文市：耶鲁大学出版社，2001）。

16. 詹姆斯·希伯特，等，《今日（和明日）美国的数学教学：TIMSS 1999 年视频研究的结果》（《教育评价与政策分析》，第 27 期，2005：111－132 页）。

17. 罗森伯格，《为教育质量组织起来》。

18. 特伦达·怀特，《特许学校：在"无借口"的企业式特许学校市场中揭开白人的神秘面纱》，见 Bree Picower 和 Edwin Mayorga 编辑的《这和种族有什么关系？》（纽约：Peter Lang，2015，121－145 页）。

19. Chris Argyris，《组织中的双循环学习》（《哈佛商业评论》，1977 年 9 月）。

20. 由于无借口学校始于 20 世纪 90 年代中后期，所以直到 2010 年左右，才有可能开始从这些网络中收集学生大学毕业率的数据。湾区 KIPP 学校的第一项内部研究发现，36% 的高中毕业生在六年内完成了大学学业，见 KIPP 基金会《大学毕业的承诺》。这些发现明确了许多"无借口网络"成员的担忧，即尽管学校和学生付出了大量努力，但要让学生们顺利毕业，还有很多工作要做。

21. 杰尔·梅塔，《舍弃对更深层的学习至关重要》（《深度学习博客》，《教育周刊》，2015年1月6日），http://blogs.edweek.org/edweek/learning_deeply/2015/01/unlearning_is_critical_for_deep_learning.html（2018年9月10日访问）；杰尔·梅塔和萨拉·法恩，《对更深层的学习难以捉摸的追求》（《哈佛教育通讯》，第30期，2013）。

22. 参见Project Lead the Way，https://www.pltw.org（2018年9月10日访问）。

23. Justin Jansen，等，《结构性差异和灵活性：整合机制的中介作用》（《组织科学》，第20期，2009：797 – 811页）。

24. 这是组织设计中偶然性概念的更具体的表现。其理念是，不同的组织结构适合具有不同技能水平的人员，以及复杂程度不同的任务。参见P. R. Lawrence和Jay Lorsch的《组织与环境：管理差异化和整合》（马萨诸塞州，布莱顿：哈佛商业出版社，1967）。

## 4. 国际文凭课程：一个更深层的学习体系？

本章部分借鉴了Maren Oberman起草的研究和现场笔记。

1. 杰伊·马修斯，伊恩·希尔，《超测：国际文凭如何加强我们的学校》《第一贸易论文版》（芝加哥：公开法庭出版社，2006）；乔若莎·康纳，《从国际学校到市中心学校：国际学士学位文凭项目的首要原则》（《师范学院记录》，第110期，2008：322 – 351页）。

2. 例如，在IB全球历史中，教师从国际文凭组织每年提供的列表中选择三个主题来涵盖；考试要求学生利用所学知识来探索一系列开放式的分析问题，比如"你在多大程度上同意一党制国家对控制年轻人的思想比提供真正的教育更感兴趣"，相比之下，大多数美国标准化世界史测试严重依赖多项选择题，要求学生掌握三千年来七大洲的历史知识。

3. 大卫·威廉姆森·谢弗和米切尔·雷斯尼克，《"厚的"真实性：新媒体和真实的学习》（《互动学习研究杂志》，第10期，1999：195 –

215页)。

4. 康纳,《从国际学校到市中心学校》(第334页)。

5. Gail Gerry,Tom Corcoran 和教育政策研究联盟,"扩大国际学士学位课程(IB入学项目)的准入、参与和成功:评估报告第二年"(教育政策研究联盟,2011年9月1日);Laura W. Perna,等,《不平等的高中课程:从国际学士学位文凭项目(IBDP)中获益的机会探索》(《教育政策》,第29期,2015:402 – 425页)。

6. Vanessa Coca,等,《发挥我的潜力:CPS学生在国际文凭课程中的中学后经验》(芝加哥:芝加哥学校研究联盟,2012)。

7. Tristan Bunnell,《美国的国际文凭与新兴的"文化战争"》(《话语:教育的文化政治研究》,第30期,2009:61 – 72页)。

8. 马修斯,希尔,《超级考试》。

9. Bunnell,《美国的国际文凭》,第62页。

10. 大卫·科恩,等,《设计的改进:更好的学校的承诺》(芝加哥:芝加哥大学出版社,2014);杰尔·梅塔,萨拉·法恩,《美国中学更深层学习的原因、内容、地点和方式·更深层的学习研究系列》(波士顿:面向未来的工作,2015)。

11. 这些是原始分数;它们没有控制学生的社会经济地位或动机。

12. 这些数据来自IB高中的特定学校版本的报告《你的学校如何在国际上比较:经合组织学校测试(基于PISA)》。该报告的示例版本可在 http://www.oecd.org/pisa/aboutpisa/Golden_e – book_1_example.pdf (2018年10月10日访问)获得。

13. 玛格达琳·兰珀特,《更深层的教学·更深层的学习研究系列》(波士顿:未来的工作,2015)。

14. 截至2016年6月,当我们在IB高中收集数据结束之后,斯通先生接替韦伯先生成为IB高中的执行董事。

15. 大卫·科恩,等,《设计的改进》;大卫·科恩,苏珊·莫菲特,《平等的磨难:联邦监管是否修复了学校?》(马萨诸塞州,剑桥市:哈佛大学出版社，2009）。

16. 伊丽莎白·格林，《培养更好的教师：教学如何运作》（纽约，诺顿出版社，2015）。

17. 2015 年，国际文凭组织发布了一份"教与学的方法"资源指南，描述了建构主义和以学生为中心的教学实践。该组织认为可以最好地帮助学生发展《学习者简介》中指定的性格。尽管该文件叙述丰富，并以一系列高质量的学习和教学研究为基础，但在我们看来，它没有深入挖掘教育学的细节，为教学实践提供一个宽松的框架。此外，学校领导注意到缺乏遵守指南框架的项目责任制，尤其是与 IB 测试的高水平责任制相比。

18. 卡罗尔·德韦克，《自我理论：他们在动机、个性和发展中的作用》，第 1 版（费城：心理出版社，2000）。

19. 一些学生谈到，他们曾考虑转到附近的地区高中去参加体育比赛，但大多数人都对 IB 高中的团队的拼搏精神有好感。

20. 截至 2016 年，该市已承诺为该校建造一个新的设施，但施工尚未开始。

21. 最近的研究显示，虽然 IBDP 课程越来越多地在种族和社会经济多元化的学校中出现，但实际参与该课程仍然倾向于不成比例地出现在最有优势的学生中（参见 Perna 等人，《不平等的机会》）。这项研究还认为，造成这种模式的机制之一是许多学校坚持严格的平均分数线政策，以确定入学和持续参与的资格。IB 高中的案例表明，如果这些学校能够接受更多的包容性政策，建立一种包容性文化，并为那些学术独立性基线较低的学生提供强有力的支持，那么将能够吸引更广泛的学习者参与到项目中。这将是对目前事态的重大改进。

## 5. 综合高中：成绩与学习

1. 迈克尔·赛德拉克，《卖空学生：美国高中的课堂讨价还价与学术改革》（纽约：师范学院出版社，1986）；阿瑟·鲍威尔，埃莉诺·法拉尔和大卫·科恩，《购物中心高中：教育市场中的赢家和输家》（波士顿：霍顿·米夫林出版社，1985）。

2. 卡罗尔·德韦克，《影响学习的动机过程》（《美国心理学家》，第41期，1986：1040-1048页）。

3. Richard Elmore，《私人交流》（2016年9月）。

4. 罗伯特·凯根，《在我们的头顶之上：现代生活的精神需求》（马萨诸塞州，剑桥市：哈佛大学出版社，1994）。

5. 大卫·拉巴雷，《公共产品，私人产品：美国人在教育目标上的斗争》（《美国教育研究杂志》，第34期，1997：39-81页）。引文在第56页。

6. 我们在成就高中看到的顶尖学生并不是独一无二的。2009年，彼得·德默拉斯出版了一本书《创造成功》，在另一所富裕学校也发现了类似的模式（学生压力大，学生课程安排过多，作弊，家长为孩子争取一切优势，大量的辅导）。这表明，我们在成就高中观察到的情况，相当程度上代表了今天在富裕的公立学校中，让学生参与更深层的学习所面临的挑战。参见Peter Demerath，《创造成功：美国高中的个人进步文化》（芝加哥：芝加哥大学出版社，2009）。值得注意的是，这些挑战并非不可战胜。正如我们在第七章中所展示的，有些老师能够把学生拉进他们所在领域的深层世界，而不去问"成绩"和"我得了多少分"之类的问题。

7. Reba Page，《低层级课堂：课程与文化视角》（纽约：师范学院出版社，1991）。

8. 这些数字是按名额计算的，而不是按学生计算的；因此，如果一个学生选了三门高级的课程，他就被计算了三次。这种计算方式既可以高估也可以低估少数族裔学生选修高级课程的百分比。它可能会高估，因为一个非洲或拉美裔学生选修三门课程，在数据中会被计算三次，即使另外两个少数族裔学生没有选修任何高级课程。它也可能低估了少数族裔学生在这些课程中的比例，因为如果一个白人或亚洲学生选修五门高级课程，那么这名学生在数据中会被计算五次。

9. Kun Yuan, Vi‐Nhuan Le,《估算通过州成绩测试接受认知要求项目测试的学生比例》(加州圣莫尼卡：兰德公司，2012)。

10. 本段中的一些事实以及该学生的引文来自学校的报纸。为了保持学校的匿名性，我们没有提供文章的链接。

11. 莱斯利·希斯金,《知识的领域：中学的学术部门》(费城：泰勒和弗朗西斯出版社，1994)；帕梅拉·格罗斯曼和苏珊·斯托尔斯基,《作为上下文的内容：学校科目在中学教学中的作用》(《教育研究者》，第24期，1995：5‐23页)。

12. 鲍威尔，法拉尔，科恩,《购物中心高中》。

13. William Deresiewicz,《优秀的绵羊：美国精英的错误教育与有意义的生活之路》(纽约：自由出版社，2014)；大卫·布鲁克斯,《体制青年》(《大西洋》，第287期，2001：40‐54页)。

14. Dorothy Holland,《文化世界中的身份与代理》(马萨诸塞州，剑桥市：哈佛大学出版社，1998)。我们也认为这一论点与Daphna Oyserman和Mesmin Destin的研究是一致的，他们认为不同的角色可以带来不同的身份，这正是我们在这些学生身上看到的。参见Daphna Oyserman和Mesmin Destin的《基于身份的动机：干预的含义》(《咨询心理学家》，第38期，2010：1001‐1043页)。

## 6. 在外围领域开展更深层的学习：为什么外围比核心更重要？

1. 大卫·帕金斯,《使学习完整：七个教学原则如何改变教育》(旧金山：乔西·巴斯出版社，2009)。

2. 阿瑟·鲍威尔，埃莉诺·法拉尔，大卫·科恩：《购物中心高中：教育市场中的赢家和输家》(波士顿：霍顿·米夫林，1985)；詹姆斯·科尔曼,《青少年社会》(纽约：自由出版社，1961)。

3. 并非所有教室都是如此；在第七章中，我们将讨论一些我们看到的最引人注目的例子。

4. 阿瑟·鲍威尔，埃莉诺·法拉尔，大卫·科恩，《购物中心高中》；赫伯特·克利巴德，《美国课程的斗争，1893—1958》（纽约：劳特利奇出版社，2004）；大卫·安格斯和杰弗里·米雷尔，《美国高中的失败承诺》（纽约：师范学院出版社，1999）。

5. 阿瑟·鲍威尔，埃莉诺·法拉尔，大卫·科恩，《购物中心高中》，第257页。

6. 罗伯特·林德和海伦·M.林德，《米德尔敦》（纽约：哈考特·布莱斯出版社，1929），211-222页。

7. 同上，第218页。

8. 同上，第215页。

9. 同上。

10. 詹姆斯·科尔曼，《青少年社会》。

11. Diane Ravitch，《后进：一个世纪失败的学校改革》（纽约：西蒙与舒斯特出版社，2000）；安格斯，米雷尔，《失败的承诺》。

12. 围绕霍尔和《基本原则》的争论，由Kliebard，Stratio和Johanno等人进行了专业而公正的描述。Kliebard的《美国课程的斗争》描述了围绕霍尔和"基本原则"的争论。

13. Ravitch，《后进》；Angus，Mirel，《失败的承诺》。

14. 约瑟夫·迈尔·赖斯，《美国的公立学校体系》（纽约：世纪出版社，1893）。

15. 正如鲍威尔，法拉尔和科恩在《购物中心高中》中描述的那样："那么，这里讨论的改革似乎产生了最糟糕的情况；新的课程、内容和学术标准变得不那么理性而更实用，而且教学风格就像改革者曾经抱怨的拉丁语和中世纪历史课程一样乏味"。（第267页）

16. 同6，第195页。

17. 同5。

18. 科尔曼，《青少年社会》，320-322页。

19. 大卫·科恩，《教学实践：万变不离其宗》引自P.W.杰克逊主编的《促进教育变革：研究与实践的视角》，（加州，伯克利：梅美德出版社，1989），27–84 页。

20. 詹妮弗·弗雷德里克斯，杰奎琳·埃克尔斯：《课外参与与有益的结果有关吗？横向与纵向联系》（《发展心理学》，第 42 期，2006：698–713 页）；Joseph Mahoney, Reed Larson, Jacquelynne Eccles，《作为发展背景的组织活动：课外活动、课外活动和社区项目》（新泽西州，莫瓦市：劳伦斯·奥尔巴姆出版社，2005）；Poh–Sun Seow, Gary Pan，《参与课外活动对学生学业成绩影响的文献综述》（《商业教育杂志》，第 89 期，2014：361–366 页）。

21. 弗雷德里克斯，埃克尔斯，《课外活动的参与与有益的结果有关吗？》；Jennifer Fredericks, Sandra Simpkins，《通过有组织的课外活动促进青少年的积极发展：仔细观察少数族裔青少年的参与情况》（《儿童发展视角》第 6 期，2012：280–287 页）。

22. 爱丽丝·霍兰，托马斯·安德烈，《中学的课外活动：知道什么，需要知道什么》（《教育研究评论》，第 57 期，1987：437–466 页）；赫伯特·马什，萨宾娜·克莱特曼，《课外活动：好的、坏的和非线性的》（《哈佛教育评论》，第 72 期，2002：464–515 页）。

23. 海伦·马克斯，《小学、初中和高中学生参与教学活动的模式》（《美国教育研究杂志》，第 37 期，2000：153–184 页）。

24. 最初的研究是 Mihaly Csikszentmihalyi 和 Reed Larson 的《成为青少年：青少年时期的冲突和成长》（纽约：基础图书出版社，1984）。最近的一篇文章回顾了学校心流的研究，参见 David Shernoff 和 Mihaly Csikszentmihalyi 的《学校心流：培养投入型学习者和最佳环境》，Michael Furlong 等人编辑的《学校积极心理学手册》（纽约：劳特利奇出版社，2014）。一项直接探索校外学习的研究是 D. L. Vandell 等人的《课外项目（和其他地方）中的活动、参与和情感》（《青年发展新方向》，第 105 期，2005：121–129 页）。

25. Joseph L. Mahoney, 等，《青少年校外活动》，载于《青少年心理学手册》一书中（纽约：John Wiley & Sons 出版社，2009）。作者指出，这是第一次将校外问题纳入这本杰出的手册，并认为这是一个相对年轻的领域，值得进行更多的研究。同样，雪莉·布莱斯·希思在 2001 年《教育研究》的一篇文章中指出，人们对课外活动所代表的"第三空间"知之甚少。请参阅雪莉·布莱斯·希思，《三人不成群：计划、角色和对艺术的关注》（《教育研究者》，第 30 期，2001：10 - 17 页）。

26. Milbrey McLaughlin，《社区的重要性：青年组织对青年发展的重要性》（华盛顿特区：公共教育网络，2000）。

27. 事实上，Sam Intrator 和 Don Siegel 的这项研究进一步论证了这一观点，认为这些校外环境的积极构建方式比正规学校教育更有利于学习。他们指出了以下的对比：学校是强制性的，但项目是自愿的；学校感觉他们属于成年人，而项目感觉他们属于年轻人；学校强调个人工作，但项目通过有意义的合作来运作；学校强调纯粹的思想，而项目强调实践；课业在课堂上进行，而学习在校外项目中无处不在；学校有许多正式的结构，但校外项目是非正式的空间；学校课程追求范围和顺序，而校外项目强调真实的问题；在学校，高风险的任务是在课桌上完成的，而校外项目是在公众的聚光灯下完成的；学校强调努力学习，而校外项目则将娱乐与工作结合起来。虽然这些都是理想的类型（我们遇到的课堂有一些与校外项目相关的特质），但它们确实揭示了一系列有组织的青年活动可以避免学习的枯燥，而是将活力、目的、协作和真实性注入学习中。参见 Sam Intrator 和 Don Siegel 合著的《追求卓越：通过课外项目积极发展青少年》（马萨诸塞州，剑桥市：哈佛教育出版社，2014）。

28. 罗伯特·哈尔珀恩，《成长的手段：重塑学徒制作为青少年时期的发展支持》（纽约：劳特利奇出版社，2009）。

29. Jean Lave，《教育形式和学习过程的比较方法》（《人类学与教育季刊》，第 13 期，1982：181 - 187 页）。

30. 我们偏离了书中其他地方称呼教师为"先生"和"女士"的惯例，而是用名字来称呼他们，在戏剧节目中，学生和成年人之间更加不拘礼节，更加平等。

31. 帕克·帕尔默，《教书的勇气：探索教师生活的内在景观》（旧金山：乔西·巴斯出版社，1998）。

32. 菲利普·W. 杰克逊，《课堂生活》（纽约：霍尔特、莱因哈特和温斯顿出版社，1968）。

33. Jean Lave, Etienne Wenger，《情景学习：合法的外围参与》（纽约：剑桥大学出版社，1991）。

34. 罗兰·萨普，《教育实践、改革的制度和社会背景》，参见 Ellice A. Forman 等人的《学习的背景：儿童发展中的社会文化动态》（纽约：牛津大学出版社，1993），第 269 - 282 页。另见 Vivian Chavez 和 Elisabeth Soep 的《青年广播和高校教育学》（《哈佛教育评论》，第 75 期，2006：409 - 434 页）。

35. 用塔莉娅的话来说就是："我认为设计的特别之处在于你能够与剧本以及故事进行独立互动。因为当你只是一名剧组成员的时候，你是在帮助创造别人的愿景。你永远不会拿到剧本，除非你是剧组管理或设计人员，否则你只是去看演出，你会对这部剧有一个了解，但你从来没有真正读过剧本，并找出自己想要的是什么。"

36. 塔克曼认为，新团队要经历四个阶段：（形成期）形成阶段，即新成员彬彬有礼，但还没有凝聚成一个团队；风暴期，指由于性格和工作方式的冲突而产生的一段摩擦期，因为人们想要知道如何一起工作；规范期，是一个团队发展自己的文化和如何工作的规范时期；执行期，是最后一个阶段，在这个阶段，团队建立在共同的文化和信任之上，创造出一些成果。参见布鲁斯·塔克曼的《小团体的发展顺序》（《心理公报》，第 63 期，1965：384 - 399 页）。

37. 这个模型是由戈登培训国际公司（Gordon Training International）的员工 Noel Burch 在 20 世纪 70 年代开发的。琳达·亚当斯在《学习一项新技能说起来容易做起来难》中总结了该模型，该模型可在戈登培训国际网站 http://www.gordontraining.com/free - workplace - articles/learning - a -

new – skill – is – easier – said – than – done 上获得（2018年9月10日访问）。

38. 这就是大卫·帕金斯所说的在一个旨在承担整个游戏的学习经验中"困难的部分工作"，见帕金斯的《让学习成为整体》。

39. 同上。

40. 芭芭拉·罗格夫，《在三个层面上观察社会文化活动：参与性挪用、引导性参与和学徒制》，见 J. V. Wertsch 等人的《心理社会文化研究》（剑桥：剑桥大学出版社），139 – 164 页。

41. 这一理论与让·拉夫和艾蒂安·温格提出的关于合理外围参与的更一般的观点一致，并与更广泛的社会文化视角的学习一致，参见拉夫和温格的《情景学习》。

42. 这是一个假设性的研究；需要进一步的研究来确定这里确定的要素是否出现在其他的课外活动中。

43. 杰尔·梅塔，普贾里·巴克伊，《当外围比核心更重要：戏剧和辩论作为强大学习的平台》（工作论文，在哈佛大学教育研究生院发表）。

44. Na'ilah Suad Nasir, Victoria Hand，《从球场到课堂：篮球和课堂中参与、学习和认同的机会》（《学习科学杂志》，第 17 期，2008：143 – 179 页）。

45. 我们意识到对高中体育运动的批评：他们把学生从学术中拉出来；这是反智主义的滋生地；在一些社区，高中的橄榄球和篮球项目会大大盖过学术项目的风头，并夺走其资源；对于一些弱势青少年来说，体育运动可能被错误地认为是比学业成功更容易实现社会流动性的方式。相反，支持者则认为，体育运动是塑造性格的好地方，为年轻人（尤其是男孩）提供了建设性的出口，让他们利用自己的体能，而且比起无人监督的场所，体育运动场所是年轻人放学后更好的消磨时间的地方。这场辩论超出了我们这一章的范围。我们的观点只是，体育提供了一个有效的学习环境，在体育领域建立技能，可与其他课外活动相媲美。这种学习力量的一个重要来源部分来自对体育运动的高度尊重：许多年轻人将职业运动员视为榜样，他们因其运动成就而受到学校和社区的赞扬。正如科尔曼在《青少年社会》杂志上所指出的，让学生对学术科目产生同样的热情，部分挑战在于为更传统的学术领域建立类似的社区和社会尊重。

46. 近年来，课外活动对大学录取越来越重要，因此，这些领域已经失去了一些特殊的内在质量：现在，竞争激烈的高中学生争相在这些课外活动领域担任负责人，不仅是因为他们有兴趣，而且还因为在这些领域的领导地位会提高他们的大学简历。

## 7. 更深层的教学：严谨、乐趣和学徒制

1. 对于 Karin Hess 对韦伯的知识深度尺度的适应，可参见 http://static.pdesas.org/content/documents/M1 – Slide_22_DOK_Hess_Cognitive_Rigor.pdf。

2. 约翰·斯图亚特·密尔，《逻辑体系：推理与归纳》（纽约：哈珀兄弟公司出版社，1846）。

3. Kun Yuan 和 Vi – Nhuan Le，《估算通过州成就测试接受认知要求项目测试的学生比例》（加州圣莫尼卡：兰德公司，2012）。

4. 詹妮弗·布尔·詹宁斯，《泡沫之下："教育分类"和德州问责制》（《美国教育研究杂志》，第 42 期，2005：231 – 268 页）；朱莉·科恩，《确定高杠杆实践的挑战方法》（《师范学院记录》，第 117 期，2015：1 – 41 页）。

5. 在关注这一小部分特别引人注目的教师时，我们并不是要抹黑我们看到的所有其他教师。教学技能是一个连续的过程，在我们的样本中，有许多教师是合格的，即使不是鼓舞人心的教师。

6. 正如一篇关于教师信念研究的评论所描述的那样："本评论中的大多数研究都是将身份认同与课堂实践分开来考察的。很少有人注意到……教师的身份与他们的课堂角色和教学实践的关系。"见 Lucy Avraamidou，《研究科学教师的身份：当前的见解和未来的研究方向》，（《科学教育研究》第 50 期，2014：145 – 179 页）。该引文来自第 168 页。

7. Charles J. Eick 和 Cynthia J. Reed 是为数不多的寻求将身份和实践联系起来的学者："是什么造就了一个探究型的科学教师？学习历史对学生教师角色认同与实践的影响"。(《科学教育》，第 86 期，2002：401－416 页)。但这项研究的重点是实习第一年的教师。

8. SWBAT 是"学生将能够"的缩写；我们看到的许多班级都用这种教育行话来组织它们的议程。

9. 哈克尼斯表是一种学生研讨会的方法，在埃克塞特大学发展起来，后来传播到其他学校。它涉及学生主导讨论，大量使用辅助文本。见凯瑟琳·卡德维尔的《什么是哈克尼斯方法？》，https://katherinecadwell.wordpress.com/what－is－the－harkness－method（2018 年 9 月 10 日访问）。

10. James W. Stigler，美国国家教育统计中心，《TIMSS 录像带课堂研究：在德国、日本和美国进行的八年级数学教学的探索性研究项目的方法和发现》（华盛顿特区：美国教育部，1999）。

11. 发展以实践为基础的教师教育的运动反映了这些理念。参见 Pam Grossman，Karen Hammerness 和 Morva Mcdonald 的《重新定义教学，重新想象教师教育》，(《教师与教学：理论与实践》，第 15 期，2010：273－289 页)；参见 Magdalene Lampert 等人的《保持复杂性：使用排练来支持新手教师学习有抱负的教学》(《教师教育杂志》，第 64 期，2014：226－243 页)。当然，教师向以实践为基础的教育转变并不排除需要对这种教学方法的总体目标进行更广泛的反思。正如 Sharon Feiman－Nemser 在她关于多年来以实践为基础的教学方法的文章中所写的那样，虽然核心实践的发展很重要，"但核心技能由什么组成，以及如何帮助初学教师将这些技能转移到课堂上，整合成连贯的表现，并培养专业判断，决定何时该做什么，这些问题仍然悬而未决"。参见 Sharon Feiman－Nemser 的《教师即学习者》（马萨诸塞州，剑桥市：哈佛教育出版社，2012），第 22 页。

12. 我们在第一章中讨论了关于这一点的文献。

13. Ta－Nehisi Coates，《为一个有含义的词辩护》(《纽约时报》，

2013年11月24日）。

14. Dan Lortie，《学校教师》（芝加哥：芝加哥大学出版社，1975）。

15. 以前的数学研究也表明了教师如何看待这门学科的重要性。塔索斯·巴卡斯塔斯和约翰·马龙写道："我们对欧内斯特（1989）声明的解读……数学教师对数学的看法和他们对数学教与学的看法是不可能分开的。"见 Anastasios（Tasos）Barkastas 和 John Malone 的《数学教师关于教和学数学的信念的类型学和在结构化实践》（《数学教育研究期刊》，第17期，2005：69 – 90页），引文在第80页。参见 Paul Ernest 的《数学教师的知识、信念和态度：一个模型》（《教学教育杂志》，第15期，1989：13 – 33页）。

16. John Bransford，等，《人们如何学习：大脑、思维、经验和学校》（华盛顿特区：国家学院出版社，1999），第22页。

17. 有文献证实了教师对该领域性质的理念与他们的实践之间的联系。数学方面，见 Dionne I. Cross 的《对齐、衔接和变化：考察数学教师的理念结构及其对教学实践的影响》（《数学教师教育杂志》，第12期，2009：325 – 346页）；在科学方面，参见 Randy Yerrick，Helen Parke 和 Jeff Nugent 的《努力促进深层次的改变：教师对理解转变的科学教学观点的理念的"过滤效应"》（《科学教育》，第81期，1997：137 – 159页）与 David Stroupe 的《雄心勃勃的教师设计和使用教室作为科学的场所》（《科学教育》，第101期，2017：458 – 485页）。研究确实表明，课堂实践也受到当地环境的上下文因素的影响，这可能导致教师的理念与实践不一致。参见 Anne M. Raymond 的《初任小学教师的数学理念与教学实践的不一致性》（《数学教育研究》，第28期，1999：550 – 576页）。然而，即使是这项研究也表明，教师对数学的潜在理念（与他们对数学教学的理念相反）深刻地塑造了他们的实践。

18. J. M. 赖斯，《美国公立学校体系》（纽约：世纪出版社，1893），第112页。

19. 李·舒尔曼，《知识与教学：新改革的基础》（《哈佛教育评论》，第 57 期，1987：1 - 23 页）。

20. 关于数学知识对数学教学的重要性，见 Heather C. Hill，Brian Rowan 和 Deborah Loewenberg Ball 的《教师的数学知识教学对学生成绩的影响》（《美国教育研究杂志》，第 42 期，2005：371 - 406 页）。

21. 其他学者也有类似的社会文化观点，他们强调，优秀的教师不仅寻求发展学生的知识，同时还有他们的身份，帮助他们认为自己是"数学人"或其他明智的成员的领域。Magdalene Lampert 称这些学术身份为"知识美德"，James Greeno 称它们为"知识身份"。参见 Magdalene Lampert 的《教学问题与教学问题》（康涅狄格州，纽黑文市：耶鲁大学出版社，2001）和詹姆斯·格林诺的《能力、权威和责任的学生》（纽约：大学理事会，2002）；莱斯利·鲁珀特·赫伦科尔斯，《学生如何成为、知道和做：一个广泛学习视角的案例》（纽约：剑桥大学出版社，2010）。

22. Elisabeth Soep 提供了一个类似的论点，即学生通过批判的过程逐渐掌握该领域的标准，特别是在艺术领域。Elisabeth Soep，《批判：学习的评估与生产》（《师范学院记录》，第 108 期，2006：748 - 777 页）。

23. Tina A. Grotzer，《理解因果关系本质的概念飞跃如何限制学习：一个来自电路的例子》，（美国教育研究协会（AERA）论文，2000），可在 http://citeseerx.ist.psu.edu/viewdoc/download? doi = 10.1.1.36.774&rep = rep1&type = pdf（2018 年 9 月 10 日访问）。

24. Sharon Feiman - Nemser 在她的《作为学习者的教师》一书中提出了一个类似的轨迹。根据她四十年的研究，她认为最初的教师准备可以帮助创造专业身份，使教师面向教学的复杂性，但需要许多教学和实验的循环，才能将准备转化为高质量的教学（第 143 页）。

25. 在教师自己的叙述中，他们强调了这些开创性的学习经验，所以我们也强调了这些经验。一项探索探究型科学教师的起源的研究发现，他们把自己描述成喜欢探索和实验的孩子，因此，把重点放在早期的个人倾向上，而不是放在他们有影响力的学习经历的性质上。现实情况是，个人偏好和早期教学经验的某种结合可能有助于形成一个人的教学立场，而这又反过来影响了实践。见 Judith A. Morrison 的《探索模范小学教师对探究科学的概念和实施》(《科学教师教育杂志》,第 24 期,2013:573-588页)。

26. 在同一位教师身上,学科导向会导致截然不同的教学模式,这一点在文献中并没有得到很好的体现。James P. Spillane 的一项小学水平的研究提供了类似的分析:"一个五年级教师对数学和识字教学的重建:探究认同、学习和学科之间的相互作用"(《小学学报》100 期,第 1 期,2000:307-330 页)。

27. 约翰·布兰斯福特,等,《人们如何学习:大脑、思维、经验和学校》(华盛顿特区:国家科学院出版社,1999:第 22 页)。

28. 西泽讨论的是学校的组织,但同样的观点也适用于课堂。引用自 Francis M. Duffy,《设计高性能学校:组织再造的实用指南》(佛罗里达州,德尔雷比奇:圣露西出版社,1996),第 23 页。

## 8. 掌握、认同、创造力和学校教育的未来

1. 大卫·科恩,《教学实践:万变不离其宗》(P. W. 杰克逊《促进教育变革:研究与实践的视角》,加州伯克利:梅美德出版社,1989:27-84 页)。对于公立学校,寻求为广泛的学生制定更深层的学习。正如第一章所描述的那样,在美国的私立进步学校中,这种工作有一个更古老的传统。见 Susan F. Semel 和 Alan R. Sadovnik 编辑的《明日学校》中的《今日学校:进步教育的演变》(纽约:P. Lang 出版社,1999)。

2. 对新模型的其他研究也显示,这些变化让人感到困难重重;兰德公司对个性化或基于能力的学校教育的一项全国性研究同样发现,这些模式还处于发展的早期阶段。本杰明·赫罗尔德,《6 个关键见解:兰德公司研究人员谈个性化学习》(《教育周刊》,2017 年 11 月 8 日),https://www.edweek.org/ew/articles/2017/11/08/6-key-insights-rand-corp-researchers-talk.html (2018 年 9 月 10 日访问)。

3. 在一篇关于为什么改革有时会成功的文章中,大卫·科恩和杰尔·梅塔通过回顾一个世纪以来学校改革的价值,认为改革可以在他们所谓的"小众空间"中成功,即有政治支持的受保护的子空间,即便他们不能在整个系统中成功。参见大卫·科恩和杰尔·梅塔的《为什么改革有时会成功:了解产生持久改革的条件》(《美国教育研究杂志》,第 54 期,2017:644 - 690 页)。

4. 艾伦·柯林斯,约翰·西利·布朗和苏珊·E. 纽曼在 1989 年发表的一篇被广泛引用的文章中,论证了他们所谓的"认知学徒制"在处理学校科目方面的价值。参见艾伦·柯林斯,约翰·西利·布朗和苏珊·E. 纽曼的《认知学徒:教授阅读、写作和数学技能》,引自劳伦·B. 雷斯尼克的《认识、学习和指导:纪念罗伯特·格拉泽的散文》(新泽西州,希尔斯代尔:劳伦斯·埃尔鲍姆出版社,1989:第 32 - 42 页)。当谈到学徒制学习的价值时,我们有类似的假设,尽管作者的文章特别感兴趣的是学徒制的概念需要如何改变,以支持在校学习。例如,他们强调,小学教师可以采用"大声朗读"来示范阅读过程。也许因为我们的重点是在高中,并且包括了课外领域,我们认为,当教学只是简单地模拟和联系成人在该领域的工作时,往往是最有效的,并尽可能地减少对其高中背景的强调。

5. Cindy E. Hmelo - Silver, Ravit Golan Duncan, Clark A. Chinn,《基于问题和探究性学习中的支柱和成就:对 Kirschner, Sweller 和 Clark 的回应(2006)》(《教育心理学家》,第 42 期,2007:99 - 107 页);Barbara Condliffe《基于项目的学习:文献回顾》,(MDRC 工作论文,2017),https://eric.ed.gov/? id=ED578933(2018 年 9 月 10 日访问)。

6. 约翰·哈蒂,《可见的学习:与成就相关的 800 多项元分析的综合》(伦敦:劳特利奇出版社,2009)。

7. 我们最钦佩的一些学者和作家,如约翰·杜威、杰罗姆·布鲁纳和泰德·西泽,也提供了类似的关于强大或更深层学习的综合描述。

8. 大卫·提亚克和拉里·库班,《修补乌托邦》(马萨诸塞州,剑桥市:哈佛大学出版社,1995)。

9. 罗伯特·帕特南,《我们的孩子：危机中的美国梦》（纽约：西蒙和舒斯特出版社,2015）,176-177页。

10. 克里斯·阿吉里斯,《组织中的双循环学习》（《哈佛商业评论》,第55期,1977：115-125页）。

11. 丹·洛尔蒂,《教师》（芝加哥：芝加哥大学出版社,1975）。

12. 李·舒尔曼,《知识与教学：新改革的基础》（《哈佛教育评论》,第57期,1987：第1页）。

13. 约翰·帕佩伊和马修·克拉夫特,《学校的专业环境能促进教师发展吗？解释教学经验回报的异质性》（《教育效果与政策分析》,第36期,2014：476-500页）。

14. 城市教师驻地联合,《建设有效的教师驻地：一份研究报告》,2014,https://nctresidencies.org/wp-content/uploads/2015/09/Research-Report.pdf（2018年9月10日访问）。

15. 全美教学和未来委员会（NCTAF）,《当下重要的是：教学与学习的新契约》（弗吉尼亚州,阿灵顿：国家教学和美国未来委员会,2016）。

16. Pam Grossman, Karen Hammerness, Morva Mcdonald,《重新定义教学,重新想象教师教育》（《教师与教学：理论与实践》,第15期,2010：273-289页）；Magdalene Lampert,等,《保持复杂性：使用试讲来支持新手教师学习雄心勃勃的教学》（《教师教育杂志》,第64期,2014：226-243页）。

17. Sharon Feiman-Nemser,《教师即学习者》（马萨诸塞州,剑桥市：哈佛教育出版社,2012）。

18. 一项正在进行的旨在在教师教育中制定更深层的学习能力的项目研究也得出了类似的结论。参见学习政策研究所提交的2018年美国教育研究协会（AERA）会议提案"教师准备和更深层的学习",可根据作者的要求提供。

19. 我们在杰尔·梅塔和萨拉·法恩的"重新引入价值观：目的如何在连贯的学校设计中塑造实践"中更深入地描述了这六个因素（《教育变

革杂志》，第 16 期，2015：483－510 页）。

20. 莱斯利·西斯金，《知识的领域：中学的学术部门》（费城：泰勒和弗朗西斯出版社，1994）。

21. David Cohen, Carol Barnes，《结论：一种新的政策教学法?》，引自 David K. Cohen, Milbrey McLaughlin 和 Joan Talbert 等的《理解的教学：政策与实践的挑战》（旧金山：乔西·巴斯出版社，1993：240－275 页，特别是第 247 页）。

22. Deborah Meier,《在我们信任的学校：在测试和标准化时代创建学习社区》（波士顿：灯塔出版社，2002）。

23. Carl Bereiter 和 Marlene Scardamalia 在他们的书中描述了类似的东西，他们称之为"知识建设社区"，即教育可以从专业知识的研究中学习。参见 Carl Bereiter 和 Marlene Scardamalia 的《超越我们自己：对专业知识的性质和含义的探究》（芝加哥：公开法庭出版社，1993）。

24. 安德里亚·伯杰，等，《早期的大学，早期的成功：早期大学高中倡议影响研究》（华盛顿特区：美国研究所，2013）。

25. Monica Martinez 和 Charles McGrath，《深度学习：八所创新学校如何改变二十一世纪的教育》（纽约：新出版社，2014：123－126 页）；Grant Lichtman,《教育之旅：教育未来路线图》（旧金山：乔西·巴斯出版社，2014）。

26. Martinez 和 McGrath，《深度学习》，第 108－109 页。

27. 同上，第 118－119 页。

28. 同上，第 23 页。

29. Mary Moss Brown，Alisa Berger，《如何创新：无畏的学校领导的基本指南》（纽约：师范学院出版社，2014）。

30. Lichtman。

31. 在我们学习的学校里，空间的重要性有好有坏：杜威高中利用走廊和墙壁展示了为整栋楼定下基调的精彩学生作品；成就高中教师休息室按学科组织，促进学科间的合作，但抑制了跨学科的工作；无借口高中将新老师和有经验的老师安排在同一个教室里,这样新老师就可以在休息时间看着有经验的老师打分,新老师会一直待在有经验的老师的教室里。

32. 普拉卡什·奈尔,《明日蓝图:重新设计以学生为中心学习的学校》(马萨诸塞州,剑桥市:哈佛教育出版社,2014)。有关示例请参见 http://www.bobpearlman.org/Learning21/new%20learning%20environments.htm#videos(2018年9月10日访问)。

33. 琳达·达玲·哈蒙德,《平坦的世界与教育:美国对公平的承诺将如何决定我们的未来》(纽约:师范学院出版社,2010)。

34. 一个相关的策略是与家长和其他关键利益相关者共同设计。通过集体努力,确定社区希望学生能够知道什么、做什么、成为什么的丰富画像,学校可以为深入学习建立广泛的支持。

35. 罗恩·伯杰认为,更深层学习的高中有一个优势是小学和初中所不具备的,那就是大学录取率提供了除考试分数之外的一个明确的外部成功信号。在高中,不太注重考试的学习仍然可以得到这种高地位标志的验证。

36. Lichtman。

37. 法里德·扎卡里亚,《后美国世界》(纽约:诺顿出版社,2008)。

38. 关于美国的地区,见 Ken Kay 和 Valerie Greenhill 的《21世纪教育的领导者指南:学校和地区的7个步骤》(波士顿:皮尔森出版社,2013)。在不列颠哥伦比亚省,请参见 https://www2.gov.bc.ca/gov/content/education–training/k–12/teach/curriculum(2018年9月10日访问)。

39. David Conley,Linda Darling–Hammond,《为更深层的学习创建评估系统》(加州,斯坦福:斯坦福教育机会政策中心,2013),第10–13页。请注意,虽然这个国家的评估工具在这里列出的是针对更深层的学习能力,但它们所包含的整体系统受到了我们在本书中提出的许多批评。长期以来,英国教育体系一直被批评为创造了一种高度跟踪和分层的教育模式,而新加坡教育模式也越来越被认为制造了高度焦虑和压力的学生。因此，虽然特定的评估工具本身是模型，但整个系统仍在努力实现我们概述的健康学校系统所需的平衡。

40. 超过99%的大学教师受访者认为"培养批判性思考的能力"是教育的一个"基本"或"非常重要"的目标。见 J. A. Lindholm 等人的《美国大学教师》，2004—2005 年 HERI 教师调查的国家规范（洛杉矶：加州大学洛杉矶分校高等教育研究所，2005）。

41. 理查德·维斯伯德，《扭转潮流：通过大学招生激励他人和公共利益》（马萨诸塞州，剑桥市：同心协力计划，2016）；格兰特·利希特曼，《移动的岩石：我们可以按下的七个杠杆来改变教育》（旧金山：乔西·巴斯出版社，2017），第 5 章。

42. 大卫·科恩和莫妮卡·巴塔，《基础设施建设对高质量识字教学的重要性》（《儿童的未来》，第 22 期，2012：117-138 页）。

43. 这些课程可以在斯坦福历史教育集团的网站上找到：https://sheg.stanford.edu（2018 年 9 月 10 日访问）。

44. 安娜·萨维德拉，《行动先导研究中的知识》，未发表摘要（未注册），南加州大学多恩西夫经济与社会研究中心。

45. 关于这些结果的更多信息，见卢卡斯教育研究网站 https://www.lucasedresearch.org/projects.html（2018 年 9 月 10 日访问）。

46. Jo Boaler（@joboaler），Dan Meyer（@ddmeyer）和数学 Twitter 博客空间（@exploreMTBoS）都是了解这项工作的很好的 Twitter 联系人。Ilana Horn 的《动机：设计学生想要加入的数学教室》（新罕布什尔州，朴茨茅斯：海涅曼出版社，2017）总结了一些这方面的工作，并提供了更多资源的链接。

47. 罗恩·伯杰，利比·伍德芬，安妮·维伦，《持续的学习：挑战，吸引和授权学生进行更深入的指导》（旧金山：乔西·巴斯出版社，2016）。

48. 杰尔·梅塔：《秩序的诱惑：重制美国学校教育的高希望、破灭和艰难的探索》（纽约：牛津大学出版社，2013）；詹姆斯·Q·威尔逊，

《官僚主义：政府机构做什么以及为什么这么做》（纽约：基础图书出版社，1989）。

49. 杰尔·梅塔，《从官僚主义到职业：21 世纪教育部门的重塑》（《哈佛教育评论》，第 83 期，2013：463–488 页）。

50. 威廉·布里奇斯，《转变：理解生活的变化》（波士顿：达卡波出版社，2004）。

51. 关于这个工具的更多信息，见 https://portraitofagraduate.org（访问时间为 2018 年 9 月 10 日）。

52. Laurie Calvert，《从服从到独立选择：教师需要什么使专业学习发挥作用》（俄亥俄州：向前学习与全美教学和未来委员会，2016），第 7 期。

53. 同上，第 5 页。

54. 罗伯特·凯根，《在我们头脑中：现代生活的精神需求》（马萨诸塞州，剑桥市：哈佛大学出版社，1994）。

55. 迈克尔·富兰，《为整个系统改革选择错误的驱动因素》，2011，https://edsource.org/wp-content/uploads/old/Fullan-Wrong-Drivers11.pdf（2018 年 9 月 10 日访问）。

56. 杰夫·邓肯-安德拉德，欧内斯特·莫雷尔，《批评教学法的艺术》（纽约：P. Lang，2008）；萨拉·法恩，《为什么杜威需要弗莱雷，反之亦然》，2016，http://blogs.edweek.org/edweek/learning_deeply/2016/11/why_dewey_needs_freire_and_vice_versa_a_call_for_critical_deeper_learning.html（2018 年 9 月 10 日访问）；Pooja Bakhai，《为什么杜威需要弗莱雷，而不是相反；提升批判性意识是更深层学习的一种形式》http://blogs.edweek.org/edweek/learning_deeply/2017/07/why_dewey_needs_freire_but_not_vice_versa_critical_consciousness-raising_as_a_form_of_deeper_learnin.html（2018 年访问）。

57. Lisa Delpit，《沉默的对话：教育别人家孩子的权力和教学法》（《哈佛教育评论》，第 58 期，1989：280–298 页）。

58. 关于传统学校教育弱化有色人种学生身份认同的方式，请参阅安吉拉·瓦伦苏埃拉的《减法教育：美墨青年与关怀政治》（奥尔巴尼：纽约州立大学出版社，1999）。更多关于对有色学生进行熟练教学的内容，请参阅 Gloria Ladson-Billings 的《梦想者：成功的非裔美国儿童教师》（旧金山：乔西·巴斯出版社，1994）和 Jeannie Oakes 的工作论文《学习是公平的，以社会正义为导向》（学习政策研究所，华盛顿特区，2018）。

59. Milbrey McLaughlin，Joan Talbert，《专业社区和高中教学工作》（芝加哥：芝加哥大学出版社，2001），第 36 页。

60. 想了解更多关于纳入原住民经验的努力，请参见《第一民族教育学在线》，https://firstnationspedagogy.ca/storytelling.html（2018 年 9 月 10 日访问）。

61. 理查德·森内特，乔纳森·科布，《阶级的隐藏伤害》（纽约：英特吉出版社，1972）。

## 附录：方法论

1. 考虑到这些问题，我们确实使用了一些来自州测试、AP 或 IB 测试的信息，作为对我们的深度调查学校进行整体案例研究的一部分。

2. 关于 Hess 对韦伯知识深度量表的改编，请参见 http://static.pdesas.org/content/documents/M1-Slide_22_DOK_Hess_Cognitive_Rigor.pdf。

3. 罗琳·麦克唐纳，《学习机会作为研究概念和政策工具》（《教育评估与政策分析》，第 17 期，1995：305-322 页）；安德鲁·波特，《升级政策对高中数学的影响》，载于黛安·拉维奇主编的《布鲁金斯教育政策论文》（华盛顿特区：布鲁金斯学会出版社，1998：123-164 页）。

4. 珍妮·奥克斯，《按成绩分班：学校结构的不平等》（康涅狄格州，纽黑文市：耶鲁大学出版社，1985）。

5. Charles C. Ragin，Howard S. Becker，《什么是个案？探索社会探究

的基础》(纽约:剑桥大学出版社,1992);查尔斯·拉金,《扭转局面:案例导向研究如何挑战变量导向研究》(《比较社会研究》,第 16 期,1997:27-42 页)。

6. 约翰·格林,《案例研究:原则与实践》(纽约:剑桥大学出版社,2006);亨利·布雷迪,大卫·科利尔,《重新思考社会调查:多样化的工具,共享的标准》,第 2 版(马里兰州,兰哈姆:罗曼和利特菲尔德出版社,2010)。

7. 格林,案例研究。

8. 詹姆斯·马奥尼,《宏观因果分析中的名义、序数和叙事评价》(《美国社会学杂志》,第 104 期,1999:1154-1196 页)。

9. 约翰·布朗斯福特,等,《人们如何学习:大脑、思维、经验和学校》(华盛顿特区:国家科学院出版社,1999:155-189 页)。他们回顾了数学、科学和历史中更深层次学习的许多文献。

10. 有一些关于校外学习空间和青年发展的文献与这一论点相关。我们在第六章回顾了相关文献。

# 致谢

在我们编写此书的这些年里,许多人帮助我们发展了我们的想法。正如我们始终认为的那样,学习在很大程度上源于一个人所处的社群。考虑到这一点,我们对塑造了我们和我们的工作的各种社群非常感激。

我们首先要感谢许多欢迎我们进入他们学校和课堂的管理人员和教师。这些教育工作者往往只是通过电子邮件了解了我们的项目,就允许我们观察访问,与我们分享他们正在进行的工作,并自愿放弃他们的午餐和计划时间,告诉我们他们的成功和困难。我们非常感谢他们的开放和坦诚,我们也希望将我们学到的一些东西综合起来,作为对他们的一点回报。我们还要感谢学生们,他们都是对自己的环境进行了深入的研究的人类学学者,而且与当今青少年的刻板印象不同,他们始终彬彬有礼、乐于助人。

我们要特别感谢在第二章到第七章中描述的学校的领导、老师和学生们。我们从这些人身上学到了大量关于教育性质的知识,他们的工作将继续影响我们的思考、写作和教学。尽管我们决定对所有的参与者进行匿名,这意味着我们不能用他们的真实姓名来纪念他们,但我们希望他们知道我们亏欠他们很多。

这项历时六年、横跨 30 个不同地区的项目研究产生了数据,这些实地研究令人振奋,但也令人精疲力竭。我们非常感谢三位才华横溢的博士生 Maren Oberman、Nicole Simon 和 Elizabeth Stosich 所做的贡献,他们每个人都花了大量时间在实地建立关系并观察他们所驻扎的学校的节奏。他们敏锐的观察和精辟的分析对项目的发展至关重要,在书中的一些地方,我们借鉴了他们精心制作的笔记。

来自教育学术界的许多人都帮助激发了本书的思考。David Cohen、

David Perkins、Richard Elmore、Robert Kegan 和 Sara Lawrence Lightfoot 都是以不同的方式关注实践需求的学者，他们对学习和教学的本质采取了人文主义立场。本书反映了他们的观点，以及他们的具体建议、批评和支持。大卫·科恩是一个特别慷慨的思想伙伴，在分享他积累的巨大智慧的同时，也对我们不断发展的工作表示了极大的兴趣。我们感到非常幸运，因为他是我们的知识伙伴和朋友。

许多同事阅读了草案并提供了深思熟虑的意见，包括 Amelia Peterson、James Noonan、Jenna Gravel、Max Yurkofsky、Robert Halpern、Sarah Leibel、Scott Davies、Steve Brint、Victoria Theisen-Homer。作为支持我们的同事和思想伙伴，我们还要感谢 Andres Alonso、Andrew Hargreaves、Bill Penuel、David Steiner、Don Peurach、Ebony Bridwell-Mitchell、Eric Shed、Fernando Reimers、Heather Hill、Helen Malone、Howard Gardner、Jeannie Oakes、Jim Spillane、Joe Blatt、Jon Star、Josh Glazer、Judy Halbert、Julie Reuben、Karen Mapp、Linda Darling-Hammond、Lee Teitel、Linda Kaser、Mary Grassa O'Neill、Michael Fullan、Monica Higgins、Natasha Warikoo、Rick Hess、Steve Mahoney。在这本书酝酿的大部分时间里，杰尔（Jal）与 Elizabeth City 合作教学，杰尔觉得很幸运能把她当作朋友和思想伙伴。

哈佛大学教育研究生院前院长吉姆·瑞安（Jim Ryan）是院长的典范：乐于助人、热情奔放，并随时准备参与其中。有吉姆在我们身边的支持，使我们对这个有些非常规的项目充满信心。最后但肯定不是不重要的，梅拉·列文森（Meira Levinson）多年来一直是我们两位作者坚定的朋友和智力伙伴。她不知疲倦地阅读草稿，讨论与写作有关的难题，给予我们鼓励和批评，帮助我们保持对更广泛目标的关注。

还有一些来自教育实践界的人士对这个项目产生了深远的影响。除了我们所研究的学校的许多未具名的同事外，我们还要感谢一些人，他们的工作对我们的思考产生了特别的影响。其中最重要的是罗恩·伯杰（Ron Berger），他是一位出色的教师和专业学习杰出的带头人。罗恩是一个强大而鲜活的例子，说明了在更深层的学习中，把精确和游戏结合起来意味着什么。艾丽莎·伯杰（Alisa Berger）是这个旅程中另一个有价值的伙伴，她把我们在理论上谈论的东西付诸实践。最后，罗伯·瑞丹（Rob Riordan）提供了智慧、鼓励和温柔的提醒：在组织学校和课堂时，最重要的是相信只要有机会，所有的孩子都有好奇心和能力。

在财政支持方面，我们感谢斯宾塞基金会（Spencer Foundation），包括其主席纳伊拉·纳西尔（Náilah Nasir）和项目官员迈克尔·巴伯（Michael Barber）；感谢卡内基基金会，包括当时的项目官员利亚·汉密尔顿（Leah Hamilton）；感谢休利特基金会，特别是前项目主任芭芭拉·周（Barbara Chow）和项目官员克里斯·希勒（Chris Shearer）、马克·秦（Marc Chun）。正如我们在导言中写到的，当我们刚开始进行这个项目时，人们对更深层的学习或创新的学习环境并不感兴趣，我们很感谢这三个基金会愿意与我们一起站在第一线，支持使更深层的学习成为更受欢迎的概念。杰尔还感谢拉德克利夫研究所（Radcliffe Institute），特别是其"无与伦比奖学金"的主任朱迪·维克亚克（Judy Vichniac），为我们提供了一年的休假，以完成研究并完成该书的大部分写作，也非常感谢拉德克利夫学院的同人们在那一年里与我们进行了多次交谈。

如果我们不感谢我们自己的学生，特别是那些在哈佛教育研究生院的"全民更深层的学习"课程的学生，那就是我们的失职。每年都有机会与一群热情而有眼光的学生一起讨论书中的一些观点，这对我们完善自己的思想有很大帮助。我们也从多年来为该课程提供帮助的助教那里学到了很多。他们是 Dan Wise、Jim Heal、Kelly Kovacic、Kim Frumin、Pooja Bakhai、Rebecca Grainger、Tyler Thigpen。杰尔还要感谢教育领导力课程的学生，给他们上课帮助他思考了如何将更深层的学习规模化，他也为这些学生对公平和社会正义的共同承诺感到鼓舞。还要感谢约翰霍普金斯大学、安大略省教育研究所和布法罗大学的研讨会参与者，他们听取了这些想法的早期版本，并帮助我们完善和深化了这些想法。

感谢迈克尔·伦森（Michael Aronson）最初为哈佛大学出版社签下了这本书，感谢安德鲁·尼（Andrew Kinney）接手了这本书并使之成为他所负责出版的作品。安德鲁是一位一流的编辑，他注意到我们是在为学术界和公众写书，并帮助我们在两者之间找到平衡。朱莉·尔森（Julie Carlson）是一位一丝不苟、热情洋溢的审稿人，她表明严谨和乐趣可以而且确实是共存的。我们还要感谢哈佛大学出版社的两位匿名审稿人，他们的意见极大地帮助我们突出了本书的重点。

没有朋友和家人的关爱和支持，我们不可能写出这本书。写书（甚至是合作写书）是一个漫长的、有时是孤独的努力，在你的生活中，有支持这个过程并给你一个坚持下去的理由的人是至关重要的。为此，杰尔要感谢约翰·麦克拉伦（John MacLachlan），他是一个亲切的人，他可以同样自如地谈论体育、政治或学校教育，并且总是愿意去刘易斯·顿餐厅享用美食。杰尔还感谢林肯公司的其他工作人员 Becky Bermont、Alex Benik、Craig、Katie Nicholson、Jon、Kristen Ferris, Lara MacLachlan, Rebecca、Paul Blanchfield, 以及 Tera Kemp。他还要感谢 Ami Regnier、Andrew、Zoe Clarkwest、Ethan Gray、Jeff Israel、Susannah Tobin 和 Will Reckler，感谢他们长期的友谊。

杰尔要特别感谢他的父母，露易丝（Louise）和谢尔克斯（Xerxes）："妈妈和爸爸，你们真的是给了我所能要求的一切：爱、温暖、支持和关怀，大大小小的方面都有。当我养育自己的孩子时，你们为我们如何当父母提供了灵感，让我知道父母应该是什么样子。我也很感谢我们花了很多时间讨论各种想法，获取了成为一个有教养的人所需要的东西。最后，你们阅读了手稿的每一个字，并提供了极具技术含量且有益的回应。我还要感谢最近去世的凯西姑妈，她是能满足任何侄子要求的最善良、最慈爱的姑妈。谢丽尔（Cheryl），似乎很难相信，二十多年前在亚当斯之家的宿舍里开始的事情可以发展成我们今天一起分享的丰富而充实的生活，特别感谢你毫不动摇的信心，只要我在纸上写下一些文字，就会有结果的！你是我的好朋友，我爱你！亚历克斯（Alex）和尼科（Nico），随着书的完成，我终于可以跳进湖里了，我期待着有更多的时间和你们一起玩。你们是我们生活中最美好的部分，没有比你们更重要的了。"

虽然萨拉住在离父母三千英里远的地方，但她深深地感谢他们的爱和支持——现在和永远。母亲黛博拉·赫斯兰德（Deborah Hirschland），在整个过程中扮演了一系列令人惊讶的角色：啦啦队、治疗师、思想伙伴、慈爱的祖母，以及偶尔的行文编辑。父亲杰弗里·费恩（Jeffrey Fine）贡献了智慧、幽默和咖喱，所有这些总是能够击中要害。还要感谢妹妹肖莎娜·费恩（Shoshanna Fine），她激励我以其他方式更大胆地思考和生活，还要感谢她出色的妻子劳雷尔·加布勒（Laurel Gabler）。

作为两个年幼孩子的家长，我需要尽可能多地照顾孩子，以便有时间和空间来完成这个项目。我的两对公公婆婆，罗宾·佩林（Robyn Perlin）和埃德·邓肯（Ed Duncan）、露丝·佩林和乔尔·佩林（Ruth and Joel Perlin），非常慷慨地提供了这样的帮助，让我能够"向前一步"，同时相信我的孩子们正受益于家人的关爱和陪伴。他们坚定不移的爱和支持对我来说意义非凡。

最后，我深深地感谢麦卡（Micah）、阿维（Avi）和萨沙（Sasha）——他们是我的伴侣和孩子，他们共同成为我的支柱和指南针。五岁的阿维充满了甜美和激情，激励着我做最好的自己。两岁半的萨沙对世界充满了喜悦，使我充满了感激和快乐。麦卡是我十多年的伴侣，支撑着我度过这一切。我想，当我告诉他我要与人合著一本书时，他并不知道自己将要做什么，在这件事上，我也不知道。即便如此，他一直和我在一起，在我费尽心思研究经费提案时为我泡茶，当我花时间在研究地点时照顾我们的孩子，对我在写作中出现的心不在焉的情况他也毫不介意，而且自始至终坚持让我不要把工作放在我的幸福之上。我永远感谢他的爱和支持。

作为最后的感激之情，我们要相互感谢对方。虽然合著，尤其是两个完美主义作家之间的合著，并不总是容易的，但我们凭借着持久的友谊、对彼此看待世界的方式的深刻尊重，成功地走过了这一过程。我们希望能出版一本反映我们互补的观点和技能的书，我们已经被对方和合作的过程永远改变了，为此我们深表感激。